华中师范大学中国农村研究院

智库书系

地方经验研究之七

蕉岭创制：
"四权同步" 的基层治理模式

徐　勇　主编
邓大才　等著

中国社会科学出版社

图书在版编目（CIP）数据

蕉岭创制："四权同步"的基层治理模式／徐勇主编；邓大才等著.
—北京：中国社会科学出版社，2016.4
ISBN 978-7-5161-7751-8

Ⅰ.①蕉…　Ⅱ.①徐…②邓…　Ⅲ.①农村—地方政府—行政
管理—研究—蕉岭县　Ⅳ.①D625.654

中国版本图书馆 CIP 数据核字（2016）第 051495 号

出 版 人	赵剑英
责任编辑	冯春凤
责任校对	张爱华
责任印制	张雪娇

出　　版	中国社会科学出版社
社　　址	北京鼓楼西大街甲 158 号
邮　　编	100720
网　　址	http：//www.csspw.cn
发 行 部	010-84083685
门 市 部	010-84029450
经　　销	新华书店及其他书店

印　　刷	北京君升印刷有限公司
装　　订	廊坊市广阳区广增装订厂
版　　次	2016 年 4 月第 1 版
印　　次	2016 年 4 月第 1 次印刷

开　　本	710×1000　1/16
印　　张	24.25
插　　页	2
字　　数	396 千字
定　　价	88.00 元

《智库书系》编辑委员会

序

　　地方经验研究是由华中师范大学中国农村研究院推出的系列著作。

　　中国作为一个古老的文明大国，能够在 20 世纪后期迅速崛起，展现出强大的活力，得力于改革开放。20 世纪 80 年代兴起的改革开放，重要目的就是"搞活"。在搞活经济的过程中确立了市场机制。市场竞争机制不仅激活了经济，而且激活了地方和基层的自主性和创造性。极具战略眼光的顶层设计和极具探索精神的地方基层实践及其两者之间的良性互动，是中国政府推动现代化建设取得巨大成功的秘诀。中国改革开放的路径就是：先有地方创造的好经验，中央加以总结提高上升为好政策，然后经过若干年推广再确定为好制度。本书系正是在这一背景下推出的。

　　我们华中师范大学中国农村研究院自 20 世纪 80 年代开始，就关注农村改革，研究农村治理，并以实地调查为我们的基础和主要方法。调查一直是立院、建院和兴院之本。在长期实地调查中，我们经常会与地方和基层领导打交道，也深知地方和农村基层治理之不容易。地方和基层治理的特点是直接面对群众、直接面对问题、直接面对压力。正因为如此，地方和基层领导势必解放思想，积极开动脑筋，探索解决问题的思路和办法，由此有了地方创新经验。促使我们自觉主动与地方进行合作，通过理论与实践相结合，共同探索地方发展路径并总结地方创新经验，起始于 2011年。当年初，地处广东西北部的云浮市领导为探索欠发达地区的科学发展之路，专程前来我院求助请教，我们也多次前往该市实地考察、指导和总结。至此，我们开启了地方经验研究的历程，并形成了基本的研究思路和框架。

　　地方经验研究的目的，主要是发现地方创造的好经验、好做法、好举措，突出其亮点、特点和创新点。中国的现代化是前所未有的伟大实践，必然伴随大量问题。对不理想的现实的批判思维必不可少，需要勇气；而促进有效解决问题的建设思维也不可或缺，需要智慧，两者相辅相成，各有分工，共同目的都是推动社会进步。作为学者，不仅要持公正立场评点现实，更要参与到实际生活中，理解现实，并运用自己的智慧与实践者一同寻求解决问题之道。历史的创造者每天都在创造历史，但他们往往是不自觉的，学者的参与有可能将其变为自觉的行为；历史的创造者每天都在创造历史，但他们往往并不知道自己在创造历史，学者的总结则可以补其不足。地方与基层的探索是先行一步的实践，需要总结、加工、提炼，乃至推介，使更多人得以分享。地方与基层的探索是率先起跑的实践，需要讨论、评价、修正，乃至激励，使这种探索能够可持续进行。我们的地方研究便秉承以上目的，立足于建设性思维。

　　地方经验研究的方法，绝不是说"好话"，唱赞歌。在地方经验研究中，我们遵循着以下三个维度：一是地方做法，时代高度。尽管做法是地方的，但反映时代发展的趋势，具有先进性；二是地方经验，理论深度。尽管是具体的地方经验，但包含相当的理论含量，具有普遍性；三是地方特点，全国广度。尽管反映的是地方特点，但其内在价值和机制可复制，具有推广性。正是基于此维度，我们在地方经验研究中，非常注意两个导向：一是问题导向。地方和基层实践者之所以成为创新的主要动力，根本在于他们每天都必须直接面对大量需要处理的问题。解决问题的过程就是实践发展的过程。二是创新导向。解决问题是治标，更重要的是寻求解决问题的治本之策，由此就需要创新，需要探索，也才会产生地方好经验。怎样才是创新呢？需要有两个标准：一是历史背景。只有将地方经验置于整个宏观历史大背景下考察，才能理解地方创新由何而来，为什么会产生地方创新？二是未来趋势。只有从未来的发展走向把握，才能理解地方创新向何处去，为什么值得总结推介？

　　我们正处于一个需要而且能够产生伟大创造的时代。地方经验研究书系因时代而生，随时代而长！

主编　徐　勇

2015 年 7 月 15 日

序　言

　　乡村治理伴随国家建设和农村经济社会发展而形成和发展，当下的乡村治理正处于基于外部性制度安排向基于内生型需求推动的制度创新大变革之中。蕉岭在这样一场历史变革中居于领跑者位置。

　　我国现有乡村治理体系是在现代化进程中形成的，具有鲜明的外部性制度安排的特点。一是基于现代化国家建构的需要。传统的乡村治理实行的双轨治理，"皇权不下县"，国家正式权力机构只到县级，县级以下主要是乡村自我管理。进入 20 世纪以后，先是依靠"政党下乡"，紧随其后的是"政权下乡"，国家权力一直延伸到村户，建立起中央权力与农民的纵向联系，将亿万分散的农民整合到国家体系之中，现代国家因此获得广泛的农村基础。二是基于国家现代化汲取农村资源的需要。我国是在一个有着深厚农业文明传统国家启动现代化的，现代化所需要的资源主要来自农村，国家在乡村的治理体系服从和服务于国家目的。基层干部因此长期为"三要干部"，由此导致农民对国家的离心离德。

　　进入 21 世纪以后，国家实行以工支农，以城带乡的发展战略，乡村治理随之转变，主要基于农村内生需要和动力，并由此推动治理创新，主要趋势表现为：

　　集体产权和集体治权的配套，产权和治权相配合。人民公社制度废除后，我国实行家庭承包经营，但由于村委会代行集体所有权，村委会由村民选举产生，以行使集体治权。但仅仅通过选举权行使集体产权远远不够，村民干部实际支配集体产权。特别是伴随工业化、城镇化的推进，土地日益升值，对土地支配产生的矛盾增多，甚至发生群体性事件，如广东"乌坎事件"。

　　集体产权必须有集体治权相匹配。集体治权与集体产权一样也是一束权力，包括选举权、决策权、管理权和监督权，需要四权同步，四权配合。针对四权不同步，特别是监督权缺失，广东蕉岭率先建立村务监督委员会，对村级权力的运行进行全过程监督，不仅将权力关进制度的笼子里，更重要的是被监督的权力更有权威，更能得到群众的认可，这是蕉岭对乡村治理创新的重要贡献。

涉及村民利益的村庄事务由村民议事决定。以往村庄事务主要是政府事务，更多的通过自上而下的行政力量加以完成，村民参与极少。近些年，伴随废除农业税和建设新农村的推行，农村大量公共事务产生于农村内部，与农民利益密切相关，如土地流转，美丽乡村建设，大量内生事务需要农民共同处理，由此产生村民理事会、议事会等议事组织，村务决策由村民共同参与决定。广东蕉岭将协商机制引入乡村治理过程中，建立协商议事会，由利益相关者参与公共事务的讨论与决策，并制定协商议事规则，让权力在共同规则下运行。这是蕉岭对乡村治理创新的又一贡献。

探索多层次多类型的乡村治理有效实现形式。在外部性制度安排下，乡村治理以建制村（行政村）为中心和主要单位进行。随着废除农业税和建设新农村的进行，大量事务来自于农村内部，并呈现多样性，因此需要基于内生需求的多样性寻求多层次多类型的乡村治理有效实现形式。当以村委会为主要载体的乡村治理机制面临"山重水复疑无路"的困境时，广东清远等地将治理重心下移，实现"柳暗花明又一村"（自然村），通过治理形式的多层次化、多样化，充分发掘乡村内部的治理资源和动力。

内生改革，以服务为导向重塑政府。在外部性制度安排下，基层政府的主要职能是面向上级，对等对口进行行政管理。随着国家宏观战略的变化，基层政府基于农村内部需要加以改革，以公共服务为导向重塑政府，建立以政府公共服务为核心的社会化服务体系，促进农村经济社会持续发展。

徐勇

2014 年 11 月 22 日

目　录

专题报告篇

学术研讨篇

新闻报道篇

导　论

　　十八届三中全会通过的《中共中央关于全面深化改革若干重大问题的决定》中明确提出全面深化改革的总目标是国家治理体系与治理能力的现代化，国家治理现代化对于中国未来发展，乃至整个社会主义现代化事业来说，具有重大而深远的理论意义与现实意义。在整个国家治理体系中，基层治理是整个治理体系的基座，没有基层治理就没有国家治理，没有基层治理的现代化就没有国家治理的现代化。托克维尔在论述美国民主的时候，特别提到乡镇自治的基层治理传统是国家民主的重要条件。其实，在中国历史上也曾经存在基层治理的独特优势，除了乡官、保甲等国家权力系统之外，还有族长、乡绅等民间自治系统，正如费孝通所言的"双轨政治"。显然，乡绅自治等为中国帝制的延续或者说国家的大治提供了坚实的基础，并创造了令世界瞩目的政治遗产，只不过随着世界现代化的进程，尤其是现代国家的建设，传统的国家治理形态发生了深刻的变化。与先发国家相比，后发国家的国家治理变迁明显带有外部性和规划性的特征，更多的是从先发国家的国家治理中寻找合适的制度工具，并自上而下地推动制度变迁。虽然整个国家在制度体系上实现了现代化的转型，但是基层治理仍然未有大的变化，或者说在制度外壳下基层治理的内在逻辑依然如旧。基层治理的滞后，反过来又影响了整个国家治理，导致国家治理现代化举步维艰，甚至伴之以体制的动荡与转型的阵痛，始终徘徊于国家治理现代化的门口。作为后发国家的一员，中国的国家治理现代化并不能完全摆脱后发的劣势，尤其表现在高层的国家治理体系与基层治理体系难以衔接，外部性的制度设计与内生性的制度需求难以协调等。非如此，不足以形成国家治理的坚实基础，也不足以推动国家治理的现代转型。但是，到底如何来推动基层治理的现代化，并没有现成的答案，必须在实地中进行探索，这就为全国各地的基层治理的创新提供了广阔的发展空间。在这样的背景下，广东省蕉岭县着力于基层治理体系，通过数次卓有成效的制度创设，探索了新时期基层治理现代化的有效实现形式。

一 现代国家治理的基础性工程

所谓基层治理，首先从什么是基层入手。基层是与中层、高层相对的概念，在政治研究领域，有诸多"基层 +"的组合式概念，比如：基层民主、基层干部、基层政府、基层工作、基层组织、基层政权等等。这些概念中的基层都有一个比较明确的指向。一方面，基层是涉及政治结构的概念，是国家政治体系之中一个组成部分；另一方面，这个部分处于整个国家权力的末端，在它下面再也没有正式的国家权力组织。治理则是公共权力围绕公共事务，将不同的主体纳入其中，并形成集体行动，以实现对公共秩序和公共服务的供给。显然，治理与统治、管理等还是有所差别，同时也有一些共同的东西。其实不论是统治、管理还是治理都是一个变量概念，或者说可以将这三个概念放置在一个概念光谱上，按照强制、主体、目的等进行分析，从统治到治理，强制性在减弱，主体在增多，目的公共性增强等等。综合上述分析，基层治理是在乡镇及以下的范围内，包括政府在内的多主体之间围绕公共秩序的建立和公共服务的供给而进行的有目的的公共活动。在整个国家治理体系之中，基层治理是国家治理的基础性工程。

第一，基层治理是国家治理体系的组成部分。国家治理是一个整体性的概念，囊括了整个国家的政治、经济、文化等方方面面的工作。当然，国家治理内部也是由不同的部分所组成的，与实体性概念相比，国家治理的组成部分可以进行多面性的梳理，如此，更能够明确国家治理内在逻辑与外在表现形式。一般来说，国家治理体系按照功能角度分为政府治理、公司治理和社会治理等，但是从层次来看，国家治理体系应该包括顶层治理与基层治理，顶层治理主要是国家权力的分配与制度框架的确定等宏观政治层面的治理活动，基层治理既承担着国家制度的贯彻执行的使命，又肩负着解决基层民众具体问题的重任。因此，任何国家治理都需要在基层治理中得到实现，包括政策的贯彻落实、公共服务的落地等等。

第二，基层治理是国家治理能力的关键所在。国家治理能力关键指标是回应性，即国家能够及时有效地回应民众的需求。如何才能够有效回应民众需求？首先要能够快速获悉群众的需求信息，基层治理由于贴近民众，空间距离小，时间反应短，为及时回应民众需求提供了便利条件。其次是基层治理能够根据民众的需求有效地组织公共服务，民众对于自己需要什么最为清楚，这样可以使得公共服务更具有针对性，同时，满足民众多样化的公共服务。最后，民众能够参与到基层治理当中，从而培养民众的参与意识和参与能力，进而为参加国家治理创造主体性的基础。由此可见，基层治理是提升国家治理能力的重要构件。

第三，基层治理是国家治理现代化的重要基础。综合各个国家治理现代化的历史经验，无不以基层治理现代化为其基础。即使在国家制度上实现了现代化转型，但是基层治理没有发生相应的变化，国家治理也只是空中楼阁。基层治理是国家治理体系的重要组成部分，也是国家治理能力的关键所在。因此，国家治理现代化须臾离不开基层治理，而且从长远的发展来看，基层治理更具有决定性的影响，它与整个基层社会联系在一起，国家治理始终是矗立在基层社会之上。为了让国家治理有一个庞大而坚实的底盘，必须着力基层治理的现代化，从基层重建整个国家治理体系，并不断提升国家治理的能力。

因此，不论是从国家治理体系，还是从国家治理能力，甚至是整个国家治理现代化来讲，基层治理都具有基础性的作用，要推动国家治理体系和治理能力的现代化必须将基层治理作为基础性工程，不断完善基层治理的体系，提升基层治理的能力，推进基层治理的现代化建设。

二　中国基层治理的原型与转型

基层治理是一个历史产物，并不是突然出现的，也不是一直都存在的，而是在一定的历史条件下产生与发展起来。在漫长的历史长河中，中国诞生了悠久的政治文明成果，与辉煌的帝制传统相对应的是传统基层治理中的双轨政治。不管王朝如何更替，基层社会依然按照自身的逻辑运转着，看似纷繁复杂的传统中国基层社会建制，又能够化繁为简，不外乎"官治"与"民治"的变奏曲。

第一，古代中国的双轨治理。一轨是自上而下的官治，从中央到郡县，再到乡里。国家正式权力机构设置到县一级，"皇权不下县"，但县以下设立具有官府功能的基层组织，在秦汉为乡亭里制，唐宋之后为保甲制，一直延续到民国。基层组织负责人身份为民，但做官事，是官府与民众之间的桥梁。其职位卑微，但能量很大。一轨是社会内部的民治，是基于社会内部的血缘、地缘关系而生成的自我管理，费孝通先生称之为"长老统治"。以乡绅大户、宗族首领、家长户主等社会头人为治理主体，主要运用民间习俗进行治理，治理内容主要是当地公共事务和社会秩序。传统国家的"双轨治理"功能简单。官治主要是收税、判案、教化等，民治主要是与民众日常生活相关的社会事务，如修桥补路、社会救助、民事纠纷等，由此形成"官事官办、民事民办"的治理架构。孙中山所说，"在清朝时代，每一省之中，上有督抚，中间有府道，下有州县佐杂，所以人民同皇帝的关系很小。人民对于皇帝只有一个关系，就是纳粮，除了纳粮之外，便和政府没有别的关系。因为这个缘故，中国人民的政治思想就很薄弱，人民不管谁来做皇帝，只要纳粮，便算尽了人民的责任。政府只要人民纳粮，便不去理会他们别的事，其余都是听人民自生自灭。"

第二，近代中国的并轨治理。伴随着近代化而来的是千年未有之大变，对于农村基层社会来说，清末废科举和兴新式教育后，以及国家政权建设实施，士绅阶层才逐渐退出乡村权力结构，社会内部的民治失去了重要的基础。同时，国家也在尝试着向农村延伸权力，清末民初的乡镇自治是一种全新的尝试，只是由于后来的军阀割据和多年内战，乡镇自治并未大规模推行，各地实力派从维护统治的角度进一步强化了保甲制度。到民国中后期，国家权力对农村社会的渗透更加明显，并且推动了新一轮的基层政权建设，"官治"和"民治"逐渐并轨，形成以"官治"为主的基层治理体系。此时的"官治"主要目的是为了在近代化进程中完成国家政权建设，同时从农村汲取近代化所需要的税赋资源等。由于缺少有效的监督，基层政权建设陷入"内卷化"的境地，新增的税赋被基层政权本身所消耗，而且使得原来的具有"保护型经纪人"角色的乡绅让位于作为"营利型经纪人"的税收中介。整体上，由于当时国家整合能力有限，"官治"并未完全取代社会内部的民治，而是不断地压缩民治的空间，将以往由社会内部处理的公共事务变成国家政权的行动，将基层治理体系中的"官治"与"民治"双轨逐渐并轨为"官治"。

　　第三，现代中国的单轨治理。新中国成立后，与土地改革相伴的是民主建政，下派工作队进行土地改革，并在土地改革中组建贫农协会，从中发现积极分子，组建党的基层组织，最终建立其乡和行政村的体系。之后的合作化运动，到人民公社时期，党政合一，我国形成以党政为主体的基层治理构架，其主要成果是将国家权力自上而下延伸到农村社会，将分散的农村社会整合到国家体系，实现行政权力的纵向到底，长期在政治之外的农民进入到政治体系之内。人民公社是近代以来第一次建立较为巩固的农村基层政权，不论是公社干部，还是普通农民都能够感受到国家权力的存在。在人民公社体制下，农民服从生产队，生产队服从生产大队，生产大队服从人民公社，形成类似蜂巢的农村组织结构，同时，人民公社政治经济高度集中，依靠超经济的手段管理着农民的生产和生活，建立了以党政为中心的单轨治理模式。

　　第四，当代中国的三轨治理。人民公社解体之后，开展大规模的撤社建乡，建立基层政权的工作，国家正式权力上移到乡镇一级，相比于单轨治理，20世纪80年代以来，我国基层治理体系形成了"一核乡政村治"的治理架构："一核"就是以中共党组织为核心领导；"乡政"指在乡镇设立政府，对所辖地域进行行政管理；"村治"指在乡镇以下设立村民委员会，实行村民自我管理。承继之前的党政为主体的治理架构，却改变了人民公社时期党政不分，以党代政的治理格局，强调党政分开，形成了党组织系统与行政系统相对独立的格局。基层党组织从乡镇一直延伸到行政村的党支部，之下村民小组还有若干党小组等，承担着党对农村的领导作用。行政系统从乡镇人民政府延伸到行政村的村委会，虽然村委会是法定的群众自治组织，但是也需要协助乡镇政府开展工作，在某种意义上是乡镇等行政体系的现实延伸。除党政系统之外，这一时期最为显著的变化是恢复了社会内部的民治体系，即村民自治，乡镇以下的村民委员会拥有法定的群众自治组织地位，并形成了村民委员会、村民小组等组织架构和村民会议、村民代表会议等组织载体，与基层党组织和基层政府的关系也得到制度性的明确，村民委员会在基层实践中也发挥了自我管理、自我教育和自我服务的作用。自此，党政系统加上村民自治系统形成了基层治理的三个支柱，可以称之为"三轨治理"。

三　现代基层治理转型的现实要求

纵观中国基层治理的历史变迁，从古代的双轨治理，到近代的并轨治理，及新中国成立后的单轨治理，再到改革开放后三轨治理的具体形态变化，既有历史原型的恢复与重建，又有现代转型的覆盖与替换，始终无法摆脱"官治"与"民治"之间的世纪变奏。单就近代以来基层治理变革的大趋势来说，"官治"势强，"民治"式微。显然，这是与现代国家建设相适应的，即国家一体化进程，国家行政权力覆盖边界内的每个地方，国家权力下乡。为何在"官治"的大趋势之下，还有"民治"的空间呢？其实，现代国家建设除了对乡村社会的权力渗透之外，还需要实现对乡村社会的整合，依靠权力的强制并不能维持乡村整合，为此，不得不强调现代国家建设的另一个面向，即主权属民，民众享有管理国家与社会的权利，"民治"的基因植根于现代国家建设之中。当然，现代国家基层治理意义上的"民治"不会是国家权力有限之下对基层社会的放任式自治，而是在国家主动建构的制度框架内的"乡政村治"。总的来说，现代国家建设突出表现为国家权力的向下延伸与民众权利的向上主张，由此实现国家对农村社会的渗透与整合。现代基层治理也要完成上述双重使命，经过新中国成立后的基层政权建设，党政系统已经广泛渗透到农村基层社会，但是基层民众的权利实现仍然任重道远。

改革开放后，村民自治制度赋予了基层民众广泛的民主权利，包括知情权、参与权、监督权和决策权等，并以"依法建制和依制建村"作为村民自治示范活动的重点，其后规范村委会换届选举、村务公开和民主管理等活动都不同程度地强化了农民的制度权利。然而，在村民自治的实践中，法定权利并不能自然转化为事实权利。事实上，损害村民民主权利的行为时有发生，与之相伴的是日益增多的农民维权行为。之所以出现如此困境，源于村民自治自生自发阶段是村民自我管理、自我教育和自我服务的活动。后来村民自治上升为国家政策后，全国按照统一的制度规范来建立村委会、村民会议、村民代表会议等等，形成标准化的村民自治的制度框架，为村民民主权利奠定了基础。随着农村经济社会的发展，农村利益格局深刻调整、农民利益关系深刻变动、农民的思想意识深刻变化，农民的参与意识逐步觉醒，农民的参与能力也在村民自治实践中得到锻炼，农民更加积极地主张权利，所主张的权利也更加丰富多样，不仅仅停留在选举村委会干部的权利，而且发展到参与村庄管理、决策和监督的权利。此时的村民自治制度对于大多数农村地区来说是一种外部性的制度介入，同时也是一种宏观性的制度安排，面对村民的制度需求还缺少有效的回应机制，还缺少基于村庄内生需要的制度安排创新，以此来容纳村民多样化的参与。其实，作为国家的制度安排肯定要讲求制度的统一性与规范性，制度的灵活性和应变性则有待农村基层社会的探索创新。恰恰在内生制度的创设方面，基层治理留下了一块短板，无形之中，国家法律制度所赋予村民的民主权利，在村庄层面却得不到落实，成为现代基层治理转型的一大障碍。

四　探索基层治理转型的制度路径

实践中的难题必然在实践中得到解决。如何在村庄制度层面来保障村民的民主权利成为基层治理的新增长点。毋庸赘言，改革开放后的三十多年里，基层治理领域的制度创新从来就没有停止过，也涌现出一大批制度创新的典型经验，不少制度创新曾经引起巨大的反响，也有很多制度创新如昙花一现，尚未推广就戛然而止，或者随着主政者的变动而逐渐淡出民众的视野。之所以出现如此迥异的命运，是因为制度创新必须从基层治理转型出发，将保障农民的民主权利作为重点，让制度能够真正地运转起来。具体来看，基层治理转型的制度创新应该具备以下特征：

一是制度的内生性，即相对于传统的国家治理强调外部性的制度安排而言，基层治理转型时期要注重农村社会内部生长的制度创设。国家治理的外部性制度安排更多是从国家权力渗透的角度出发，以一致性和规范性来获得制度的权威和效力，而内生性的制度更倾向于从基层社会的内在需求和内生动力出发，以实用性和灵活性来获得制度的运转与落地。同时，在国家制度框架基本确定的大前提下，内生性的制度并不会冲击原有的制度安排，而是对原有制度框架的调整、巩固、充实和提高，发挥制度补位的作用。

二是制度的系统性，即相对于单个制度创设而言，基层治理转型时期要注重从系统思维来推动制度的创新。基层治理本身是一个庞大的系统工程，单个制度创新只能解决某个环节的具体问题，唯有系统的制度创新才能够推动基层治理的大转型，对于整个基层治理才具有实质性的意义。当然，制度的系统性不是贬低单项制度创新的作用，某些时候关键的单项制度创新也可能产生制度杠杆效应，撬动整个基层治理的格局。

三是制度的承继性，即制度前后的继承关系。制度创新并不是无本之源，之前必定有相应的制度遗产，最好的制度创新之路并不是凭空想象新的制度，而是针对过往制度的缺陷，利用既有的制度资料，结合地方的实际状况，创设新的制度。制度的承继性不是说要固守制度遗产，而是要尊重既有的制度框架，协调制度创新与原有制度之间的关系。

集合内生性、系统性和承继性的特点的制度创新才是基层治理转型的制度路径的全部意涵。很多地方的制度创新因为缺少三重意涵而失去制度生长的内动力，难以形成可持续的制度创新。接下来要重点介绍的蕉岭创制正是从这些制度创新的经验出发，着力制度的内生性、系统性和承继性，在长达十年的基层治理探索中，以制度创设为支点，接力棒式地完成了对基层治理的三次制度创新，第一次制度创新是村务监督委员会制度；第二次制度创新是村民理事会制度；第三次制度创新是协商议事会制度，连续性的制度创新形成整体性的力量，推动着蕉岭县的基层治理转型，也改变了中国基层治理的历史。不容回避的是蕉岭制度创制并不会因为本身的成功而减少创新的困难，反而需要面对更多的创新难题，幸运的是蕉岭已经找到了基层治理的制度密码，如何来解读蕉岭的制度密码将是下文的重点。

理论研究篇

第一章 全面推进基层治理的制度创新

　　改革开放以来，随着农村社会经济的发展，农民的主体权利意识和法制观念也在不断提高。农村基层治理模式在农村经济、社会、文化转型的背景下，面临改革创新的重任。农村政治、经济发展和社会转型是农村基层治理变革的现实背景和基本前提，同时创新农村基层治理又是促进农村经济社会转型的强大动力，如何推进农村基层治理改革工作，成为摆在地方政府面前的一道难题。

　　蕉岭县位于广东省东北部山区，地处闽粤赣三省交界，四面环山，地广人稀，全县总面积960平方公里，其中山地113.4万亩，耕地11.5万亩，现有人口22万余人。自2003年广东省全面推进农村税费改革以来，地方政府缺少了财税来源，农村基层治理面临着一系列难题：政府财税压力大，社会治理显乏力；公共政策难落地，公共服务被"悬置"；基层自治组织弱化，社会力量难以发挥等。如何突破"蕉岭困境"走出一条蕉岭自己的农村基层治理改革之路，成为蕉岭推动农村经济社会发展的一道难题。蕉岭立足于县域发展实际，发掘并利用传统社会治理资源，在2007年创造村民监督委员会制度，迈出了以制度创新推动农村基层治理的第一步。而后蕉岭紧紧抓住"国务院农村综合改革示范试点"的机遇，进一步利用传统治理资源，创设村民理事会制度，在前两轮创制的基础上又进行提升，创行村级协商议事会制度，最终走出了一条以制度创新推动农村基层治理的"蕉岭创制"之路，形成了一套从监督、议事到决策的"蕉岭规则"，创新了农村基层治理模式，实现了社会治理能力的大发展。

第一节　直面农村基层治理的"蕉岭困境"

随着农村经济的发展与社会的转型，蕉岭县基层治理的条件和环境也发生了深刻变化，地方政府作为基层治理和社会管理的重要主体，延续传统的社会管理路径，将面临着巨大的财政压力和事务压力，其治理和服务能力很难适应基层社会发展的需要，造成基层治理难有效、政府服务难落地、社会发展难持续的"蕉岭困境"，这也同样是许多其他地方政府面临的困境。蕉岭在农村基层治理中的困境，使得蕉岭县政府在推动农村基层社会转型发展的工作中陷入内外交困的局面。

一　治理困境：政府压力难支撑

十八届三中全会明确提出了"推进国家治理体系和治理能力的现代化"，基层政府作为国家与社会的连接点，其治理体系和治理能力直接决定着国家的治理现代战略的实现；同时，随着改革开放的不断深入，我国基层社会正处于经济快速发展和社会转型并举的重要战略机遇期，这一特点在靠近东部一线城市的蕉岭县体现得更为明显，其客观上也要求政府转变治理方式和提升治理能力。然而尽管政府改革不断深入，国家财税体制不断变革，地方政府长期以来形成的管控型的社会治理模式并未随之改变。尽管蕉岭多年来一直致力于服务型政府建设，并取得了较大成绩，但是依然未能从根本上摆脱传统管理模式的束缚，政府治理能力受到了极大的限制，面临着社会治理效率较低的现实压力。

（一）基层政府面临着巨大的财政压力

按照"单一税种、减轻负担、配套改革、稳健实施"的思路，2003年7月1日起，广东在全省全面开展农村税费改革，村级经费筹集实行村内事务"一事一议"制度，广东新的农业税税率按6%执行，比全国7%的标准低。实施农村税费改革后广东财政收支缺口约38.53亿元。作为基层治理的重要主体之一，基层政府在经济社会发展过程中扮演着重要角色，其运行能力和效率的高低直接影响着政策执行和基层治理的效率。而基层治理有效运行的一个重要基础就是经济和财政基础。但是，由于农村税费改革和国家财税体制改革，县乡政府财政收入大幅减少，尤其是对于经济发展条件较差的乡镇而言，其财政收入更是有限。再加上"乡财县管"的财税制度，乡镇财政出现了"空壳化"的可能，基层政府陷入"吃饭财政"的困境。基层政府失去了财权和财源，面对辖区居民的公共服务和公共管理需求难免有心无力。一方面，基层政府的收入不断减少；而另一方面，其财政支出并未明显降低，甚至出现增加的趋势。随着农村经济社会的发展和农村社会管理的加强，在乡村教育、医疗、社会保障、强农惠农等方面的支出越来越多，这些都给县乡财政带来很大压力。2013年蕉岭县财政总收入 8.68 亿元，全年县财政投入民生资金就达 8.1 亿元。财政收入与支出的巨大差距给蕉岭县基层政府带来了巨大治理压力，客观上限制了政府治理能力的提升。

（二）基层政府面临着巨大的事务压力

长期以来中国政府管理社会始终摆脱不了统治型、全能型的传统社会管理的惯性思维，在改革开放不断深化的背景下，这种惯性思维依然延续着，基层政府在当前的社会治理过程中存在着明显的对传统路径的依赖现象。长期以来形成的这种社会统治型的路径依赖，从根本上制约着社会制度和社会治理体系的建设。而这一路径依赖导致的直接后果就是，政府在社会治理过程中忽视其他治理主体作用的发挥，始终扮演着全能型政府角色，使自身面临着巨大的事务压力。进一步从现有的县乡制度来看，"事权下放、财权上移"是基层社会的普遍现象，乡镇财权小、事权多，运行成本高。乡镇干部普遍反映，目前乡镇在社会治安、教育、卫生、医疗保险等基础工作上的投入不断增加，在农村社区建设、维护社会稳定等方面需要投入新的财力，需要治理的事务越来越多，乡镇进行治理的成本大幅增加。

（三）基层政府面临着治理能力挑战

由于蕉岭县经济发展水平和财政实力有限，基层政府在社会治理中缺乏充足的资金保障，客观上限制了政府公共服务的提供能力。但是农村基础设施建设和社会保障等方面的公共服务投入具有刚性，随着农村经济水平的转型发展，社会公共服务需求势必越来越多，政府公共服务供给压力势必越来越大。良好的社会治理和服务需要有一定的经济基础，仅仅依靠基层政府的力量，难以适应经济发展和社会管理的需要。实行"乡财县管"后，乡镇是上面"给多少，花多少"，没有自主权。但上级政府并不知道镇上公共服务的真正需求，转移支付很难满足镇上的需求，乡镇没有钱，村庄就很难治理。此外，社会管理手段的落后，使政府管理效率低下，限制了治理能力的发展。信息技术的发展并没有很好地被运用到社会管理的实践中，传统的主要依靠人来获取信息和处理事务的社会管理方式明显地不能满足社会发展和群众服务需求。同时，对于突出问题的治理过于依赖搞突击式的专项整治，缺乏源头控制，抓一时好一阵，稍有放松，乱象又生，管理工作处于"乱—治—再乱—再治"的低效率机械循环状态。

二　服务困境：政策服务难落地

公共服务的有效供给是现代政府治理能力的重要体现。长期以来，我国农村公共服务主要由政府进行供给。在现代社会，能否为民众提供优质的公共产品和公共服务成为衡量政府治理水平的一个重要标志。尤其是进入21世纪之后，提升政府的公共服务水平和能力已经成为了政府治理的基础内容。随着行政体制改革的逐步深入，政府需要由过去的行政型政府转变成服务型政府，特别是随着市场经济体制的逐步完善、新农村建设步伐的加快以及惠农政策的规范落实，政府要服务的范围越来越广，内容也越来越多样。如何满足群众日益增长的公共服务需求，切实解决服务群众"最后一公里"的难题成为政府亟须解决的问题。受财政资源匮乏、部门职能不清、乡村服务平台缺乏等因素限制，蕉岭县公共服务供给难以满足社会发展需求，公共服务难以进村、入户。

（一）财政资源匮乏，服务难覆盖

作为基层治理的重要主体之一，基层政府在农村经济社会发展和公共服务的提供过程中扮演着重要角色，其供给能力和效率的高低直接影响着基层服务的效率。而公共服务有效供给需要政府公共财政的有力支撑。对于经济条件较好的县域而言，在雄厚的财政支持下，其公共服务的供给能力就较强；而对于经济欠发达的县域来说，财政基础薄弱成为制约公共服务供给能力的最直接因素。2012年，蕉岭县公共财政预算收入完成35152万元，公共财政预算支出完成96176万元，其支出远远大于收入。到具体的公共支出，2012年蕉岭县一般公共服务支出12404万元，比2011年增加了9.20%；社会保障和就业支出16460万元，比2011年增加9.07%，医疗卫生支出 8409 万元，比 2011 年增加 7.29%。各项公共服务支出呈现出了较大的增长趋势。2012 年蕉岭 GDP 总额为 49.5 亿元，而 2012 年广东省的 GDP 总额为 57067.92 亿元，蕉岭 GDP 总额不足广东省 GDP 总额的 0.09%，蕉岭总体经济实力较为落后。可以看出，蕉岭县财政收入总体较少，但其财政支出尤其是在公共服务方面的支出呈现快速增长的态势，县域经济和财政收入的匮乏制约了当地政府公共服务的供给能力，在财政资源缺乏的情况下，偏远山区的乡村无论是硬件的基础设施服务，还是软件的公共服务，都难以有效覆盖。

另外，在条块分割的体制下，一部分从乡村汲取的税费被上级政府收取；一部分乡村资源通过"财政包干"从乡镇直接流向上级政府，使得乡镇一级的财政收入受到很大限制。自农业税改革后，以往由乡镇一级直接收取的农业税等被取消，乡镇财政主要来源于上一级财政下拨，乡级财政运行不良和收入不足，导致县一级对乡镇财政进行干预或直接管理。这种"乡财县管"的模式直接影响了乡镇政府的运转状况。可以说，乡镇政府没有真正意义上的财政。在事权不断下放、财政不断上移的情形下，乡镇政府的资金与财政条件使其难以具备职能转变的能力，这也留下了乡镇财政"空壳化"的危机。作为一级政府，乡镇一级没有完整的财权和充足的财政收入，面对辖区居民的公共服务需求难免有心无力。

（二）政府职能不清，服务难供给

清晰的政府职能是政府采取有效治理行为的基础。近年来政府改革，进一步规范了政府职能，减少政府对社会的干预，增强了社会活力。但是随之而来的是政府公共服务在基层社会的收缩，造成这一现象的直接原因就是政府职能的不清晰，使其呈现"一收就死"的无限循环状态。明晰政府职能，转变政府履职方式，是社会治理现代化的必然要求。一方面，基层各级政府职能划分不清。从目前乡镇财权事权配置的情况来看，财权与事权的分离，基层政府的财政压力导致其陷入了服务资源短缺的困境，而基层繁重的事务压力则导致基层政府无暇顾及公共服务的提供，基层政府的公共服务职能被忽视。目前的乡镇财政体制仅对财权进行了县乡两级的纵向划分，而没有明确界定县乡政府职能，明晰事权。在压力型体制下，上级政府有权力管理下级政府，一些应由上级政府承担的职责便容易转嫁给下级，结果是财权与事权的进一步分离而非相匹配，也进一步削弱了乡镇政府的治理能力。乡镇政府本来承担着发展地区经济、维护地区稳定和上传下达的职能。但由于上级政府的指令性任务繁重，且直接关系着乡镇干部的晋升和收入问题，大多数乡镇政府通常把精力和时间都放在了完成上级任务上，从而忽视了地方性事务和公共服务的提供。另一方面，政府内部各部门间条块分割，部门公共服务职能相互独立，很难进行良好的合作。各部门只管自己的工作的正常运行、不出问题，而忽视了社会群众切实的公共服务需求。群众办事需要多个部门长时间奔波，盖几个章，"群众跑断腿"是当前基层社会群众办事难问题的真实写照；同时，各部门在提供公共服务时从自身想法出发，忽视与其他各部门的合作，导致公共服务供给重合，造成了服务资源的极大浪费。

（三）服务平台缺乏，服务难落地

在财政资源相对匮乏和基层事务日益繁多的双重压力下，基层政府提供公共服务的能力受到极大限制，这制约了政府公共政策和公共服务的有效落地。另外，从公共服务的供给体制来看，由于长期形成的城乡二元结构，公共服务的供给在城镇和乡村之间呈现明显的非均衡性，农村公共服务一直处于相对薄弱的状态。从蕉岭县的情况来看，相较于县乡两级较为完善的公共服务体系，村级明显处于弱势地位，农民群众长期难以享受到基本的服务。近些年来，虽然各级政府也开始注重对农村公共服务的供给，但与县级政务服务中心和乡级便民服务大厅相比，其能提供的服务可谓少之又少，服务群众"最后一公里"的问题始终难以解决。蕉岭县面积较大，绝大多数农村分布在广袤的山区，地理条件客观上限制了政府服务进村入户，大山深处的村庄农民办事成本极高，很难享受均等的公共服务。除了公共服务难以有效进村入户外，由于缺乏专业的公共服务平台，政府的服务措施和惠农政策基本依靠村民自治组织实施，但是由于村民自治组织自身能力的限制，其很难有效的落实镇政府这些服务措施和惠农政策，在现实中往往出现村级自治组织在服务和政策落实过程中操作不当，引发了相反的后果，造成政府"吃力不讨好"的局面。此外，村级自治组织长时间忙于政府服务和政策落实，其自身的自治能力被极大弱化，自治组织成了乡镇政府的"派出机构"，群众自治组织变成了政府管理组织。

三　发展困境：社会力量难发挥

十八届三中全会明确提出"正确处理政府和社会关系，加快实施政社分开，推进社会组织明确权责、依法自治、发挥作用"，这是国家实现国家治理现代的重要战略举措，社会是国家现代治理体系中的重要治理主体。治理与统治的实质性区别就在于，统治的主体只能是政府权力机关，而治理的主体可以是政府组织，也可以是非政府的其他组织，或政府与民间组织的联合。善治是治理的理想状态，其本质特征就在于它是政府与公民对公共生活的合作管理，是政治国家与公民社会的一种新颖关系，是两者合作的最佳状态。因此，现代社会治理是多主体的治理，离不开社会主体的参与和社会力量的发挥。但是在基层治理的过程中，由于受传统社会管理路径的束缚，政府在社会管理中忽视社会主体的参与，客观上限制了社会力量的发挥，形成了社会群众难参与、自治组织难运转、社会资源难整合的"三难"局面。

（一）社会群众参与难

实现善治的重要途径就是政府与公民对公共生活的合作管理。在当前我国政府普遍处于强势地位的情形下，推动政府与公民合作的前提就是保证公民对社会公共事务的有效参与。但是在当前的基层治理中，群众对社会公共事务的参与积极性并不高，社会群众普遍反映出一种"事不关己高高挂起"的心态。尽管蕉岭在传统的社会管理中也特别注重倾听民意，引导社会公众参与到社会管理中，以更好的实现政府与社会的互动，可结果却并不如人意。在政府的动员下，群众最开始表现出了很高的热情，但这种参与热情并没有能够延续。绝大多数情况下，政府工作人员将其简单的归结为参与意识不强、农民没有行使自身权利的习惯；不可否认的是在当前我国绝大多数农村地区，农民的参与意识确实是存在不足的现象，但这种参与不足更多的是一种参与无力的表现。在我国社会改革发展的历史长廊中随处可以看到农民的智慧结晶，基层群众的伟大创制，家庭联产责任承包制、村民自治制度等，这些都足以说明基层群众的具有极大的智慧，具有行使自身权利的能力。在传统政府的社会管理逻辑中，坚持效率优先，维护社会稳定是政府社会管理的首要任务，传统计划经济的管控手段就成了政府管理的首选。在这种社会管理手段下，群众缺乏社会参与的渠道，即使是政府为了缓解社会压力，引导社会群众参与，这种参与也很难实现对政府决策的实质性影响。

（二）自治组织运转难

社会自治组织是群众进行自我管理、自我服务、自我教育的重要组织载体，是群众政治参与的实践场所，是现代社会治理的重要主体。但在基层治理过程中，社会自治组织的作用并没有得到有效的体现。一方面，基层自治组织的发展受到了极大的限制。在传统的政府管理思维中，政府害怕社会，害怕社会力量的解放和发展引发社会不稳定乃至社会动乱，同时也害怕社会自治组织对自身权力形成掣肘。因此，在社会管理中政府的首要选择就是加强对社会的控制，压缩社会自治组织的生存空间，限制其发展。另一方面，对于国家制度建构内的自治组织，特别是基层村（居）民自治组织，政府也是加大控制力度，其自治程度也明显受到限制。从调查中了解到，村（居）民自治组织大多对自身角色定位不明确，绝大多数的自治组织把自己当成了乡镇政府的下派机构。一位村民委员会主任坦言道："哪里还有什么自治，我们的主要任务就是完成上级政府下派的各种任务。"群众自治组织"悬置"于群众之上，难以落地。

（三）社会资源整合难

政府自身资源的有限性，限制了政府公共服务的供给，阻碍了社会治理能力的发展，但社会转型和发展助推了基层社会对公共服务和有效社会治理的刚性需求。在国家治理建设和社会发展需求的双重压力之下，部分基层政府开始探索有效利用社会资源，动员社会力量参与到社会治理中。面对有限资源和经济社会快速发展需求的张力，蕉岭县政府积极探索有效利用社会资源路径。但在实践的工作中，蕉岭却遭遇到了前所未有的困难。依靠传统的"命令式"行政方式，政府在传统的社会资源利用和整合的过程中只需要一纸公文就可以解决问题。随着社会变革与发展，社会主体的自主能力不断增强，民主意识不断提升，老一套命令式的动员显然不能够达到目的。出现这一现象的原因并不是社会资源不想参与到社会治理和农村社会建设中，恰恰相反，社会资源对于进入农村社会具有很强的动力。那么为什么在外有政府动员，内有发展动力的情况下，社会资源不愿意动呢？一位村民道出了其担忧："好不容易挣来的钱，政府说拿去就拿去，自己说话还不算数，怎么敢投资呢？"社会资源缺乏安全保障，阻碍了其向农村社会流动。此外，传统的基层社会建设和治理过程都是以政府为主，农村社会基本处于一种孤立的状态，社会资源进入农村社会缺少相应的社会基础和路径。寻找到社会资源与农村社会的连接器，对于整合社会资源，发挥社会资源在继承建设和治理中的作用至关重要。

第二节　激发农村基层治理的"蕉岭思路"

创新社会治理是一场深刻的政府和社会变革，需要从根本上实现治理理念的转变和改革共识的凝聚。面对"蕉岭困境"，蕉岭县委县政府意识到：长期以来，政府大包大揽减少了社会主体参与社会治理的机会，社会主体的参与意识和参与能力的发展受到了极大的限制；政府作为单一的社会治理主体，忽视社会力量的参与，社会资源难以有效整合利用，这造成了社会参与意识淡薄、干群关系紧张、政府与社会的分立。为了破解社会治理乏力的难题，蕉岭县委书记温向芳明确了以制度创新为核心的发展思路，通过转变治理观念和凝聚改革共识，改变传统的"全能型"政府理念，以制度创新弥补社会经济发展不足劣势，激发社会发展活力；通过制度创新引领基层治理创新，引导社会发展。同时，在县长陈伟明和纪委书记卢尧生的倡导下，通过开发传统乡村社会治理资源，激活社会自治活力，凝聚社会力量，整合社会资源，推动多主体参与社会治理。由此形成了以制度创新为核心，以传统社会治理资源为基础，面向现代社会治理变革的"蕉岭思路"。

一　转变观念，凝聚创新治理共识

社会治理改革是一场深刻而全面的政府和社会变革，是一项覆盖面广、利益相关度高、难度大的综合性工程。要实现这一深刻的变革，首先就必须从转变观念开始。蕉岭县委书记温向芳在思考蕉岭转型发展时指出，"观念是行动的直接指引者，蕉岭要突破社会治理困境就必须从转变观念开始，必须从根本上改变各级政府和领导干部的传统社会管理观念，凝聚治理创新共识，才能真正推动社会治理的创新发展。"蕉岭为破解基层治理乏力困境，首先从观念入手，落实和践行现代政府治理理念，为推动社会治理创新营造氛围、汇聚智力、奠定基础。

（一）落实简政放权理念

2013年3月14日全国人民代表大会通过了《国务院机构改革和职能转变方案》，其主要思想是倡导各级政府要简政放权，处理好政府与市场、政府与社会的关系，把该放的权力放掉，把该管的事务管好。2013年5月13日国务院总理李克强在动员部署国务院机构职能转变工作时指出，行政审批制度改革是转变政府职能的突破口，是释放改革红利、打造中国经济升级版的重要一招。然而，从现实情况来看，很多地方欠缺改革的动力和勇气，使简政放权工作的开展难以推进。蕉岭县委县政府通过全面分析基层治理面临的困境，认为随着市场经济体制的逐步建立和完善，农村社会经济建设发展步伐加快以及现代信息技术的发展，传统政府管理的条件和基础早已发生改变，社会对公共服务需求越来越多元，对政府行政效率要求越来越高。在此基础上，蕉岭认识到传统的"全能式"政府管理理念明显无法适应社会变革需求，落实简政放权，扩大乡镇政府和社会组织在社会治理中的主体性势在必行。简政放权，变革政府传统的社会管理方式应该是社会治理创新探索的立足点。

（二）树立多元共治理念

国家治理能力的现代化需要融合"技术"思维，而国家治理体系的现代化则需要借力于"共治"思维。具体来说，国家治理体系包括政府体系、市场体系和社会体系。国家治理体系现代化目标的实现首先要明晰政府、市场和社会各自的治理内容，进而明确三方治理主体的相互关系，以共同服务于国家公共事务的发展。长期以来，政府管制市场，政府行政权力嵌入乡村，压缩社会治理空间，从而造成了政府在治理体系中唱"独角戏"的局面。单一的"一元管理"模式使政府在运作过程中不堪重负。正基于此，温向芳书记指出，"践行多元共治理念不仅是现代社会治理发展的新要求，也是推动蕉岭发展的新途径，蕉岭经济社会的转型发展需要包容开放、创新求进的发展环境和干事氛围，通过实现社会的多元共治，激发社会发展活力，以此开创蕉岭经济社会发展新局面。"因此，多主体共治理念成为蕉岭县委县政府探索现代社会治理的着力点。

（三）践行服务政府理念

现代化的社会治理体系和治理能力的一个重要衡量标准就是政府的服务能力，现代政府从根本上来说是服务型政府。随着市场经济体制逐渐建立和完善，农村社会经济快速发展，农民生活质量逐渐提升、民主意识不断提高，基层社会对公共服务的刚性需求越来越大，公共服务的有效供给成为政府赢得社会群众信任的重要衡量标准。陈伟明县长在担任镇长时就意识到，传统的"命令式"政策执行方式，造成干群关系紧张、政策落实变异等问题，探索新的公共政策实施方式势在必行。蕉岭县面对社会经济转型和发展的新特点、新要求，认为切实落实服务政府建设，践行服务政府理念是应对新时期新任务、新挑战的有效路径，也是创新社会治理的现实着手点。基于此，蕉岭县长陈伟明指出，"面对社会变化的新情况和新任务，基层政府要切实担起自身的服务责任，少讲不行，多讲怎样才行。"服务型政府建设立足于社会发展需求，以为社会群众服务为目标，通过公共服务供给实现政府与社会的有效对接。践行服务政府理念成为蕉岭探索现代社会治理方式的出发点。

二　创新制度，释放社会发展活力

党的十八届三中全会通过的《中共中央关于全面深化改革若干重大问题的决定》明确提出要创新社会治理体制。创新社会治理体制是推进社会体制改革的基本手段，是推进国家治理体系和治理能力现代化的重要组成部分。制度建设是社会治理体制创新的基础，社会治理体制是一个复杂的系统工程，涉及经济、政治、社会等诸多领域的制度建设。因此，在创新社会治理探索过程中需要抓住关键问题，以制度建设为基础，切实创新社会治理体制。蕉岭立足于社会治理困境，认为制度创新应该是蕉岭治理改革探索的重要的出路。通过制度创新，释放改革红利，弥补社会经济发展不足的劣势；通过制度创新，造就改革空间，推动基层治理创新。

（一）创新服务机制

由管制型政府向服务型政府转变是现代政府变革的必然方向。践行服务政府理念，创新和完善服务机制，落实服务政府建设是蕉岭营造良好的社会经济发展环境，推动社会治理创新发展的切入点。蕉岭县委书记温向芳指出，"面对经济社会的转型发展，基层政府要不断创新服务机制，更好地服务群众、推动发展，努力使基层党委政府成为推动发展、服务群众、凝聚人心、促进和谐的坚强战斗堡垒。"蕉岭县在深入践行党的群众路线实践教育活动基础上，发现行政审批事项的办理由于体制机制的不完善，成为农民的"心头痛"；公共服务由于部门条块分割，广大农村缺乏服务平台，使农民可望而不可即。这样一来，如何改善行政审批事项办理的现状，推动公共服务进村、入户，切实解决服务群众"最后一公里"、服务群众"最后一步路"问题，成为蕉岭县强化干群关系需要解决的重大课题。蕉岭政府最初希望在优化行政体系架构，转变工作作风，提高行政效率等内容上下功夫，但成效甚微，原因在于各部门条块分割，审批事项前置条件太多、服务提供分散，存在诸多不合理的情况。在这种情况下，蕉岭开始思索整合政府服务平台，将公共服务平台放到群众中去，由群众根据需要对公共服务进行"点单"，有效解决服务"悬置"问题，实现对公共服务"最后一公里""最后一步"的常态化提供。

（二）规范参与机制

有效的参与是实现多元治理的前提，规范的参与机制是实现有效参与的保障。蕉岭以简政放权为改革突破口，下放行政审批权，理顺各级政府与社会群众自治组织关系，扩大基层群众对社会治理的参与。可是在实践探索中，蕉岭政府发现，由于各级政府与社会组织职能不清和相应的参与机制不健全，出现了"应付参与"和参与形式化的现象，社会组织和群众出现了参与盲目的现象，不知道该怎么参与该从何参与；乡镇政府也不知道通过什么样的方式引导社会参与，通过什么渠道让社会力量参与到社会治理中，简政放权，扩大参与似乎变成了空洞的口号。蕉岭通过总结发现，必须在改革中明晰政府和社会组织职责，打造新的社会主体参与平台，并完善相应的参与机制，才能够有效的保证社会的有效参与。有着多年农村工作经验的纪委书记卢尧生提出，"群众有很强的参与意愿和参与能力，但是部分基层政府害怕群众参与；要激发社会发展活力，推动经济社会发展，政府必须转变社会治理机制，创造社会群众参与平台，鼓励和引导群众参与，实现社会治理的民主、公开、透明。"在此基础上，蕉岭逐渐形成了以推动公共服务落地为契机，打造全新的社会参与平台，引导社会力量切实参与到社会治理中的改革思路。

（三）变革管理机制

蕉岭县纪委书记卢尧生认为，"群众有很强的自我管理、自我教育能力，在社会管理过程中要相信群众，要善于通过群众自治组织化解基层社会矛盾。"良好的社会秩序是社会持续发展的重要保障。政府作为社会管理的重要主体，有效的管理机制对于化解社会矛盾，实现社会的稳定发展具有重要意义。蕉岭在改革探索中，逐渐发现只有服务和参与，广大农村社会并不能持续有效的发展，基层治理改革中还需要创新社会管理机制，有效化解社会矛盾，实现社会矛盾的源头治理。而要从源头化解矛盾就必须创新社会管理机制，探索多渠道化解社会矛盾。蕉岭以实现公共服务落地为契机，变被动为主动，尝试探索政府主动了解社会群众需求，及时发现社会矛盾，解决社会问题，实现社会矛盾的源头治理。同时，创新社会矛盾协调机制，基层群众矛盾绝大多数属于群众间的矛盾，因此，可以逐渐探索社会自治组织进行矛盾的自我化解，避免矛盾的进一步升级。

三　立足传统，激活基层治理资源

不同的社会发展阶段和社会文化影响着社会治理方式。社会治理创新是为变革政府治理方式以适应社会发展的需要，其着眼点是面向未来社会发展，因此，在社会治理创新的过程中，很多机制、制度探索具有前瞻性，这是在治理改革创新中不可避免的，也是改革创新探索的必然要求。缺乏前瞻性的创新不仅不能够保证社会的持续健康发展，反倒会在一定程度上为其发展埋下隐患。社会治理创新的前瞻性必须建立在已有社会发展，把握社会发展规律的基础上，尤其是对特定社会文化的深刻认识基础上。在此基础上的创新探索，才能符合该社会的发展要求，才是社会切实需要的变革。蕉岭县纪委书记卢尧生认为，"基层社会有许多有效的治理资源，创新社会治理不能忽视基层社会原有的治理资源，要善于发现和利用这些资源，这样的创新改革才有其生命力。"蕉岭县在治理探索过程中，不仅面向未来发展，也立足传统开发，坚持传统与现代相结合的治理变革思路。

（一）推动村民自治组织发展，落实群众自治权利

随着农村社会经济的快速发展和人民生活水平的提高，农民的民主意识逐渐增强，参与村庄治理、进行自我管理与决策成为广大农民的切实诉求。蕉岭的广大农村的快速发展和政府公共服务供给的下移让蕉岭政府感受到了广大农村的参与意愿和有效的参与能力。为了适应社会变化发展的需要，蕉岭县委县政府充分利用已有的组织资源，以健全村民自治组织为

抓手，在现有的村民委员会的基础上，根据农村社会发展实际，不断探索和完善村民自治组织，理顺政府与村民自治组织关系，落实群众自治权利。同时，也通过发挥村民自治组织的自我管理、自我服务和自我教育功能，缓解政府治理压力。

（二）鼓励宗族组织转型发展，发挥传统文化作用

合理开发利用传统社会治理资源是对现代社会治理的重要补充，也是现代社会治理机制发展的重要基础。蕉岭在改革中通过简政放权、公共服务落地、推动村民自治组织发展逐步激发了社会发展活力，群众参与治理的积极性逐渐提高。蕉岭社工委主任陈国政说："调研时发现村庄传统宗族组织在组织村民、凝聚社会资源、推动乡村社会建设和治理中的作用逐渐凸显，让蕉岭见证了社会组织和传统文化的力量。"鉴于此，蕉岭县委县政府不断挖掘地方传统文化，探索在社会治理改革中，有效发扬客家传统优秀文化，发挥客家民俗风俗作用；借鉴客家族规行约，从各村历史文化和民俗民风的实际情况出发，在充分尊重村民意愿的基础上，引导自然村（村民小组）群众自愿组织。并在此基础上，通过建章立制、完善乡规民约等，规范民事民治管理机制，不断提高农村民主自治的能力和水平，促进群众在农村社区治理、公共事务和公益事业中依法自我管理、自我服务、自我教育、自我监督。

（三）搭建多元主体参与平台，凝聚民智整合资源

村民自治组织和其他社会组织的发展，壮大了社会力量，社会参与基层治理与发展的诉求越来越强烈，一旦缺乏有效的参与平台，各主体将"各自为政"，阻碍基层治理创新的推进。同时，蕉岭政府在推进社会治理过程中，也希望整合社会资源、凝聚民智，使其参与到乡村的建设和发展中，以实现基层有效治理和经济发展同步并举。蕉岭县陈伟明县长指出，"要推动蕉岭的快速转型发展，仅仅依靠政府的力量完全不够，还要善于引导社会主体参与，整合社会资源。"这就需要打造全新的社会参与平台，各主体以平等的身份参与到村庄的治理和发展中，建言献策；同时，通过平等的协商，尊重和保障各发展主体的权利。逐步探索通过各主体的良性互动来成倍放大基层创新的效用。

第三节　探索农村基层治理的"蕉岭路径"

新中国成立以来，我国的村级治理模式也在发生着变化，人民公社体制形成了以党组织为核心的"政权治理"模式，随着农村改革的推进，村民自治得以实施，形成了以乡镇政府和农村自治组织为主体的"乡政村治"模式。到20世纪90年代，农村基层治理问题凸显，村民自治难以落地，农民民主权利难以实现，基层民主发展缓慢。十八届三中全会提出：坚持基层群众自治制度，更加注重健全民主制度，发展基层民主。面对党加强农村民主政治建设的新任务，如何通过创新农村基层治理模式，实现好、维护好、发展好农民的民主权利，推动基层治理体系制度化、现代化，是当前农村工作亟须解决的问题之一。本着"先行先试"的原则，蕉岭在探索农村基层治理模式的实践中，形成了以制度创新为特点的"蕉岭路径"。2014年习近平总书记指出"加强和创新社会治理，关键在体制创新"，蕉岭县依靠制度创新来推动农村基层治理的思路，正契合了习总书记的讲话精神。

蕉岭通过制度创新来推动农村基层治理创新的思路形成后，蕉岭基层治理的改革实践前后相继地进行开来，形成了蕉岭探索农村基层治理的"蕉岭路径"。自2007年以来，"蕉岭路径"可以分为三个阶段，一是2007年开始的村务监督制度的创新，到2010年蕉岭县村民监督委员会制度作为《村民委员会组织法》修改的地方经验基础，写入了国家基本法律，这是蕉岭创制之路的初步探索期，也是"蕉岭路径"的第一轮创制实践。二是2012年开始摸索的村民理事会制度的创新，到2013年村民理事会制度创新在蕉岭全县展开，这是蕉岭创制之路的中期延伸，也是"蕉岭路径"的第二轮创制实践。三是2014年村级协商议事会制度的创行，这是在前两轮创制实践基础上的提升，也是"蕉岭路径"的第三轮创制实践。从创导村民监督委员会制度，到村民理事会制度的创设，再到村级协商议事会制度的创行，这一轮又一轮的创制之路，前者是后者的基础，前后互为补充、环环相扣，形成了蕉岭在推动农村基层治理创新工作中的"蕉岭路径"，走出了蕉岭自己的创制之路。

一　路径初探：创导村务监督制度

《村民委员会组织法》规定了村民在村民自治中享有的四大权利——选举权、决策权、管理权和监督权，民主选举、民主决策、民主管理和民主监督成为中国村民自治的四大核心内容。但《村民委员会组织法》实施中存在的村民监督权利缺失的问题，在基层自治中民主监督往往成为最为薄弱和最难发挥作用的环节。一旦民主监督落空，民主选举、民主管理和民主决策也就难以真正实现，民主监督的权利是选举权、管理权、决策权有效落地的基本保障和前提条件。在失去权力监督的情况下，村民自治往往演变成为村干部自治，村里重大事项都是村里的"一把手"说了算，没有监督权利制衡的"一言堂"，使得村官贪污腐败的现象屡见不鲜。

（一）监督制度创导的动因

蕉岭在 2007 年以前，农村基层治理也面临着上述的问题。据蕉岭县纪委书记卢尧生介绍，当时蕉岭县纪委每年查办的党员干部违规案件中，约有一半来自农村。并且蕉岭县当时的 97 个村庄，都实行了村支书和村主任"一肩挑"的模式，在村民监督权利落空的情况下，权力都集中在了村主任（村支书）一个人身上，产生了"村长独大"的负面现象。正是因为缺少民主监督，一些村庄就有了"小官大贪"的事情出现，"选举村官难，监督和罢免村官更难"成为农村基层治理中的一个大问题。根据当年的相关媒体报道，以三圳镇芳心村为例，作为一个省市领导挂点的村，该村建立了包括《财务支出审批制度》《印章使用管理制度》和《重大事项议事制度》等在内的多项制度，可是运行了 3 个多月后，由于没有人来监督，这些制度都成为"空架子"。如果都要靠县纪委监督，工作量就太大，难以承担。为此卢尧生书记有了在村级设立"村务监事会"的想法，可以对村务、财务进行监督，让村民的监督权利落地，一场以制度创建为核心的改革之路拉开了序幕。

（二）监督制度创导的过程

蕉岭村务监督制度的倡导，是蕉岭创制路径迈出的第一步。2007 年蕉岭县纪委出台了广东省首个在农村设立"村务监事会"的政策，在县纪委书记卢尧生的倡导下，三圳镇芳心村成立了广东省首个"村务监事会"。这场以村务监督制度为核心的探索，在蕉岭县三圳镇悄无声息地展开了。村务监督制度的创导不是一帆风顺的，经历了三个时期。首先是试点摸索期。以芳心村为试点，由村民代表会议民主推荐产生村务监事会。芳心村的 5 名老党员、老干部、老模范当选，"三老"组成了首个村务监事会。其次是逐步推广期。从 2007 年试点到 2009 年，是村务监督制度的推广期。这一时期的推广工作遇到了阻力，当时蕉岭县的多数村干部对村务监事会持抵触态度。2008 年全县只有 10 个村庄设立了村务监事会，到 2009 年底，全县有了 20 多个村庄成立了村务监事会。这一时期的工作主要是说服村干部，转变他们的思想认识，并逐步完善村务监督制度。最后是全县铺开期。随着村务监督制度的不断完善，村务监事会对村务、财务的监督取得了较好效果，得到了广东省纪委和梅州市纪委的充分肯定。2010 年 6 月，广东省纪委常委姜斌到蕉岭考察，肯定了村务监事会"具有借鉴意义，值得总结推广"。随后，蕉岭县委县政府发布文件，要求全县 97 个行政村全部推广。到 7 月底，全县 94 个村建立了村务监事会，只有 3 个"问题村"没有建立。蕉岭的村务监督的实践，成为 2010 年《村民委员会组织法》修改的地方经验基础，第一轮的蕉岭创制实践进入了国家法律。

二　路径延伸：创设村民理事制度

改革开放以来，我国广大农村建立了以行政村为单位的村民自治模式。经过 30 多年的发展，我国基层民主得到了较大提高，但是随着社会经济的发展，特别是在社会经济发展较快的广东，村民的个体利益显著，由于农村基层社会缺乏有效的组织凝聚，村民往往成为孤立化的"原子"状态。村民对村庄的公共事务漠不关心，同时村干部人数有限，加上本身要承担乡镇的一些行政工作，在村庄公共事务面前，村干部往往分身乏术，农村公益事业面临着"政府管不到，干部管不了，社会无人管"的困境。以行政村为自治单位正面临着一系列的问题：行政村规模较大，民主议事难开展；村委会服务半径过大，公共服务难落地；利益联结不紧密，公共事务不参与等。让村民发挥主体作用，让村民自治有效落地，成为亟待探索解决的问题。

（一）理事会制度创设的动因

蕉岭县同样面临着上述问题，但又有着自身的特殊情况。蕉岭地处广东东北部，内部多山地和丘陵，有着"八山一水一分田"的说法。实行合村并组后，蕉岭内的行政村面积较大，特别是地处山区的村庄，小的村庄3—5平方公里，大的村庄有的达到了10多平方公里。村庄下辖的村民小组较多，平均都有10个以上，有的村庄甚至拥有20多个，这些村民小组散落在行政村内。地域上的分散，使得民主议事、公共服务、公益事业的开展更为困难。蕉岭村务监督制度创设的经验与成效，证明了从制度创新入手是推动农村基层治理的有效途径。基于上述原因，蕉岭在立足传统治理资源的基础上，以村民小组为基本单位，利用传统治理资源，发挥村民小组内利益相关、地域相近、文化相连的特征，创设了村民理事会制度，实现"民事民治、民事民办、民事民议"。村民理事会是村级组织的延伸，是蕉岭第二轮创制之路的开启。

（二）理事会制度创设的过程

蕉岭村民理事会制度的创设可以分为三个阶段。首先是对传统治理资源的发掘期。蕉岭内多是客家人，占全县人口的99.8%，同一村民小组内的农户，大多是同一姓氏，并拥有着共同的祠堂，在客家文化传统中，宗族祠堂的修葺与维护工作，是由村民推选产生的祠堂理事会进行的。祠堂理事会成员多是宗族的长辈，在小组内比较有威望和号召力。蕉岭县社会工作委员会的陈国政主任说："客家的传统治理资源，如果能被发掘利用，对村庄治理将大有裨益。"2012年，蕉岭开始鼓励祠堂理事会为村民公益事业出力，除了修葺祠堂，祠堂理事会开始带领农户硬化道路、修建桥梁，有的还建起了小广场。其次是引领传统治理资源的转型期。2013年蕉岭被中国国务院确定为"全国农村综合改革示范试点单位"，这为蕉岭创制之路提供了"先行先试"的政策机遇。同年蕉岭出台了《农村村民理事会设立指引》，在尊重村民意愿的基础上，引导祠堂理事会向村民理事会转型，明确了理事会成员的资格条件和推选程序，规定了理事会职责、议事程序、决策方式等，并制定了《村民理事会章程》为各村参考。最后是村民理事会的成熟期。经过一年多的运行，到2014年9月全县已成立了878个村民理事会，并实现了"三明确"——人员明确、程序明确、职责明确。仅三圳镇的63个村民理事会，一年间就筹集资金813万元，建成小公园20多个，篮球场8个，道路硬化12公里。村民理事会在农村基层治理的效用愈发突出，同时标志着蕉岭第二轮创制之路的成功。

三　路径提升：创行协商议事制度

《村民委员会组织法》规定，村级重大事项要经由村民会议讨论决定。村民会议包括了村民大会和村民代表会议，在现实运行中，村民大会由于人数较多、规模较大，操作十分不便，不容易召开，村民的决策权利一般由村民代表会议行使。在许多地方，村民代表会议在实际运行中流于形式，往往是村两委做出决策后，再召集村民代表会议，会议召开时村民代表甚至还不知道会议要讨论的议题是什么，村民代表会议成了"花瓶"和"空架子"。村民的决策权利难以实现，为村干部独断专权、贪污腐败提供了可乘之机。村民的民主权利，仅体现在了村两委换届选举时的投票权上，投票结束后村民的民主权利就无从体现了。在全国政协成立65周年的庆祝会上，习近平总书记指出，要看人民是否在选举时有投票的权利，也要看人民在日常政治生活中是否有持续参与的权利，同时提出"有事多商量、遇事多商量、做事多商量"，这为新时期的农村基层治理指出了发展方向。

（一）协商议事制度创行的动因

蕉岭县经过前两轮的创制实践，村民监事会让村民的民主监督权利有了保障，村民理事会制度的创建，让村组织延伸到了村民小组，在小组范围内村民有了议事平台，有了参与决策的渠道，对公益事业的参与热情也高涨起来。但是在行政村范围内，村民的民主决策权利没有能够实现，村民大会难以召集，村民代表会议流于形式，如何保障村民民主权利，保证村级决策的合理性，也是蕉岭此时面临的难题。同时村民监事会、村民理事会成立运行以来，蕉岭面临着规范村级组织运行，提升组织效用的任务，正是基于这些问题，在2014年以创行村级协商议事会为核心，蕉岭开启了第三轮创制之路。

（二）协商议事制度创行的过程

蕉岭村级协商议事会的创行可以分为以下两个阶段。一是村级协商议事会的初创期。2014年10月17日，以三圳镇芳心村为试点，召开了首次村级协商议事会议。参加会议的人员有村"两委"干部、村民代表、党员议事代表、村监委会成员、村民理事会理事长、离退休干部等乡贤，这次会议是在村民代表会议基础上的扩展，将监委会成员、村民理事长、乡贤也纳入其中。2015年2月3日新铺镇象岭村召开了协商议事会议，5月14日三圳镇河西村召开了协商议事会议。这一时期，主要是村级协商议事会制度的摸索和建设期。二是村级协商议事会的完善期。随着村级协商议事会在各村的不断召开，县委常委、纪委书记卢尧生提出了"各镇村要不断探索完善协商议事会制度，提高村民议事、决策、管理能力，使民智民意更好地贯穿决策始终，全力推进基层民主治理建设"的要求，通过总结前期协商议事会议开展的经验和不足，逐渐形成了较为完善、易于操作的一套协商议事规则和流程。蕉岭村级协商议事会的推行，改变了农村基层权力"悬浮"的难题，让村民在享有选举权、监督权的基础上，拥有了决策权、管理权。然而蕉岭村级协商议事会的创行还没有结束，正处于不断成熟和推广阶段，一些村民的参与意识有待提高，同时村民的议事能力和技巧也有待提升，最为关键的是协商议事的规则有待更多的实践进行检验。

蕉岭村级协商议事的创建，是在前两轮创制的基础上进行的，既是对先前工作经验的运用，又是对前两轮创制效果的提升与升华。一方面，村民监督委员会制度为决策权、管理权的有效落地，提供了制度前提。村民监督委员会制度保障了村民的监督权利，监督权是决策权、民主权的基本前提与保障，如果没有民主监督，民主决策与民主管理就难以有效实现。另一方面，村民理事会制度为协商议事提供了基础经验。蕉岭在引导和规范村民理事会运行中，形成了一套村民理事会的议事程序、决策流程，这为村级协商议事会提供了经验借鉴，同时也是村民参与村级协商议事的前期训练。

第四节　创造农村基层治理的"蕉岭规则"

民主的观念，自五四运动以来就传入了中国，并且民主作为一种口号被众人"熟知"，民主成为了现代政治追求的重要价值目标，也是衡量现代政体的一个重要标准。然而经过90多年的探索努力，民主却并没有能够真正有效地在基层治理的大地上生根开花。民主的重要性被众人熟知，可在现实实践中，民主却总难以实现。特别是在中国的基层农村，村民自治实施已30多年，而大多数村庄的村民大会却难以召开，村民代表会议也流于形式，参会村民不是一言不发就是吵作一团，使得决策要么由村干部决定产生，要么就在争吵中难以形成。越来越多的人意识到，没有一套可操作的程序规则，让"民主下乡"是难以有效实现的。如何让民主具有可操作性，成了基层农村治理面临的一大难题。

蕉岭县经过前后相继的创制探索，从村民监督委员会制度的创导，到村民理事会制度的建立，再到现在村级协商议事会制度的创行，在不经意之中为中国基层治理提供了制度化的流程和程序性的规则，从监督过程到议事过程，再到决策过程，逐渐形成了全面系统的"蕉岭规则"。这套规则为民主在基层农村的落地，提供了一种让民主变成行动，让民主具有可操作性的途径。"蕉岭规则"让村民的民主议事能力大幅提高，按照这些可操作的规则，村民在意见充分沟通的基础上，经过妥协达成一致意见，决策的合理性和科学性也大为提高。同时由于决策是大家议事讨论产生的，在执行中能够得到大多数村民的认可和支持。正如华中师范大学中国农村研究院的徐勇教授所说："广东蕉岭将协商机制引入乡村治理过程中，建立协商议事会，由利益相关者参与公共事务的讨论与决策，并制定协商议事规则，这是蕉岭对乡村治理创新的一个贡献。"

一　监督规则：全面全程式监督

蕉岭县本着"促进村级事务公开、透明，村'两委'廉政勤政，财务规范运行，落实村民监督权利，促进村级民主发展，推动农村基层治理"的原则，2007年在三圳镇芳心村试点，由村党组织牵头，探索建立村务监事会，代表村民监督村务，平衡村委会权力。经过多年的摸索实践，村民监督制度在实际运行中不断完善，逐步成为监督村务的重要组织力量，形成了一套全面监督的规则，即村民监督委员会（由监事会发展而来）对村级公共事务进行全面监督，不仅限于财务收支的监督，还有包括对人与事的监督，从"财、事、人"多方面来强化民主监督。同时蕉岭在探索监督规则过程中，为了发挥监督制度的预防作用，保障村民共同利益不受损害，形成了全程式的监督规则，即进行事前、事中和事后监督，全程预防违规行为的产生。蕉岭监督规则的形成，使得村民监督委员会有效运行，成为党组织监督村务的一个载体和好的抓手。

（一）村级公共事务全面监督

首先，对"钱"的监督。村民监督委员会参与村级财务收支监督，村监委要每月召开一次会议，每季度结算一次村账，不定期进行碰头，村民里每花一分钱都要经过监督。对上级拨入村里的专项经费，实行《专项经费联审联签制度》，支出时须经村党组织书记、村委主任、村监委主任"联审联签"后才能报销入账，保证专项经费用在项目建设上。其次，对"事"的监督。村民监督委员会不具体从事村务工作，主要监督村"两委"决策决议执行情况、村级重大事项民主决策情况，以及村务公开、党务公开情况、村级资源管理情况、村财务收支情况等方面的工作。最后，对"人"的监督。村民监督委员会参与村干部业绩评议监督，每年底村监委支持召开村民代表会议，通过"村官述职、代表提问、代表票决"三个环节，对村干部一年来的工作业绩进行民主评议，对评议不称职的村官，由县纪委、县委组织部、县民政局等单位对其进行集中诫勉谈话，连续两次评议不称职的，按照《村民委员会组织法》的规定"终止其职务"。

（二）事"前中后"全程监督

村民监督委员会参与村务公开、重大事项、政策落实、意见处理等，将监督贯穿于村务决策、村务管理等过程之中，进行事前、事中、事后全程式监督。首先，事前监督。规定每次村"两委"商议村中重大事项的会议，都要邀请村监委成员列席参加，同时可以通过村"两委"通报工作、学习文件资料等形式，做到事前知情，对决策、管理进行事前监督，确保村级组织决策程序规范，决策科学合理。其次，事中监督。决策执行过程中，村"两委"要向村民监督委员会按月定期通报工作情况，村监委要全程参与涉及村民利益的重要村务，如资产资源处置、工程招投标、"三资"清理等，还要听取、收集社情民意，进行集体例会审查，进行事中监督。最后，事后监督。决策执行落实后，村民监督委员会要对决策执行结果测评，对村务监督情况要及时反馈给村"两委"，针对存在问题督促整改，要接受群众信访举报并向乡镇纪委报告，协助乡镇纪委查处违纪违法案件，以实现事后监督。

（三）通过村民考核对村监委进行监督

蕉岭县在全省率先制定出台《村务监督委员会考核方案（试行）》，

对全县各行政村村务监督委员会及其成员进行考核。镇党委每年1月中旬对上年村监委工作进行考核，考核由"基础工作考核、民主测评、奖励处罚"三部分组成，分值为100分。其中基础工作考核占70分，重点考核村监委机构是否健全、监督村务公开是否及时全面、是否了解掌握苗头性问题、是否收集村民意见建议并及时向村"两委"反映等。民主测评占30分，由镇党组织党政班子成员、纪委委员及部门负责人、下乡组长参加民主测评，然后由镇纪委牵头深入各村实地考核，组织村民代表参加民主测评。奖惩性处罚主要是对成绩突出、效果明显的村监委进行加分，对工作不到位、监督无效果的村监委进行扣分，最后汇总考核结果并进行公示。考核结果分为优秀、良好、合格、不合格四个等次，县、镇财政以"以奖代补"的形式，对考核优秀、良好、合格的村监委成员每人每月给予工作补助，对连续两年考核不合格的，劝其主动辞职或依照法律程序予以罢免。

二　议事规则：民主有序型议事

蕉岭县为进一步推进基层民主治理建设，规范村级事务民主决策、民主管理，保障村民决策权、管理权，促进村级工作规范化、制度化，根据《中华人民共和国村民委员会组织法》和《广东省实施〈中华人民共和国村民委员会组织法〉办法》的有关规定，在村民代表会议基本制度的基础上，建立由党员、群众和社会各界人士广泛参与的"协商议事会"制度，最大限度地实现村级事务的民主决策与管理。蕉岭村级协商议事会成立以来，通过各乡镇的不断推行，逐渐形成了一套议事规则，村民议事得以民主有序进行。

蕉岭议事规则的产生，其实经历了两个过程，不是一蹴而就的。蕉岭在第二轮创制中，形成了村民理事会制度，在村民小组范围内，村民在理事会的召集下进行民主议事，在这期间蕉岭的议事规则便开始形成。2014年蕉岭以村级重大问题和涉及村民利益的重大事项，必须坚持民主集中制原则，对村级事务实行民主决策，坚持做到"民主平等、开放包容、广泛协商"的原则，建立了村级协商议事会，使得村民议事规则更加成熟而完善。具体来讲，议事规则主要有议事会议召开的规则、客观性的主持规则以及代表发言讨论的规则。

（一）议事会议召开的规则

协商议事会议的召开，是村民议事有序进行的前提。为此，蕉岭县对村级协商议事的召开办法、时间、代表规模都作了明确规定。首先，根据《村级协商议事会议事制度》的规定，村级协商议事会的召开，要由村"两委"负责人召集。村党组织、村民委员会提议或 1/3 以上的议事代表提议，就应当召开村级协商议事会。其次，村级协商议事会议要定期召开。蕉岭县规定村级协商议事会议每季度至少召开一次，特殊情况或有 1/3 以上议事代表成员提议，可以临时召开议事会议。最后，每次协商议事会议的召开，都必须要有 2/3 以上的议事代表参加，达不到代表人数规模的，所开会议及所作决策视为无效，村民监督委员会要对会议的召开进行监督。

（二）客观中立的主持规则

首先，村级协商议事会议召开前，要确定会议的主持人人选，经过村"两委"和村民代表讨论决定选出 1 名会议主持人，一般情况下可由村第一书记或村主任（村支部书记）来担任，当会议议题需要其回避时，可由其他村干部来担任主持人。其次，村级协商议事会议由会议主持人召集、主持，主持人要熟悉议事程序和议题，议题讨论前要简单介绍各议题和会议流程，关键要担负起维护会议秩序、保障会议有序进行的职责。最后，会议主持人要保持客观中立的原则。主持人不能参与会议议题的讨论，也不能参与会议议题的表决。并且主持人发言要客观中立，对议题表述不能带有明显的感情色彩，也不能对议题带有选择倾向性，不能引导或暗示议事代表进行决策。

（三）代表发言讨论的规则

首先，代表发言依次进行。就某一议题需要发言时，议事代表要举手向主持人示意，由主持人决定发言次序，代表发言要依次有序进行。其次，发言讨论的时间规则。议事代表就某一议题发言，时间一般要控制在 7 分钟以内，最长不要超过 10 分钟，发言时间不宜过长，不能过多占用其他议事代表发言时间。最后，议事代表有评价、批评、建议、质询的权利，但议事代表讨论发言要做到"不攻击、不打岔、不辱骂"，除此之外，议事代表发言要面对会议主持人，向主持人阐述自己的观点，而不是面对与自己意见不同的人发言，以避免矛盾冲突和争吵。

三　决策规则：程序规范型决策

蕉岭村级协商议事会的建立，为村民行使决策权利提供了有效平台，使得村民在行使完投票权利后，依然能民主参与村级的决策事务，落实了村民的决策权、管理权。村民协商议事会是在村民代表会议的基础上成立的，同时又扩大了村民代表会议的规模，吸纳了村民监督委员会成员、村民理事长、外出乡贤等，并将其功能进一步完善和提升，使议事方式更加包容，参与主体更加丰富、多元，保证了村民民主决策与管理。村级协商议事会的有效运行，主要是由于蕉岭形成了一套可操作性的程序规则，正是将决策程序流程化，形成规范式的决策规则，使得决策更加民主科学。决策规则也是在村民理事会制度的基础上形成的，同时又是对村民理事会制度的提升，总的来讲，蕉岭的决策程序的规则主要包括：议题产生、会前准备、议题讨论、形成决议四个部分。

（一）议题产生的规则

首先，会议议题不能由村"两委"闭门产生。村党组织在广泛征求群众意见后提出的议事内容，以及村两委或者1/3的议事代表提议的内容，经过村两委联席会议讨论后，召开支部会和全体党员会，广泛听取党员和村民意见后产生议题。其次，协商议事会议的议题应有多种类型，可以分为提议类、表决类和商议类。协商议事会的议题，不能仅是提议类议题，要以表决类和商议类议题为主，但是议题的数量不宜过多，以3—4个为宜。最后，议题产生之后，要将议题事先告知议事代表，并且至少在会议召开的前10天进行张榜公布，并通过建立村民代表、党员议事代表联系群众制度，确定每一代表联系的农户和具体对象，登记造册，在及时收集村民意见的基础上，对会议议题进行会前修改和确认，为协商议事会召开做准备。

（二）会前的准备程序

首先，确定村民协商议事会议的召开地点、时间，并提前一周在村务公开栏进行公布，必要时在各村小组内进行粘贴通知。其次，确定会议的主持人，并确定参会的议事代表名单，原则上村"两委"干部、党员议事代表、村民监督委员会成员、村民理事会理事长、村民代表要参加协商议事会议，同时可以邀请村离退休老干部、县乡相关干部、在外乡贤等社会各界人士参加议事会议，其他村民也可以列席会议。最后，村"两委"干部会前联系议事代表，初步确定不能与会的代表名单，并将缺席事由记录在案，以作为民主测评、工作考核、评优评先时的参考依据。

（三）议题讨论的规则

议题讨论规则与议事规则中的发言讨论规则一样，这里就不再重述。

（四）决议形成的规则

决议的形成，要经过议事代表表决来确定表决结果。一方面，表决的方式可以多样化，根据议题的实际需要，需要票决的就进行票决，票决制要采用无记名投票，并在村监委的监督下进行唱票，无须票决的议题可采用手决制，清点出赞同人数、不赞同人数和弃权人数。另一方面，表决后要现场确定表决结果，形成决议，村级协商议事会的决议产生后，要由村"两委"去执行。上述两个方面，都要在村监委的监督下进行，以确保决议的真实性和民主性，并且村监委要监督决议执行的情况。除此之外，协商议事会要有专门的会议记录人员，要形成完整的会议记录，会议的支持人和记录人都要在会议记录上签字，次年要有序归档，协商议事会做出的重大决议，必须在村务公开栏上公开。

第二章　创设基层治理的草根监督制度

家庭联产承包责任制之后，我国农村基层实行了村民自治制度。这一制度改变了一直以来村干部由上级任命的传统，实现了村干部的产生方式的革命性变革，增强了基层社会的自治性，回应了村民的民主诉求。经过30多年的发展，基层民主成效显著：一方面，农民的民主意识不断提高，民主机制不断完善；另一方面，村民自治制度不断完善，村民自治的内涵也不断拓展。然而，村民自治制度既是基层社会的一项自主性创造，又是国家的一项重大制度安排。这种制度安排，是以试点经验总结为基础，通过顶层的制度设计再逐步推广的，任何一项好制度的设计并非都完美无缺，需要在发展中不断完善。村民自治推行以来，遭遇的最大困难即是村民的民主选举、民主决策、民主管理和民主监督四项权利难以同步。尤其是民主选举之后，村民委托给村干部的公共权力，难以受到监督，导致村官腐败问题频发，基层治理陷入困境。

为解决村民自治制度自身缺陷引发的治理困境，各地在实践中进行制度创新的尝试从未停止过。在经济发展较快的广东，城市的扩展带来了农村土地增值，掌握村庄公权力的村官行为难以受到约束，村官腐败问题日益严重。为解决这一问题，广东省委、省政府和纪检部门采取了教育、审计、法律和制度建设等多种措施遏制这一趋势蔓延，但收效甚微。蕉岭县纪委结合农村实际，借鉴企业的监事制度，利用村内现有的"三老资源"，成立了村务监事会，通过分权制衡的方式，制约村干部权力，创新了村务监督模式，由此开创了蕉岭第一轮制度创新。经过3年的探索，蕉岭的村务监督制度形成了较为完善的制度体系，在监督村务中发挥了重要作用。2010年10月28日，《中华人民共和国村民委员会组织法》修订中，吸收了蕉岭农村设置村监委的做法，要求村应当设立"村务监督委员会或者其他形式的村务监督机构，负责村民民主理财，监督村务公开等制度的落实"。蕉岭第一轮创制获得了地方和国家的肯定，上升为国家基本法律。

第一节　基层监督弱化引发治理困境

按照村民委员会的制度设计，村民委员会是群众性自治组织。村民通过民主选举直接投票选出自己的"当家人"。选举之后，"当家人"受村民的委托管理村级事务。村民通过民主决策、民主管理和民主监督来实现自己管理村庄事务的权利。从"四个民主"的发展现状来看，截至 2006 年，广东省绝大部分村庄已经经历了 3—4 次村民委员会选举。在选举前后，地方政府成立专门领导机构，组织乡镇干部包村指导选举。农民也有意识的讨论、参与、评价和投票给自己的候选人。目前来看，尽管全国各地民主选举发展情况不一，甚至很多地方仍然存在乡镇干预、贿选、参与不足等诸多问题，但整体上看，一人一票的直接民主选举理念已经深入人心。在政府的宣传、组织、培训和民众的实践下，村民自治的选举程序逐步规范，自治效率不断提高。毫无疑问，民主选举这一环节走在了前面。但是，相比而言，其他 3 个环节依然滞后，农民的监督、决策和管理权利难以落实。从运行机制上看，出现这种现象的根本原因在于村民与村干部之间委托—代理关系的断裂。选举的过程，是村民将自己的其他三项权利委托给村干部代为行使的过程，但受委托方在代行这种权力的过程中，却并未按照村民的意愿在既定的制度范围内行使公共权力。"常常是选举完成了，村民集体的权力就转化成为村干部的权力，别说全体村民会议、就连村民代表会议也是形同虚设，村民面对无法无天的村干部，只能经年累月地背着一袋一袋的材料，辗转于各个部门反映情况。"[①] 选举是基层民主的开端和前提，但更为重要的是对权力的监督和制约。代理性权力在产生之后就需要经常性和持续性的约束，否则就会违背委托人的意愿。因此，在其他 3 个环节中，民主监督显得尤为重要。"农村基层民主的绩效

---

① 李丽：《村务监督委员会又一个民间智慧结晶》，《中国青年报》2011 年 3 月 30 日，第 3 版。

如何，在很大程度上取决于民主监督的效果如何。"① 但是，我国的民主监督却有着自身的尴尬。

一　农村基层民主监督体系的尴尬

目前，我国对村两委的权力运行的监督形式较多，如村党组织对村委会的监督，党组织内部对村支书权力的监督，村民会议对村委会权力的监督，基层政府对村委会的监督，县镇党委、纪委对村两委的监督，普通村民对村级权力的监督，还有媒体和舆论监督等等。可以说，自上而下，党内党外构成了一个完整的监督体系。这一监督体系按照层级分为上、中、下三级，我们称之为上级监督、同级监督和下级监督。但由于诸多原因，实际的监督效果并不理想。

（一）上级监督太远

目前，上级监督主要是党委、纪委和镇政府对村两委权力的监督。从县镇纪委监督来看，存在两方面问题：一方面，监督的合法性问题。蕉岭县纪委书记卢尧先生认为，党委和纪委对村委会主任的监督不"合法"。根据我国现行行政体制，村官是"从事公务"的人员，但不是公务员，故而，纪委的纪律之杖够不着；村官是村一级组织的"干部"，但不是我国行政意义上的"党政干部"，故而"监察"的规矩之箍套不上。就乡村关系来看，村民委员会是一个自治组织，乡镇与村委会不是领导关系，乡政府对村干部不好监管。而且长期以来，自上而下的压力型行政体制，使得基层事务主要依靠村干部来完成，乡村关系复杂，监督效果不佳。另一方面，监督成本较高。由于行政村数量和村干部数量较多，相关工作部门人员有限，监督耗费的人力财力和物力较大。如蕉岭县合并之后共有 8 镇、97 个村委会和 10 个居委会，而且蕉岭属于山区，交通不便，单依靠县镇纪委党廉室和案件组的不到十几名工作人员来监督数百名村两委干部是不现实的。

（二）同级监督太弱

在村内与村两委同级的机构主要是村民代表大会、党员代表大会。村

---

① 马宝成：《民主监督：农村基层民主的新增长点》，《国家行政学院学报》2011 年第 6 期。

民代表大会行使对村委会的监督权，党员代表大会行使对村党组织的监督权，同时村党组织作为领导机构对村委会也有一定的监督责任，但这些监督基本是处于虚置状态。首先，由于村民的监督意识较弱，村民掌握的信息较少，村民代表大会基本上沦为村两委的附属组织，召集时间和讨论的议题都由村两委决定，难以真正代表村民利益。从村民代表的成员主体来看，为更好完成基层政府交给的行政任务和执行国家的各项政策，蕉岭县很多村庄的村民代表都是村民小组长和副组长担任，他们与村委会形成了实际上的上下级关系，村代会难以真正行使监督权。其次，党员代表大会对村党组织的监督流于形式。目前，村庄党员基本分为三部分，一部分是掌握村庄权力的政治精英，也就是现任两委干部；另一部分是不关心村庄事务的普通党员；还有一部分是与在任村干部竞争中落选的精英党员。后两者要么是政治效应感弱，要么是缺乏妥协精神，易于出现政治冷漠与冲突，也很少参与党内活动。最后，党组织对村委会的监督更是不现实。现阶段为加强党的领导，也为减轻村民负担，两委交叉任职现象普遍，属于利益共同体，难以分清你我，基本需要依靠自我约束和自我监督。

（三）下级监督太难

下级监督主要是普通村民自下而上的监督，主要是通过村民大会和村民理财小组。随着农村空心化现象日益严重，目前召开全体村民参加的村民大会可能性不大。而且，村民大会一般也都是由村两委干部召集，随意性强。村民自行召集村民代表监督村干部受《村组法》规定的约束，要求较高，难度也较大，可操作性不强。而村民理财小组是村庄内部设置的监督村庄财务和村务状况的常设性组织。修改前的村组法规定，村务公开监督小组一般由3—7人组成，其成员由村民会议或者村民代表会议从村民委员会成员以外的村民中推选产生，村民村务公开监督小组应当坚持公开、公正的原则，向村民会议或者村民代表会议报告村庄财务和村务公开的监督，检查情况。但是，村委理财小组属于村委会的下设机构，在权力行使方面受到村委会限制，缺乏独立性，很难保持公正性。因此，村民理财小组对村委会的监督属于同体监督，难以起到真正的监督作用。

二　村级权力失去监督带来治理风险

在基层监督体系作用难以发挥的情况下，村委会权力得不到制约。一方面村干部自治权力不断增大；另一方面分散性的村民个体难以参与公共事务的管理，逐渐对公共事务变得冷漠。这种两极分化态势导致"村民自治"某种意义上蜕变为"村干部自治"，村庄公共权力难以受到约束，结果是村级腐败现象频发。

（一）村干部自治权力不断膨胀

广东省是我国实行村民自治较晚的一个省份，1999 年进行第一次村民委员会选举。广东省进行第一次村民委员会选举时，村民自治制度在其他省份都已经开展，民主选举程序逐渐规范。而广东是改革开放的先行者，经济基础较好，选民思想开放，选举热情高涨，经过民主选举出来的村委会，权力行使也较为充分。因此，地方政府对广东的村民自治充满了信心和期待。但是，部分村庄选举出来的村干部对"自治"的理解超出了制度设计，尤其是村两委关系中。其行使村庄管理权的过程中，村委会主任认为村民自治就是村委会说了算，村支部只管理党务，结果导致村委会脱离了党的领导，形成村主任"一家独大"的局面。为改变这种状况，加强党支部领导，广东省党政相关部门，在历次村两委选举中都不断采取新的措施，限制村主任权力。如 2014 年广东省农村基层换届选举中，广东省民政厅出台文件，建议各县市农村村委会选举先于党支部选举，如果当选的村委会主任是党员，自动当选为支部书记，实行"一肩挑"，并提倡两委交叉任职。"一肩挑"和两委任职有效避免了两委冲突。然而，这使得村两委权力，尤其是村庄"一把手"的权力更大，为村级腐败提供了更"便利"的条件。

（二）"小官巨贪"式腐败层出不穷

村干部权力不断膨胀容易导致村民自治异化，结果就是村官腐败，而且腐败愈演愈烈。"人民论坛问卷调查中心基于 9634 份公众样本的调查结果显示：现实中的各类贪腐事件，'小官贪腐'占到了七成以上（76.17%），且发生在区县基层干部和村干部身上的较多。"① 在广东，尤其是珠三角，城中村和城郊村的征地费日趋高涨。政府为了发展经济，不断地征收农民的土地和房屋，再转让给企业开发。按照国家政策规定，征地费用中部分资金归村集体所有。监管制度的缺失，集体三资难以规范使

---

① 人民论坛"特别策划"组：《小官贪腐现象调查》，《人民论坛》2014 年第 11 月下期。

用，村集体的资产成了"村干部"的私产。如广东省江门市新会区三联村一个仅有900多人的村庄，村支书刘宏球曾是三联村的能人，敢想敢干，有魄力，长期担任村庄一把手。随着三联村作为中心城镇的拆迁，集体收入迅速增加，村民生活越来越富裕。刘宏球认为这是自己的功劳，自己就是"地头"。在村庄重大决策中，基本不与其他两委成员商议，用他自己的话说，"在三联村，我就是皇帝"。党内外，上下级对他的监督无效，村庄财务混乱。2005年4月，新会区人民法院查处刘宏球侵吞公款507万元，判处其有期徒刑14年。此外，还有佛山禅城村委主任挪用公款2170万元，汕头潮南村支书毁林占地200多亩建豪华墓地，广州市黄埔区荔联街沧联社区的5名主要干部，利用手中职权，在重大工程项目中明目张胆地收取大量"回扣"，黄埔区检察院初步查明其涉案金额1100多万元。层出不穷的小官巨腐现象严重损害了干群信任关系，对村庄稳定造成了不利影响。2009年3月，广东省陆丰市东海镇炎龙村委会高厝村40多名村民代表贴出告示，要悬赏百万征清官，惩治村官。该事件源于该村高厝村小组原组长自1996年起到2006年，长达10年的时间里多次将村里的100多亩宅基地和耕地变卖，村民代表高春实谈道，"我们用了3年半时间，走遍了30多个各级部门，还告不倒一个小组长。无奈之下，只能重金请求清官帮我们主持公道"。在粤东西北地区，集体经济较为贫弱，村庄腐败主要发生在村干部对国家惠农拨款的截留和对集体资产的私分上。而且，随着地方经济的发展和城市的不断扩展，这些欠发达地区的土地价值也开始凸显，村官腐败现象逐渐增多。

三　基层常规监督措施收效甚微

日益严重的村官腐败问题，逐渐引起国家相关部门的重视。2005年7月30日，农业部、监察部、国务院纠风办三部门联合出台了《关于做好村干部任期和离任经济责任专项审计的通知》（以下简称《通知》），这是最早提出村干部经济责任审计概念的层级较高的文件。《通知》指出，开展村干部任期和离任经济责任审计是农村基层干部监督管理工作的一个重要环节，是加强党风廉政建设的重要措施。为贯彻中央精神，2007年初，中共广东省委办公厅出台《关于农村基层党风廉政建设实施意见》，提出要按照建立健全教育、制度、监督并重的惩治和预防腐败体系的要求，做好农村基层党风廉政建设。广东省纪委也表示："要高度重视农村基层党风廉政建设，深化乡镇政务和村务公开等工作，严肃查处'村官腐败'问题。"要把加强农村基层党风廉政建设，纳入2007年党风廉政建设和反腐败工作进行重点部署。具体来看，2007年之前，为了治理村官腐败，广东省委纪委和政府相关部门主要采取以下几方面的措施。

（一）以教育方式加强干部廉洁自律

教育手段是提高村干部自身修养，使其严于律己的主要方式，各级党委和政府部门都注重通过宣传、培训的方式塑造廉政氛围，提高干部从政意识。2006年5月，中央纪委副书记刘锡荣在广东就加强农村基层党风廉政建设的问题进行调研时也强调，要深化农村基层党员先进性教育，通过开展科学发展观、社会主义荣辱观等教育活动，提高农村党员干部的素质。2006年12月，广东省纪委有关负责人也表示，要进一步研究细化农村基层干部廉洁自律方面的若干规定，加大对农村基层干部的培训力度，争取三年内对全省村两委正职全部培训一次。广东省政府提出要充分发挥党报党刊、互联网和农村党员干部现代远程教育等载体的作用。通过大力宣传廉洁奉公、勤政为民的优秀农村基层干部，表彰先进，继续开展反腐倡廉教育进社区、家庭、学校、企业和农村活动，推动农村廉政文化建设。

（二）以财务审计手段严防干部腐败

村干部经济责任审计是规范农村基层干部行为，促进农村基层干部廉洁履行职责的重要举措。广东省委表示，要重点制止在农村土地资源开发、农村财务管理等过程中发生的暗箱操作、以权谋私等行为，坚决查处农村基层党员干部各种违纪违法案件。通知还规定，要将做好村干部任期和离任经济责任审计纳入重要工作日程。蕉岭县在加强农村审计和集体财务管理方面进行了机制创新。自2004年起在全县8个镇97个村推行"会计代理制"工作，至2006年10月，已实行"会计代理制"的村有95个村。蕉岭县的主要做法是："一设立"即各镇设立"农村会计服务中心"并挂牌刻印；"三统一"即统一文本模式、统一会计科目、统一财务公开时间和内容；"四健全"即健全财务收支审批制度、民主理财监督制度、财务公开制度、现金管理制度。

（三）纪委法院联合查处违法案件

自 2004 年起，广东省就加强基层办案工作，坚持依纪依法办案，重点查处截留、挪用、侵占、贪污支农资金和征地补偿费案件，侵占集体资金、资产、资源案件，利用职权谋取非法利益和欺压群众案件。认真解决农民群众来信来访反映的农村基层党风廉政建设问题，实行领导干部包案制，把群众反映的问题解决在初始阶段、解决在萌芽状态。对群众反映强烈、影响恶劣的典型案件实行公开审理和曝光。同时，蕉岭县委相关部门和法院也加大对基层腐败案件的查处力度，2002 年起实行乡镇纪委案件联审、协审制度，提高乡镇纪委案件质量。各级纪委对党政干部的违纪行为进行分类，涉及犯罪的将相关人员移交法院检察院等部门立案审查。

（四）完善制度建设规范干部行为

广东省委要求，一方面，要充分发挥村民代表大会的作用，规范村级重大事务民主决策程序，试行村务民主听证等制度；另一方面，要积极探索统一发放工资补贴、实行"年薪制"等规范村干部收入的措施，从源头上防范"村官腐败"。蕉岭县结合实际，出台建立了由县委办、县政府办、组织部、宣传部、政法委等 14 个部门为成员单位的联席会议制度，《村级党廉建设和廉政文化建设十二项制度》《蕉岭县镇党委议事决策制度》《镇村干部述职述廉制度》《村级财务、政务公开制度》对各镇范围内的重大事项、工程招投标、用人制度等决策过程进行了明确的规定，要求镇纪委全程参与、跟踪、监督；每年年底镇领导班子及领导干部在镇村干部及部分人大代表参加的会上进行述职述廉，自觉接受干部群众的监督；认真落实，及时将党委和政府的重要决策、财务开支、办事程序、收费标准等方面进行公开，自觉接受群众的监督。

尽管蕉岭县在治理村庄腐败方面采取多种措施，但是村级腐败蔓延之势并未得到有效遏制。据统计，2007 年以前，蕉岭县纪委每年查办的党员干部违规案中，仍大约有一半来自农村。这些监督措施并未发挥作用，主要原因在于，这些措施多是通过对村庄公权力掌握着的道德自省、财务审查、法律震慑和外部制度规制着手。这些措施没有触动到治理腐败最核心的内容，就是对公共权力有效制衡，尤其以村庄内部其他力量对村干部权力的约束。

第二节　基层社会中诞生的草根监督力量

在村民自治的制度设计中，村庄内部的决策权、执行权和监督权必须分离，相互保持独立。但按照村两委的制度设计，村庄的决策权由村民大会和村民代表大会行使，而村委会代理村民行使村务管理权。村庄内部的监督权被限制在村委会内部，缺乏独立性和自治性，这明显不符合权力制衡的原则。从机构设置上来看，在村级组织体系中，没有常设性的村务监督机构，村庄公共权力合理合法行使只能依靠村干部的道德自律，这难免会出现权力的滥用。

一　改造传统资源，复活农村乡绅

面对以上不断增加的村级腐败现象，蕉岭县纪委认为要对村官行为进行约束，就必须将上、中、下三级监督主体对村官的监督作用发挥出来。一方面，县镇两级纪委应该加大力度，要将村级监督作为重点工作来抓；另一方面，要将纪委的监督延伸到村庄内部，发挥内部监督机制的作用。纪委监督延伸到村庄内部，可以将上级监督和下级监督有效结合，发动广大村民对村两委权力进行监督，这正是村民自治的内在要求。如何突破现有的框架，创新村级监督机制，以内部权力来制衡权力。关键点在于如何延伸。蕉岭县纪委开始的想法是在村庄内部设立纪委村庄信息联络员制度，每村设立1—2两名联络员，及时向乡镇纪委反映村干部的违法违纪问题。如蓝坊镇建立了廉政监督员、信访信息员队伍。该镇从各基层站（所）、村（居）委会聘请了22位威望高、责任心强的同志担任党风廉政监督员、信访信息员，充分发挥他们的"纽带"作用，及时发现并处理群众反映的问题，密切了党群、干群关系。但由于受熟人关系和利益关系限制，加上他们力量有限，很多信息员不敢监督，不愿监督。这种简单的延伸纪委力量的做法也被实践证明难以持续。此外，蕉岭县纪委也考虑到，在广东蕉岭这样一个较为偏远落后的县设立村务监督委员会，必然会增加村级行政成本，加大村民负担。所以，综合各种因素，蕉岭县纪委领导认为新的机制的建立必须能够同时满足三个条件：一是能够与村两委形成力量制衡；二是要能够利用村庄内部资源；三是监督机构要具有独立性。

搞清楚以上三个问题之后，下一步就是考虑监督人员的组成，如何进行监督的问题。传统乡村治理中，县以上由国家委派官吏治理，乡以下则采取国家输出法律制度，依靠地方乡绅和宗族制度来管理。蕉岭地处粤东，族群属于客家人，客家人崇宗敬祖，尊师重教。传统宗族和士绅文化发达，宗族会长和士绅领袖在村庄和地方都具有较强的威望。位于粤闽赣山区的蕉岭，在历史变迁中宗族文化受到的冲击较小。至今这一地区依然保留续宗谱、修宗祠等宗族活动，这使得这一地区宗族和士绅文化对乡村发展的影响较大。在蕉岭村庄，最为引人注目的是每个村庄大大小小的几座到十几座传承几百年的祠堂，而且很多祠堂依然发挥着祭祖、议事等功能。主持这些仪式的往往都是宗族内部的权威，这些人文化素质高、处事公正、在村庄有一定的威望。另外，还有一些老党员和老干部，他们受过一定的教育，具有一定的经济基础，热心公益，群众基础好。

蕉岭县原纪委党廉室主任刘均平谈到，"除了村中的'三老'在本村有较高威信之外，蕉岭还有很多老干部和老党员。他们都遵纪守法，公道正派，有一定文化、财会知识和议事能力"。如三圳镇芳心村 75 岁的赖启贤，在村中辈分较高，原来是芳心村小组组长，小组中的邻里纠纷，公益事业的筹资筹劳等，只有他出面才能做好。圩前村的刘浩华，已经将近70 岁，行动也较为不便。然而，在村民心中，做了 45 年圩前村小组组长的他，自有一股虎虎生气。圩前小组村民描述自己对刘浩华的信任时谈道："几十年了，除了他，找不到其他人可以相信，有什么事我都跟他说。"此外，村里还有很多老干部，老党员，他们退休之后，回到村中居住，他们思想觉悟高，经济独立，熟悉政府的办事流程，闲暇时间多，日常生活中也热心帮助村民处理矛盾纠纷，向村干部反映村民的真实需要。因此，发挥他们的作用，可以充分利用乡村现有的资源，解决村庄监事会建立的紧迫问题。蕉岭县纪委书记卢尧生谈道，"要对村干部权力进行约束，就要发挥这些老干部、老党员和老模范（简称'三老'）的作用，他们大都赋闲在家，有一定的荣誉感，在村里也有一定威信，让他们来担任监事会成员，村民信任他们。他们对监督村干部也没有什么顾忌，敢于监督"。

二　排除各方阻力，组建"村监事会"

蕉岭县纪委就设立监督组织，监督村两委权力的想法进行了前期的调研，并开始在县里选点建立监督机制。这种新的监督机制需要有一个常设性的监督机构，其成员由"三老"组成，是与村委会地位平等的监督组织，主要责任就是监督村干部行为和村委工作。在蕉岭县纪委的调研中，纪委工作人员组织部分乡镇的村两委干部介绍了这一初步想法，结果遭到很多村支书和村主任的反对，尤其是部分集体收入较多或是资源较为富裕的村庄，如县城蕉城镇和长潭镇周边的村庄，加上长期以来利益关系复杂，利益冲突严重，历史遗留问题都难以解决，推行新的监督机制更是困难重重。最后，出现了新的转机，在群众基础较好，以农业为主要收入的三圳镇的芳心村开始试点。

村监督机制能够在芳心村试点，其中一个关键的因素，就是芳心村的村支书谢建祥对这一做法很支持。1995 年，30 岁刚出头的谢建祥被选为村党支部书记，当时芳心村集体经济较为薄弱，农民增收困难。谢建祥一开始就将发展集体经济作为两委的主要工作，他带领村干部贷款盖门面、办砖厂，向乡贤争取资金建设家乡，很快村集体经济收入从原来的 2000 多元增加到将近 8 万元。村里的集体收入增加了，筑路修圳改变村庄的生产生活面貌又成为谢建祥的工作重点，但是这些工程项目涉及大额资金的筹集、管理和使用，有些不理解的人私下议论，认为村委做工程是中饱私囊、拿回扣。面对这样的评论，谢建祥丝毫没有退缩，挨家挨户做工作，晓以情理，用真诚打消了大家的疑虑，沿路村民纷纷为修村道"让路"，广大党员干部和村民们踊跃捐款，外出乡贤更是慷慨解囊。当蕉岭县纪委卢尧生书记找到谢建祥时，谈了纪委准备利用村里"三老"监督村两委干部权力的想法。本来以为他会有所疑虑，不支持也会婉拒，但是，谢建祥却很高兴："我赞同，成立监督组织，监督我们的工作，可以证明我们的清白。我们芳心村两委干部在村庄发展中做了很多事，但村里有些村民还是不理解，背后说闲话的也很多。多一个平台，就多一套人马，更多一些人支持我的工作。"这给了蕉岭县纪委很大的鼓励，也坚定了他们的信心，决定在芳心村尝试建立这一机制。

监督组织的名称定为村监事会，成员为 3—5 人，由村民代表大会民主选举，主要成员构成为本村的党风廉政建设监督员、农村老干部老同志、县镇人大代表等有较高威信的村民，任期1—3年。规定村干部及其配偶、直系亲属和村财务人员不能进入监事会。同时，规范监督职责，制订了芳心村《村务监事工作制度》，明确监事会不参与村务决策与管理，只参与对村务的监督与检查；明确监事会的监督内容为财务收支、重大事项、政策落实、意见处理等。规范监督程序，要求监事会成员定期收集汇总群众的意见建议向村委会反映，定期召开监事会成员会议研究监督工作，定期向镇纪委反映监事会工作开展情况。监事会向村民代表大会负责，同时也向上级纪委（县镇纪委）汇报工作，接受工作指导。芳心村共有21个村民小组，分为5个片区，在进行监事会成员选举中为保持各片区人员分布的均衡，县纪委建议村民代表从芳心村在选举中要考虑到不同小组和片区之间的人员比例。最后经过村民代表投票选举出芳心村第一届村务监事会成员，共五人组成。这五人分别是，70岁的会长刘浩华，圩前村小组组长；70岁的副会长赖企贤，芳心村小组组长；59岁的戴满海，黄上村小组出纳；50岁的郑云凤，镇人大代表和39岁的包工头戴忠，黄下村小组的建筑工头。之后，为了引导监委会成员更好的开展业务，县镇纪委对第一届监委会成员就监事会的职责、监督内容和监督方式进行了简单的培训。

三 摸索中前进监事会，工作初显成效

芳心村村监会成立不久就开展工作，成立之初主要是对村务公开、财务收支、重大事项等进行监督；同时，联系群众，汇集民意，在干群沟通中起中介作用；收集群众信息并及时向村两委、县镇纪委反映；列席村两委会议，特别是涉及村重大决策、重大事项、重大开支以及其他事关村民切身利益的会议；对村务公开情况进行监督，尤其是村庄的资金、资产、资源和村庄工程建设项目执行情况进行监督。监事会在成立初期就通过若干监督事件，履行了自己的职责，取得了一定的成绩。

一是监督集体资产处置。2008年12月芳心村新建的村委会大楼竣工，村两委从位于镇道边的寺前小组搬迁至村庄东边的芳心文化广场旁，村里的旧办公楼就闲置下来。为了偿还新村委会大楼的欠款，村两委商议准备将老村委会办公楼卖掉。旧村委会大楼是临街楼，处于镇中心街道的

中心位置。谢建祥的朋友听说后，就想以 12 万元价格购买。同时，请谢建祥帮忙做村两委的工作直接卖给他。谢建祥谈道："这属于村里的集体资产，卖不卖要通过村民大会或者村民代表大会表决，而且还要通过招投标方式出售，我哪里敢做主？现在有了监事会，违反程序转让集体资产，万一村监事会追究起来怎么办？再说，即便监事会不追究，不通过村民和监事会，卖了以后，卖了多少钱，怎么跟村民讲清楚？就算我们一分都不贪，一些人可能还是会犯疑心病。"对于这件事情，村监事会的态度是，集体资产可以转让，但要按照集体资产的处理程序，召开村民代表大会，商议处置办法，而且全过程必须在监事会的监督之下。2009 年 2 月，村监事会召集村民代表开会，听取村委会的各种处理方案，最后大家一致决定采用招标拍卖的形式。最后，老办公楼出售的价格是 17 万元，相比转让给熟人，这为集体增加了将近 5 万元的收入。谢建祥认为："有了监事会监督财务，村干部们心里敞亮了。反正我们就按规定来，监督员给我们把着程序，也向群众说着（解释），这就可以理直气壮地卖了（转让了）。"

二是监督村庄财务支出。根据蕉岭县制定的《村务监事工作制度》规定，财务方面开支 500 元以下的由村主任自行决定，500—2000 元的由村委会研究决定，2000 元以上的就要开村民代表会议。但无论是花多少钱，都必须要监事会负责人签字。没他们的签字，村两委报销不了，只能自掏腰包。同样的例子出现在芳心村，芳心村两委的四名村干部由于白天加班工作，晚上就在外吃饭，餐费大概 180 多元。之后，没有经过村主任同意就直接入账，村监事会会长在审查现金流水账时看到了这一条，就提出疑问："为什么聚餐？用途是什么？没有交代清晰！"这是违反规定的，村监事会就不签字，按照规定就报销不了。对于村监事会监督公款吃喝这一件"小"事情，蕉岭纪委书记卢尧生认为："虽然不到两百元的餐费不多，但是这个事情重大。很多村干部刚开始都不敢（公款吃喝），但是后来由于缺少监督，越吃越多，现在有些村干部一顿饭就吃掉上千元，这都要老百姓埋单，公款吃喝问题是村民深恶痛绝的，严重影响干群关系。所以，不管钱多钱少，只要不符合规定，监事会都有权制止。"

三是监督村庄财务公开。针对芳心村村务和财务公开中出现的公开不及时、财务混乱等问题，蕉岭县制定了村务公开工作条例。并对监事会的工作责任进行了规定。"负责村民民主理财"是村民委员会组织法赋予监委会的重要权力之一。蕉岭县各监事会积极参与村级财务收支情况监督，对群众普遍关心的"三资"管理热点问题，坚持财务收支必须经监事会监督审核并签名确认、加盖印章，特别是对村级大额资金使用和扶贫资金、农村低保、政策性补助的发放，进行重点监督。芳心村黄上片位于芳心村东南部，距离村镇中心较远，所辖范围内都同属戴姓这一宗族，该片区辖3个村民小组，是全村唯一拥有山林资源片区。林改之后，这片集体山林通过承包经营的方式由其他村民经营，集体获取收入。村民小组长期行使着山林和承包款管理的责任。但是，长期以来，这部分集体收入和支出都是三个村民小组长说了算，财务从未公开过。片区的村民多次向村委会反映要求公开详细的账目，并且要求利用这笔收入改善片区基础设施。村委会也多次要求小组长公开村务，但是每次都是不了了之。因此，部分村民不断到镇纪委和县纪委上访。新成立的监事会认为账目必须公开，才能还群众一个明白。所以，就提议民主选举理财小组对该片区的财务进行管理。在监事会的监督下，该片区召开了94户户主参加的户主会议，选出7名村民代表，与3名村民小组长共同成立了黄上片理财小组，清查账务，公布详细收支情况，使该问题得到妥善解决。

通过以上事件，村监事会逐渐开始得到群众的认可，村民也主动通过监事会反映情况，监督权的行使越来越充分。芳心村试点的成功，给蕉岭县纪委很大的鼓舞，随后在全县农村全面铺开该项工作。据蕉岭县纪委书记卢尧生介绍，自从蕉岭在农村成立"村务监事会"以来，农村党干部违规现象大幅下降，尤其是经济违规案件，连续两年为零。

第三节　基层政府助推下的草根制度升级

蕉岭县以芳心村为试点，发挥农村"三老"作用，成立村监事组织监督村庄公共权力的机制创新，改变了村庄内部村"两委"权力缺乏有效监督而造成权力滥用的局面，缓和了日益紧张的干群关系，取得的初步成效，证明这一机制创新具有较强的生命力。为了发挥更大的作用，改变日益严重的村庄腐败问题，在蕉岭县政府的推动下，监事会制度开始在全县推广。

一　由点到面推广步履维艰

蕉岭县村监事会在全县推广采取的是八镇八村试点，即全县每个镇选一个试点村。这一阶段的推行并非想象的顺利，反而遭到大部分村干部抵制。原因有以下几点：一是怕监督，担心他们的权力行使受到影响。尤其是在公共资源较为丰富，利益冲突较为严重的村庄。那么是否可以直接越过村两委成立村监事会？蕉岭县纪委刘均平认为，"村监事会作为制衡村委会权力的机构，是独立于村两委之外的。理论上可以不经过村两委干部由村民代表直接选举组建。但是，如果没有村两委同意，强行成立，成立之后工作难以开展，而且容易与两委起冲突。这对村庄治理也是不利的。所以，监事会的组建无法绕开村干部。村两委不同意，就不可能建立"。二是不服气。一直以来，由于村级监督缺失，很多村干部没有民主监督的概念。村干部一般都是村里的精英，现在要让普通村民监督他们的行为，他们心里很不服气。尽管这项工作是县纪委推动的，但是，他们并不"买账"（给面子）。三是不在意。"村主任并不怕上面的领导。他们也是一方诸侯，现在维稳压力大，解决信访维稳问题，都要依靠村主任。而且很多村主任是人大代表，县里领导也怕他们的选票。"因此，蕉岭县纪委推行这一机制的过程中阻力很大。

广福镇广育村就是一个典型的例子。该村是紧邻镇中心的山区村，村里有铁矿泥和山林资源，不同片区之间为争夺村委会主任职位，掌握这些公共资源的分配权，在竞选中拼得你死我活。2008年初，蕉岭县开始尝试在广育村建立监事会，但是一开始就被"一把手"拒绝："我村里的钱，我决定，谁要跟他们商量？"蕉岭县纪委工作人员多次到村里做工作，还请该村的村干部到芳心村考察，让他们看到村监事会不仅不会使村庄治理变得混乱，如果合理发挥作用还会使村两委的权力更有力量。但是，这并没有改变村干部的观念。广育村村支书的担忧在于，长期以来，村内两派的矛盾使该村庄基本上形成水火不容之势，如果成立了监事会，与自己争夺村支书职位的竞争者就有可能利用监事会给自己"执政"设置阻碍，自己的权力也有可能被架空。但蕉岭县纪委尝试着从其他方面着手来转变村支书的想法。一是引导他妥善处理了该村铁矿泥资源承包纠纷的问题，让他意识到村务监督的积极作用。该村上届村委在将村里的铁矿泥资源对外承包过程中，没有尊重村民意见，在很大部分村民反对的情况下，仍然与承包商签订不公平合同，致使村庄利益受损，引发村民普遍不满。在纪委的引导下，现任村支书发动村民参与监督，收集村民意见，从村民的利益角度出发与承包商谈判。最终，谈判结果是每年承包费增加2000元，承包范围减少1/3。这一事件，激发了村民的监督热情，同时也让现任村支书得到了更多的支持。二是打消他对于村监事会成立会限制村两委权力行使的疑虑。监事会成员构成充分考虑到不同片区的力量均衡，监事会中也有自己的支持者。选举中，为了防止监事会成员在"某一派"或者某一片区过于集中，该镇纪委要求以改村的5个片区为单位各选一名代表组建监事会。2009年7月，全村40多名村民代表选举产生了以村民黄关生为会长的监事会，监事会开始对村委的决策程序和村庄财务情况进行监督。

　　蕉岭县纪委书记卢尧生谈到，推广村监事会不仅要一个村一个村的做工作，而且还要应对县里其他一些干部的"非议"，过程很艰难。但整体上看，这项工作是顺应了村民自治发展的需要，所以，突破瓶颈之后，发展很快。到2008年底，蕉岭县已经有10个村成立了监事会。截至2009年7月，增加到20多个村。

二　配套制度创新"监事会"职能落地

　　监事会成立初衷在于防止村两委干部滥用职权，损害集体利益。对最容易激化村民矛盾的村庄财务进行重点监督，同时也监督重大村务决策。但是，运行一段时间之后，发现这些监督大都是事后监督，监督的效果不是很理想。加上民主决策和民主管理同样滞后，新成立的监督组织与决策和管理机构难以相互回应，相互促进，导致监事会的监督要么是事前监督"悬置"，要么是事后监督无力。蕉岭县长潭镇的一名监事会主任谈到，"就财务监督来说，监事会通过审核之后才能报账，这使我们能够发现村财务的问题，但是只能起到纠正作用，不能起到预防作用"。在民主决策和村干部罢免方面，卢尧生谈道："这都要通过召开村民大会或者村民代表大会表决，但是长期以来开不开会，什么时候开会，开会讨论什么，这都由村干部说了算。《村组法》对于罢免村干部的条件是：本村1/5以上有选举权的村民联名，可以要求罢免村民委员会成员。村民委员会应当及时召开村民会议，投票表决罢免要求。罢免村民委员会成员须经有选举权的村民过半数通过。但事实上，村民不关心，也没有能力和成本来组织，所以，可操作性不强。"结果，在村庄决策中，要么村两委不开会不作为；要么仍然是村干部自己决策，监事会即便提出异议，最后也不了了之。所以，必须变事后监督为全程监督，并建立惩戒机制，才能提升监督效果。

为解决这一问题，蕉岭县政府首创监事会成员联系群众制度、村民召集组制度和民主评议村干部三项配套制度来增强监事会的监督力。一是监事会联系群众制度。监委会是代表村民行使监督权，这项制度要求监事会定期联系群众，收集群众意见。监事会了解民意的过程，也是发挥更多村民参与监督，使监事会的监督更有力的过程。二是村民召集组制度。这一制度是在收集民意基础上，对村干部不组织召开村民代表会议和随意召开村民代表会议行为的限制，避免民主决策中监事会监督权使用的"悬置"。三是民主评议村干部制度。"民主评议会"先由村监事会提出召开村民代表大会的要求，再由村委会召集村民代表开会，而会议的形式则采取了先由村干部向村民代表述职，再由村民代表现场提问，最后由村民代表投票测评村干部工作。这三项制度建立之后，先由村监事会成员收集民意，提出议题，再由村民召集人联系和召集村民召开村民大会或者村民代表大会，对村干部进行民主评议。首次评议不合格，县镇纪委对不称职的村干部进行诫勉谈话。根据《蕉岭县村"两委"班子和村干部绩效考核实施办法》规定，监事会每年组织村民代表对村干部评议一次，评议为"不称职"的村干部，将由县纪委、县委组织部、县民政局等单位对其进行集中诫勉谈话，连续两次评议不称职的，按照《村民委员会组织法》的规定"其职务终止"。如果发现涉嫌违法的，由相关部门追究法律责任。这三项配套制度，让监事会既能够密切联系群众，又使得村民代表会议的召开常规化，同时还解决了"难罢免"的困境，激发了村民的监督热情。

三　监事会转型升级　草根制度逐步完善

村监事组织这一机制建立是借鉴企业的监事会制度，企业的监事机构与董事会平级，监督企业重大事务。村监事会成立初期，推动者的主要精力都放在如何建立机制，特别是机构设置上。对于具体的监督范围、监督职责没有详细的规定，也就是说没有形成规范化的监督制度。蕉岭纪委也没有出台全县统一的文件对监督内容、监督责任进行明确。各试点村制定的《村务监督工作制度》内容也较为简单，不够规范。因此，出现很多问题，如监事会成员直接越权参与村庄事务的管理，甚至介入村庄纠纷的调解，还有部分监事会成员包括会长长期不在村，以及有些村监事会成员没有基本的财会知识，不知道如何审核财务等等。随着监督机制作用的发挥，完善监督制度，保障监督效果的持续性也逐渐提上日程。由此，蕉岭县开始逐步探索完善村务监督制度。首先，按照县纪委的统一部署，结合实际，制定了《村务监事工作制度》《村财务支出审批制度》《村印章使用管理制度》和《议事规范》等制度，进一步明确监事会不参与村务的决策和管理，只参与对村务的监督和检查，监督内容包括村务公开、财务收支、重大事项、政策落实、群众意见五大块。同时指出，监事会负责每月定期收集汇总群众的意见、建议，及时向村委会反映，并要求村委会在一定的时间内进行答复和办理。“村务监事会”如对监督内容有疑问或对村“两委”的答复不满意，可提出质询或向镇纪委反映。其次，建立了镇纪委定期召开监事会会长工作汇报制度。该县纪委统一制作《“村务监事会”工作情况表》和“村务监事会记录本”发到各村监事会，设立村务监事会公示栏，制作监督流程图，方便群众知情和监督。同时，要求各镇纪委加强监督检查，确保监事会做到“三个定期”：定期收集汇总群众的意见建议向村委会反映，定期召开监事会成员会议研究部署工作，定期向镇纪委反映监事会工作开展情况。对于收集到的群众意见和建议，由监事会研究处理意见，一般性诉求或反映转交村“两委”限期解决，难于解决的问题转呈镇纪委乃至县纪委处理，确保事事有回音、件件有落实。再次，2010年10月28日，《中华人民共和国村民委员会组织法》修订后，明确要求各行政村成立村务监督委员会，村监事会有了法律依据，开始走向正轨。根据《中华人民共和国村民委员会组织法》和梅州市《关于推选成立村务监督委员会的实施方案》，2011年1月，蕉岭县三圳镇芳心村村民代表大会表决通过了《芳心村选举村务监督委员会委员选举办法（草案）》。2011年1月5日，在蕉岭县三圳镇芳心村召开村民代表会议选举产生首任村务监督委员会。蕉岭县村监事会正式升级为村务监督委员会。最后，为了发挥升级后的村务监督委员更大的作用，2011年蕉岭县制定《村务监督委员会履职细则》和《村务监督委员会考核方案》，履职细则分为五章，对监委会设立的法律依据，实施村务监督的原则进行了规定；对组织机构的产生，人员构成，履职要求、权利义务和监督内容和方式，罢免、辞职和补选细则等方面进行了明确；还对全县各监督委员整体上进行考核，设定评分标准和测评办法，制定考核程序，督促村务监督委员会履职尽责，提升监督效果。

第四节　村"两委"到村"三委"大转型

在原有村"两委"组织结构的种种局限下，广东蕉岭县纪委大胆创新、勇于实践，在行政村一级增设了与村委会地位平等的村务监督专门组织，变村"两委"为村"三委"（村党支委、村委会、村务监督委员会），通过利用村务监督委员会对村级权力运行加以监督和制约。有效破解了制度效率低下和缺失的问题，彻底改善了治理效果，大大促进了基层治理结构的变革。

一　原村"两委"组织结构的局限

我国自实行基层民主自治以来形成的由村党支部领导，村委会具体执行的"两委"村级组织结构治理体系取得了一定的成效。但随着诸多社会因素的变化，尤其是城市化进程的加快和国家对农村在政策上的倾斜，村级自治变得更为复杂。原有村"两委"的制度构架逐步显露出其制度设计上的弊端，已经很难符合当前农村社会经济发展要求，也无法满足农民对村级事务参与管理的迫切需要，具体表现为治理失序、效率低下和监督乏力。

（一）原村"两委"治理失序

我国现有的村级组织主要是村党支部和村民委员会，在性质上，一个是党领导的基层组织；另一个是村民自治组织。但在实际运作中，这两大机构之间存在着诸多问题和矛盾。有的村村党支部坚持一切工作都应该在党的领导下开展，因此包揽所有村务日常管理事务，忽视法律赋予村民委员会的应有权力和职责；而有的村民委员会片面认为村民自治就是完全应该由村民委员会说了算，村党支部应该只负责党务。全国大部分村庄基本都存在着上述两种矛盾，这不但违背了我国村级自治组织制度设计的初衷，也无法正确处理和平衡党的领导与村民自治的关系。这就使有的村产生村两委工作目标不明确、责任不清晰、决策不规范等一系列问题。在制度上并没有对村党支部如何行使领导权，村委会如何行使村务管理权做出明确细致的安排，这不可避免地导致两个组织机构之间的摩擦和冲突，从而造成村级治理的失序。

（二）原村"两委"效率低下

一方面，村两委干部素质下降。在我国的乡村基层治理体系中，被选举出来的村两委干部被法律赋予处理村级事务的诸多权力，这些权力包括村庄日常行政事务的管理、村庄集体经济的处理、土地承包权的具体落实等等，这些权力都涉及村民的根本经济利益。随着经济的飞速发展和国家对农村的政策倾斜，农村土地价格一路走高，村庄的集体资产迅速增值，政策补贴的额度不断提高，使得村两委干部手中掌握着更多的政治资源和经济资源。而我国原来"乡绅治村"的传统也受到城市化进程的影响。村庄内的"精英群体"如政治、经济、文化等方面的能人纷纷进城发展，使得由村民选举出来的村两委干部自身素质明显下降。

另一方面，干群关系日益紧张。由于村党支部和村委会在职能分工上有交叉、人员构成上有重叠、管理目标上相统一，村民对村两委的工作经常产生质疑。用村民的话讲就是"他们都是用一个鼻孔出气的"。再加之村务公开工作不到位，村庄财务管理透明度不高，使村民对村干部的工作不了解，对村里的事务不明白。这种信息不对称即便是在村干部秉公做事的情况下，也容易引起村民的猜疑甚至不信任不理解，致使党群关系、干群关系日益紧张。不可否认，村"两委"干部的公信力逐步下降，村民对村"两委"干部产生的厌倦甚至逆反的情绪直接地反映出了村"两委"制度效率的下降。

（三）原村"两委"缺乏制约

在法定的村民自治制度安排中，村庄的重要决策机构是村民（代表）大会，其具有决策村庄重大村务的职能。而目前，农村的青壮年劳动力大量涌入城市，留在农村的以妇女、儿童、老人等群体为主，这使得村民大会往往是由村委会主任或其他村委会干部召集。因此，普通村民不但无法参与村庄的日常管理，即使对村委会干部的工作十分不满，也很难通过召开村民大会对村委会干部实行罢免。

在农村基层党组织建设中，村党支部书记以及其他党组织干部都是由党内选出，权力的赋予并非来自全体村民。在农村坚持党的领导的同时不得不面临一个尴尬的问题，就是村内党员人数相对较少，并且人员构成较为稳定，这就使得即便村党委干部任意妄为，滥用职权，大多数的普通村民也无法对其进行有效的制约与监督。当前农村的村务越来越涉及村民的自身利益，村两委干部的权力范围较以前变得更深更广，村两委干部权力的约束监督机制的缺失显得更为突出。

二　蕉岭县"两委"到"三委"的跨越

原有村"两委"权力逐渐扩张，相应的监督制约机制未发挥作用时，必然导致权力的滥用。按照权力制衡理论，如果由村民选举产生一个监督组织机构，对村务日常管理以及村两委干部执行情况进行常规化的监督，必然会极大地增强民主监督力度，充分保障民主决策和民主管理的实现。因此，为了有效破解原有村"两委"组织结构带来的种种弊端，早在2007年，广东省蕉岭县就开始大胆创新，在行政村一级创建了"村务监事会"，经不断完善后在2011年正式成立"村务监督委员会"，变村"两委"为村"三委"。这种通过在制度体系层面对村"两委"进行监督的做法，彻底变革了过去村"两委"原有的组织体系和治理模式，有效地破解了原有组织结构的治理失序、效率低下和制约乏力等问题。

（一）从机构设置上形成了"三委"并存的格局

蕉岭县的村务监督委员会独立于村两委，其独立性在权力的来源和人员的构成两方面都得到了充分的保证。在机构设置上，蕉岭县在行政村一级形成了"三委"并存的组织格局。在权力来源上，"村监会"独立于村"两委"。我国原有的一些农村监督组织，多是一些由村干部牵头组成的职能单一，地位不明确的内部监督组织，例如，财务监督小组和理财小组等等。这些组织虽起到一定的监督作用，但因为在权力来源上没有独立的地位，所以在实际操作中很容易被村"两委"所控制，无法确保民主监督的效果。而蕉岭县的"村监委会"是真正独立于村两委的监督组织。其通过组织召开村民代表会议，采取无记名投票方式选举出组织成员。这使得村监委会与村"两委"同样由村民选举产生,其权力被村民赋予,所以只对村民负责。依法由民主选举产生是村监委会行使民主监督权的基础。这在权力来源上确保了监委会独立于村两委的组织地位。

从人员构成上,"监委会"与村"两委"无重叠。蕉岭县根据梅州市《关于推选建立村务监督委员会的实施方案》在行政村一级设立由3—5人组成的村务监督委员会,其组成人员包括本村的党风廉政建设监督员、农村老干部老同志、县镇人大代表等有较高威信的村民,任期1—3年。村干部及其配偶、直系亲属和村财务人员不能进入村务监督委员会。在人员设置上无重叠无交叉,就使得村两委干部难以对村监会进行领导或控制,这也在一定程度上确保了监督的有效性。

(二) 从权力行使上实现了领导权、管理权和监督权的分离

为了规范监督职责,蕉岭县纪委统一部署,结合实际,制定了《村务监事工作制度》《村财务支出审批制度》《村印章使用管理制度》和《议事规范》等制度,明确了监督内容包括村务公开、财务收支、重大事项、政策落实、群众意见这五个方面。进一步明确村监委会不参与村务的决策和管理,只参与对村务的监督和检查。而村党支部依然行使领导权,充分发挥党在基层治理中的领导作用,村委会依然是村民自治组织,拥有对全村村务的管理权。但村监委会负责定期收集汇总群众的意见、建议,及时向村委会反映,要求在一定的时间内进行答复和办理。如对监督内容有疑问或对村"两委"的答复不满意,村监委会可提出质询或向上级纪委反映。村监委会作为独立的监督机构,由村民代表大会授权对村务实施监督,并只对村民代表大会负责。这使得在村一级的行政体系中领导权、管理权和监督权真正的分离。

(三) 从监督机制上实现了向全程化、主动化、立体化的转变

监委会成立前,农村对村"两委"原有的监督往往是事后的监督、被动的监督和单向的监督。由于信息不对称,村民对村"两委"的监督具有滞后性,这种滞后性使得村民往往在利益受损时才会采用检举或揭发的手段进行被动的监督。而监督体系也仅局限于自"上"或自"下"的监督。自"上"的监督主要是上级党委、纪委和镇政府的监督,这种监督距离远、成本高、效果差。而自"下"的监督主要来自村民代表大会,而村民代表大会很容易被村"两委"所掌控。蕉岭县纪委根据制度设计,

要求村务监督委员会成员主动介入村务决策制定的全过程，并可当场提出建议。在事中要广泛收集群众意见，利用质询、述职等方式对村"两委"干部执行情况进行跟踪监督，保证决策实施不走样。在事后，对财务支出等问题进行严格的监督审查。如果发现拒不执行、以权谋私等不正当行为，村务监督委员会既可向村民代表大会反映，也可直接向上级领导汇报。村务监督委员会作为常设性监督组织的设立，有效避免了以往存在的监督滞后的问题，使监督渗透到决策、执行全过程，对村务监督由过去的事后监督变为全程监督；对村"两委"的监督由过去外部的、被动的监督转变为内部的、主动的监督，整个村级监督体系也由单一纵向监督变为多元的立体监督。

三　村"三委"促进农村基层治理结构变革

面对原村"两委"的乡村治理机制逐渐呈现出的制度疲劳和种种缺陷，蕉岭县变村"两委"为村"三委"的这一实践，实现了村级民主监督机制的创新和村级权力组织的重构，大大促进了我国农村基层治理结构的变革。

（一）构建了分权制衡的村级组织结构

村务监督委员会的设立，使村级组织结构的格局由"两委"变为"三委"，村务监督委员会依据村务管理制度和村务监督制度，对村务决策、管理实施监督，将整个村级治理组织都置于监督之下。这一制度实现了村务领导权、管理权与监督权的分离，构建了分权制衡的村级治理组织体系。

权力来源上，"三委"相互独立。从组织的产生和权力来源看，村务监督委员会和村委会同样都是由村民（代表）大会选举产生并对其负责，而党支委由村民党员会议选举产生并对全体党员负责。"三委"都是通过村民代表会议或者党员会议产生并对其负责，在"三委"之间不存在委托—代理管理，任何一个组织也没有决定另外两委存续的权力，彼此完全独立，互不从属。

职能分工上"三委"各司其职。根据制度设计，在村级权力运作中，村党支部委员会是党在基层的领导组织，是村级组织的领导核心，依然发挥党的领导作用，拥有领导权。村民委员会是村民自治组织，是村务管理和决策执行机构。具有执行权以及对日常村务的管理权。村务监督委员会只有监督权及对村级事务的建议权，但无决策权和管理权。在村级权力运行中，三委分工明确，各司其职。

从权力制衡上，"三委"相互制约。在原有的村级组织体系中，由于村党支部书记与村民委员会主任"一肩挑"的现象比较普遍，村党支委与村委会处于领导与被领导的关系。而村务监督委员会的设立打破了这一格局。村务监督委员会作为常设性监督机构对日常村务权力运行中的决策、执行以及整个管理过程进行全面监督，从而村级权力"决策—执行—监督"形成一个闭合回路。这使得村党支委和村委会必须按照原有职能运行，依制度规章办事，大大压缩了村支书搞"一言堂"的空间。因村监会不直接参与村务管理，村党支委和村委会也可以对村民监督委员会进行牵制，进而整个村级权力运作体系变得更加规范。

在运行效果上，"三委"形成合力。一方面，村务监督委员会有力支撑了村"两委"的日常工作。村务监督委员会作为村民和"两委"沟通的桥梁，不但定期向村民宣传解释村庄事务、财务运行的情况，及时消除村民对村"两委"工作的误解，同时也及时向村党支部、村委会等组织反映村民对村务管理的意见和建议。村监委会成了村民心目中的"代言人"，当村民对村干部工作产生误解时，村监委会能有效发挥自身在群众中的信誉高、基础好的优势，在正式和非正式的场合协助"两委"向村民解释，及时消除误解，避免矛盾升级。村"两委"也可以通过村监委会及时了解村民的所需、所想，尽早发现矛盾，及时化解促进干群关系的融洽与和谐。另一方面，村务监督委员会有效协调"两委"关系。原有的村"两委"职责分工不明，在权力界限模糊地带容易出现矛盾而相互博弈。村监委会作为"中间人"可以对两委关系进行有效协调。村党支委可以通过村监委会对村委会具体的执行工作进行监督，有效地保证了村党组织的领导力度，更好地把握住村级民主治理的政治方向。而村委会可以通过村监委会的监督保证党领导的纯洁性和决策的科学性，限制党组织权力的膨胀。村务监督委员会不但是村民的"代言人"，还是"两委"之间的"中间人"，既规范了整个村级行政权力的运行，也使得"三委"有效互动，形成合力。

（二）创新了村级民主监督机制

监督全程化。村监委会对村务日常管理实行全程监督，特别是村内重大行政事务。事前，参与村级事务决策过程，对不符合制度规定或不合民意的决策提出异议，或提请村民代表大会就有关问题进行协商、表决。事中实施跟踪监督，参与决策特别是财务决策执行的全过程，抵制不符合制度的村务管理行为。事后进行检查监督，做好事后收入和支出的审查和资产处置、重大投资行为的审查、督促、公布信息等工作。民主监督由过去的事后监督转变为全程性监督。

监督常态化。作为一个常设性村级组织，村务监督委员会由3—5名专职成员构成，成为专门从事村务监督工作的机构。监督成员由过去的兼职变为全职、监督组织由以往的临时组织变为常设组织，使得村务监督更具有专职性和常态性。

监督全面化。村务监督委员会不但拥有备受村民关注的村级财务监督职责，还拥有从制度执行到村务会议，从村务决策到村务公开，从财务运行到重大村务活动，从干部评议到干部罢免等诸多方面的监督职责。村务监督由过去单一的财务监督转变为以财务监督为重点的全面监督。

（三）完善了农村基层民意表达制度

原有的村"两委"行政化日趋严重，作为村民利益代表的职能正在异化，而村民表达利益的合法途径——村民代表大会不但召集难也易被控制，这导致了村民利益表达渠道不畅，效能低下。村务监督委员会作为农民利益表达新的组织载体，能够完善和创新农村民意表达制度。村监委会可以通过零距离接触农村社会问题和冲突，在监督村务过程中及时提出建设性意见，方便农民利益诉求。在村务监督委员会成员通过上门走访、个别约谈等形式广泛收集村民意见并及时向村"两委"反映时，每一个村民都获得了涉及自身利益的村务管理工作的话语权，切身地参与到民主自治中去。

（四）促进了基层民主建设的全面发展

我国的基层民主建设主要以"民主选举、民主决策、民主管理、民主监督"为主要内容，然而"四个民主"的发展却极不平衡，除民主选举取得一定成绩外，其他环节均相对落后。原村"两委"制度效率的低下，农民对政治的淡漠，积极参与精神的缺乏严重阻碍了基层民主建设的发展。而村务监督委员会制度的建立有力推动了"四个民主"的均衡发展，促进了基层民主建设。

村务监督委员会为"民主监督"提供组织保障。村务监督委员会作为与村"两委"并列的监督组织，其独立的组织地位确保"民主监督"的有效性和可操作性。因为村监会具有反映全体村民的意见和异议的职能，所以其监督主体不单单是几名村监会成员，全村的村民都可以依托这一组织对村"两委"干部行为以及日常村务管理进行监督。有了组织的保障，民主监督更容易真正落地。

村务监督委员会为"民主决策"提供制度保障。在我国村一级的治理体系当中，村民（代表）大会拥有决策权，但在实际中很容易由村民（代表）大会选出的村委会代替行使决策权，这就让"民主决策"变成了"村干部决策"。而与村委会权力来源相同的村监会有权代表村民（代表）大会对村委会的决策过程进行全程监督。这在制度上保障了"民主决策"环节的有效落实。

村务监督委员会为"民主管理"提供平台保障。在原村"两委"组织结构下，村内一些非"两委"干部的精英群体，虽然具备较强的政治素质和较高的民主参与热情，但由于没有组织平台依然无法行使民主管理的权利。而村监委会不但可以直接将这些精英纳入组织中来，还可以通过向村"两委"反映村民的管理建议让这些乡村精英为村里的发展献计献策，充分实现自我管理，自我服务。

第五节　第一轮蕉岭创制与村组法修改

2007 年广东蕉岭县开始探索村务监督实践，2010 年在广东省梅州市全面推行不久后，即获得了广东省和中央纪委的高度重视，蕉岭县的村务监督委员会制度以其先进的经验与浙江后陈村等地方政府的村委监督改革成为 2010 年《村民委员会组织法》修改的地方经验基础，蕉岭的第一轮制度创新就进入国家基本法律。

一　"蕉岭模式"独具特色

自 2007 年起，广东省梅州市蕉岭县纪委创造性地在当地开展"村务监事会"试点工作，使得监事会对村务的监督权得以落实，并形成与决策权、执行权分列的村级"三权分立"状态，增强了村委会的公信力，完善了村民自治制度建设。蕉岭县的村务监督工作制度和实践经验，对指导当前村级民主发展、完善村民自治制度、加强基层民主政治建设、预防村官腐败、巩固农村基层政权、维护群众利益、保证新农村建设顺利发展，具有普遍意义。而蕉岭县与以往其他地方的村务监督相比又具有独特的优势。

（一）监督有底气

以往的村务监督是村级组织内部的监督，上级政府并没有过多的干预。例如浙江省后陈村的村务监督组织只是由村民代表大会选出，赋予其与村党支部和村委会同等的地位，制度设计的初衷是用村务监督委员会制约原有的村"两委"，但在实际操作中，党支部和村委会依然处于主导地位，村务监督委员会的监督制约作用与预期尚存一定差距。而广东省蕉岭县的村务监督则显得更有"底气"。该县的村务监事会由县、镇纪委组织建立，并进行工作上的具体指导与支持。上级领导的"撑腰打气"，使得监事会敢监督。芳心村的一位村民说："以前村干部都是土皇上，让我们监督我们也不敢说他们什么不好，现在有了上级领导做后盾还怕什么，有啥就说啥。"

（二）监督有规范

完全依靠对监事会成员的教育或监事会成员的自律来督促他们进行监督还远远不够，如果没有一个工作评估机制，没有一定的奖惩规定，就可能会出现监督不力或流于形式。在这方面，蕉岭县结合实际制定了《蕉岭县村务监督委员会考核方案（试行）》，对考核内容、组织实施和结果运用都作了明确规定。考核内容主要分基础工作、民主测评和加减分等三部分。基础工作考核内容包括监事会机构是否健全、是否对村财务进行监督、是否定期向镇纪委汇报工作情况、是否收集村民意见建议并及时向村委会反映等7大方面；民主测评分镇党政班子测评和村民代表测评，其中村民代表测评占很大比重。另设定加、减分，主要是对成绩突出、效果明显的村监事会进行加分，对工作不到位、监督无效果的村监事会进行扣分。考核结果为优秀的，给予表彰或奖励；考核结果为良好和合格的，给予适当的经济补助；连续两年考核结果为不合格的，应主动辞职或依照法律启动罢免程序予以罢免。这一系列工作考核措施，大大提高了村务监督委员会成员的工作积极性、主动性，保障了村务监事会各项工作规范、有效地开展。

（三）监督有威信

在全国其他地方开展的村务监督工作中，村务监督委员会成员基本是由村民选举产生，后陈村的村务监督委员会是从村民代表中选举 3 名具有较高素质的专职人员组成，专门从事村务监督工作。监督主体的素质与威信直接影响监督的效果。蕉岭县的监事会成员构成全部为本村"三老"，"三老"是指老干部、老模范、老党员等在农村有一定威信的人，这些人深受村民信任和村干部尊重。首先，他们对监督村干部的顾忌较少，从而敢于监督；其次，他们有责任心，有公益心，相对于其他村民来说有较多的空余时间，从而愿意监督；最后，他们知识水平较高，对法律、法规、政策领悟深刻，从而懂得监督。"三老"的助阵，让村务监督委员会更有威信。

二 "蕉岭模式"被逐步认可

"蕉岭模式"以独具特色的改革实践，不仅在当地的村庄治理中取得了显著成效，同时也逐步在其他地区被地方政府所认可。

（一）蕉岭村务监督制度影响不断扩大

自 2007 年蕉岭县在三圳镇芳心村探索开展了"村务监事会"的试点工作以来，村务监事会制度经过了 3 年多的实践，机制不断健全，制度不断完善，在村庄治理中取得了明显的成效。首先，针对性较强。据不完全统计，2009 年全县 30 多个村共召开监事会会议 34 场次，收集意见建议125 条，参与村重大事项监督 47 项。其次，具有一定的创新性，创造性地解决了以往监督"没有底气"从而形同虚设的困境。每次由镇纪委定期召集监事会会长会议，听取情况，指导工作，为监事会撑腰，让监督工作落到实处。最后，村务监事会制度的实效性明显。村民监事会的监督贯穿村委会村务决策、管理的全过程，解决了以往监督"不到位"的问题。蕉岭县在农村基层治理方向上的这一制度层面的探索很快得到了梅州市的关注。

广东省梅州市在指导基层普遍建立村民代表会议制度、规范村务公开模式和健全民主理财小组等监督制度的基础上，以拓展农民群众民主监督渠道为抓手，积极探索创新农村民主监督的新思路，特别是以蕉岭县为试点探索建立村务监事会的做法，得到了中央纪委、省委、省纪委和市委领导的充分肯定，被省委以《督查专报》形式转发各地学习借鉴。在省委和省纪委领导的肯定下，蕉岭的村务监督委员会在全省得到广泛推广。

（二）蕉岭改革经验得到充分肯定

2009 年 11 月 6 日，第五届中国农村发展论坛在蕉岭召开，论坛对蕉岭县结合农村基层党风廉政建设工作实际，积极探索和实践进行了热烈的讨论。与会专家普遍认为，加强农村民主监督，从探索村庄权力监督模式、维护村民监督权，到试行干群对话制度、维护群众表达权，再到建立召集组制度、保障村民的决策权和参与权的农村治理，形成了独具特色的"蕉岭模式"，成为继浙江"温岭模式"和河北"青县模式"之后，农村基层治理改革的又一值得解剖的麻雀。

2010 年 11 月 30 日，梅州市农村民主监督现场会在蕉岭县举行，梅州市纪委要求各级有关部门认真总结该市农村民主监督工作的创新经验，在全市大力推广"蕉岭模式"，建立村务监督委员会，为推进新农村建设营造风清气正的环境。很快，在各县政府的纷纷效仿下，这一做法在梅州市其他地方得到大面积铺开。2012 年初，梅州市 2040 个行政村、189 个居委会均建立村监委会，而且在监督村务中发挥了重要作用。以 2011 年为例，梅州市各个村务监督委员会共审核村级财务 5934 次，监督村级大额资金使用情况 1258 次，对村级"三资"使用情况提出异议并督促规范 427 次，就村级"三资"使用问题向镇级反映 143 次。

三 蕉岭草根监督制度进入国家基本法律

改革开放以来，我们国家的改革路径大都是先有地方改革经验，然后再上升到国家制度层面或者法律层面。地方成功经验为国家制度创新进行了有益探索，而国家法律制度又为地方经验提供政策保障和制度基础，并且将地方经验推广，实现普遍价值。广东蕉岭在农村基层治理中的一系列创新实践在取得良好效果的同时也得到了党中央的高度关注，其做法被写进《中华人民共和国村民委员会组织法（2010 年修订）》。其中第五章第 32 条规定，"村应当建立村务监督委员会或者其他形式的村务监督机构，负责村民民主理财，监督村务公开等制度的落实，其成员由村民会议或者村民代表会议在村民中推选产生，其中应有具备财会、管理知识的人员。

村民委员会成员及其近亲属不得担任村务监督机构成员。"

（一）规范了村务公开制度

蕉岭县在实行村监事会制度之始，就对村务公开的内容、形式、时间和程序予以细化，明确由村务监事会进行监督。同时，建立农村党风廉政建设信息平台，利用电视、网络、手机、固定电话等载体，实现惠农政策、涉农收费、农村财务、农村重大事项等四方面公开。目前，大部分群众了解掌握这种信息渠道，并可以对信息平台上不理解的问题进行询问，这保证了村务公开内容全面化、程序规范化、形式多样化，保障了群众的知情权和监督权。新修订的《村组法》也对村务公开的内容、时间进行了补充。如，在内容上，增加了："涉及本村村民利益，村民普遍关心的其他事项。"时间上要求："一般事项至少每季度公布一次；集体财务往来较多的，财务收支情况应当每月公布一次；涉及村民利益的重大事项应当随时公布。"这表明蕉岭的实践创新在村组法中得到体现。

（二）确保了村务监督效果

保证监事会对村务进行有效监督的要素之一是保证监督权力的威慑力，只有让村"两委"干部感到畏惧才能保证监督的效果。广东省蕉岭县把掌握了解监督工作情况作为加强指导的前提和基础，采取以镇为单位，由镇党委、纪委每季度组织召开一次村务监督委员会主任汇报会，县纪委领导到会指导，及时掌握了解各村监事会的工作情况。对于各村监事会在汇报会中提出的问题，采取镇党委跟进解决，县纪委督促落实的办法，保证村务监督事项件件落实，强化监督效果。对于不支持、不配合甚至是抵制村监会开展工作的，由镇党政"一把手"做通其思想工作。另外，还要求建立民主评议村干部制度，对村干部的履职情况进行公开评议，并建立惩治机制。这一做法也得到了《村组法》的肯定，《村组法》第五章第33条规定："村民委员会成员以及由村民或者村集体承担误工补贴的聘用人员，应当接受村民会议或者村民代表会议对其履行职责情况的民主评议。民主评议每年至少进行一次，由村务监督机构主持。村民委员会成员连续两次被评议不称职的，其职务终止。"

（三）赋予了监督新的内涵

过去，民主监督一直是村民自治的薄弱环节，在村民、村代表和村"两委"的三角关系中，民主监督因多采用事后监督的形式而难以发挥作用。而蕉岭县的一系列举措有效突破了这一困境。一方面，监事会的成立实现了村务监督的"流程再造"，变事后监督为全程监督：决策前，参与意见征求，反映社情民意；决策中，列席涉及村民利益等重大事项的村务会议，了解掌握村务决策的程序和过程，对违反决策程序的，及时提出纠正意见；决策后，监督执行过程，并通过适当形式公布监督结果，解答村民询问，督促改正违规行为。另一方面，监事会的建立使村务监督权有了现实载体，在保证监督权力时刻在场的同时，大大提高了民主监督的效力，从制度和机制上保障了村干部"不能腐败""不敢腐败"，为村级治理创造了良好环境。村组法中的关于村民委员会成员实行任期和离任经济责任审计及监督委员会村务档案建立的规定都表明村务监督不再是形式，而是全程、全面、规范和完善的监督。

作为村民自治主要内容之一的民主监督是民主选举、民主决策和民主管理有效运行的基础，现实运作过程中的民主监督缺乏健全完善的体制机制，不能有效发挥作用。而"蕉岭模式"这一草根式的权力平衡模式在基层民主监督实践中取得了良好的效果。作为第一轮创新的村务监督制度为村级治理民主监督机制的构建提供了值得借鉴的样本，也为蕉岭进行下一轮的制度创新奠定了基础。

第三章 发掘基层治理的传统决策制度

十八届三中全会通过的《中共中央关于全面深化改革若干重大问题的决定》明确提出："推进协商民主广泛多层制度化发展。开展形式多样的基层民主协商，推进基层协商制度化，建立健全居民、村民监督机制。"十八届四中全会通过的《中共中央关于全面推进依法治国若干重大问题的决定》进一步提出："加强社会主义协商民主制度建设，构建程序合理、环节完整的协商民主体系。完善和发展基层民主制度，依法推进基层民主，实行自我管理、自我服务、自我教育、自我监督。"基层民主包括选举、决策、管理和监督四个方面，其中民主决策是基层群众自治的关键。民主决策具体指的是全体村民对于涉及全村利益的公共事务，按照一定的程序集体讨论，遵照多数人的意见做出决定，全体成员共同遵守和执行。

蕉岭县在 2007 年创立村民监督委员会制度之后，事前的民主选举和事后的民主监督都有了制度性规定与保障，但事中的民主决策和民主管理仍然难以落到实处，村庄面临村务决策难、村民参与难、村庄治理差等基层民主难题。由于客家文化和宗族传统，蕉岭县在自然村层面上出现了以宗族理事会为基础的民主决策新机制，通过发掘传统资源进而促进了村民参与，提升了村庄内聚力，实现了有效的村民自治。蕉岭县进一步以宗族理事会为组织基础，形成"理事长动议、多方协商、利益相关方决议"的民主决策"三步走"制度，保障了决议的有效执行，促进村民的民主参与，实现"事前、事中、事后"的全程民主监督，有效地落实了基层协商民主，发掘出基层治理中传统决策资源的优势。

第一节　草根监督之后的民主决策难题

村民监督委员会的建立使得村庄的民主选举和民主监督得以落实，然而民主决策和管理仍然难于落地。蕉岭县民主决策的难题包括途径不畅通、制度不完善等，进而导致决议难落实，而村民不能有效参与到民主决策之中，加剧了村民自治的空转，基层治理陷入困境。

一　村庄民主决策的现实问题

村庄民主决策的实现有助于基层民主的落实与发展。在基层民主实践中，民主选举和民主监督通过村民票选参与和村民监督委员会制度运行得以基本实现。同时，选举作为一种具有明确具体指向性的参与行为，参与主体明确，可以得到较好的测量；村民监督委员会作为一个具体的基层自治组织，也是可以进行具体评价的。不同于民主选举和民主监督，民主决策和民主管理两方面的实施贯穿于村民自治和基层治理的始终，并且没有明确的指向性和目标性。因此，民主决策和民主管理的落实相较于民主选举和民主监督更为困难。蕉岭县的基层民主实践，通过建立村民监督委员会和村民直选制度，实现了民主选举和民主监督，而民主决策和民主管理仍面临困境。

（一）制度不完善

村庄民主决策制度的基本组织形式是村民大会和村民代表会议。其中村民大会由本村 18 周岁以上的村民组成。村民代表会议由村民委员会成员、村民代表和本村村民中的各级人大代表组成。村民大会和村民代表会议的有效性具有一定的约束条件。其中，村民大会需要过半数的 18 周岁以上的村民和本村 2/3 以上的户代表参加，村民代表会议需要 2/3 以上的村民代表参加，会议决议都需要过半数参会人员通过。村级事务民主决策的程序包括提出议案、受理议案、召开会议、形成决议、实施决议等步骤，各个环节需要具备一定的约束条件。就村庄民主决策制度而言，与当下村庄现实存在一定的冲突。第一，改革开放以后，市场化浪潮冲击乡村，大量的青壮年劳动力进入城市，村庄人口外流导致村庄"空心化"，村民会议召开的基本条件难于达到。第二，留守村庄的多是老人、妇女和儿童，这使得村民代表的构成也呈现出老年化的特征。囿于经验和见识，村民代表会议难以真正代表全体村民。第三，村庄民主决策制度实质上是行政村一级的民主决策制度，只有行政村层面上的公共事务才可能在村民大会或村民代表会议中进行民主协商和决策。只涉及自然村（小组）层面或者部分农户利益的公共事务，很难在村级民主决策体系中进行讨论。

（二）途径不畅通

在村庄中，民主决策和管理的途径从法律制度上来看，包括村民大会和村民代表会议。由于人口流动、村庄"空心化"，村民大会难以召开，村民代表会议难以代表全体村民的利益。一方面，村庄民主决策的途径较少。制度化途径的村民大会和村民代表会议都难以形成有效的民主决策，且不能完全代表村庄的公共利益。民主决策的非制度化途径则由于条件约束难以形成。另一方面，村庄民主决策的途径不畅。由于途径较少，使得民主决策的路径狭窄，这进一步导致了途径不畅通。就村干部而言，受到传统行政化的官本位思想影响，对基层民主认识不深，认为民主决策只是"村两委"干部讨论一下决定即可，最多再通知一下村民代表。就村民而言，流入城市的人群由于空间上的缺场而难于参与，留守村庄的人群则囿于见识、认知等原因而不想参与。在干部和村民的双重作用下，村民民主决策的途径进一步阻塞了。

（三）决议难落实

制度的不完善、途径的不畅通进一步导致了民主决议难以落实。第一，就村庄民主决议本身而言，多是对国家政策的执行和实施，村委会执行的事务更多是国家力量在基层的呈现，而不是从村庄内生需要出发，因此最后决议与村民利益相关度较低。第二，就村民而言，其参与能力不足。村庄民主决议过程从制度上来讲具有相当的程序性和专业性，为村民的参与制造了障碍，需要村委会的引导。留守村民多是老人、小孩和妇女，在认识、思想以及行动能力上都有所欠缺，同时体力上的不足也会造成参与能力有限。第三，就村委而言，村级资源缺乏。村委会本身并不是政府组织，而是基层群众性自治组织，但在工作实践中又要承担行政性任务。"上面千条线，下面一根针"，行政资源的匮乏影响决议落实。就蕉岭县大多数村庄而言，集体经济缺乏，村庄集体收益基本为零。且自税费改革以来，村庄对于村民的动员能力下降，内生性资源得不到激活。因此，利益相关度低、村民参与能力差、村级资源匮乏三方面原因导致蕉岭县基层民主遭遇"议而不决、决而不行"的现实困境。

二　村民民主参与的多重困境

村民是基层民主的实践主体，离开了村民的参与，基层民主不可能实现。村民的民主能力包括表达能力、合作能力和监督能力。长期形成的臣民思想和农民自身素质的不足使得农民不能有效辨识自身利益，更不能理性表达自己的利益需求。传统小农的利益局限使得小农的合作能力仅限于宗族内部以及以个人或家庭为中心的小圈子，而且这种合作是一种非理性的合作，严重制约了农民内生性合作主体的主动性。[①] 所以，应当通过对村民表达能力、合作能力和监督能力的培养来提升村民的民主参与能力。从蕉岭县的调查实践中得出，村民仍然面临着民主参与难的困境，包括参与能力低、参与途径少和参与效果差三方面。

（一）参与能力低

村民的民主参与能力低包括绝对参与能力低和参与意识弱两个方面。一方面，文化素养、经验见识等绝对因素限制，使得村民民主参与的绝对能力较弱。而村庄青壮年劳动力的流出，使得村庄中具有文化素养和有一定见识的人群都进入了城市，留守人群的绝对参与能力更是低下。另一方面是参与意识弱。绝对参与能力的低下使得村民形成了不愿参与民主决策的惯性，固化了农民较弱的参与意识，村民参与民主决策的意愿和积极性大打折扣。在调查中发现，很多村民都表示"不愿参与或者参与没什么意思"。其实质是村民民主参与的可行能力的缺失。

（二）参与途径少

由于制度和非制度性两方面因素的影响，村民民主参与途径少。一方面，制度性原因。村民大会和村民代表会议是村民进行民主参与的主要组织形式，但村民大会和村民代表会议都存在着较多的条件约束。村民监督委员会则更多的是由监委会委员进行民主监督。同时，《村组法》只在村庄层面上制定了民主参与途径，对于小组或者说自然村等更为基础层面上

---

① 马华：《民主学步：农民的民主能力建设——以"南农实验"为例》，华中师范大学博士学位论文，2011 年 3 月，摘要。

的参与则缺乏制度性规定。另一方面,非制度性原因。村委及村干部的行政化思想倾向于内部决策,不愿村民参与,认为村民参与会"给村里添麻烦"。一部分村民也认同村干部的想法。"我只要管好自己的事情就行了,公共的事情有村委会来管。"村干部的行政化思想和村民公共意识的缺乏进一步压缩了村民民主参与的途径和空间。

(三) 参与效果差

村民在民主参与实践中,能力不足及途径缺乏造成参与效果差。从客观方面来看,由于制度约束,村民大会和村民代表会议的召开,需要投入较多的运行成本,包括村民的时间成本、村委的行政成本等。而且由于缺乏可操作的民主程序,村级会议常常陷入极端境地,"要么就是没人说话,要么就是吵来吵去"。民主决策的结果缺少民主程序的要素参与,使得村级会议重新回到村"两委"及其干部内部决策的方式。耗费了大量成本得出决议后,由于少数群体缺乏公共精神以及利益不均等原因,决策又会得不到落实。再者,村庄资源匮乏和行政支持不足等原因使得决议的执行大打折扣。从主观感受来看,很多村民认为民主参与就是"走形式",村民并不能真正有效参与其中。芳心村村民刘永华谈到参加村民大会的感受:"那都是一个形式,村委会早就决定好了的。反正我也不想说话,不想参加这些事情。"村庄民主参与实践带给村民较差的主观感受,因此村民不愿参与其中。

三　农村基层治理陷入空转悬置

中国基层民主发展一直以来是从外部、由上而下地通过制度建设强力推动。当前,国家主导下的民主建设步伐缓慢,反观中国民主发展历程可以发现,在实行民主时间最长、影响最大的中国农村,受传统文化和近代民族国家建构的影响,农民的民主能力一直受到压制。农民的民主能力不高成为制约中国基层民主发展的重要因素。蕉岭实践表明,基层民主制度不完善、村民民主参与可行能力较低导致基层治理陷入困境。

(一) 村民自治空转

由于民主决策难题而导致的村民自治空转表现在组织、资源、制度三方面。第一,村民自治组织空转。村委会是村民自治的群众性组织,一方面承担着村庄"当家人"的角色,为村庄公共利益负责;同时村委会也是国家政权在基层的延伸，是国家政权建设的产物，扮演着"代理人"的角色，承担政府的行政性事务。① 在当下"压力型体制"② 的行政组织背景下，村委会作为基层政权在村庄的延伸，同样受到"压力型体制"的形塑，"上面千条线，下面一根针"的组织架构进一步使村委会成为基层政府的"一条腿"，村委会更多参与到行政性事务中，而忽略了作为村庄"当家人"的角色。村委会组织的性质从自治性向行政性偏移，村民自治组织出现空转的状况。第二，村庄治理资源空转。随着税费改革取消农业税，国家对于村庄的影响逐渐由"汲取"向"输入"转型，较多的资源通过财政转移支付以项目化的形式进入村庄。相较于以往，村庄治理资源有所增长和提高。但是由于村民民主参与和民主决策难以有效实现，内生性的利益表达能力缺失。自上而下从外部输入的项目更多的关注于国家政策目标的实现，而不是村庄真正需要什么。"国家的视角"会导致项目的异化和失败，使得村庄治理资源不能落到实处，进而形成空转。第三，村民自治制度空转。"新制度落实"和"政策执行"一直都是学界和政界研究的热点问题。变通、通变、合谋等形式成为中国式政策执行的独特经验。就村民自治制度而言，通过民主选举、民主决策、民主管理、民主监督，进而实现村民的自我管理、自我教育和自我服务。制度约束、参与困境、资源匮乏等因素使得村民自治制度难于落实，不能实现真正的有效的自治，形成了制度的空转。

（二）基层民主悬置

民主决策的困境导致了基层民主的悬置，表现为纸上民主、墙上民主和形式上的民主。第一，悬置于纸上的基层民主。在这种情景下，基层民主制度更多是作为政策文件、制度规范悬浮于纸面上，通过行政组织进行文件的传递。第二，悬置在墙上的基层民主。在制度的实施过程中，村委会将相关文件贴到了村委会的墙上，将相关的信息写到了村委会的黑板上，但对于村民是否会来查看或了解概不关心。第三，悬置在形式上的基层民主。村干部对于民主理念理解不深，认为民主就是大家投投票、举举

---

① 徐勇：《村干部的双重角色：代理人与当家人》，《二十一世纪》2002 年第 7 期。

② 荣敬本等：《从压力型体制向民主合作体制的转变》，中央编译出版社 1998 年版，第 28 页。

手，在召开村民大会和村民代表会议等的基层民主实践中，只注重民主的形式，而不注重民主的实质。

第二节　自然村里面内生的宗族理事会

在村级层面上，民主决策难题使得村庄陷入村民自治空转、基层民主悬置的治理困局。然而，在行政村之下的自然村出现了以宗族理事会为组织基础的公共事务决策新形式。客家文化、宗族传统以及村庄形态成为宗族理事会形成的历史基础，同时，宗族理事会也发生着现代意义的转变，通过宗族事务公益化的运作机制，村民自治尤其是小组自治能够有效实现。相比于行政村，自然村内生的宗族理事会将村民想办的事情办成，村民也积极参与到宗族理事会议事之中。

一　诞生背景：传统文化的延续性

宗族理事会的形成依托于传统文化的延续性，包括客家文化、宗族传统以及村庄形态三方面的因素。

（一）客家文化

客家人，又称客家民系，是中国南方广东、福建、江西等地的汉族民系，是世界上分布范围广阔、影响深远的民系之一。客家源流始于秦征岭南融百越时期，历魏晋南北朝、唐宋，由于战乱等原因，他们逐步移往江南，再移往闽、粤、赣边界，最迟在南宋已形成相对稳定的客家族群——客家人，然后又往南方各省乃至东南亚以及世界各地迁徙，并最终成为汉民族中一支遍布全球且人文特异的重要民系族群。蕉岭地处广东省梅州市，是最典型的客家人聚居地区。客家文化的精神内涵丰富，其核心在于团结与奋进。首先，客家先民自身的团结精神形成了强大的向心力。正是这种向心力使他们在漫长的迁徙过程中把中原灿烂的文明带到南方播衍而不被迁徙地的土著同化。其次，这种团结奋进的精神特质，还表现在对异族文化的博采和涵化上。客家先民的南迁，是中原的汉人与迁徙地土著长期斗争而又走向团结的过程，并最终形成了共同体。今天的客家，决不单靠入迁的中原汉人的自身繁衍，而是经过与当地民族融合后发展壮大起来的，也有其他民系迁入客家居地而被同化成了客家人。客家文化继承和发扬了中华文化的精华，长期的迁移养成了兼收并蓄取其长、开拓进取而不保守的民风，使客家民系具有强大的凝聚力和生命力。这也为宗族理事会的形成和延续提供了心理基础。

（二）宗族传统

蕉岭位于我国华南地带，具有典型的宗族传统，国内外学者对其多有论述。如林耀华研究福建宗族的《金翼——中国家族制度的社会学研究》和《义序的宗族研究》；庄孔韶在林耀华研究的基础上调研撰写了《银翅：中国的地方社会与文化变迁（1920—1990）》一书；美国学者葛学溥20世纪早期在广东凤凰村调研并写作《华南农村生活——家族主义社会学》。以林耀华和葛学溥等人的研究为基础，英国人类学家弗里德曼写作了《中国东南的宗族组织》等书，对中国东南地区尤其是福建、广东宗族性村庄形成原因进行了高度归纳和概括，认为中国东南地区宗族发达源自东南地区的三大特点：边陲状态、水利和稻作农业。[①] 总结起来就是，华南地区农村宗族组织大多比较发达，村庄结构的典型特征是聚族而居，血缘与地缘重合，宗族规范（族规家法）强大，以血缘关系为基础的宗族结构成为维系村庄秩序的基础。华南地区宗族组织发达的典型表现是具有完备的宗族四大要素，即祠堂、族谱、族长和族田。华南地区的村庄历史较长，姓氏单一，宗族组织发达，社会规范完整，村庄内部社会关系紧密，社会结构与社会规范相互强化，这使得华南宗族不只是功能性的组织，而且具有伦理性的价值，具有强大的价值支撑。[②] 宗族传统和宗族组织的延续形成了宗族理事会的社会基础。

（三）村庄形态

自宋元开始，华南农村约有一千年相对稳定的农村发展史，这一千年既是村庄成长史，同时也是宗族发展史。在汉人移居华南时，华南仍未得到充分开发，人口稀少，生产力水平较低。随着人口繁衍，村庄不断拓展。一方面，随着人口增多和生产力发展，村民就地平面扩展，比如由平原到丘陵到山区的拓展；另一方面，因为人口增加，人地关系变

---

① 王铭铭：《社会人类学与中国研究》，生活·读书·新知三联书店1997年版，第79页。
② 桂华：《再论中国农村区域差异——一个农村研究的中层理论建构》，《开放时代》2013年第4期。

得更加紧张，村民之间的关系变得更为紧张，血缘基础上的宗族内部更加紧密，宗族之间的竞争更加激烈。就蕉岭而言，该地是典型华南村庄的丘陵地貌，水源充足，人多地少。由于传统延续下来，地缘和血缘关系重合。以蕉岭县三圳镇芳心村为例，村庄共有 21 个村民小组，设立了 14 个宗族理事会，基本情况是一个村民小组就有一个姓氏为主，还有几个村民小组以一个姓氏为主，属于同一个宗族理事会。基于血缘、地缘双重关系的聚居，体现了华南农村典型的村庄形态，这构成了宗族理事会形成与延续的空间基础。

二　运作机制：宗族事务的公益化

宗族理事会从传统到当下经历了现代转型，是一种传统嵌入现代的社会组织化。[①] 宗族理事会在自然村层面上供给公共服务、兴办公益事业的运作机制是将宗族事务公益化，包括传统宗族事务的内生性参与、从宗族事务到公益事务的扩散以及自然村公益事业的有效落实三个步骤。

（一）传统宗族事务的内生性参与

对于村民而言，传统的宗族组织具有强大作用，通过族权、父权等权力控制着日常生活的方方面面。在当前的情景下，宗族组织对于个体的控制力式微，但仍然对于村民的生活具有重要的意义。传统的宗族事务包括祭祖、丧事、婚嫁等等。华南地区的血缘、地缘重合的宗族传统，使得宗族组织不仅具有强大的控制力，同时也具有强大的内聚力。宗族理事会不仅仅是一个承载宗族公共事务的功能性组织，更是宗族成员的象征性、价值性的伦理化组织。宗族成为一种道德伦理，在约束族员的同时，也吸纳宗族成员的参与，并且这种参与意愿和行为是由内而外具有内生性和自发性的。在问到新会宗族理事会会长郑文清"为什么大家愿意参与宗族事务"时，他直白地说："在家出力，在外出钱，为了村庄，为了宗族，共同建设美丽家园。"在村庄这样一个较为传统的场域中，宗族道德伦理的约束和控制力度，甚至大于法律。因此，村民对于传统宗族事务的参与是内生性的。

---

　① 董翔薇、崔术岭：《社会资本理论视角下的当代宗族：一种传统嵌入现代的社会组织》，《学术交流》2009 年第 3 期。

（二）从宗族事务到公益事业的扩散

在蕉岭县，近年来最重要的宗族事务活动，除了每年例行的祭祖、婚丧嫁娶之外就是将破旧的宗族祠堂进行重建或翻新。宗族祠堂建得越好、越漂亮就说明这个家族的人越厉害、越有本事。村民参与宗族事务的途径包括以下方面：一是参加宗族祭祖，在没有不可抗拒的因素时，宗族成员是必须参与的，大家也以之为荣耀；二是参加本宗族家庭的婚丧嫁娶酒席；三是参与宗族祠堂的重建或翻新，有钱出钱、没钱出力，共同参与其中。以蕉岭县三圳镇芳心村黄上宗族理事会为例：2014 年春节期间，在理事长戴育海的带领下，黄上宗族理事会公布了上一年所做宗族事务，其后发起修茸破旧宗族祠堂的倡议书。宗族成员共捐款 58088 元，其中，包括兄弟宗族理事会黄上二队 7588 元、黄上三队 8000 元、芳心村委 1000元和芳心村支部 1500 元。在完成了宗族祠堂修茸后，若资金不足，则再次倡议募捐，如果资金剩余则存入到宗族理事会账户中，为其后的公共事务做资金储备。修茸祠堂让村民看到了宗族力量对村庄面貌的改善，使得村民以及外出乡贤都愿意捐资赞助宗族公共事务。资金的富足使得宗族理事会在基本完成宗族公共事务后，开始着眼于自然村落公益事业，宗族理事会的功能从宗族事务向公益事业扩散。

（三）自然村公益事业的有效落实

在宗族理事会将目光从宗族事务向自然村公益事业转变时，自然村公益事业的落实就有了较好的基础。一方面，宗族理事会作为组织基础，起到了核心引领作用；另一方面，宗族理事会能有效动员自然村中的资源，包括资金的募捐和村民的自发参与。蕉岭县三圳镇芳心村圩尾下宗族理事会理事长徐永振告诉我们："宗族理事会成立以来，共有十件家乡建设项目，有翻新祖堂、拆旧建小公园、公共厕所、绿化亮化村庄等。每年年前发布祭祖公告，乡贤讨论全年的公益事业，去年共募集 30 多万资金。"前吉塘村徐氏宗族理事会长徐永贤介绍说："吉塘村共设有 5 个宗族理事会，以宗族为中心，履行管理服务职能，做好宗族内部的事情。我们徐氏宗族理事会组织完成了修缮风水堂、修建篮球场、娱乐公园的公共建设。"芳心村黄上村村民反馈说："宗族理事会引导大家共同种树、建花园、搞绿化，篮球场、道路都修得十分整洁，环境变好了。"通过宗族理事会的引导和动员作用，自然村的公益事业得以有效落实，村庄自然环境和社会环境都得以改善。

三 突出效果：村民自治的有效性

基于传统文化的延续性形成的宗族理事会经历了现代转型，宗族事务公益化的运作机制，促成了小组层面上村民自治的有效落实，促进了村民参与，兴办了公益事业，形成了村庄内聚。相较于村级层面，达到了更好的治理效果。

（一）促进了村民参与

过去村庄建设由政府和村委会主导，村庄事务由政府大包大揽，单打独斗，村民只能成为"看客"。宗族理事会的复兴及其公益化转型，在自然村层面上，不仅倡导群众捐资，而且吸纳群众参与协商决策，真正创造出了基层民主决策的新形式。宗族理事会这一组织基础，真正激发了村民的参与热情。实现了从"要我参与"到"我要参与"的转变，村民真正登上了场，唱起了"主角"，真正避免了"政府干、群众看"的旧风气，形成"新家园、人人建"的新常态。圩尾下村理事会长徐永振说："现在大家都很热心村里的事情，村里需要钱时，很多外出务工的村民以及外嫁的女儿都要捐钱回来。"村民的参与意愿和热情被调动起来，促进了民主参与。

（二）兴办了公益事业

宗族理事会通过激发村民建设热情，盘活资金，加强民主参与。以内生性宗族事务为引子，进一步兴办公益事业，进而极大地改变了村庄面貌，树立了文明新风。一方面，宗族理事会以修葺老旧祠堂为契机，进一步建设公共设施，整治村容村貌，动员群众拆旧建新。三圳镇九岭村伍子湖把之前群众用来堆沙石、垃圾的场所摇身一变成为村民唱戏、打球、跳广场舞的好去处。另一方面，宗族理事会还积极参与到新农村建设之中，集中群众智慧制定村规，规范村民行为。芳心村在村民理事会参与努力下，及时化解新农村建设中的矛盾纠纷，做到"小事不出门，大事不出村"，全村形成邻里互携、守望相助的和谐氛围。

（三）形成了村庄内聚

由于人口流动，劳动力进城，村庄"空心化"现象严重。村庄呈现出由"熟人社会"向"半熟人社会"或者称之为"无主体熟人社会"的形态转变。[1] 在这一过程中，由于不同主体在空间上的缺场，村庄内的社会关系由于长久以来缺乏互动、交流和经营而面临着断裂的社会原子化风险。[2] 依托华南农村传统的强有力的宗族力量，形成了宗族理事会这一中间组织，进而形成了再造乡土团结的可能。[3] 宗族理事会通过参与宗族事务的建设，形成了内生性动力机制，进一步实现从宗族事务到公共事务的公益化转变，将自然村的成员都纳入到组织之中，形成了"村即是家，家即是村"的一体性结构。留守村庄的在场者和进入城市的缺场者通过宗族理事会联系到一起，形成了内聚力，保护了自然村的共同体特性。

第三节　在宗族理事会中实现民主决策

自然村层面上的宗族理事会为村民民主决策权的实现提供了新的路径和可能性。在此，我们分别从组织基础、决策程序两方面对民主决策有效实现进行分析。其中，宗族理事会作为村落自治的组织基础，包括名誉理事长、理事长以及理事三类成员；依托宗族理事会的民主决策程序包括动议、协商、决议三个步骤。

一　组织基础：村落自治中的宗族理事会

村落自治中的宗族理事会是民主决策有效实现的组织基础。就宗族理事会这一村庄社会组织而言，其组织构成、治理结构、成员特征等方面需要我们进行重点的分析。下面我们以蕉岭县三圳镇芳心村的 14 个宗族理事会为例，分析宗族理事会的一般性特征。

（一）外出乡贤构成的名誉理事长

不同于理事长和村民理事，名誉理事长不具有具体的权力，也不承担具体的工作。名誉理事长的产生是基于宗族理事会需要筹措和动员资金的现实要求，而外出乡贤具有资金也愿意投入到家乡建设中。因此，宗族理

---

[1]　吴重庆：《从熟人社会到"无主体熟人社会"》，《读书》2011 年第 1 期。

[2]　张大维、郑永君、谢洪波：《准组织化：政府主导式基层农民组织化困境》，《四川大学学报》（哲学社会科学版）2012 年第 6 期。

[3]　吕方：《再造乡土团结：农村社会组织发展与"新公共性"》，《南开学报》（哲学社会科学版）2013 年第 3 期。

事会设立名誉理事长的头衔对慷慨解囊、建设家乡的乡贤进行褒奖,也表示家乡父老不忘恩亲。

表 3—1　　　　　　　　　蕉岭县三圳镇芳心村宗族理事会构成

序号	片区	理事会名称	理事会会长	理事人数	名誉理事长
1	芳心片	芳园宗族理事会	吴敬平	8	
2		下赖宗族理事会	赖企贤(党员)	9	赖铭贤(党员)
3		田心宗族理事会	谢其春	5	
4		禾尚堂宗族理事会	刘国忠(党员)	4	
5	新会片	新一宗族理事会	刘福民	5	郑海云(党员)
6		新会宗族理事会	郑文清(党员)	7	
7		新三宗族理事会	刘朋	5	
8	黄上片	黄上一宗族理事会	戴振兴	3	
9		黄上宗族理事会	戴育海(党员)	14	
10	黄下片	黄下宗族理事会	戴忠(党员)	9	戴雪芹(党员)
11		坪上宗族理事会	戴明华(党员)	5	谢名清
12	圩尾片	圩尾下宗族理事会	徐永振(党员)	9	徐晋鸿、徐永寿、徐晋彬、徐晋连
13		谢屋宗族理事会	谢建华	3	
14		寺前宗族理事会	刘文芳	5	

　　从上表可以看出,宗族理事会呈现出几个特点:一是人数不固定,依据宗族成员的数量来产生,最少 4 人,最多 15 人,芳心村的宗族理事会平均人数为 6.5 人;二是宗族理事会成员多为党员,体现了中国共产党作为执政党的领导地位;三是名誉理事会长不是每个理事会都有,芳心村 14 个理事会中仅有 5 个具有名誉理事长,占 36%。而具有名誉理事长的理事会的财务状况较好,预算较为宽松,能够更好地推动村庄公益事业的实施建设。

　　(二)德高望重的理事长

　　村庄宗族理事会由理事长、村民理事和名誉理事三类成员构成。其中理事长是由德高望重的老人、能人担任,对于村级治理具有良好的促进作用。据九岭村党支书记、村委主任徐文坚透露，"这些理事会的人都是德高望重的人，大大缓解了我们（村）村务管理、建设资金压力。在他们的带动下，我们村民都积极参与到村庄各项事业当中"。

（三）民主选举的村民理事

村民理事由全体宗族成员民主选举产生，依据民主的一般原则和程序，但不囿于其中。具体来说，宗族成员可以推荐或自荐成为宗族理事会的理事候选人，宗族长辈在考察基本条件后形成正式的候选人并确定选举成员人数，再召开宗族成员会议通过民主投票决议出最终的村民理事，经宗族理事会和宗族老人确认后就成为正式的村民理事。村民理事中包括若干理事、一名出纳以及一名会计。出纳和会计一般由族中具有相关专长的成员担任。村民理事与理事长之间的关系是领导与被领导的关系，但理事会决议则由利益相关方共同决定。

二　决策程序：动议、协商、决议"三步走"

在考察宗族理事会组织的结构以及成员等静态性特征后，还需要我们从动态的视角对宗族理事会如何实现村庄的民主决策进行研究。就一般民主意义而言，决议的产生需要先提议、再动议，然后依托于一定的平台进行民主协商，通过相互的谈判、妥协，最终通过民主形式进行最后的决议。形成决议后，村庄的民主实践并没有结束，需要进一步将决议有效地执行和落实，同时监督这一过程。

（一）理事长的动议

宗族理事会中民主决策机制的第一步就是理事长的动议，提议权属于宗族理事长。在宗族理事会中，理事长都是由德高望重、有公德心、有担当的长辈担任这一职责。德高望重、公德心和担当在很大程度上避免了所提议案公平性和有效性的缺失。宗族理事长通过走乡串户了解村民需要，同时村民也信任理事长，愿意将自己的困难告知理事长。实地的走访和了解，有助于宗族理事长找到关涉村庄最多人利益的议题，即公共议题。黄下宗族理事会的理事长戴忠说："其实理事长很不好做，要管很多事情，很多时候一月电话费都要两三百。我在管理事会的资金，但是我从没有拿过补贴。大家都很信任我，这也让我很高兴，没有白白付出。我也不会辜负他们的信任。"理事长的动议过程实质是在收集村民公共需要的基础上进行的提议。

（二）多方参与的民主协商

通过理事长的动议，将议案正式提到宗族理事会中，需要进行多方民主协商。此时，宗族理事会不仅仅是作为一个村庄社会组织，同时也搭建了一个上传下达、横向勾连的协商议事平台。在这个平台中，宗族理事会、村委会、基层政府、外出乡贤、村民等多方群体都能参与到民主协商中去。同时，在民主协商的过程中，注重规则的制定和遵守，强调程序的民主和正义，包括价值中立的主持人、发言的时间限制、举手发言制、限制发言次数等等。在蕉岭宗族理事会的具体实践中或许还存在不合理和不民主的现象，但是这些制度和规则提供了协商民主的传统资源，在基层协商民主的前制度时期蕴含着制度化的因子。

（三）利益相关的民主决议

在经过充分的讨论和协商后就需要进行民主决议。需要注意的是，并非所有的协商群体和人员都有表决权。只有利益相关群体和个人具有表决的权利，其他群体和个人只有协商权和建议权。在具体表决方式的选择上需要特别的注意，对于关涉村庄公共利益的重大问题、关乎村民个体的切实利益的议案都需要通过无记名投票决议的方式表决。这就会在源头上杜绝了从众、胁迫、贿选等不民主行为的产生，从形式上和实质上让村民享受到民主决策的权利。对于一些小事和不那么重要的公共事务，也可以通过举手表决的方式进行，以此降低宗族理事会的运行成本和消耗。

第四节　宗族理事会的功能定位

20 世纪 80 年代以前，轮番的政治运动挤压了华南地区的传统宗族文化，传统宗族文化出现"内卷化"的趋势，宗族组织面临逐渐分散的现实，宗族影响遭到弱化。但是，随着政治运动的减少以及改革开放政策的推行，宗族文化虽然遭到前期的碾压，但是在逼仄的社会空间中得到保留，并没有完全消解。与之相反的是，在著名"文化之乡"的蕉岭县实地调研中发现，传统宗族在社会生活和基层自治中出现复归的苗头。当然，这种复归不是简单的重复过去，而是在新的社会现实基础上，改变自己的作用方式以适应新环境。在市场化大潮下，以蕉岭县为代表的宗族文化回暖和宗族组织启升，使得我们不得不再次探索宗族理事会这种非正式的社会组织，重新发现宗族理事会在基层民主建设中的作用。这对于研究蕉岭县独具特色的社会治理模式来说，具有重大的意义和价值。

蕉岭县宗族理事会作为以血缘、地缘和人缘为基础的传统社会自治组织，在过去发挥着重大的功能，包括组织、动员、引导和团结族员的功能。新时期，宗族理事会作为国家与基层治理的重要中介和纽带，在调解纠纷、保障利益、维护秩序、互助共建和引导教育等方面仍然发挥着更大的作用。

一　固有功能：宗族理事会的"历史坐标"

从历史上看，蕉岭县宗族理事会作为传统国家和乡村之间的中介组织，发挥着重要的桥梁作用。换言之，在国家管理不到边、服务不到底的历史时期，宗族理事会起着重大补位作用。而这种"自给"的需要，盘活了宗族理事会，使其功能不至于在历史运动中消解。通过宗族文化内聚和宗族组织撬动，宗族理事会的功能发挥具体表现为组织、动员、引导和团结四个方面。

（一）宗族理事会的组织功能

宗族是一种历史的产物，但是分散的族员不足以具有一定的影响力，影响力的形成在于一定范围内组织的建立。而蕉岭县，宗族理事会作为一个非正式的传统社会组织，在村庄治理中发挥着重要的组织功能，具体表现在祭祖、"庆生"等重要宗族活动中。一方面，祭祖活动。例如，蕉岭县芳心村徐氏祠堂——"东海堂"，作为一个宗族活动场所，每年春节、清明等节日，村内外族员都会来此祭奠祖先，以表达对祖先的慎终追远。另一方面，"庆生"活动。宗族祠堂不只是祭祀的地方，同时也是"庆生"的场所，届时会在宗族祠堂内进行一场集体庆贺添"新丁"的活动。据芳心村赖氏宗祠的管理员介绍，"在客家宗族文化中，每年正月元宵节前后，宗族中有添'新丁'（男孩）的，都必须在祖祠上厅、祖宗灵位牌前方挂上一盏新灯笼（谐'新丁'），是为'上灯或吊灯'，以此向祖宗传达添'新丁'之喜讯。过去，'上灯'活动只在本族内为男孩举行。"近些年，由于社会的进步和思想意识的开放，新生女婴的"庆生"活动也在宗族祠堂内进行，和男丁一样会在族谱中记下女婴的名字，以示在宗族中的身份和地位。可见，无论是祭祖还是"庆生"活动，都展现了宗族理事会的组织能力。

（二）宗族理事会的动员功能

动员功能主要体现在筹资筹劳方面，宗族理事会通过宣传和倡议行动，号召本族成员为本族祠堂修缮等公共建设出钱或者出力。当然，这不仅仅限于在村的本族成员，宗族理事会的最大魅力还在于它能够将不在村的本族成员动员起来。村内外村民、国内外侨民的捐资为宗族建设事业和公共建设事业的发展注入了强大的动力，使得宗族理事会能够有效并长期运转，"捐"成为一种文化传统。从历史上追根溯源，过去蕉岭县的县民大多是从中原地区或福建省西部南迁定居于此，作为"外来户"，蕉岭县尽管文风盛行，但是单门独户的落后生产状况无法应对自然灾害，祖先一方面求助神力；另一方面依靠互捐互助，形成的"捐"文化证明了宗族理事会的动员功能。例如，作为蕉岭县的重点侨乡——新铺镇，村民介绍，"几乎村村都有乡人在东南亚等地谋生，这些外出的侨民心系自己的家乡，每年都会向村庄寄捐财物。"据悉，20 世纪 80 年代后的众多寺庙都是由东南亚、港、台同胞或亲属捐赠。大多离村乡贤的慷慨解囊资助了宗族事业建设，真正体现了"离土不离乡"的血缘根深。

（三）宗族理事会的引导功能

引导功能体现在蕉岭县宗族理事会对族谱和村规民约的修订活动中。这两项活动进而引导本族成员的宗族认同，规范族员的现实生活行为。

首先，修缮族谱，既是对祖先的体认，也是对家族声望的一种眷恋和向往。族谱作为一种家族发展史的"行走脚印"，是对家族发展轨迹的一种记载。修订族谱本身是对现实尊亲长幼关系的文字显现和书面强化。我们从族谱中也可以清晰明白地看出每个房、支、系过去的形态，这种文化追溯活动不仅引导本族在村成员积极参与其中，也显示出海外华侨华人参与宗族族谱修缮活动的热情。笔者在调研中遇到下堡垣村宗族祠堂内准备清明庆祝活动的一位族员，据她介绍，"蕉岭县下堡垣村的黄氏宗族祠堂作为世界华人黄氏宗祠的总部，每年清明节都有近万名国内外族员到此祭奠祖先，共同参加祭祀活动"。

其次，制定村规民约，软权力规约族员行为。俗话说得好，"无规矩不成方圆"。蕉岭县宗族理事会发动群策群力，通过收集族员的意见制定本族的族规。族规都是本族成员自发商讨制定，共同表决通过，降低了遵守族规和执行族规的难度，提高了村规民约的约束力和效能感，族规在大多数自然村发挥着重要的作用。一方面，通过表彰正面行为，发挥积极道德教化的引导功能。调研发现，族规中有不少是利于社会和谐、族人团结进取的积极条款，集中体现在"敦孝悌、睦宗族、和乡邻、明礼让"等方面。更具特色的是，蕉岭县共青团领导成立了"扶贫助学金基金会"，每年倡议党政机关、企事业单位和个人向村庄贫困学生筹集奖助学金，圆了学生"上学梦"。一个典型的案例是，2011 年蕉岭县侨兴中学 60 名师生获得了黎次珊先生伉俪等海外乡贤捐助的奖学金、助学金共计 2 万多元。近年来，海外乡贤为蕉岭县教育发展做出了巨大贡献。在乡村宗族族规中同样具有扶危济贫和奖学奖优的条目，许多村部大楼办公室公示栏中显示一项重要的资金预算就是"奖学奖优"。奖学奖优，使得有天分但无钱上学的孩子"有学能上"，学有所成回报家乡。据悉，在现代教育成立之前，客家人的文化传承主要是通过宗族教育来实现的。另一方面，发挥舆论作用，制约人们的不轨行为，树立诚信的理念，形成信任的机制。在农村社会当中，遇到重大事件可能使一个不太富裕的家庭返贫。此时，就需要信贷。而信贷的重要基础，一者是实体的财富，再者是无形的信誉，即社会资本。钱庄信贷门槛高、手续繁杂，农民往往"有钱不能贷"。在现实的熟人社会中，熟络的关系成为一种社会资本。这种熟悉关系某种程度上替代了实体资产，使得村民之间形成一种非营利性经纪人的借助体系。虽然，借助体系可以解决农民之间的困难，但是这种借助体系不是完全无条件的，借钱一方必须具备良好的信誉和可还的期许。对借钱一方来说同样是一种束缚机制。

（四）宗族理事会的团结功能

团结功能既是宗族理事会组织、动员和引导功能的结果体现，也是另一种特殊功能的彰显。团结品质是宗族理事会凝聚力和向心力的基础，也是宗族理事会长久存在的根源。团结功能体现在维护族内利益的宗族联合方面。从传统上看，"皇权不下县"，无力保护乡村的安全，一家一户难以抵抗其他势力的侵犯，而宗族之间通过相互立约，建立宗族武装，保护族内成员的利益。在蕉岭县的传统宗法社会中，宗族之间难免发生摩擦，矛盾一旦激化，就会导致武装械斗。其中因"斗风水"而发生打斗的事件尤多，常见的情形是强势宗族仗势压制弱宗族，后者不甘示弱，便常联合同宗甚至同姓不同宗的人予以抵抗。据历史记载：梅县梅西镇赖氏系承主公之次子弥陀公（念二郎）之后裔，而蕉岭陂角赖姓系承主公第 6 世孙贵贤公之后裔，两者无关。然而西洋青草铺弥陀公墓碑上所刻皆贵贤公之裔者，何故？原因之一是托名而作。据西洋塘坑宗亲赖治文先生说："听上辈云：'弥陀公墓乃风水宝地，许多外姓均想占为己有，其时当地赖氏弥陀公裔孙人单、财虚、力薄，无力与之抗衡，不得不联络各地宗亲商讨对策。'"

二　作用新探：宗族理事会的"现实延伸"

虽然历经政治运动的碾压，但是蕉岭县传统宗族没有完全消解。在建设法治社会的大趋势和大背景下，宗族文化和宗族组织不仅生存了下来，而且在固有功能上发挥着新的作用。其作用主要体现在调解纠纷、保障利益、维护秩序、互助共建和引导教育五个方面。

（一）宗族理事会发挥稳定作用

蕉岭县宗族理事会通过祭祀、修缮族谱、建设族堂等活动提高宗族之间的凝聚力。在日常生活当中，村民之间难免发生纠纷和矛盾。对于这些矛盾的解决，单靠村委会的力量，成员上不足，精力上不够。宗族理事会作为社会矛盾的"减压阀"，能够减少纠纷扩大的可能，做到"小事不出门，大事不出村"。正如《梅州日报》记者林国良在报道中谈到的，宗族既可以弥补政府处理类似问题刚性有余而柔性不足的缺陷，又可以使很多矛盾化解在宗族内部，减轻政府工作的压力。因此，以宗族组织为依托，充分利用其乡村地缘亲缘优势解决民间纠纷的作用，可以改变执法环境，有利于形成合力，化解农村基层矛盾。① 真正把矛盾纠纷化解在源头上，实现源头治理。

（二）宗族理事会执行沟通职能

蕉岭县宗族理事会可以说是"从群众中来，到群众中去"的自治服务组织，其特色在于有明晰的边界，代表范围较小，但这不影响宗族理事会存在的价值。宗族理事会突破了过去村民无法向上表达自己利益诉求的

---

① 林国良：《客家宗族文化对社会管理创新的启示》，《梅州日报》2011 年 12 月。

困境，能够真正听取民意，反映民情。重要的是，其是一种组织化的民意传递过程，集中后形成更大的声音。宗族理事会作为最基础的组织，能够以一种新的更加广泛的渠道加强沟通，形成多元互动的氛围。在伍子湖村一位不愿透露姓名的宗族理事长看来，"宗族理事会能够把各个宗族和片区族员的意见集中搜集后表达出来，避免了势力较弱宗族成员无法表达意见的困难"。

（三）宗族理事会起到规约作用

宗族理事会在组织上是一种重要建制，在社会风气上也是一种重要纽带。蕉岭县宗族理事会虽然是一种传统的组织平台，但是其不断吸收社会发展的新要求和新做法，适时调整并制定村规民约。通过制定村规民约，一方面，鼓励人们尊老爱幼、邻里守望。比如，在芳心村村规民约中规定"敬老人，合伦理；爱幼小，重教育。邻里间，重情意；互帮助，如兄弟"。通过正面规约强化了村庄精神建设，为新农村建设营造了良好的社会氛围。另一方面，村规民约形成一种强大的舆论压力，减少了村庄不和谐因素。同样以芳心村村规为例，"遇矛盾，先冷静；有纠纷，细商议。除恶习，莫迟疑；顾大局，树正气"。大多数村庄的村规民约内容都涉及"戒争斗""戒非为"等内容和条目，对村庄原有的一些不合俗行为产生了极大的约束力。这样，村庄在精神文明建设上能够取得持久功效。

（四）宗族理事会产生互助作用

蕉岭县宗族理事会的一大功能在于团结，而团结功能在当前新农村建设中体现为互助作用，包括人力、智力和财力上的互助。在人力上，由于蕉岭县是一个长寿之乡，村庄中多年长者。这些留守在农村的最后一批人员，如果仅依靠一家一户进行公共事业建设，就会比较吃力。宗族理事会发挥重要的族约精神，号召大家互帮互助，把个人小力量汇聚成集体大力量，从而保质保量地完成若干新农村基建项目。比如，三圳镇九岭村黄屋村民小组在环境治理中资金不足，宗族理事会就发动捐款，经过 3 次捐款活动共筹得 4 万多元。但是捐款资金远远不够，村民就自发用摩托车去山里搬石头、拿起锄头种绿化树。再如，广福镇乐干九栋自然村宗族理事会积极组织群众参与新农村建设，在较短的时间内建成一个占地 4000 平方米的生态休闲公园，新建公厕 4 间、篮球场和羽毛球场各 1 个，安装路灯 25 盏。在智力上，以宗族理事会为纽带和平台，大家有事共商同决。"群众亲自参与，才会有荣誉感，才会感到有责任去爱护"，九岭村村支书徐文坚感叹。俗话说"众人拾柴火焰高"，反映在集体决策方面，提高了决策的民主性，降低了执行难度。在财力上，也是最重要的一点，蕉岭县依托宗族理事会进行募捐，自筹自建。宗族理事会在建设项目上打通"先行一公里"，政府服务"最后一公里"。如百美村一位退休的县民政局办事员谈道，"由于百美村位于大山深处，交通不便，为发展百美村的旅游业和养蜂业，大家自筹建设公路。村民都建了，政府部门怎么好意思不给予一定资金援助呢，剩下的部分政府会参与建设"。政府实施"以奖代补"政策，激发农村建设动力，激活农民参与建设的主体精神。蕉岭县形成了一个个自我服务、自我管理的互助团体。

（五）宗族理事会彰显教育价值

宗族理事会作为从传统到现代的组织载体，一方面，发挥着村庄道德教育的作用；另一方面，也对年轻一代有着重要的知识教育作用。在道德教育方面，以新农村建设为契机，在村民捐助过程中，通过建立"芳名碑"培育村民的公益精神。在广福镇一些村庄捐助中，受强大的舆论和"面子"因素影响，村民不仅"乐捐"，更愿意"竞捐"。一位村民认为，"不让我参与是看不起我"。同时，作为一种公益精神的扩散，这种捐助意识传递到下一代孩子身上，形成了世代热心公益的良好民风。在知识教育方面，虽然现代教育逐渐实现市场化，但是现代学校教育、社会教育和传统家族教育并不矛盾。蕉岭县各村庄每年还会把在祭祀节日捐助的款项用来为在读学生提供奖助。这既保持了蕉岭重文重教的良好传统，又发挥宗族理事会的教育功能，对培育年轻一代的感恩精神具有不可或缺的价值。

宗族理事会作为传统联系现代的桥梁，在传统上发挥着组织、动员、引导和团结功能，在当前新农村建设和基层治理中起着调解纠纷、维护稳定、规范行为、互助共建和教育教化的重要作用。可以说，宗族理事会是社会治理的末端神经和最小触角。但任何事物都有其不完善的一面。宗族理事会的建设也面临着一定的发展瓶颈，包括服务范围狭小、财务监督不明、组织机制非正式造成失范等问题。因此，在现代化建设中，法治精神和制度化要求对宗族理事会提出新的更大的挑战。

第五节　宗族理事会的局限和未来

蕉岭县宗族理事会作为国家与乡村之间的中介组织，在传统与现代之间、合俗与合法之间及族民管理与村民自治之间形成巨大的张力。这种力量一方面投射出宗族理事会的过去和局限性；另一方面，决定着宗族理事会的未来和建设性。当前社会治理中，现代理性权威渗透到基层，传统世袭权威弱化。蕉岭县宗族理事会缺乏必要的制度设计，难以与现代化建设要求相配套。因此，能否加强现代制度和法治因素的嵌入，防止宗族派系势力回旋，决定着宗族理事会的未来发展。

一　制度短板：宗族理事会的局限

宗族理事会作为一家一姓的自治组织，具有鲜明的血缘和地缘界限，正如费孝通在《乡土中国》中指出的那样，中国乡土社会是一个波纹状的"差序格局"社会形态，关系远近依据血缘的亲疏决定。所以，虽然蕉岭县宗族理事会改变了宗族成员相对分散，个体性较强的原始局面，形成一定的组织，但是宗族理事会具有强大的排他性。可以说，宗族理事会是一个族内成员的小型俱乐部。在基层治理当中，宗族理事会制度缺乏造成的局限性突出表现在民主决策、村务管理和财务监督三个方面，具体为：决策宗派化诱发派系斗争，政治不稳；管理非均衡引发社会矛盾，治理乏力；财务不透明内耗社会资本，发展受阻。

（一）族民治理侵蚀村民自治

宗族理事会以本族本家事业为核心，以本族族长为权威。这些传统世袭的精英人员在宗族建设初期发挥着重要的领导作用。但是村庄治理强调公益性和整体性，宗族理事会局限在一家一族的状况某种程度上阻碍了村庄自治建设的进程，体现在村庄公共事务建设的决策上。在村务决策过程中，上级要求与宗族诉求之间、不同宗族之间、大宗与小宗之间往往出现巨大的冲突和矛盾。这些交织的矛盾的焦点恰恰是宗族姓氏之间的利益诉求冲突。而民主决策进程作为现代民主的制度设计，是宗族矛盾较量和激化得以显示的主要场域。在民主决策中，作为现代公共权威代表的乡政府，不会容许自然宗族势力的过度发挥。大宗族为保证获得更多份额，会极力压制小宗族代言人的话语权。小姓氏之间除了联合对抗大姓氏的压力外,彼此之间也不无矛盾。这种复杂多变的关系使得决策会场容易成为宣泄不满的"战场",一些不合法的决策行为会在暗中潜行。而一时的决策结束并不代表矛盾的终结,决策后的长期建设过程一方面关系着村干部的执行力;一方面也决定着宗族的利益获得和宗族族长权威的易定。在公共决策中,大姓氏的决策往往成为利益分配的主调,这就会导致村庄建设中利益分配的严重失衡。

(二) 生活和交往中的不对称

在生活领域,蕉岭县各村宗族理事会负责本族的事务,对于宗族外的事务缺少关注,内部的负责和外部的淡漠展现了宗族理事会的管理或服务限度。另外,由于市场化和工业化的进程加快,大批中青年人因在外打工流向城市,传统的文化习俗因为缺少年轻人的参与和传承,出现了衰弱和式微的现状。在日常交往中,蕉岭县由于地处丘陵,村民多为散居,但同族内成员多为聚居。"一散一聚"之间可以看出宗族理事会生活和交往的非对称。族长作为本族成员的合俗代表具有一定的权威和行动力,但是越过本族血缘和地缘圈子,传统权威又会遭遇削弱,这也许是宗族理事会对日常生活管理具有非对称性的最好解释。

(三) 监督失力导致宗族影响消减

在宗族祭祀或者募捐活动中,自筹的资金往往由宗族内的保管和出纳进行管理。但是,部分村庄宗族理事会内部出现财务不明的情况。族员对宗族理事会财务管理的不满和失信,往往带来一系列事件,进而导致宗族理事会在制度建设上"拖后腿",侵蚀了宗族理事会作为本族管理组织的有效权威。据蕉岭县广育村某位宗族理事会会长介绍,"以前,宗族理事会在财务管理上出现了严重的问题,前两任理事长在任期间对所捐助的资金使用情况不能予以说明,出现财务被私吞的现象。为此,后来在宗族理事会的组织设计中,宗族理事会不仅要向村民监督委员会汇报资金使用情况,也要向本宗族成员负责,还要向宗族管理会外的另两名监督财务的人员负责"。"三重保险"加大对财务监督不力的整顿,扭转宗族理事会受制度短板造成过多的内耗。

随着国家政权机制的下沉,国家正式权力的大小决定了村庄传统宗族势力的存在形态,而必须警惕的是,村庄固化为族民管理后阻碍村民自治进程。因此，有必要加强制度嵌入和法制建设，规约宗族理事会的行为，使其服务于本族族员的同时，超脱原有的地域范围和事务局限，扩大到服务于村民自治领域。

二　制度创新：宗族理事会的未来

蕉岭县宗族理事会表现出强烈的排他性，制度缺失又为宗族理事会的潜力发挥上了一道沉重的大锁。如何破解宗族理事会服务范围小，管理事业狭隘、出现族民治理趋势的困境？为此，从国家顶层设计和地方实践两个维度看，实现宗族理事会发展与现代国家治理体系建设的有效对接，重要之处在于引入新的制度设计和法律因素，实现传统到现代稳定而有效地转型，更好地服务于村庄建设和村民自治。

从国家层面看，2015 年中央"一号文件"即《关于加大改革创新力度　加快农业现代化建设的若干意见》规定"在有实际需要的地方，扩大以村民小组为基本单元的村民自治试点，继续搞好以社区为基本单元的村民自治试点，探索符合各地实际的村民自治有效实现形式。激发农村社会组织活力，重点培育和优先发展农村专业协会类、公益慈善类、社区服务类等社会组织。构建农村立体化社会治安防控体系，开展突出治安问题专项整治，推进平安乡镇、平安村庄建设"。从国家视角以及顶层设计方面看，基层治理探索与建设是国家治理体系和治理能力建设的重要组成部分，也是突破口。通过激活和完善基层社会治理机制，才能真正促进包括金融、产权、土地等其他领域的全面改革和发展，对国家发展和社会建设的整体进步具有重要的政策价值和历史意义。

从地方实践层面来看，广东省蕉岭县采取"三引三建"措施，引导村民组建村民理事会，通过设立村民理事会延伸了宗族理事会的功能，规范民事民治管理机制，提高基层民主自治的能力和水平，积极创新社会管理。首先，在组织构成上，把有威望的宗族族长、有威望的老人、有威望的老模范纳入村民理事会当中，使宗族理事会发挥为村民自治提供咨询、服务、沟通、协调的功能，起着上下连接的作用；其次，在运行程序上，集中收集族内成员的意见，表达本族成员的利益诉求。通过在自然村（宗族）形成提议，在村委会形成动议，在协商理事会形成商议、决议，逐渐规范决策程序。最后，在治理理念上，引入现代法治精神，在制定村规民约过程中,把对基层治理有利的条款和现代法治社会建设要求相契合,真正把因俗而治和依法治理紧密结合起来。

　　总之,宗族理事会的未来在于现代制度的发挥和对传统宗族的改造。而我们在坚持改造的同时,要避免取而代之的思想,依托一种超越的理念。这样,可以减少改造宗族理事会时遇到的阻力,也能对宗族理事会的未来发展提供出一个好的期许。

第四章　探索基层治理的民主决策制度

在我国改革发展过程中，政府往往既"划桨"，又"掌舵"。不可否认，政府作为资源的有力调动者，能够集中力量办大事，快速实现对社会的整合，但这种外部的整合性，缺乏持续发展的内生动力，特别是对于新农村建设这样复杂而漫长的工程，仅仅依靠外部力量推动很难"建得好"，也很难让群众满意。因此，新农村建设需要唤醒群众的主体意识，培育群众的参与能力，发挥群众的主体作用，引导群众参与到建设过程中，为新农村建设献智献力。蕉岭县在新农村建设过程中，虽然有大量的公共项目输入农村，但真正落地的项目却不多。主要原因在于农村幅员广阔，村庄情况各不相同，很多项目建设政府"管不全"，而村委会由于人员和能力有限，也"承接不了"项目。加之，乡村长期缺乏有效的参与机制，农民也只能"袖手旁观"，对于新农村建设项目也"管不到"。经过反复探索，蕉岭县结合农村实际，因地制宜，在充分挖掘传统乡村宗族理事会的内在价值的基础上，引导农民建立村民理事会，搭建了参与平台，畅通了参与渠道，以"一事一议"落实农民民主决策权为突破口，调动了农民参与的积极性，为新农村建设注入了强大内生活力，破解了公共项目难以落地的困局。

第一节　新农村建设项目难以落地

2005 年 10 月，中国共产党十六届五中全会通过《十一五规划纲要建议》，提出要按照"生产发展、生活宽裕、乡风文明、村容整洁、管理民主"的要求，扎实推进社会主义新农村建设。蕉岭县作为国务院新农村综合改革示范试点单位、新农村建设示范片建设试点单位、近年来按照中央、省、市关于加快新农村建设的重大部署，围绕"生产发展、生活宽裕、乡风文明、村容整洁、管理民主"二十字方针，紧密结合自身实际状况，整合各类资源，将建设项目不断输入农村，着力促进各镇各村的产业发展，基础设施完善以及乡村环境美化。然而大量资源输入农村以后，由于政府力量有限，村委无力承担，农民难以参与，新农村建设项目处于"悬浮"状态，无法真正落地，新农村建设持续发展陷入困局。

一　政府力量有限，"管不全"项目

新农村建设是一项庞大而繁杂的社会系统工程，随着蕉岭县新农村建设如火如荼地发展，各个公共项目的下放过程中，各方面将倾注关注及参与，尤其是作为直面农村工作的乡镇政府。一方面，公共项目的提出和实施，将赋予乡镇政府新的职能要求。由于乡镇政府身处新农村建设的第一线，这必然要求乡镇政府成为新农村建设乃至在公共项目执行过程中的主导力量；另一方面，由于蕉岭县各个村庄真实情况不同，政府在指导过程中其财力、物力以及精力的有限性，致使在真正执行过程中，政府往往陷入一种"管不了""管不全"的困境。

第一，地缘因素作为公共服务有效供给的一个重要因素，长期影响和制约着一个地区的经营与发展。相对而言，对于地势平坦、地理环境较好的村庄，政府提供公共服务的成本较低，难度较小。无论是道路建设、水利、电力等基础设施服务的提供，还是农村医疗、养老等社会服务的供给，对于地理区位优良的地区而言，其供给成本更低，效率也更高；而对于地理区位较差的山区而言，公共服务的供给难度则相对更大。蕉岭县县境四面环山，地势由北向南倾斜。山地、丘陵、盆地的比例为6∶3∶1。境内山系排列有序，山脉走向有东—西走向和东北—西南走向两类，共有五列山脉，这些山脉是本县众多溪河的分水岭，河谷低地也大致分布在这些山脉中间。海拔千米以上的山峰有金山笔、铁山嶂、皇佑笔、大峰嶂、小峰嶂、樟坑咚等6座。全县总面积960平方公里，为全国总面积的万分之一，其中有山地113.4万亩，耕地11.5万亩，河、湖水面及其他面积18.7万亩。因此，从地理环境来看，蕉岭县作为典型的山区县，其自然环境较为恶劣，这在很大程度上影响当地基础设施服务和其他公共服务的开展。地形崎岖，地势陡峭，不仅限制了当地的农业生产和经济的发展，也制约了当地公共服务的有效供给。而就管理的人口规模而言，蕉岭全县辖蕉城、长潭、三圳、新铺、文福、广福、蓝坊、南礤8个镇，共97个村委会和10个居委会，全县人口23.5万，其中农业人口16万。农村面积占九成的山区县，农业人口仅占七成。一方面是行政村的地域管辖面积大、范围广、地形复杂；另一方面是管理的人口少，山多人稀的问题非常严重。在这一情况下，政府提供公共服务面临成本高、效率低的困境，导致政府不愿意也没有能力实现村庄公共服务的普遍覆盖和有效供给。而这就需要政府改变以往公共服务的供给方式，重新思考新的路径来促进乡村公共服务的发展。

第二，随着农村税费改革和1994年的分税制改革，财权逐层上移，中央拥有财政税收的最大权力，到了最基层的乡镇政府，财权几乎被压缩殆尽，这导致县乡政府财政收入大幅减少，尤其是对于地理区位和经济条件较差的基层政府而言，其财政收入更加紧缺。蕉岭县在2014年地方公共财政预算收入总计为170762万元，公共财政预算支出总计为170424万元。虽然，财政收支相抵结余338万元，实现了收支平衡，但从具体的财政支出情况来看，一般公共服务支出160188万元，比2013年同期增支45800万元，同比增长了40.04个百分点，增支的主要原因是增加上级专项支出和新农村建设示范项目支出等。继续加大教育、社会保障和就业、医疗卫生、农林水事务、住房保障等重点民生项目的投入力度，2014年民生累计支出120047万元，占公共财政预算支出的74.94%。可以看出，蕉岭县财政支出尤其是在公共服务方面的支出呈现快速增长的态势，县域经济和财政收入的匮乏制约了当地政府公共服务的供给能力，在财政资源缺乏的情况下，偏远山区的乡村无论是硬件的基础设施服务，还是软件的公共服务，都难以有效覆盖。随着新农村建设的全面铺开，公共项目大量输入农村的局面下，政府在管理方面始终是"有心无力"。

二　村委事务繁多，"管不好"项目

中国农村人口众多，受教育程度与组织化程度还很低，因此，由村民自己选举产生并代表其自身利益的村民委员会在新农村建设中将发挥重要的作用。村委会是一个社会团体法人，作为农村居民的一个自我组织、自我管理、自我服务的机构存在。它是连接国家与广大分散的农民的纽带，位于政策传播与执行的最前沿。归纳起来主要是管理公共事务和公益事业，组织村民发展经济和文化、教育和宣传政策。根据法条的规定我们可以将村委会的职责分为两类：组织管理职能和执行的职责。然而目前，村委会履行其职能却面临着诸多困境。

一是行政单位增大，村委"超负荷"运作。蕉岭作为典型的山区县，山多人稀，居住分散是其农村地区的一大特点。随着大规模"合村并组"的推行，蕉岭县行政村规模变大，一般由过去的3—4个村合并而成，管理幅度相当于过去的3—4倍。这种建立在行政建制基础上的村庄治理，由于服务单元过大、服务半径过宽，公共服务难以在村庄落地。与此同时，村委干部之前是3—6人管理村庄事务，到现如今，行政村扩大的情况下依然还是3—6人。对于村内的事务管理，主要是村主任、村支书、会计、妇女主任以及财务监督委员在负责，在处理村务过程中，村干部往往会有"跑断腿"的感慨。随着"美丽乡村"建设、修建休闲广场、图书馆等一系列公共项目的输入，村委在各个方面精力都十分有限，项目承接时总有种"措手不及"之感。在之前的土地确权过程中，下垣小组有一个老人的孙子和孙女争地，互相不妥协，镇村干部协商都不行，现在整个小组的确权工作都没有进行。在邱二小组也有这样的矛盾，由于整个小组的公田太多，难以分配，整个小组的确权工作至今没有完成。蕉岭县垫垣村吴书记在解决村庄内部工作时说："我们村总共3000多人，村子太大，矛盾也多，昨天一天就发生了4起纠纷，都是拆旧房、占地等纠纷，这些都要靠我们村干部去调节，此外村里的公共建设也比较多，也要靠我们村干部去做，我们干部的压力大得很。"

二是干部老龄化，能力"低效率"运作。随着农村人口流动进一步加剧，农村税费改革向纵深处推进，国家相关立法不断增多，村委会职能实施也陷入多重矛盾之中，职能不断增加，规模日益缩小，资源严重缺乏，致使项目输入过程中，村委会往往处于"管不好""不好管"的尴尬境地。乡村服务阵地的缺失不仅体现在硬件的办公场所与设施的缺乏，也体现在乡村干部服务能力的薄弱和治理能力的滞后。一是部分村庄的村干部往往是年轻时外出务工，年纪较长后回村休养，由于能力较强，被推选为村干部，坐镇村庄事务，但在年龄上已趋于老龄化。同时，也有部分村干部文化程度偏低，个人能力不足，服务群众能力有限，不能完全适应新时期农村工作的需要。村干部中近几年毕业的高中生很少，多数为80年代的初、高中毕业生，因缺乏知识的更新，思维方式跟不上新时代的要求，过于看重经验，缺乏开拓创新的意识，对出现的新问题缺乏新方法，难以应对乡村日益复杂的公共服务与管理。二是村干部公共服务的能力缺乏。乡村干部及其成员的整体素质较差。主要表现在乡村干部思想观念陈旧，知识更新能力差。而新农村建设中的大量项目输入，需要各个方面有能力的人才来承接，由于理论认识不足以及长期以来习惯强制性管理，大部分的村干部往往认为"力不从心"。其次，群众所期待的乡村干部是像"全科医生"一样的"全科干部"，对于老百姓的问题能够"问不倒、难不住"。而目前一些乡村干部及成员"对上不对下""不求有功，但求无过"意识严重。大部分乡村干部及其成员处于这种工作状态，真正熟悉农村、农业、农民，懂服务、会服务的人只是很少一部分。村干部能力与素质的欠缺在很大程度上限制了乡村治理与公共服务的能力，而村庄干部角色不清与错位则进一步弱化了村庄的服务功能。总体来看，村庄干部是具有双重角色的特殊群体，他们既扮演了村民的"当家人"角色，同时又担当了政府的"代理人"角色。双重角色意味着双重职责，村干部一方面要承担政务；另一方面要搞好村务。村干部集两种角色于一体，因此便不可避免地存在身份上的冲突。蕉岭县长潭镇百美村的一位村干部抱怨说，"上级要求的任务要完成，村里还有那么多烦琐事物，有时候急得都睡不着觉。"村干部的角色明显失衡，他们把大量的时间和精力用来完成上级下达的工作任务，很少有时间处理本村事务，为村民提供服务。

三是农村社会化，人口"空心化"运作。人口大量流出使村庄剩下妇孺老幼，在民主管理以及决策的过程中呈现出"人气不足"以及"结构失衡"的状态。在现如今的农村，包括蕉岭县，都存在一种普遍现象，即外出务工现象严重，年轻人对于大城市的发展机会跃跃欲试，但对于本村庄的建设却是鲜少过问。在2013年，从事第一产业的人数为43404，占该县总人数的18.7%；第二产业人数为30492，占该县总人数的13.3%；第三产业为40023，占该县总人数的17.3%。这就使得村委会开展工作既受自身条件的局限也受农村具体环境的限制，其结果是村委会职能实施难度的增加。

三　村民参与不足，"管不到"项目

在我国社会主义新农村建设过程中，农民是主要的参与者和受益者。因此，他们有权合理表达自己的意愿，参与到民主政治的管理中去。目前，在新农村建设过程中，农民参与还存在着许多问题，使得各项决策不能充分调动农民的自觉性和积极性，进而影响着农村的各项发展。在蕉岭县，农民在新农村建设中创造力尚未充分发挥出来，致使农村建设时村民参与不足，大量公共项目输入农村时，村民往往是"管不到"项目。

从主观上说，农民主体意识薄弱。由于传统观念的束缚，农民形成了对政治权力的依附性，缺乏独立自主的意识。农民往往对于村内公共事务"认知高而参与低""有参与而无深度"。在我国新农村建设的过程中，许多农民不会去主动地了解关于新农村建设的有关活动，更不会积极加入到新农村的建设中来，没有认识到自己有参与的权利。与此同时，农民自身素质低，文化水有限，限制了农民参与新农村建设。在蕉岭县伍子福村，吴国儒老人在美丽乡村的建设时回忆道，"有一户门前的东西不好看，要拆掉，伤害到了利益，就不同意拆了；死活不同意，说是在自己门口，不关政府的事。为了这事村主任跑了好多趟，才劝说同意拆除，其实就是件小事，但因村里人素质不高，不愿意配合。"正是由于农民主体意识弱，致使政策难下达，才影响了项目输入落地。

从客观上说，农村参与机制不健全，导致农民参与难，参与少。农民参与机制的不健全，导致了农民在新农村建设中选择权不充分，在我国，新农村建设主要是由政府主导的。在我国现有的国情下，发挥政府主导作用是必然的，但由于我国两千多年封建文化的人治思想的存在，农民只是一味地跟着政府指示在进行建设，政府让做什么，就做什么，政府没说什么，农民就不知道该如何自主组合起来进行农村建设。这种情况产生的后果就是农民不知道在结合本地区实际的基础上做出选择：哪些政策应该是我们支持的，哪些政策是不适合我们的，而不是一味等着政府来对村庄建设进行指导。与此同时，目前在我国，信息公开机制、问责机制和激励机制还不够健全。在农民参与新农村建设时，所得到的信息大多是不完整的，存在着与政府信息不对称的现象。政府出于自身的考虑，往往是要保留一部分信息，特别是对自己不利的信息，这样导致了农民对政府的不信

任。由于缺乏问责制和激励机制，政府方面缺少对自己的责任约束，不能明确政府工作人员的责任。而缺少激励机制，使得政府的工作人员不能够积极努力地与农民一起参与社会主义新农村的建设。在蕉岭县极具特色的客家文化下，宗族文化在当地盛行，在各个村庄中不同姓氏之间都修建有祠堂，主要是处理宗族之间的内部事务，内部管理等问题，但却未能涉及村庄公共事务的决策。村民有议事的想法却由于没有提供一个好的议事平台而无法参与到村庄建设之中。

第二节　政府引导建立村民理事会破局

2013 年，蕉岭县结合新农村建设，着力在各镇推进"美丽乡村"建设。而农民是乡村建设的主体，也是乡村发展成果的受益者，因此美丽乡村建设只有形成"政府引导，群众主导，社会参与"的局面，才能取得良好的效果。为此，蕉岭县政府因地制宜，从实际出发，充分发挥客家传统优秀文化，依托客家民风民俗，以充分尊重村民意愿为前提，在原有的宗族理事会的基础上，引导自然村群众自愿组建村民理事会。

一　因势利导，培育组织

宗族理事会在蕉岭县具有悠久的历史，相比于行政村村委会，宗族理事会起到了组织、发动、引导和团结村民的作用，推动了村民的自我服务、自我管理和自我教育。然而宗族理事会一般是同姓家族的联合，以一族一房为界限，内部的凝聚与外部的排斥结合在一起，使得族与族、房与房之间难以合作。要打破这种界限，将宗族理事会转变为村民理事会，需要做好动员宣传，让更多的农民了解，从而愿意组建村民理事会。为此，蕉岭县政府在试点村多种方式并举，为村民理事会的成立运行营造了良好的氛围。

一是张贴标语进行形象化宣传。首先，试点村村务公开栏展示基层治理体系图，清晰可见村民理事会是行政村以下的自然村或片区的自治组织，是基层治理构架中一个不可或缺的部分；其次，在各显眼位置张贴成立村民理事会的海报通知；最后，充分利用"墙壁文化"，提高村民合作意识。如在芳心村围墙上有"有事多商量，遇事多商量，做事多商量"

的显眼标语。

二是实地走访进行生动化宣传。为了更加直接了解群众意愿，倾听群众心声，摸清底子，蕉岭县政府相关领导，试点镇、村干部多次下村入户，对成立村民理事会的重大意义和作用进行宣传，并且特别注重访问各个自然村或片区的退休老干部、退休老教师、热心服务的老党员、德高望重的宗族前辈、村庄能人，让这批"农村精英"知晓成立理事会的事宜，并且尽力调动他们自愿加入村民理事会。

三是座谈进行互动化宣传。除了进行标语宣传、走访宣传以外，蕉岭县通过在试点村开展座谈会的形式，在干部与群众的互动中达到宣传的目的，让村民理事会更加深入人心。在三圳镇的芳心村，为扩大村民理事会影响，村干部多次号召组织村民在村委会会议室进行座谈，在轻松开放的氛围中，村民不仅更加了解村民理事会，而且能够提出自己的疑问以及发表自己的建议。

通过标语宣传、走访宣传、座谈宣传等多种形式，村民理事会这样一个新鲜事物逐渐被试点村的村民了解和接受，特别是在试点村，原有宗族理事会仍然延续，本身村民就有自治管理、自我服务的传统，在此基础上转变为村民理事会也更为容易。在良好的氛围之中，蕉岭县因势利导，在群众意愿强烈且条件成熟的自然村或村民小组，设立村民理事会，搭建起村民参与自治的平台。为保障基层自治组织的规范性，蕉岭县村民理事会的组建并非一蹴而就，而是经过严格的程序逐步确立的。

首先，成立筹备工作小组。按照因地制宜、尊重民意的原则，在群众要求建立村民理事会的自然村，由行政村党组织牵头，村"两委"干部、德高望重的前辈、村辖内企业负责人、异地务工人员代表等，组成村民理事会筹备工作小组，指导村民小组建立村民理事会。筹备小组人员一般为9—13人，主要负责确定理事会组织构架，明确理事会成员任职的资格条件，提名理事会成员人选，规范理事会名称，引导制定内部规章制度等工作。成立筹备工作小组，避免了村民小组自己开展工作的盲目性、无序性，各项工作都有正确的指引，为组织成立把好了"入口关"。

其次，确定理事候选人。理事候选人的提名，具有开放性和多元性，凡是热心公益、奉公守法，并具有一定文化水平和工作能力的村干部、小组长、党员、村民代表等，都可以成为理事会候选人，同时也积极吸纳离退休干部、外出乡贤、社会能人等。候选人要按照代表性、权威性、先进性、稳定性的要求，由村民理事会筹备工作小组在充分征求村民意见的基础上，按照理事会成员的资格条件，提出推选名单，再由村党组织、村民委员会牵头，村民理事会筹备小组负责组织召开村民会议或村民代表会议，集体讨论表决推荐名单，推选产生最终理事会候选人。理事会候选人确定后，要张榜公示7天，充分把好组织成立的"人选关"。

最后选举产生理事会。理事会筹备工作小组主持召开户主代表会议或者村民代表会议，以无记名投票的方式，选举产生理事会成员。在理事会成员名单公示后5个工作日内召开村民理事会会议，由理事会成员推选产生村民理事会相关负责人，其中理事会推选理事长1名，理事长必须是长期居住在村里成员；副理事长1—2名，副理事长可以是不在本村居住，但十分关心家乡发展，长期为村庄发展捐资捐物的乡贤、华侨、企业家等，实质上是"名誉"理事长，如芳心村的圩尾下理事会就有两名印尼华侨担任名誉理事长，去年圩尾下美丽乡村建设，两人共捐资10多万元。理事会成立以后，由村民委员会按照社区社会组织管理有关规定，登记造册报镇备案登记，充分把好组织成立的"选举关"。

二　一事一议，协商共谋

从目前来看，有许多地方在探索村民自治的有效形式时，也成立了不同形式的基层自治组织，但由于村庄"无事可议"，久而久之，组织也就成了摆在村庄中的"花架子"，有名无实，无法真正落地运转。而蕉岭县由于新农村建设过程中，有大量的资源输入农村，形成了各种项目建设，而这些都与村民利益息息相关，村民理事会成立以后，"有事可议"，使得"有人来议"。蕉岭县村民理事会成立以后，美丽乡村建设不再由政府或行政村统一安排建设，而是把权力大胆"下放"，不同村民小组（或自然村）根据自身的基础条件和实际情况，由各个村民理事会召开"一事一议"会议，自主决定美丽乡村建设先建什么，后建什么，如何建设等问题。

蕉岭县村民理事会在实际运行过程中，为了保障民主、平等、广泛协商，遇到村小组（或自然村）的重大事项、难点问题需要讨论时，并非只是几个理事会成员聚集起来开开会，拍拍桌子说了就算。开会之前，村民理事会的成员会针对特定的讨论问题广泛征求和收集组内其他村民的意见和建议，由于村民小组（或自然村）村民长期聚居在一个地方，互相熟悉，每名村民理事会成员负责联系 8—9 户农户，入户收集意见，同时理事会成员在平日也较为注意与其他村民交流，倾听其他村民心声，普通村民反映意见也有了通畅的渠道。待充分收集群众意见之后，由理事长召集村民理事会成员召开会议，充分讨论，并按少数服从多数的原则，针对特定的问题形成书面提议。最后召集村民会议或村民代表会议，集体讨论理事会的提议，所作决定经过半数以上到会人员同意，村民理事会才能执行提议。

　　三圳镇九岭村伍子湖理事会由一、二、三、四和三板桥五个村民小组组成，共 114 户 468 人，是最先成立的试点村村民理事会之一。在村民理事会没有成立之前，这一片区新农村建设工作的推进举步维艰，美丽乡村建设从什么做起，如何做更是无从谈起。2013 年，随着村民理事会的成立，在理事会的号召下，人人说出想法，人人发表意见。在充分尊重群众意愿的基础上，这一片区根据实际情况，多次召开理事会，商议决定本片区的美丽乡村建设要从拆危拆旧、清沟清湖、修路补桥、完善设施、打造文化广场等方面一步一步展开，使得村容村貌得以改善。经过一年多的建设，这一片区形成了占地 1000 多亩的公园，设有祖堂、池塘、篮球场和若干健身器材，为村民休闲、健身、议事提供了舒适的场所；与此同时，还形成总面积约 800 平方米的生态浮床，不仅能够处理九岭村伍子湖片区的生活污水，还为鱼类、鸟类、昆虫提供了休养生息的场所，增加了生物的多样性，提高了此片区的水体的净化能力，改善了农村的生态环境。伍子湖片区村民乐呵呵说道："以前村里脏乱差，经过理事会带领，大家出谋划策，共同协商建设，现在简直就是焕然一新，环境好了，村民生活才会安逸，生产才能发展。"伍子湖片区理事会会长表示，村民理事会的成立，为广大村民提供了协商议事平台，群众用自己的智慧为自己家园建言献策，是伍子湖片区美丽乡村建设能够顺利开展的重要原因。

　　有了村民理事会，村民在新农村建设过程中，从"站着看"到"坐下来谈"，态度由冷漠到积极，村民作为村庄主人翁，意识逐渐激发，其在新农村建设过程中的主体作用逐渐显现。新农村建设力量不再只是政府、村委会外部推动，而是挖掘出了内生动力，形成"内生外动"的局面。

三　携手参与，齐心建设

随着"一事一议"的开展，村民参与热情高涨，不仅仅"坐下来"讨论村庄建什么，还"甩开膀子"参与到建设之中，从自己的事自己议到自己的事自己做。

一方面，村民自己筹钱。新农村建设过程中，资金出现缺口时，村民理事会通过张贴倡议书，发动在村村民自愿筹钱。同时村民理事会还会积极对外联络，鼓励外出务工村民、外出乡贤、外出侨胞以及其他社会各界人士为本村建设捐钱。改变了以往村庄建设"等、靠、要"的思想，缓解了村庄发展资金短缺压力。九岭村伍子湖理事会发动村民为修建公园自发筹资六万多元；芳心村黄上理事会发动乡贤、周边的群众集资 10 多万元修建新桥；芳心村寺前刘屋小组修建一条道路，小组里的 24 个农户都积极捐款，在外地打工、经商的村民得知修路消息后，也都积极汇款过来，一位在深圳打工的村民说："小组的事，就是大家的事，有钱出钱，没钱出力嘛！"寺前刘屋小组理事长补充道："不仅是外出的村民要捐钱，许多嫁出去的女儿知道村里要修路补桥，也要回来捐钱。"

另一方面，村民自己出力。为了节省建设资金，住在村里的村民在理事会的号召下，自愿组织起来，主动为村庄建设出力。据介绍，伍子湖的篮球场，以前就是一个烂禾坪，是村里的一个卫生死角，村民都在这里堆沙石、垃圾等，一到夏天，苍蝇蚊子漫天飞，严重影响了周边村民的生活。在美丽乡村建设过程中，村民在村民理事会的带领下，首先将垃圾清理干净，然后用水泥浆铺好，并且自己到河边捡石头，在篮球场周边砌起花园。整个篮球场的建设都是村民自己出力建成的，原本十多万元才能建好的篮球场，由于村民自己出力，节约了人工费用，几万元就建好了。三圳镇陈镇长说："现在政府只要一引导，村民就在村民理事会的号召下动起来了，你看看现在大家房前屋后的卫生都自己打扫得干干净净，房屋四周的花园也是他们自己修建，自己管理的，每年就卫生费、花草管理费就可以节约很大一笔钱。每个人出一点力，汇聚起来就是我们新农村建设的大力量"。

村民理事会、村民携手参与，齐心建设，盘活了新农村建设的物力、人力资源。芳心村的郑淑平主任感慨道:"以前村庄建设村民既不捐款,也不出力,我们干部事事都要管,事事都要做,群众不但不理解,有时候还对我们有怨气。现在好了,小组的事情都被村民做了,我们干部也不用插手,村民自己来做,有钱出钱,有力出力,不仅自己满意,而且还有成就感。"可见,新农村建设调动农民参与的积极性,不仅能够减轻政府、村干部的压力,而且还能把一些政府、干部"做不好""管不了"的事都做好、管好。但调动农民参与积极性,重在搭建像村民理事会这样的平台,让"原子化"的农民能够组织起来,形成参与合力。

四 试点先行,困局突破

按照试点先行原则,2013 年开始,蕉岭县委县政府深入各镇调研,在群众意愿强烈、自治基础条件较好的自然村开展了村民理事会的探索实践,以此为群众搭建参与新农村建设的重要平台,激发群众参与积极性,突破新农村建设困局。试点主要选取的是三圳镇芳心村黄上一、黄上二、圩尾下,九岭村伍子湖、吉塘,招福村坪子上等自然村,试点运行以来,取得显著成效如下:

激发了农民主体意识。自税费改革以后,农民逐渐退化为"原子化"的个体,农民作为乡村主体的意识也逐渐退化,乡村社会如同"一盘散沙"。而蕉岭县通过建立村民理事会,将自治组织延伸到自然村,农民得以重新"组织化"。依托组织,农民有了参与载体以及参与渠道,主体意识被激发,积极参与到村庄的大事小事之中。芳心村圩尾下村民在理事会的号召下,主动清理水塘和卫生死角、拆旧房危房等,把村庄建设得越来越美丽,邻里之间也更加和睦。仅 2014 年,圩尾下小组就完成了祖堂翻新,公厕建造,烂路改造等十余项建设。圩尾下理事会会长徐永振说:"现在大家都很热心村里的事情,很多人是既出钱又出力,现在进行美丽乡村建设,我们不愁钱也不愁力"。

提升了村庄民主决策水平。村民理事会的成立,为群众提供了参与民主决策的载体,村庄公共事务不再是政府或村干部"一言堂",村民自己的事自己能够做主。同时,通过村民理事会收集意见、整合意见、讨论表决意见等多重环节,层层推进,避免了民主决策过程只是"走走形式,摆摆过场"。正如黄上理事会会长戴育海所言,"以前什么事情都是政府、干部说了算，村民意见根本起不了什么作用，这样村民就很难配合他们工作。现在通过村民理事会，普通村民，乡贤、老干部、老党员、企业家等一起来讨论自己的事情，大家根据小组实际情况，商议的决策往往比政府、村干部的更有效，并且执行起来也没有什么阻力"。

增强了农民自我服务能力。首先，公益事业有了"组织者"。以三圳镇为例，到2014年底，三圳镇共成立了63个村民理事会。一年来，由村民理事会组织兴办的公益事业共130多件，建成小公园20多个，文化室9个，篮球场8个，道路硬化13公里。其次，村庄建设有了"施工员"。村民小组的发展与村民的利益紧密相连，村民建设村庄的热情被调动起来。2013年以来，芳心村的公益事业建设中，共有450多名村民参与，黄下等几个小组的村民没有向政府要一分钱，自发捐款出力修建了600米山路、400多平方米的晒谷场。最后，村庄矛盾有了"调解员"。在兴办公益事业过程中，因为利益冲突，村庄内部也会产生不少矛盾。村民理事会成员以走访入户、说服带动的方式，消除村民的思想障碍，获得村民的理解与支持。例如，九岭伍子湖村在修建延岭公园时，村民因担心公园公路的建设会阻碍自家的排水，所以阻止工程开展。伍子湖理事会与村民协商，耐心与村民做思想工作，并向村民保证"如果排水出了问题，就把修好的道路挖掉"。结果，原本态度坚决抵制的村民转而支持修路，并且积极配合理事会完成了公园的修建。

第三节 以规范制度力促改革持续深入

村民理事会在试点村取得了良好成绩，对全面铺开这一制度具有重要的指导意义和借鉴价值。蕉岭县十分注重总结试点经验，挖掘典型的案例、故事，尤其注重把成功做法经验化、零星探索系统化，并总结提升为一系列制度、机制，推动村民理事会贯彻落实到全县农村基层社会。

一 设立指引，引导村民理事会成立

蕉岭县通过总结试点成立村民理事会的经验，制定了《农村村民理事会设立指引》（以下简称《指引》），引导全县各村有序成立村民理事会。

为了保证基层治理改革方向，《指引》明确了村民理事会成立的指导

思想：以邓小平理论、"三个代表"重要思想、科学发展观为指导，深入贯彻党的十八大、十八届三中全会精神，紧紧围绕"夯实党的农村工作基础、推进村民自治"的目标，以党组织为领导，积极培育、引导农村社区社会组织健康有序发展，充分调动群众参与农村社区服务管理的积极性，不断提高村民民主自治的能力和水平，促进农村社会服务管理发展。

为保证各镇和行政村正确引导村民理事会铺开，村民理事会成立主要坚持三项原则：一是自愿原则。坚持因地制宜，根据各村历史文化和民俗民风，在充分尊重村民意愿的基础上，指导建立村民理事会，在条件不成熟或村民意愿不强烈的村庄，不强迫建立村民理事会。二是多元原则。村民理事会的成员应注重广泛性和多元化，可以是村内的老党员、老干部、老教师，也可以是村外的乡贤、企业家等社会各界人士。三是党引原则。为强化党组织在基层核心地位，发挥党员在农村社区服务管理当中的骨干作用，村民理事会最大程度动员有威望的老党员参与。

人员素质高低对组织发展具有决定性作用，因此《指引》对成员资格也做了明确规定。在思想上，坚持党的方针政策、遵守国家法律法规，自觉拥护中国共产党的领导，带头遵守乡规民约。在品格上，为人公道正派，清正廉洁，热心村公共事务。在能力上，有较强的协调、沟通能力，身体健康，能保证与村民、群众沟通和参加村民理事会有关活动时间，具备独立民事行为能力。只有满足以上条件的人，才有资格成为村民理事会成员。

适当的组织规模和组织结构是组织发展的重要保障，《指引》明确规定：村民理事会成员人数可在 5—11 人之间（具体可根据本村的实际需要确定），以单数为宜，其中理事长 1 名，副理事长 1—2 名，不提倡与村党组织、村民委员会成员交叉任职。村民理事会成员主要包括老党员、老干部、德高望重的宗族前辈、妇女代表、青年代表、村内的人大代表、政协委员、村辖内企业负责人、异地务工人员代表等。村民理事会成员无固定工资，无固定场所，如议事或办公场所确实存在困难，可商请村党组织、村委会帮助协调解决。

选举是组织成立的最为关键环节，《指引》确定了选举基本程序。选举必须由行政村党组织牵头，成立村民理事会筹备工作小组，负责选举的各项事宜。选举主要分四步：第一，确定推介成员名单；第二，召开户代表大会或者村民代表大会集体讨论表决；第三，召开理事会，选举产生理事会会长。可以看出，村民理事会的选举是由群众选代表，代表选会长，充分体现出了选举的民主性。

二　制定章程，规范村民理事会运行

蕉岭县制定了《村民理事会章程》（以下简称《章程》），让规章"进村、上墙、入户"，规范村民理事会运行。

首先《章程》明确规定了村民理事会成员的职责。村民理事会一是要组织召开"一事一议"会议，引导村民民主决策村组的重大事务、难点问题；二是村民理事会要组织参与村组各种公共建设以及公益志愿互助活动；三是村民理事会要营造农村和谐新风，做到矛盾不出村，邻里和睦，团结友爱，同时大力移风易俗，倡导文明节约。

其次《章程》确定了村民理事会的议事制度。一是两级会议制度。村民小组理事会要定期召开"两级会议"——户代表会议和理事会议。户代表会议由理事会召集，理事会议由理事长召集，其中户长会议要3/5的户长参会方为有效，形成一季度一次的"两会制度"。二是村民直接提议制度。对于小组范围内的公共事务，与其利益相关的小组村民可以用口头或书面形式提请理事会召开议事会议。芳心村黄下理事会理事长戴忠说："理事会的提议中，近60%都是村民协商后产生的，提议从群众中来，才有感召力。"三是"三议三公开"制度。"三议"指的是理事会提议、理事走访商议、户代表开会决议；"三公开"指的是议案决议公开、实施过程公开、办事结果公开。

三　构建机制，保障村民理事会长效

改革的过程复杂而烦琐，改革的道路漫长且艰辛，若没有相应的配套机制保驾护航，改革终将会昙花一现，消失在历史的长河中。为确保村民理事会这项基层治理改革走得好，走得远，蕉岭县重点从人才、监督、激励等方面构建了保障机制。

村民理事会运转和发展的关键在于理事会成员的素质，因此蕉岭县要求村民理事会成员要达到"四性三有"，"四性"即代表性、公认性、先进性、稳定性，"三有"即有办事能力、有群众口碑、有奉献精神，通过这样的高标准来要求村民理事会成员，使村民自治各项工作在村组更容易得到推动和落实。与此同时，实行动态淘汰机制，所有理事会成员有进有出，"能者上、平者让、庸者下"，保障了理事会的活力。访谈中有的理事会成员表示，这种动态调整机制能够让他们有压力感，使得他们必须尽心尽力去做好事情，不然就会被淘汰。农村是一个熟人社会，大家互相熟知，理事会成员要是上任之后又被换下来，会觉得没有面子。芳心村村干部也表示："这种淘汰机制，避免了有的人选举时积极，选举后懈怠的现象，村民理事会成员个个干劲十足"。

村民理事会的运行不仅仅需要有人才的保障，其作为基层的自治组织，也需要做好监督保障，让其权力在阳光下运行。为此，蕉岭县通过建立了一套较为完整的监督体系。从监督主体来看，各村民理事会要接受上级政府、村三委（村党支部、村委会、村监督委员会）、村民的监督，实现了多主体监督。从监督过程看，村民理事会召开会议要公示，会议决议要公示，同时会议执行结果要公示，实现了全过程监督。从监督内容看，一方面，理事会的财务运转要公开，主要通过做台账、张贴收支海报等方式。九岭村吉塘小组理事会会长徐永贤说："我们小组去年修路共用了18万，每一笔钱用在哪里了，都清清楚楚写在海报上，大家都能看到，知道钱用在哪里去了，再也不会说三道四。同时，财务公开也促使了我们理事会成员用钱更加谨慎，更加小心，不会乱花一分钱，钱都用在刀刃上。"另一方面，工程执行情况要公开，以督促村民理事会尽快执行完成任务。百美村村民说："以前村里要搞个什么事，拖拖拉拉，很久都做不成。现在由村民理事会来做，定期向我们群众公示进度，我们监督，办事速度快多了。去年我们那儿修一条路，一年不到就完成了。"从监督的方式看，主要采取考评监督，以为民办实事的件数作为衡量理事会建设的标准，在每年年末以客观数据展示。蕉岭县通过全方位的监督，将理事会的权力关进了笼子，规范了权力的运行，优化了权力使用，最大程度上预防了乡村社会"小官大贪"的现象，使得村民自治组织能够真正起到自我教育、自我管理、自我服务的功能。

最后，为了保证村民有长久的参与热情和积极性，蕉岭县引导村民理事会建立公德册，在村组公益事业建设过程中，不管捐钱多少，都会被载入公德册。对于贡献特别大的村民或社会各界人士，还会在村里树立功德碑，这不仅能对贡献者以精神鼓励，还能为后代树立榜样。此外，各镇还会定期开展表彰大会，主要包括先进理事会、优秀理事会成员以及优秀理事会会长评选等。表彰大会能够起到鼓励先进，勉励落后的作用，圩尾下理事会会长说："得到优秀表彰，我感到很自豪，同时对我也是一种很大的鼓励，我会继续把工作干得更好。"可见，激励机制能够更好地激发村民理事会的内生动力。

第四节　第二轮蕉岭创制与中央"一号文件"

2014 年中央"一号文件"明确提出："探索不同情况下村民自治的有效实现形式，农村社区建设试点单位和集体土地所有权在村民小组的地方，可开展以社区、村民小组为基本单元的村民自治试点。"2015 年中央"一号文件"再次强调要创新完善乡村治理机制，指出："在有实际需要的地方，扩大以村民小组为基本单元的村民自治试点，继续搞好以社区为基本单元的村民自治试点，探索符合各地实际的村民自治有效实现形式。"

从全国来看，近些年来，不少地方正在积极探索村民自治的有效实现形式，其主要以自治重心下移，在村民小组一级成立自治组织为特点。如广西河池推广以自然屯为单位进行的村民自治探索、湖北省秭归县以村落为单位开展村落自治探索，四川成都开展村组议事会以及专项议事会探索等等。蕉岭县在新农村建设过程中，引导自然村或片区建立村民理事会，也是将自治重心下移，在组一级成立自治组织，释放自治空间，形成"村治＋组治"格局，破解了新农村建设过程中协商难、协调难、办事难等问题，而这一探索的成功实践源于找到了自治发展的土壤。

首先，利益相关是小组自治的基础。"人们奋斗所争取的一切，都同他们的利益有关。"[1]"人们追求民主制度的动机是因为，在大多数时候民主制度能够实现每个人的利益。"[2]"利益决定自治，但是不同的利益相关度决定不同的共同体，不同的共同体决定不同的自治程度。"[3]可见，实

---

① 《马克思恩格斯全集》第 1 卷，人民出版社 1956 年版，第 82 页。
② 黄文扬：《国内外民主理论要览》，中国人民大学出版社 1990 年版，第 34 页。
③ 邓大才：《利益相关：居民自治有效实现形式的产权基础》，《华中师范大学学报》（人文社会科学版），2014 年第 4 期，第 9 页。

现利益是人们活动的根本目的,因此自治共同体的形成与利益高度相关,利益关联度越高,就越有利于形成自治,而利益关联度较弱的地方,自治就很难开展。从我国来看,为了适应国家管理的需要,自治单位设在行政村。但行政村面积过大,人口过多,使得自治单元扩大以后,人们交往和联系都非常少,"住在村东的人往往不认识村西的人",更难形成利益的关联,特别是税费改革以后,农民更是处于"原子化"状态,行政村很难号召村民自治。与此同时,由于历史原因,土地产权单位在村民小组产权基础上的利益相关,使得小组农户之间的利益联系远大于行政村里农户的利益联系。因此将自治单元从行政村下移到村民小组(村落、自然村),将产权单元、利益单元与自治单元相结合,村民的积极性很容易被激发,自治生长的内生活力被激活。此外,蕉岭县还着力在现实之中寻找利益粘合,如新农村建设过程中,整治环境、修沟、修渠、发展产业等等都与小组内每个村民息息相关,做大家的事就是做自己的事,村民参与就更加积极了。

其次,传统资源的挖掘是小组自治实现的重要条件。随着现代化的推进,许多传统资源正在逐渐消逝,特别是近几年,乡村社会血缘、地缘关系正在逐步被市场化的经济关系所取代,"熟人社会"正逐渐瓦解为"陌生人社会"。虽然有的学者认为"传统"就应该被"现代"所销蚀,但蕉岭县在基层改革实践的探索中,通过挖掘"宗族理事会"传统资源的内在价值,并积极引导,将传统宗族治理与现代民主决策方式有效融合,形成"村民理事会",实现村庄民主决策。可以说,蕉岭县基层民主决策的有效实现正是充分利用了传统宗族的血缘建立权威以及信任关系,使得村民小组内的归属感、认同感以及凝聚力更强。蕉岭县的经验告诉我们,在探索村民自治有效实现的过程中,可以根据不同地区的实际情况,挖掘传统资源的生命力,将其置于法律、法规的框架下,有助于让自治"扎根"。这并不是对传统的复归,而是让"传统"为"现代"服务,所形成的基层治理体系是现代的而非传统的。

蕉岭第二轮创制虽然与其他地方的探索有相似之处,缩小自治单元,将自治重心下移,但也有其独处之处。主要体现在两个方面:

一是治理体制更加开放与多元。从全国来看,目前很多地方的自治都只是局限在行政村、自然村范围内,参与主体只有村庄或者小组农民,范围具有封闭性和局限性。而蕉岭县村民理事会却打破了这种封闭性与局限性，将村里与村外联系起来，不仅本村、本组村民可以参加，外出务工人员、外出乡贤、商人、社会各界人士等，只要是关心村组公共事务的，都可以参加，这样就避免了参与主体结构的单一性，使得村庄民主决策更加科学。正如黄上理事会会长戴育海所言，"以前事情都是村里的人在讨论，农民文化有限，很多时候想不到好法子，现在有了外出乡贤、做生意的企业家、退休老干部、老教师等加入探讨，他们眼界更宽广，文化水平也更高，办法自然就更多了。"

二是自治组织功能扩展。很多地方的村组议事会或理事会主要只是行使决策权，而执行权仍然在村"两委"，决策权与管理权分离。而蕉岭县村民理事会不仅要组织村民自己的事自己议，还要号召村民"甩开膀子"自己的事自己做，不仅落实了民主决策权，而且还实现了自我管理，自治组织的功能得到扩展，更大程度激发了农民主体意识，提高了农民参与基层治理的程度，农民对于村庄公共事务，从"袖手旁观"到"动嘴商量"，最后到"动手共建"。

总之，蕉岭县第二轮创制与中央"一号文件"精神高度契合，是中央精神在地方践行的范本，为村民自治的有效实现做了有益探索，使失落的自治"柳暗花明"。从自治形成的条件看，蕉岭第二轮创制为自治找到了现实和历史土壤。从自治单元看，蕉岭村民理事会的探索更加印证了行政村并不一定是村民自治最有效的单元，缩小自治单元，自治重心下移，自治将能更好实现。从自治空间看，蕉岭第二轮创制，不仅将自治触角向下延伸，解决了自治"纵向到底"问题，还将自治触角向外扩展，形成较为开放的治理体系，是此次改革的巨大创新点和亮点。从自治发展看，蕉岭第二轮创制进一步证明了"村治＋组治"的基层治理格局应该是未来村民自治发展的大趋势。可以说，第二轮蕉岭创制不仅是中央"一号文件"精神在地方的成功实践，更是对中央"一号文件"精神的丰富和创新，为村民自治发展提供了更开阔的空间。同时，蕉岭第二轮创制为其他地方树立的典型示范，将有助于中央"一号文件"精神在更多的基层地区"落地生根"，从而推动我国乡村治理机制的创新和完善，最终实现国家治理能力和治理体系的现代化。

第五章　再创基层治理的协商议事制度

习近平总书记在庆祝中国人民政治协商会议成立 65 周年大会上讲话要求"要按照协商于民、协商为民的要求,大力发展基层协商民主,重点在基层群众中开展协商"。在新形势下,农村基层治理要以推进基层民主协商为突破口,为国家治理体系现代化奠定良好的基础。如何在广大农村社会发挥协商民主的优势,让群众能够充分参与到村庄管理和决策中来,做到"有事多商量、遇事多商量、做事多商量",关键是要在理性对话之中实现利益均衡,建构从上到下的公共协商机制,协调各方利益者的价值偏好;改变社会大众被动式的参与,减少各利益群体因不同诉求而产生的偏见;建立平等、包容、公正、自由的沟通平台。广东省蕉岭县立足实际,充分发挥县域宗族传统,挖掘村庄内生动力,进一步将村民理事会向上延伸,建立村级协商议事会。蕉岭县从试点先行到全面铺开,在全县范围内设组织、定人员、建机制、梳流程,实现"协商机制下乡入村入户"。协商议事会成立以来,不仅整合了村庄的资源,为村庄发展提速助力,而且促进村级决策民主化,提高了决策和执行的效率,为基层协商民主发展开辟了新道路。蕉岭县的改革创新,为实现国家治理体系和治理能力现代化提供了可借鉴的经验。

第一节　自然村的村民理事会向上发展

基于独特的宗族传统,在乡村内生需求的引导下,蕉岭县在自然村一级形成了内生的宗族理事会,后经政府指导培育,村民自主产生了村民理事会。自然内生的村民理事会在乡村基层治理中取得了惊人的成效。蕉岭全县开始思考在行政村一级如何有效扩大村民参与,调动村民参与的积极性。为此，蕉岭县与华中师范大学中国农村研究院进行了深入合作，决定将自然村一级的村民理事会向上发展，在行政村一级探索建立村级协商议事会制度，构建农村基层社会多层治理体系。

一 "蕉岭传统"培育内生组织

中国传统社会，"皇权不下县"，国家往往不深入乡村社会，这给乡村社会留下了许多自治空间。从中国自治传统来看，宗族组织是维系传统中国乡村自治的基石。广大传统农村以家庭为单位，以血缘为核心，形成了适应小农生产方式的，可实现自我控制、自我调节的宗族分散性单元。宗族按血缘辈分划分等级，通常由族长、家长利用一系列的组织、制度、规范对宗族内分散农户进行有效整合。

蕉岭是汉族客家民系聚居的地方，广大农村以血缘为纽带，形成了以血缘宗亲为纽带的自然村落共同体。长期以来，村民们生活在村落共同体中，以家庭为单位，由族长对宗族内部成员进行领导规范，形成了"众人事，众人议""自家事，自家建"的自治传统。蕉岭农村在自治传统的引领下，基于村庄内生需求，建立了宗族理事会，主要负责处理村庄公共事务。80年代以来，蕉岭县农村产生了若干个宗族理事会。理事会一般由同一姓氏的宗族成员组成，下设"理事长""副理事长"和"理事"，人员比较少，集中在3—5人。以蕉岭县吉塘村为例，该村隶属于蕉岭县三圳镇九岭村，辖区内面积1平方公里，辖7个小组，共687人。吉塘村共设有5个宗族理事会，以宗族为中心，履行管理服务职能。"我们是以祖宗为中心，做好宗族内部的事情，我们徐氏宗族理事会组织完成了修缮风水堂、修建篮球场、娱乐公园的公共建设"，前吉塘村徐氏宗族理事会长徐永贤说道。

在长期的自治实践中，宗族理事会存在着难以避免的自治困境。第一，自治范围较小，局限于本宗族内部。宗族理事会产生的初衷便是将族内松散的农户集中起来，共同管理宗族内部事务。如此一来，宗族理事会各自为政，仅仅局限在本宗族内部发挥自治功效。第二，组织成员难以约束。宗族理事会以血缘为核心，讲究血缘亲近，具有较强的开放性、包容性，能够最大限度地凝聚宗族内部资源，但是它未能将强化血缘关系同规则约束结合起来，缺乏对理事会成员的制度约束，在很大程度上制约了自治成效的发挥。第三，建设账目管理混乱。由于宗族理事会缺少完备的制度设计与组织规范，宗族内部公共建设账目管理混乱，更不用说做到账目的公开化、透明化与阳光化。村民吴国儒在受访中谈到，"以前宗族理事会存在账务不公开，组织成员管理混乱的问题，大家的意见都很大。一些理事会成员就邀请我回来进行协调"。

为了破解宗族理事会的自治困局，进一步激发村庄内生动力，激活农民的参与热情，蕉岭县委、县政府引导村民在宗族理事会的基础上建立村民理事会。蕉岭县各自然村以民意为基础，以内生需求为导向，因地制宜，以村民小组为单位，自主组建村民理事会。村民理事会由选举产生，广泛吸纳老党员、老干部、德高望重的宗族前辈、妇女代表、青年代表、村内的人大代表、政协委员、村辖内企业负责人、异地务工人员代表等人员，主要负责对涉及本村居民重大利益事项的协商、沟通，参与对村级党组织和自治组织的民主监督，引导本村不同阶层人士积极参与社区服务管理的研讨，是村民参与社区服务管理的议事机构，是村党组织及村民委员会重要决策的参谋。据统计，蕉岭县已建立村民理事会878个。

村民理事会以农民需求为导向，以沟通协商为机制，以共享共建为目标，通过"民事民议""民事民治""民事民办"，赋予了村民"能参与"的权利，激活了村民"想参与"的热情，培育了村民"会参与"的能力，进一步提升了村民自我管理、自我服务的能力。具体而言，村民理事会在自治实践中主要扮演着三种角色：

第一，网罗民意的"信息员"。一方面，村民理事会广泛吸纳了有威望、有能力、有觉悟的人员，他们凭借其自身的威望、能力，容易获得村民们的意见和建议，村民们愿意将自己的看法传达给村民理事会，如此一来便形成了一种"互通有无"的良性沟通机制。三圳镇九岭村徐永振表示："我们自己选的理事，当然相信他们了，看到有不好的地方，自己都会向理事会反映。"另一方面，村民理事会建立定期收集意见制度。根据小组规模，1名理事对应7—10个农户，每个理事负责联系自己所服务的若干户村民，定期听取村民建议、意见，并将收集的民意汇总，形成协商议题。九岭村徐姓村民反映："先前行政村干部人手少，事务多，村民有了事，村干部都忙不过来，现在有事了，有意见了，就找理事会就可以了"。

第二，筹集资金的筹资员。基层政府在农村公共服务与公益事业的提供中，扮演着至关重要的角色，而公共服务有效供给需要政府公共财政的有力支撑。但这无疑给政府增添了许多公共财政压力，有时一个项目资金可达上千万，往往由于政府财政局限，拖慢了农村公共建设的进程。为了缓解政府压力，解决资金难题，村民理事充当"筹资员"的角色，广泛动员本村村民、外出乡贤筹款捐资，推动村庄公益事业的开展。首先，发动村民踊跃捐资。一般而言，村民理事会通过张贴筹资倡议书，鼓励村民们捐资。芳心村芳园背小组在修建路灯的项目中，共发动30余名村民捐资，共筹资671元。其次，动员乡贤捐资。以九岭村伍子湖村为例，以前村里有一个烂禾坪，由于无人管理，村民们都在那里堆沙石、倒垃圾，臭气熏天，引来了许多苍蝇、老鼠，严重影响了村庄环境。理事会会长吴国儒为了美化村庄环境，决心将烂禾坪建成小公园。在建设中，理事会通过发动乡贤、台胞的支持，筹措坚实资金，总共筹集了20多万元，建起了公园。

第三，协调纠纷的"调解员"。村民理事会通过请吃饭、话家常等方式调解村民纠纷，化解村民矛盾。以前"政府管不到、干部管不了"的老大难问题，在村民理事会的协调下都迎刃而解，尽可能做到矛盾不出村，使得矛盾争端最小化。芳心村戴氏两兄弟因房屋纠纷一直不和，后来经村民理事会调解后，以签订协议的形式将矛盾化解，判定宅基地所有权归哥哥，房屋所有权归弟弟，兄弟俩握手言和。又如，九岭伍子湖村在修建延岭公园时，村民因担心公园公路的建设会阻碍自家的排水，所以阻止工程开展。伍子湖理事会与村民协商，耐心与村民做思想工作。最后，原本态度坚决的村民转而支持修路，并且积极配合理事会完成了公园的修建。

二 "村落自治"形成倒逼机制

一方面，倒逼村干部转变工作作风。在农村基层治理中，乡村干部作为最小的"芝麻官"，直接面对群众，与群众有着最直接，最紧密的联系。在过去传统的管理体制下，乡村干部缺乏服务群众的主动性与积极性，"不谋事""不干事""不理事""不办事"，无法满足农民日益增长的多元需求，引发了干群矛盾，为乡村治理注入了不稳定的因素。

　　以往，蕉岭县个别农村就存在着村干部不作为的现象，工作作风较为散漫，做工作仅仅落在"嘴皮上"，而没有真正落实到农民"身上"。这主要是由于村干部素质、能力不高，难替农民办事。部分村干部受教育程度较低，知识储备有限，缺乏相关的服务意识与办事能力，限制了村干部的治理空间。另一方面，村干部服务意识淡薄，不愿为农民办事。少数村干部缺乏服务意识，工作相互推诿，流于形式，"讲一套，做一套"，遇到问题不是"绕道而行"，就是"打擦边球"，农民的焦点、难点问题久拖不决。而今，村民理事会作为干部联系群众的平台，想农民所想，替农民办事，村民理事的威望逐步提升，村民理事会的公信力得到了不断加强，这给村干部带来了不少压力。蕉岭县村民理事会成立以来，吸纳了众多有觉悟、有能力、有威望的村民代表，他们担当起了村庄"小管家"的职责，切切实实为农民做好事、办实事，解决了村干部"不能做""不想做""不会做"的问题。九岭镇伍子湖村民理事会是全县村民理事会的一个缩影。在理事长吴国儒的带领下，伍子湖村民理事会带动村民致力于村庄建设，赢得了村民的信任与基层干部的认可。一是美化乡村环境。在村民理事会的引领下，硬化水泥路，拆旧改新，清除露天厕所，实施环境绿化。二是维护村庄卫生。不仅设立专职保洁员，更是带动村民齐动手，除杂草、清阴沟、清垃圾死角。三是推动公益事业发展。修缮了祖堂，建起了延陵公园和长寿小公园。村民理事会的建设成效给村干部造成了一定的压力，同时也倒逼着村干部进一步转变工作作风，为村民谋事、替农民办事。长潭镇堑垣村村干部表示："我们村干部现在有很大的担忧，怕自己做不好事，不能为村民办实事，下次换届时老百姓可就不会选我们了。"三圳镇芳心村谢书记也坦言："如果自己没有把事情做好，都没有脸面去面对村民了，觉得丢人。"

　　另一方面，倒逼行政村自治落地。村民自治是有中国特色的基层民主制度建设的重要尝试。1998 年，《村委会组织法》规定村民委员会设在建制村，即国家统一规定并基于国家统一管理需要的村组织，且是村集体经济单位。[①] 自 1998 年之后，开始了以行政村为基础单位的村民自治。蕉

---

　　① 徐勇：《找回自治：对村民自治有效实现形式的探索》，《华中师范大学学报》，2014 年第 4 期。

岭县各行政村在自治的实践过程中，随着农村经济的不断发展和乡村权力格局的不断变化，农民的民主参与意识与民主参与能力得到了明显的提升。但是村庄自治的供给能力难以满足农民日益增长的参与需求，村庄自治面临着村民参与难、决策难、监督难的现实困境，使得自治悬浮，无法落地。同时，村民也扮演着理性经济人的角色，他们时刻思考着"这样做对自己有什么好处""不这样做对自己有什么坏处"，这在一定程度上限制了农民的参与动力，在自治实践中常常出现"会议无人去""说话无人听""号召无人应""建设无人跟"的尴尬现实。

蕉岭县自实行村民理事会以来，积极将党员代表、村民代表、德高望重的宗族前辈、村辖内企业负责人等纳入议事体系，同时，也将退休老干部、外出乡贤、异地务工人员代表等村外力量联合起来，增强其参与意识，提升其参与能力，使其积极为村庄建设出谋划策，提供智力支持，落实其民主决策、民主管理的权利。长潭镇百美村村民曾令谦是县政府退休老干部，有文化、有头脑，常常与其他村民理事一起商量村庄建设问题，如经济来源应以短养长，道路管理应规范化，蓄养等环境问题应立村规民约，村两委应起带头作用等等。随着村民理事会自治成效的凸显，村委会倍感压力。"有压力，就会有动力"，村落自治的落实为行政村自治提供了现实经验，在很大程度上倒逼着行政村加速推进村民自治，为实现村民民主选举、民主管理、民主决策、民主监督找到了动力机制，使得行政村自治不再空转，而是真正地让行政村自治转了起来。

三　"蕉岭共识"形成改革合力

党的十八届三中全会明确提出创新社会治理体制，改进社会治理方式，建立现代社会治理体系。各省、市、区县响应党的号召，积极进行了社会治理体制的创新实践。2013 年，国务院将蕉岭确定为全国农村综合改革试点单位，赋予了蕉岭县农村社会治理体制改革先试先行的重任。在这一政策机遇下，蕉岭县委县政府高度重视，积极探索农村治理体系。在改革浪潮中破解农村急需解决的难题、激活农村发展活力，成为了蕉岭全县上下的共识。同时，随着村落自治的落地，村民理事会制度在蕉岭县全面铺开，自然村内生的村民理事会谱出了村民自治的新篇章，形成了村民齐参与的美好图景。村民理事会所取得的自治成效引起了蕉岭县委县政府的重视与深思，如何在农村基层社会发挥协商民主的优势，让群众能够充分参与到村庄管理和决策中来，做到"有事多商量、遇事多商量、做事多商量"成为了蕉岭的重要课题。

为了推动村级治理体系的改革创新，蕉岭县大力引进"智囊团"，与华中师范大学中国农村研究院进行全面深度的合作，为农村改革提供科学指导，助推改革进程。在徐勇教授、邓大才教授的带领下，中国农村研究院课题组的博士、硕士围绕蕉岭村级治理体系创新多次进行深度调研。中国农村研究院在调研论证的基础上，进行经验总结，以期为蕉岭村级治理提供改革方案指导，主要围绕三个层面进行：

其一，将多元共治引入村级治理。课题组将"多元共治"的新型治理方式引入蕉岭县村级治理创新体系，旨在破解农村基层治理主体单一、治理资源匮乏的自治困境。

其二，将协商机制引入村级治理。民主协商就是要真协商，课题组将协商机构引入蕉岭县行政村治理过程，建立协商议事会，由利益相关者参与村级公共事务的讨论、决策、监督，落实群众民主决策、民主管理、民主监督的权利。

其三，将规则机制引入村级治理。"没有规矩，不成方圆。"在农村基层治理中，缺乏规则约束往往使得自治难以开展。课题组在调研的基础上，提出建立协商议事会的规则机制，将规则自治引入村级治理，形成一套规则约束，让权力在共同的规则下运行。

随着校地合作的进一步深入，在认真做好农村情况摸底和充分调研的基础上，蕉岭县决定将村民理事会向上发展，在行政村一级建立村民协商议事会，探索构建出"一核三元、四权同步、多层共治"的创新村级治理体系。蕉岭县委、县政府指出，村民协商议事会制度是实现简政放权的有效载体，更是村级治理体系建设的重要环节，要求在全县上下进行村民协商议事会制度的探索。至此，蕉岭上下形成了建立村民协商议事会、探索新型村级治理体系的"蕉岭共识"。蕉岭县委县政府指出，村民协商议事会这一制度创新是以农民内生需求为基础上建立的，凝聚了党员代表、村民代表、理事会理事长、村监委会成员、政府工作人员、外出乡贤等社会各界人士。村民协商议事会既是村务交流平台，又是村务决策平台，达到了农民"自主协商、自主办事"的治理目的。这项制度既实现了村级自治功能的发挥，又最大限度地放大了农民参与需求，强化了农民的参与积极性。

第二节　最早诞生的村级协商议事会

为了推动村民协商议事会的进程与发展，蕉岭县委、县政府经过多次研究、多番讨论，最终选取三圳镇芳心村作为村民协商议事会的改革试点村。在县、镇党委政府的领导下，芳心村立足本村实际，最早开始了村民协商议事会的治理模式探索，在全县范围内建立起了第一个村级协商议事会，召开了第一次村民协商会议，形成了第一批协商议事决议。在不断的试点完善中，逐渐形成了较为全面的组织体系、制度设计和运行机制，探索建立"一核三元、四权同步、多层共治"的村级治理体系。

一　初步试点，落实民主协商

芳心村隶属于蕉岭县三圳镇，地处石窟河盆地，是省生态示范村、省文明村、省体育先进村、省无公害蔬菜生产基地，县现代农业示范村。2012 年底，全村辖 21 个村民小组，645 户，人口 2280 人，村集体经济总收入 6.8 万元，农民人均纯收入 9983 元。

早在 2007 年，三圳镇芳心村在县纪委的直接推动下，进行了农村基层治理改革的创新探索。由蕉岭县纪委牵头，从加强农村民主监督入手，创造性地在芳心村开展"村务监事会"试点工作。从干群对话制度到干群互动会，再到村务监事会制度，芳心村逐步构建起一个带有草根性质的农村基层治理格局。芳心村监事会试水成功，有效解决了"监督难""难监督"的问题。经过 3 年的试点，芳心村作为村务监督委员会的试验田，共收集反映群众意见、建议 142 件次，参与重大事项监督 21 项，妥善解决了黄上自然村山林承包纠纷、原村委办公大楼处置等涉及群众利益与集体利益的重大事项。这一民主监督的新路子最终在 2010 年 10 月 28 日写入了新修订的《中华人民共和国村民委员会组织法》。2011 年，结合村级换届选举工作的推进，蕉岭全县 97 个村全部成功选举产生了村务监督委员会。村务监督委员会的试点效应也让芳心村"摇身一变"，成为了家喻户晓的"明星村"。

如今，在新一轮的农村基层治理体系的创新改革中，芳心村再次充当"第一村"，被县委县政府选为村民协商议事会的试点村，成为了村级治理体系创新探索的排头兵。芳心村在村民代表会议基本制度的基础上，选举由村民代表、党员议事代表、村民理事会理事长、村监会成员以及外出乡贤、政府工作人员（驻村县、镇干部）等社会各界人士组成的开放多元的村民协商议事会制度。

2014 年 10 月 17 日，芳心村拉开村级协商议事会议的序幕，召开了村民协商议事会议第一次会议。蕉岭县纪委书记卢尧生在会上对召开村民协商议事会的意义做了充分的说明，他指出："芳心村试点村民协商议事会，根本目的就是最大程度地实现村民的民主决策权，保障广大农村群众的知情权、参与权、表达权和决策权，让群众更加广泛直接地参与村级事务的决策、管理和监督，使民智民意更好地贯穿决策始终，促进农村科学发展、和谐发展。"在芳心村第一次村民协商议事会议召开之前，村委会办公楼门口就张贴了公告通知，明确将四项议题写在了公告上，包括"提升村级整体环境""村民理事会如何发挥作用""2015 年垃圾卫生管理费收取""如何发展村集体经济"。在首次村民协商议事会议上，由村民代表、党员议事代表、村两委干部、村监委会成员、村民理事会会长等54 人组成的议事机构，充分讨论了协商议题。蕉岭县纪委书记卢尧生全程参加了此次村民协商议事会议，感受到了村民参与热情，见证了民主协商的奇特效力，对此高度评价："村民协商议事会议融合了原来的村民代表会议制度，并将其功能进一步完善和提升，议事方式更加包容，参与主体更加丰富、多元，保证了村民的民主决策和民主管理。"

二　试点推进，再造协商机制

随着试点工作的不断推进与落实，芳心村村民协商议事会在探索中形成了一套较为全面，可供借鉴的运行机制，通过确立协商议事组织，建立民主协商议事机制，构建民主决策管理机制，探索出了具有蕉岭特色的村级治理模式。

确立协商议事组织机制。芳心村村民协商议事会探索的第一步就是构建村民协商议事组织架构。芳心村在不断探索的过程中，明确了村民协商议事会的参与机制，在村民会议（或村民代表会议）的基础上，扩大村民参与范围，形成了多元的参与机制。村民协商议事会会不仅囊括了村干部、村民代表、村民理事会会长和村监委会人员，同时还广泛吸纳乡贤侨胞代表、离退休干部代表，以及驻村干部等参与人员，确立了协商议事的村级组织架构。芳心村村民协商议事会成员共66人，其中村干部7人、村民代表51人、党员议事代表11人、村监委会5人，理事长14人、离退休干部2人。同时，芳心村从试点实践出发，设立村民协商议事会召集人。一般而言，召集人由村党组织书记担任，若出现重大矛盾与分歧或者召集人不能胜任工作，可以根据制度规定另选召集人。

建立民主协商议事机制。芳心村立足于本村实际，村民协商议事会主要围绕村级重大问题和涉及村民利益的重大事项，在村级范围内进行广泛的民主协商讨论。一方面，关于议题的征集。芳心村党委在充分征求党内外群众意见的基础上，提出协商议题。此外，村民根据自身需求向协商议事会提议，进一步确保协商议题与村民利益的直接相关性。另一方面，关于议事规则的制定。芳心村村民协商议事会在逐步的探索中，形成了一套行之有效的议事规则。村民协商议事会对会议主持人、代表发言流程、议事秩序进行了必要的规范。具体来看，村民协商议事会由中立的人员负责主持，议事代表在发言前先举手示意，获得主持人同意之后再发言，代表发言时间一般为3—5分钟。

构建民主决策管理机制。芳心村协商议事会坚持民主集中制原则，实行民主决策，倾力打造村民广泛参与的民主决策平台，保障村民决策权、管理权，不断推进协商民主。村级协商议事会采取不记名投票的表决方式，赞成票数多于反对票数，则决议通过；反对票多于赞成票或者平局，则没有通过协商议题。按照这样的议事原则，村中大小事务均可由村民民主表决。在第一次协商议事会上，芳心村对制定2015年的垃圾费标准也进行了激烈的讨论。"我的村庄，我做主"，45名村民代表对该村2015年垃圾卫生费的收费标准进行了投票表决，充分行使了自己民主决策的权利。在拥有投票权的45名村民代表中，11人投票赞成60元的收费标准，其余34人同意收取50元的垃圾费用。最终，2015年度芳心村卫生管理费及垃圾处理费的标准为每户50元。

对于芳心村首次协商议事会，华中师范大学中国农村研究院执行院长邓大才教授评价"村民协商议事会是实现村民民主决策、民主管理的一次突破"，"培养村民民主议事的习惯，当村民们行使民主议事权利成自然后，这套协商议事机制将自发在村庄独立运行，保证村民自主决策、监督和管理。"在着力推动村级协商议事会议制度的创新探索进程中，芳心村取得了明显的自治成效，不仅扩大了村民参与，凝聚了村庄力量，更有效解决了村级公共事务"决议难"的问题，给芳心村带来了新的农村治理面貌。2014 年以来，全村累计筹集资金 146 万元，共推动了 36 件民生实事的落实，芳心村基层治理正由"政府管理"向"多元共治"转变。

村民协商议事会为扩大村民有效参与提供了有利契机。村民协商议事会为实现村民参与提供了组织载体。村民协商议事会扩大了民主参与主体，将村庄利益相关者等纳入到协商议事体系中来。同时，村民协商议事会激发了村民民主协商的热情，强化了村民在村级事务中的决策管理功能。芳心村的实践表明，大到村庄治理，小到垃圾处理，由村民做主，达到了决策前，听群众说；决策中，由群众定；决策后，由群众评的良好治理局面。

村民协商议事会实现了农村基层治理的"减负增能"。芳心村自试点村民协商议事会以来，有力地释放了村委会的治理压力，增加了村委会的决策效能。芳心村谢建祥书记表示："以前村里事事都要干部做，事事都要干部管，干部工作负担繁重，很多时候还得不到群众理解。现在群众参与热情提高了，很多事情，我们干部不用插手，他们自己就做得妥妥当当。"三圳镇的陈镇长也深有感触："由村民们自己商量做什么、怎么做，做了许多政府做不好、做不了的事，减轻了我们基层政府的工作负担。"

村民协商议事会是提升社会治理水平的重大突破。村民协商议事会形成了开放、包容、自主的治理氛围，将提议权和表决权交给群众，培养了群众的参与意识与参与能力，让群众"想参与""会参与""能参与"。同时，合理的决策流程，规范的决策规则，有效降低了"议决难"的问题，提升了村级决策质量。正如芳心村干部所言，"以前都是村干部商议事情，有些事难免意见不统一，推行不了，现在有了议事会，把事情摊开让群众来讨论和决定，我们只需执行就可以了。"

三　试点铺开，构建"蕉岭模式"

习近平总书记强调，"我们要坚持有事多商量，遇事多商量，做事多商量，商量得越多越深入越好。""要按照协商于民、协商为民的要求，大力发展基层协商民主，重点在基层群众中开展协商。凡是涉及群众切身利益的决策都要充分听取群众意见，通过各种方式，在各个层级、各个方面同群众进行协商。"芳心村作为村民协商议事会的先行者，重新唤醒了村级自治的活力，是推进构建村级治理模式的有益探索。蕉岭县委县政府在总结芳心村试点的经验上，在全县范围内加快推行村民协商议事会制度，全面推进村级协商议事会的落实。

为了进一步推进基层民主治理建设，促进村级工作规范化、制度化，蕉岭县委县政府根据《中华人民共和国村民委员会组织法》和《广东省实施〈中华人民共和国村民委员会组织法〉办法》的有关规定，在村民代表会议基本制度基础上，建立有党员、群众、社会各界人士广泛参与的协商议事会议制度，着力完善基层民主协商制度。村级协商议事会在蕉岭全县范围内铺开，各村级协商议事会在制度指引中召开了第一次村民协商议事会。如新铺镇象岭村、三圳镇河西村、长潭镇百美等如火如荼地开始了村民协商议事会的成立组建工作。至此，全县形成了以村党委为领导核心，村民协商议事会、村民监督委员会、村民理事会各司其职的自治制度，探索建立了"一核三元、四权同步、多层共治"的村级治理体系，打造了具有蕉岭特色的村级治理"蕉岭模式"。

强化村党组织的核心领导。坚持以村级党组织为核心领导，不断加强和改善党的领导。芳心村积极发挥村党组织的领导核心作用，明确由村党组织负责召集村级会议，承担提出议题的责任。村党组织、村委会对村级财务开支实行"两签两审"，并且实行由村党组织提名村务监督委员会、村民理事会成员制度，强化和落实村党组织对村级各类组织的领导。

强化"三元"治理功能。坚持加强落实村民协商议事会的决策职能、村民委员会的执行职能以及村务监督委员会的监督职能。在村级党组织的领导下，芳心村不断规范村委会职能，完善村务监督委员会制度，探索协商议事平台，形成了"三元"的村级治理架构。

强化"多层共治"治理体系。坚持在自然村一级，以小组为基本单位，成立村民理事会，形成了村落自治的有效单元。村民理事会作为自然村（村民小组）社会治理的主体，参与社会管理，开展公益活动，搞好公共服务，发挥组织在村庄治理中的经济与社会职能。截至 2014 年 10

月，芳心村共建立了 14 个村民理事会。在行政村一级，芳心村作为试点先行者，率先成立了村级协商议事会。至此，在行政村与自然村两级形成了治理体系，通过村民理事会、协商议事会实现了农村基层治理的"多层共治"。

强化"四权同步"民主权利。芳心村以村民协商议事会、村民委员会、村务监督委员会为载体，进一步完善村民协商议事会的决策制度、村民委员会的执行制度、村务监督委员会的监督制度，积极探索村级民主选举、民主决策、民主管理、民主监督，真正落实选举权、决策权、管理权和监督权，以此实现"四权同步"。

第三节　村级协商议事会的规范化建设

蕉岭县以芳心村村级协商议事会的实践经验为借鉴，坚持以需求为导向，因地制宜，在全县加快推进村级协商议事会建设。在新一轮的改革推行中，蕉岭县在推行村级协商议事会的实践中，在人员构成、组织架构、议事制度、参与机制等方面形成了一套全面、系统、可供参考的制度规范与运行机制。

一　村级协商议事会的功能定位

一是以治理功能为先导。蕉岭村级协商议事会作为村庄权力机构，主要针对村级重大问题和涉及村民利益的重大事项，在坚持民主集中制原则的基础上实行民主决策，以此破解行政村普遍存在的治理困境，使得村级民主自治能够有效运转起来。就蕉岭县村级协商议事会的议事范围而言，具体包括：（1）村财务预算安排和决算情况；（2）村集体经营所得、村集体企业收益分配及使用方案；（3）村集体资产的租赁、承包方案；（4）村集体和村集体企业的重大投资方案；（5）土地征用方案，征用费管理、使用情况；（6）村大额资金的管理及使用情况；（7）村镇建设等项目的立项、资金安排及承包方案；（8）招待费等非生产性支出标准及管理办法；（9）村计划生育、义务兵役、殡葬改革等实施方案；（10）村宅基地的安排使用方案；（11）村镇建设规划、社会发展规划；（12）村民自治章程、村规民约、财务管理制度等规程的制定、修改；（13）协商议事会议认为应当由会议审议或讨论决定的村务执行情况、涉及村民利益的其他事项。

二是以协商功能为核心。蕉岭以村级协商议事会落实决策权，通过民主协商来明确"做不做""该不该做""该怎么做"的难题，让群众在"真协商"中表达自己的利益诉求，畅通了利益表达机制。蕉岭县纪委书记卢尧生表示，"凡是涉及群众切身利益的决策都要充分听取群众意见，通过各种方式、在各个层级、各个方面同群众进行协商。"协商是基层民主的重要内容，蕉岭县村级协商议事会正是民主协商的代表，真正做到群众手中紧紧握住决策权，让民主更民主。如 2015 年 1 月 29 日，蓝坊镇石湖村村民协商议事会对美丽乡村建设示范点、石湖长寿农庄须完善的周边设施、公园内文娱健身器材等进行事项进行民主协商，最终达成共识，顺利推动了讨论事项的建设进程。

三是以协调功能为配套。针对如何协调村委会、村民代表大会和协商议事会之间的角色和关系，蕉岭创新完善了村级组织间的协调机制，明确具体权责，准确定位组织角色。在重大的项目商议过程中，村"两委"根据村民提议拟定议题，协商议事会负责讨论商议，村委会负责贯彻执行，从而实现各组织之间的分工与合作。协商议事会定位准确，与村两委、村民代表大会和村民理事会形成相互协调的作用，权责清晰，责任明确。协商议事会有权商议和表决村务项目，有权监督村委落实和执行项目，同时也有与村民理事会协调村集体与村小组之间的职责。三圳镇芳心村即是通过村民协商议事会、村民委员会、村民理事会三位一体，协同共治，使得村内"美丽乡村"建设项目能够率先推行和完成。

二　村级协商议事会代表的产生机制

蕉岭县村民协商议事会在制度规则的约束下，形成了一套多元参与的议事代表产生机制，充分保障了村民的有序参与。一方面，蕉岭县对村民协商议事会的成员构成作了严格的限制。首先，村民协商议事会对议事人员的资格条件作了明确的规定。一是要自觉拥护中国共产党的领导，坚持党的各项方针、政策。遵守国家法律法规，无违法违纪行为。二是带头遵守村规民约，无违规违约行为。三是在群众中具有较高的威望，政治素质好，为人公道正派，清正廉洁，无犯罪等不良记录。四是热心村级公共事务，有较强的协调、沟通能力，身体健康，能保证与村民、群众沟通和参加村民协商议事会有关的活动时间。五是具备独立民事行为能力。其次，村民协商议事会扩大了议事代表范围，鼓励多元的议事人员参与。蕉岭县村级协商议事会将村干部、村民代表、理事会长和村监委会人员作为固定参与人员，同时还吸纳乡贤侨胞代表、离退休干部代表，以及上级驻村干部等能人参与。如百美村村民协商议事会成员由村"两委"干部、村民代表、党员议事代表、村务监督委员会成员、离退休干部构成。

另一方面，就蕉岭县村民协商议事成员的产生方式而言，主要表现为三种。第一种是群众自荐。凡满足村级协商议事会议事成员条件的村民都可以积极自荐。第二种是群众推荐。村民可结合自身对村庄议事能人的了解，推荐符合村民协商议事会要求的议事成员。如百美村村民集中推选退休老干部戴育海为村民理事会理事长，根据相关制度规定，戴育海作为理事会会长直接被推选为村民协商议事会议事成员。第三种组织推荐。乡镇干部或村"两委"将具有议事能力的人员推选为村民协商议事会成员。百美村驻村干部介绍："我们对村里的情况还是比较了解的，根据平时的观察，推选能力强、公益心强的村民为村民协商议事会成员。"

此外，村民协商议事会还强调会议主持人员的产生与培训。村民协商议事会是否能够发挥功效，在于协商议事会议上是否能做到协商有序。蕉岭县委领导考虑到这一问题，通过前期培训主持人和现场引导的方式，使得村民在议事会上能够有序地发言，充分地发言，减少无关紧要的发言，提高协商议事的效率。长潭镇百美村第一次协商议事会由外出乡贤负责主持，扮演中立角色，独立于各方利益之外，在现场起到了规范会议流程的作用，有助于会议的顺利召开。

三　村级协商议事会的议事制度

蕉岭县村民协商议事梳理了议事程序，明确了议事规则，规定了会议召开，通过确立规范的议事制度保障村民协商议事会的议事成效，助推了村民协商议事会的普及推广。村民协商议事会议的召开有着较为严格的条件，主要由村两委负责人召集，此外，村党组织、村民委员会提议或1/3以上的议事代表提议，也应当召开协商议事会议。村民协商议事会议每季度至少召开一次，特殊情况或有1/3以上议事代表成员提议，可以临时召开。每次会议必须有 2/3 以上的代表参加，所作决定经到会人员的过半数通过方为有效会议。

对于议题的产生，蕉岭县采取两种方式征集。一是村党组织在广泛征求党内外群众意见的基础上提出议事内容，随后召开村两委联席会议讨论，并召开支部会或全体党员会，广泛听取党员意见，再根据议事内容或职责权限，分别提交协商议事会议作出决定或决议。二是公开向村民征集议题。村民可根据自身需求向协商议事会提议，确保议题与村民有直接相关性。三圳镇芳心村第一次村级协商议事会讨论的议题有"垃圾清理收费标准""村庄整体环境改造"和"如何发展集体经济"等，都是在会议召开之前，向村民征求的议题。另外，村工程项目 50 万元以上的进县招投标中心公开招标，50 万元以下的公益事业建设项目、资产处置，必须坚持公开、公平、公正的原则，并一律实行公开招投标操作。

村民协商议事会有着有详细的会议流程，会议第一项为村干部的工作述职，汇报上一次会议决议的落实情况。第二项为充分商议议事主题。村干部、党员代表、村民议事代表、理事会会长、妇女代表等依次发言，对某一议题发表看法。第三项是协商后的举手表决。在协商议事会的人员中，具有举手表决资格的人员会对议题进行一一表决，实现从协商到决议的流程化。同时，村民协商议事会在议事规则的约束下有序进行。村民协商议事会议由主持人主持，主持人主要承担宣布会议制度，分配发言权，提请表决，维持秩序的职责。主持人要尽量保持中立，不参与讨论。议事代表发言之前应该先举手，获得主持人同意后再发言。发言时间限制为 2—5 分钟，每个议题发言次数不超过 3 次，对议题要表明立场，赞成或者反对。发言次数用尽之后或者没有人再发言了，主持人提请表决。表决采取不记名投票方式，赞成大于反对为通过，平局没有通过。

第四节　基层治理三级联动体系的探索

2013 年蕉岭县被列为国务院农村综合改革示范试点单位。在此基础上，蕉岭县与华中师范大学中国农村研究院展开深度合作，不断探索农村治理体制再创新，在乡村两级设立了协商议事会制度，形成了"一核三元、四权同步、多层共治"的"蕉岭模式"。蕉岭模式的核心在于以机制创新来提升基层治理的绩效，通过协商议事会搭建起乡镇、村级和村组间的三级联动体系，为基层社会乡村治理提供了一种可借鉴的范本。

一　乡村两级协调互动

在传统的乡村两级治理模式下，行政村是乡镇政府命令的"执行者"，较为被动，参与积极性也较低。在这种情况下，村民自治的作用无法发挥，村民参与村庄事务的积极性更无法调动，以至于基层治理出现一种表面平静却暗流涌动的状况，村庄问题难以得到解决，民众的认同难以提升。

蕉岭的协商议事会制度，能够在乡镇一级推广和运作，打破了原有的乡村治理格局，意义重大。村级协商议事会主要协调乡镇和村庄之间的利益往来，明确乡村二者间的责任主体，实现了互动共治，提高了治理效率。

1. 乡镇指导村庄的新模式。乡镇政府实现有效的乡村治理，关键在于摆正和村庄之间的位置和角色。蕉岭在乡镇一级设立协商议事会，协调涉及乡镇和村庄之间的利益问题，比如村务的财政支出、村庄建设等方面事务，实现了事前的充分协商。蕉岭的改革经验，创新了乡村关系模式，对于乡村治理而言，起到了明显的促进作用。正如三圳镇芳心村书记所言"我们也有困难，现在有了协商议事会，我们可以和镇里商量，大家有讨价还价的空间，事情就好办了。"

同时，村级协商议事会还在监督制度上实现了创新，议事会作为有效的平台，承担了乡镇政府对村级事务监督的职能，具有"民主监事"的功能。协商议事会吸纳民主监事会议，规定每个季度对村"四重一大"（重大决策制定、重要事项审批、重点项目实施、重大财务收支和大型活动开展）事项进行监督。村监督委员会定期参加村党支部、村委会召开的联席会议，了解工作情况；督促党务村务公开，开展村监委会成员民情走访活动，定期收集群众意见建议，向村民反馈并接受质询，保证村务监督委员会工作常态化。

2. 乡镇村庄协调的新方式。权责明晰才能实现有效的治理。乡镇和村庄的权责虽有法律法规明确规定，但考虑到基层的社会关系，往往未能在制度上明确这种权责关系，给乡村治理带来了难题。蕉岭县村级协商议事会，正是解决了这个难题。协商议事会作为具有协调权责的平台，使得乡镇政府能够正确处理同村庄的关系，以及在利益上的来往，这也给村民自治创造了外部条件。蕉岭的做法有效实现了乡镇和村庄之间的利益、权责的协调，为基层治理提效。

3. 实现乡镇村庄有效互动。实现有效的乡村治理，开放的互动共治是基础条件。缺少互动的乡村治理，不利于乡镇和村庄之间实现合作和利益协调。蕉岭村级协商议事会具有议题公开透明，会议充分协商，先协调再决策等特点，实现了乡镇和村庄之间的有效协调与沟通。例如在推行广东省美丽乡村建设的过程中，三圳镇充分考虑到村庄的经济能力，没有像之前那样直接下工作任务，而是通过召开村级协商议事会，让乡镇相关部门和村委会来协调，通过商讨来确定每年需要推行的美化工作，以及具体的项目费用筹集等事宜，项目取得了明显的进展。

二　村内实现协商共议

蕉岭协商议事会不仅在乡镇实现有效运转，在村内，协商议事会同样有效协调了行政村和自然村（或村民小组）之间的角色和利益，实现村级治理的互动双赢局面。协商议事会的成立，实现了村级组织之间的有效协商，同时和村民理事会形成优势互补，有效实现了党群、干群之间的多层次互动。

1. 议事会实现村级组织间合作互补。村级协商议事会吸纳了村务监督委员会的成员参加，实现了村务协商和决策过程中的有效监督，尤其对村务决策、执行情况实行事前、事中、事后全程监督；监督村民委员会成员行使职权；监督村民委员会的村务公开落实情况；年终组织村党员代表和村民代表联席会议对村"两委"干部进行评议，并在联席会议述职、接受评议；收集、听取村民对村中各项事务的意见建议，将意见建议反馈给村"两委"，向村民会议（或村民代表）报告监督情况。

2. 理事会实现村组之间合作共议。理事会有效连接了行政村和自然村。村民理事会是自然村（村民小组）社会治理的主体力量，在村党组织的领导下配合村委会开展工作，参与社会治理，开展公益活动，维护群众利益。一是督促村民严格遵守村规民约；收集、反映各方意见建议，组织召开所辖范围内的"一事一议"会议，为村民生产生活提供服务；沟通协调邻里关系，化解矛盾纠纷，营造团结友爱、邻里守望的和谐氛围；摒弃陈规陋习，开展多种形式的文体活动；弘扬文明新风、倡导健康文明科学的生活方式。二是开展公益活动。积极筹资筹劳，兴办公益事业，维护和管理好各项基础设施；倡议扶贫济困，开展互助活动；激发村民主体作用，配合村两委组织多种村庄公益志愿活动。三是搞好村庄建设。发挥村庄内生动力作用，提高村民参与社会主义新农村建设热情；用好、管好建设资金，做好财务结算，公布收支账目，接受群众监督；实施卫生清洁工程，提升村级整体环境质量，建设美丽乡村。

理事会有效连接了村民和小组。蕉岭县自实行村民理事会以来，积极将党员代表、村民代表、德高望重的宗族前辈、村辖内企业负责人等纳入议事体系，同时，也将退休老干部、外出乡贤、异地务工人员代表等村外力量联合起来，增强其参与意识，提升其参与能力，使其积极为村庄建设出谋划策，提供智力支持，让原本看似艰巨的"大事"变成"小事"。长潭镇百美村村民曾令谦是县政府退休老干部，有文化、有头脑，常常与其他村民理事一起商量村庄建设问题，如经济来源应以短养长，道路管理应规范化，畜养等环境问题应立村规民约，村两委应起带头作用等等，让原本看似困难的事情变得简单。

三　乡村组三级协商联动

蕉岭通过村级协商议事会、村民理事会，以及乡镇服务"一办一中心"等配套设置，实现了乡村组三级联动体系，建立政府引导，多主体参与，协同治理的基层治理模式，是基层治理的模式创新。

1. 助推基层治理提效。蕉岭县积极拓展社会治理职能，打造集社会治理、社会服务、平安建设、信访维稳等功能于一体的基层治理服务中心（站），实现社会治理"一站式"办公和"一条龙"服务。面向乡村组三级的社会治理联动体系，有效促进了基层政府从以往的管理转变成治理，实现了高质量的服务型治理。随着基层治理改革创新的推进，在镇政府大院里"兜圈子"、因干部下乡"吃闭门羹"办不了事等让居民"头痛"的事儿都已成为"过去式"，取而代之的是现在办事大厅里有了专职的坐班人员。

乡村组三级联动体系促进了基层治理的提效，为民众所称赞。蕉岭县

8个乡镇社会治理服务中心办事大厅以"辉煌战绩"展现了基层治理改革创新的成效，"一办一中心"成为最受群众欢迎的机构。正如三圳镇芳心村吴冯志所说，"现在服务态度好了，办事速度也快了，去了就能办成事。"吴冯志还说，自镇上"六办八中心"合并为"一办一中心"以来，他先后来过中心办理两三次事务，次次都让他很满意。治理模式的创新，也促使了基层干部的转型。村民遇到要代办的事项，只需找镇村干部"代办员"办理、反馈。不仅如此，镇村干部人手一本的《社会治理服务手册》也于近日升级为"一册通"APP软件，下乡日志、备忘录提醒、经验交流等模块一应俱全，仅办事指南就涵盖了30余项涉农事项及法律法规。

2. 蓄力共建和谐客家侨乡。基层治理，在于政府和民众的互动，在于双方能够达成共识、形成合力。蕉岭县虽不属于经济发达地区，却能够充分调动基层社会资源，创建开放的合作平台，尤其是以村级协商议事会、乡镇服务"一办一中心"和村民理事会为主要内容的基层治理新模式——乡村组三级联动体系，为建设美丽的客家侨乡助力。芳心村支部书记谢建祥介绍"一核三元、四权同步、多层共治"治理体系给村里带来的变化：全村14个祠堂理事会顺利转化为村民理事会，第15个理事会正在筹备中，届时21个村民小组将全部覆盖；一年内全村累计筹集善款146万多元，推动36件大小事务落地。芳心村是蕉岭县鼓励社会组织引导广大群众有序参与公共事务的一个缩影。在各镇鼓励培育、准入把关和引导监管下，农村各类社会组织如雨后春笋蓬勃发展，农村基层治理由"政府管理"向"多元治理"转变的态势正逐步形成。

3. 探索基层治理新经验。蕉岭基层治理的探索经验集中体现在：一是注重基层协商民主。在村民代表会议的基础上成立了由村民代表、党员议事代表、村民理事会理事长、村监会成员以及外出乡贤、政府工作人员（驻村县、镇干部）及利益相关群众等社会各界人士组成的开放式村级协商议事会，实现了村中重大事务由多主体商议，议事会成员民主决策的集协商、决策于一体的协商议事决策制度；为协调各利益主体关系，汇集多方智力奠定基础。二是引领多方共建。蕉岭充分发挥村民理事会作用，通过政府引导、村两委支持、理事会组织，外出乡贤、群众和村民积极参与到乡村建设中，打造了"政府＋社会＋村民"的共治模式，实现了政府、社会、村民的良性互动。黄上村（自然村）理事会通过发动外出乡贤和群众、本村村民，获得捐款 15 万元，借助政府提供设计、施工等服务引导，在村两委支持下，重新修建了黄上村村民外出必经的危桥。三是制定民约会规，实行自我约束。蕉岭在培育乡土组织，推动村民自治发展的过程中，还鼓励各村民自治组织引导村民成立民约会规。让村民及各自治组织为自己行为划底线，设上限，实现其自我约束，自我调节。

第六章　重构基层治理的总体规则制度

2014 年 10 月召开的中共十八届四中全会通过了《中共中央关于全面推进依法治国若干重大问题的决定》，《决定》强调"制度化、规范化、程序化是社会主义民主政治的根本保障"，并进一步要求"推进社会治理体制创新法律制度建设""推进基层治理法治化"，提出社会治理体制创新与基层治理法治化的要求，既是基层治理情况日益复杂环境中的应对之策，也是国家治理体系和治理能力现代化背景下的适时之举。对于当前我国基层治理情况杂、局限大、实践多的基本情况，建构和完善基层治理的规则制度成为一些开展基层治理创新实践与先行先试地区的重要任务。在很大程度上，有关基层治理的规则制度、体制机制是否完善，将直接决定这些地区基层治理实践的深度、广度与可持续性。

广东省蕉岭县作为广东乃至全国基层治理改革的先锋，在之前的治理创新与实践中，尤其是在村监督委员会的创制运作、村民理事会的创新实践以及土地确权与集体产权改革等方面，取得了一系列成绩并进一步激发了当地基层治理改革创新的活力。但当地的改革先行者们并没有对已经取得的成绩固步自封，他们不仅考虑着如何进一步推进农村基层治理的全面改革，还在基层治理实践日益复杂的背景下认识到基层治理总体规则制度建设的重要性。特别是越来越多的基层农村治理理念得以实践，众多治理组织或单元之间发生不协调的情况越来越明显，一些治理手段和途径因缺乏可操作化的规程而未能完全发挥功效，面对此情况，蕉岭县的改革者们开始积极着手建构和完善基层治理规则。蕉岭以校地合作为平台，基于村务监督委员会、村民委员会、村民协商议事会和村民理事会四会共治，从协商议事会制度入手，有层次、成体系地将村务监督委员会制度、村民委员会制度、村民协商议事制度、村民理事会制度等规则整合进系统的基层治理规则体系，打造出全面、实际、可操作的"蕉岭规则"。

第一节　"三会"带来基层治理结构调整

从村民监督委员会，到村民理事会，再到协商议事会，蕉岭接力棒式的制度创新带来了基层治理结构的调整。治理结构的调整不仅需要协调不同主体，同时需要在协调治理主体过程中理顺各种议事程序。面对众多的基层治理组织，必须重新建立基层治理的总体规章制度。

一　单一治理主体规则难以满足多元治理需求

"三会"带来治理主体构成的调整主要表现在三方面。

决策主体由单一到多元。随着农村人口流动性的日益增强，农村不再是封闭的，而是流动的。这在管理上给基层群众自治组织带来了非常大的压力，村民会议的覆盖范围难以涵盖辖地的全部人口，其代表性和权威性也就大大降低了。然而传统治理中，单一的治理主体规则主要体现在村庄建设的决策权都落在了自治组织主体的肩上。近年来，作为这一组织主体的"村委会"主要承担起政府的行政职能，往往被挂上十几块政府工作的牌子。由于"行政村"的行政化，农民参与有限，农村建设面临着"政府唱独角戏"的困境，村委会"为民做主"后，群众不一定埋单。为此，蕉岭建立协商议事会，使得决策主体多元，决策体系更加开放，扩展深化了决策权——其中的党员代表、理事会成员、村民代表和乡贤能人等都拥有决策权。这是以往治理结构中没有的，它刷新了村庄决策规则。

执行主体由单一到多元。包括蕉岭在内的南方地区的村民自治单位，一般设在行政村一级。而长期历史上，乡村自治都是以自然村为基础展开的。目前，一个行政村可能包括十几个自然村，村民人数也达到四五千人。村庄事务琐碎复杂，往往涉及多方利益。传统治理规则规定，单靠村委会执行会议决定，由此造成三方面问题。一是人力资源缺乏。一个六七人组成的村委会，面对村庄众多项目的执行，村委会成员分身乏术。二是执行成本增加。单一依靠村委会执行，没有群众参与或者参与不充分，一方面，导致群众可能对政策理解偏差、对执行决议不理解、不支持，由此增加了执行成本；另一方面，没能调动村庄资源参与村庄治理，以减少成本。三是执行结果缺乏有效监督。传统的治理体系中，以村委会为主的组织主体集决策、执行职能于一身。执行过程缺乏其他主体的参与，不能做到有效监督。执行主体的增加，需要相应的规则对多元的执行主体进行规范。

监督主体由单一到多元。"谁监督"是村庄民主监督的核心问题。对"谁监督"这一问题的回答，大致有三种观点：第一种，村民"自治"型，即村民作为监督主体的观点，侧重村民自治中倡导的公民社会、民主意识，强调村民的"完全自治"，主张国家权力退出乡村社会，依靠民众的力量来对自己的自治组织进行监督，倾向村民监督的民主性。第二种，国家"主导"型，国家权力作为监督主体的观点，认为在现阶段我国公民社会仍处于成长阶段，村民民主素质普遍不高，而国家相对强势的条件下，村庄民主监督只有依靠国家权力的主导才能真正得到实现，偏重村民监督的合法性。第三种国家和社会结合，国家权力和村庄内部力量共同作为监督主体的观点。

我国现阶段的农村处于乡镇政府与村民自治组织的共同管理之下，村委会的权力主要来源于两个方面：受上级政府的委托和指导，掌握由国家权力机构赋予的行政管理权；在村民自治的背景下，通过村民选举，获取村级制度赋予的村庄公共权力。这两种权力的来源，决定了其运行需要来自权力赋予者的监督。对村庄权力起到监督作用的是包括县镇一级的国家权力机关、自我监督和相互监督的村级组织和普通村民。单靠其中一个监督主体，良好的监督效果难以实现。因此，蕉岭通过建立"村务监事会"，明确监督主体，创新基层民主监督制度。监事会组成人员由村民代表会议民主推荐产生，由本村的党风廉政建设监督员、农村老干部老同志、县镇人大代表等各类有较高威信的村民5人组成。村干部及其配偶、直系亲属和村财务人员不能进入监事会。国家和社会的互动，国家权力和乡村内生力量的结合，是蕉岭"村务监事会"制度实践的主要理论依据。监事会纳入新的监督主体，需要村庄更新治理规则对其行为进行约束。

二　各组织之间缺乏统筹难以更好发挥效力

"三会"带来治理结构的调整，使得各个组织内部治理规则调整，但各组织之间的协调配合规则制度仍然比较缺乏。

1. "各会"职责不明。一方面，"各会"定位不清。"各会"之间应该是领导与被领导的关系还是合作关系，没有明确的规定。由于对"各会"组织定位不清，一些基层村干部认为已经有村民代表大会了，协商议事会与村民代表大会存在一些职能定位的重复，没有必要成立。可见，"各会"组织之间定位不清，影响了各个组织在基层治理过程中功能的发挥。新产生的村务监事会、村民理事会、协商议事会与原有的自治组织之间的定位关系亟待解决。

另一方面，"各会"职责不明。现行法律法规规定赋予了村民会议广泛的职权；但又出现了我国村民会议制度职权冗杂的问题。据学者有关统计，到 2009 年 11 月 6 日为止，共有 69 个中央立法文件提到了村委会职能。其中，中央立法为村委会设置了 114 项职能，其中宪法及法律设置 61 项；行政法规以及规范性文件设置 41 项；司法解释为村委会设置 2 项；部委规章为村民委员会设置 10 项。从具体内容上看，村委会的职能涉及农村的政治、农村的经济、农村的文化、农村的教育以及医疗卫生，甚至是关于军事等方面。村民代表会议既要帮助村委会有效地开展工作，强化其自治功能，又要在必要时行使村民会议授予的职能，组织村民参与自治，监督村委会成员拥有监督职能。村民代表大会、村委会的决策、管理、监督职能与协商议事会、村务监事会的决策、管理、监督职能一定程度上存在交叉。

2. "各会"制度不力。首先，已有制度的"会"，有些制度内容缺乏操作性。当前大量的村民自治简化为"村民选举"，缺乏具体可操作的制度规则导致自我决策和自我管理"空悬"，基层治理无法落实，村民的民主权利无法保障。拿村民代表大会制度来说，一是人员难召齐。受"务工潮"影响，村庄流动性增加，村民代表大会召开难。村干部抱怨大会人难召集；二是人员素质不一。受村民素质影响，导致村民代表大会"决而不断、议而无果"现象严重；三是议题范围缺乏可操作性。哪些内容应该属于村民代表大会讨论，哪些内容不属于村民代表大会讨论，没有具体可操作的规则。

其次，由于出现了新的组织、新的"会"，已有的制度体系不能顺畅运作。一个好的制度除了规定能够做什么之外，还必须要规定不能做什么。新的组织、"新"的会虽然基于村民内生需求产生,但如何规范其运行也会遇到困难。比如,协商议事会如何顺畅运行,能做什么,不能做什么,在现有制度中,没有具体的规定。

最后,新的组织、新的"会"没有确立制度(制度缺位)。新产生的组织在不断发展之中,其运行需要制度进行规范,以助其更好的发展。又比如,在村务监事会建立后,监事会内部成员是否应该分工,监事会内部如果分歧很大怎么办,如何规范监事会的内部议事规则和协调方式等,这些问题都没有相应的制度规范。

3. "各会"各行其是。"各会"有自己的运行机制,由于缺乏整体的运行规则制度规范,"各会"之间缺乏很好的配合,只局限于各干各的,使得各组织的效用发挥有限。蕉岭在有了监督委员会、村民理事会后,如何规范村级组织运行,将各组织的效用在村一级层面发挥出来、在大事决策商讨中发挥出来,这些问题都亟待解决。

例如,在蕉岭三圳镇芳心村,第一次协商议事会召开前,村里想搞乡村清洁工作,进行美丽村庄建设。于是村干部和村代表先召开村民代表大会讨论,讨论出结果后,再去争取各理事长和监委会成员支持。但是由于他们只是监督组织和村小组间的组织,对村民动员、意见收集和说服工作不尽心,效用也发挥有限。因此,村级自治组织迫切需要建立系统的规则体系,将各个组织纳入议事决策过程,降低他们对工作的抵触,增加他们对工作的支持力度,增强组织效用的发挥。

三 各种议事程序没有理顺难以协调运行

从社会管理到社会治理,仅一字之差,却有明显区别:管理主体是一元的,治理主体是多元的;管理是垂直的,治理是扁平化的;管理常常是单向度的,治理则是体系化的。传统社会管理权力自上而下单向运行,缺乏与其他治理主体的互动,是一种单向度的治理模式。民主决策过程不仅要求"议而有果",而且要求"议而有效"。受缺乏议事规则因素的影响,在过去,村庄开会往往是吵吵闹闹开始,吵吵闹闹结束,协商效果不佳。因此如何形成议事规则,以保障科学有效的民主协商成为迫切需要解决的难题。

21 世纪初的合村并组,是在新农村建设背景下村级行政区划的又一次大变革。据民政部的统计，我国农村村委会在 1999 年到 2011 年间，由 80.1 万个减少到 59 万个，总数减少了 1/4。合村并组后，村庄面积的扩大、村庄人口的增多以及村民集体认同心理的改变，使得村民自治参与难实现。在由若干个自然村组建而成一个村委会的南方地区，村民之间的利益联结缺乏，使得村民参与的内生动力缺乏。

"治理"强调政府与公民之间的合作。因为决策过程中缺乏平等互动的议事规则，所以导致两方面的后果。一方面，群众需求无法很好满足。在决策过程中缺乏互动，有可能会导致供需不衔接，即政府供给的不是农民真正所需要的。另一方面，群众智慧无法很好汇聚。村民是村民自治的主体性力量。农村精英（体制外精英）具有杰出才能，是农村治理中非正式权威的代表。流动的村庄，使得村庄内精英向城市转移，导致村庄精英的流失。同时，又缺乏农村精英参与村庄治理的机制。普通村民积极参与村庄治理，是基层治理有效实现的基础。而实际上，普通村民利益表达渠道还不够畅通，在村庄建设过程中，政府"大包大揽"，既是"掌舵者"，又是"划桨者"，管了许多"管不好，也管不了的事情"。

"三会"带来治理结构的调整，搭建了参与平台，促使基层治理过程由单项转变为互动。如何使互动效果更好，则需要议事规则的规范。

首先，需要理顺议题产生规则。需要制定规则防止会议议题由村委会"闭门"产生；需要制定规则确定什么样的议题才是好的议题，如何确保议题不偏不倚；需要制定规则确定每次会议讨论多少个议题最为合适；需要制定规则确定议题产生方式；需要制定规则将确定的议题有效告知公众。其次，需要理顺议事规则。一是如何保障意见领袖发声，有效表达民意；二是如何控制发言时间，如何保障发言客观；三是如何确保议事主体平等，村干部与议事会其他成员地位平等；四是如何保障执行有力。协商保证了方案的合法性，执行保障了方案的有效性；五是表决方式。举手表决或投票表决的适用议题和程序是什么，下一次会议议题是什么，这些都需要议事规则来规范，以确保整个过程民主并且有效。最后，需要理顺议事程序。"动议—审议—讨论、决议—执行—监督"整个过程中，"三会"的职能分别是什么，如何有序协调地发挥作用。

第二节　校地合作推动"蕉岭规则"的建立

总体规制的第一步，得益于村级协商议事会的经验。在华中师范大学的协助下，蕉岭逐步建立了一套富有蕉岭特色的议事规则，比罗伯特议事规则更加符合中国农村实际情况，推动了基层治理的制度化、程序化和稳定化。

一　蕉岭规则初步探索

党的十八届三中全会针对发展基层民主提出新要求：开展形式多样的基层民主协商，推进基层协商制度化。真协商的核心在于决策权、管理权的落实，习总书记对此有着"两个'要看、也要看'"的论断。当前大量的村民自治简化为"村民选举"，自我决策和自我管理"空悬"，基层治理无法落实，村民的民主权利无法保障。如何通过基层治理创新，破解当前村民自治中的难题，这个问题摆在了蕉岭县领导的面前。

2013 年蕉岭县被列为国务院农村综合改革示范试点单位，为蕉岭基层治理创新向前进一步推进提供了契机。蕉岭县县长陈伟明在农村综合改革示范试点工作推进会上指出："国务院把我县确定为国家农村综合改革示范试点县，这是对我县农村改革发展工作的充分肯定。各镇各部门要增强工作的责任感，善借力勇创新，快破题出经验，全力推进农村综合改革示范试点工作。"成为全国试点单位的蕉岭对推进基层治理创新更充满了热情。

蕉岭的前两次创制为新一轮创制积累了经验，县领导充满"敢想敢干敢试"精神。在村庄形成了村务监督委员会、村民理事会后，蕉岭县领导在多次的基层调研中逐渐认识到：村民代表会议和村民会议在议事方面都有缺陷，村民议事没有规则，开会容易起冲突，使得基层治理创新无法向前推进，村民自治无法得到有效实现。蕉岭县纪委书记卢尧生认为："基层治理要做出亮点。要善于借力，邀请专家前来指导、谋划。"2014年 9 月，蕉岭县纪委书记卢尧生和社工委主任陈国政前去武汉，通过座谈会的形式与徐勇教授交流，借力中国农村研究院。徐勇教授站在理论的高度，为蕉岭提供体制机制创新思路，为蕉岭基层治理创新把脉。他提出，蕉岭要按照习总书记在政协成立 60 周年会议上的讲话来发展："人民是否享有民主权利，要看人民是否在选举时有投票的权利，也要看人民在日常政治生活，是否有持续参与的权利；要看人民有没有进行民主选举的权利，也要看人民有没有进行民主决策、民主管理、民主监督的权利"，从而建议蕉岭建立村级协商议事会。

随后，卢书记回到蕉岭，开始了村级协商议事会的试点探索。在中国农村研究院的帮助下，蕉岭制定了"一核三元，四权同步"的蕉岭村级治理体系实施方案。2014 年 10 月 17 日，以三圳镇芳心村为试点，召开了首次村级协商议事会会议，参加会议的人员有村"两委"干部、村民代表、党员议事代表、村监委会成员、村民理事会理事长、离退休干部、乡贤等。这次会议是在村民代表会议基础上的扩展，监委会成员、村民理事长、乡贤也被纳入其中，议事规则开始运用。"三圳镇芳心村协商议事会第一次会议的各位代表发言热烈、井然有序。"这是媒体的观摩评价。这一时期，主要是村级协商议事会制度的摸索和建设期。接下来是村级协商议事铺开时期。2015 年协商议事会开始在三圳镇铺开。2015 年 2 月 3 日九岭村召开了协商议事会议，5 月 14 日三圳镇河西村召开了协商议事会议。邓大才教授一行旁听了三圳镇河西村协商议事会第一次会议，给予了高度评价，认为这次会议是"小组织，大意义；小会议，大成效"。据不完全统计，这次会议共有 14 人发言，共计 18 人次，其中发言最长的有 6 分 13 秒。通过总结前期协商议事会议开展的经验和不足，蕉岭逐渐形成了较为完善、易于操作的一套协商议事规则和流程。这一时期，蕉岭的村级协商议事会开始在各村不断推开。

二　协商议事会"升级突破"

蕉岭规则源于协商议事会。蕉岭村级协商议事制度的创建，是在前两轮创制的基础上进行的，既是对先前工作经验的继承，又在前两轮创制基础上有新的突破。蕉岭第三轮创制继续发扬前两轮积累的优势。首先，继承第一轮的制度基础。第一轮创制保障了村民监督权利，并形成制度。监督权是落实决策权、管理权的前提，为第三轮创制规范权力运行提供制度基础。其次，借鉴第二轮创制的议事经验。在第二轮村民理事会的创制过程中，议事程序、决策程序开始形成，广大村民参与议事热情被激发，参与议事经验得到积累，为第三轮创制形成议事规则提供实践经验。最后，村民在前两轮的创制过程中得到参与锻炼，为第三轮创制的继续升华打下群众基础。

第三轮创制不仅继承了前两轮创制的优势，而且是前两轮创制的升级突破。具体体现在以下三个方面：第一，扩大了参与范围。第二轮创制中，村民在村民小组范围内有议事平台、有了参与渠道，但在行政村范围内，村民的决策管理权还没有得到有效保障，还没有实现协商议事会超越单一的组织单元，形成一套治理体系的目标。从纵向上看，包括行政村、自然村、家户三层的代表，从身份上看，包括村"两委"成员、党员、理事会成员、监委会成员、乡贤能人和普通村民。协商议事会参与范围的扩大，保证了"大家来参与，群策有群力"。"我建议由村里牵头成立农民专业合作社""三、六、九的集市可以通过出租摊位、收取管理费来增加村庄收入"，协商议事会代表热烈发言，村庄经济发展问题迎刃而解。第二，形成了议事规则。前两轮的创制积累了议事经验，形成了议事程序，但对如何协商没有形成系统的规则制度。蕉岭第三轮创制从议题的产生、会议的召开、议题的讨论、议题的决策、到决议的执行、执行的监督，都形成了一套规则体系。第三，实现了四权同步。在第一轮创制中，落实了村民监督权，但由于村民会议、村民代表大会难召开，村民自治陷入"形式有权，实际无权"的困境。蕉岭第三轮创制，通过协商议事会平台，落实了决策权以明确"做不做"，强化管理权来开发"怎么做"，以决策管理权保障和提升选举权落实后的民主性、监督权运作后的公开性、执行权实践后的效率性，形成了四权同步的治理体系和以协商民主为核心的治理架构。

三　提升蕉岭规则建体系

一方面，徐勇教授、邓大才教授多次到蕉岭，与蕉岭县相关领导召开座谈会，站在理论高度为蕉岭的基层治理创新提供体制机制创新思路，为蕉岭基层治理把脉。例如，2015年1月13日，在蕉岭县委常委、纪委书记卢尧生的主持下，邓大才教授为蕉岭县各级领导干部作了题为《四权同步，协商共治：创新基层治理体系和治理能力》的专题讲座。2015年3月24日至30日，广东省梅州市蕉岭县委邀请中国农村研究院执行院长邓大才教授率队前往蕉岭调研村民理事会和协商议事会等基层治理创新，通过实地走访、听取介绍、举行座谈等多种形式，深入了解了村民理事会和协商议事会的做法、进展和成效，并对未来的发展提出了针对性的建议。

另一方面，积极调动资源，集各方专家、领导为蕉岭基层治理体制机制创新搭建讨论平台。2014年11月22日至23日，由南方报业传媒集团·南方农村报、华中师范大学中国农村研究院、山西大学中国城乡发展研究院联合主办的第十届中国农村发展论坛暨"农村综合改革与基层治理创新"全国研讨会在广东蕉岭举行。来自全国各地的农民代表、乡村干部、知名"三农"学者、政府官员、企业和媒体代表共100余人参加了会议。与会专家、学者、代表就"如何深化农村综合改革和基层治理创新"等问题进行了热烈讨论。在村级协商议事会的实践基础上，蕉岭总结形成了富有蕉岭特色的"蕉岭规则"。

第三节　探索完备的基层治理规则体系

在协商议事规则的基础上，蕉岭进一步完善基层治理制度体系，将村务监督委员会制度、村民委员会制度、村民协商议事制度、村民理事会制度等整合进系统的基层治理规则体系，形成多类型、多层次的基层治理格局。

一　塑造多类蕉岭规则体系

（一）选人规则

成员用人标准。明确其成员要从德高望重、组织协调能力强、热心公益事业、办事公道的村民中推选产生；在村党支部和村委会的领导下，通过建章立制、完善乡规民约等规范运作，鼓励和引导村民参与农村公益事业建设，形成"共谋共建共管共享"的良性机制，切实履行"议事、协调、监督、服务"职责，构建民事民治管理机制。组建起来的村民理事会，其人员组成达到"三有""四性"要求。"三有"即有办事能力、有群众口碑、有奉献精神。"四性"一是"突出代表性"，理事会成员的产生突出代表性，从不同房族、不同利益群中选举产生，使村民自治各项工作更容易得到推动和落实；二是"注重公认性"，理事会成员严格按照品行端正、群众公认、德高望重的标准从候选人中选取产生。三是"体现先进性",理事会成员要顾全大局、办事公道、清正廉洁、热心为群众服务等。四是"强调稳定性",理事长一般由小组长或长期在家的老干部担任。

"三有"成员构成。村民理事会成员一般由老党员、老干部、德高望重的宗族前辈、妇女代表、青年代表、村内的人大代表、政协委员、村辖内企业负责人、异地务工人员代表等组成。理事会成员人数可在5—11人之间(具体可根据本村的实际需要确定),以单数为宜,不提倡与村党组织、村民委员会成员交叉任职。理事会设理事长1名;副理事长1—2名。村民理事会成员不设固定的工资福利和办公场所,如议事或办公场所确实存在困难,可商请村党组织、村委会帮助协调解决。

成员产生方式。确保各组织成员是由农村具备上述条件的人担任,是"各会"能够发挥作用的一个关键因素,也是完善蕉岭规则必须认真考虑的问题。一是宣传发动、摸清底子。充分利用广播、村务公开栏、走访了解、座谈会等形式,宣传成立村民理事会的重要意义,并迅速摸清政治素质高、身体健康、有一定组织协调能力、热心服务村民的农村党员、村民代表、离退休干部、离退休教师、德高望重的宗族前辈、社会能人、"五老"等人员的基本情况。二是在摸清底子的基础上,在村党支部的指导下,由群众推选产生理事会人选(原则上村三委干部不在理事会人选之列),各村根据本村具体情况确定理事会成员人数。理事会人选经张榜公示后,由全体村民大会或户代表会讨论通过,产生理事会成员,由理事会成员推举产生理事会会长和副会长。动态实行村民选代表、代表选成员、成员选理事长的"三轮推选制度",选好、配强理事会队伍,鼓励理事长和村民小组长"一肩挑"。三是确保队伍长效机制落实。所有理事会成员实行动态管理,有进有出,实行能者上、平者让、庸者下的用人机制,保障理事会活力;以为民办实事的成绩作为衡量理事会建设的标准;建立为民办事台账,实行"民主评议"工作法,一切向群众公示,实行阳光操作。

(二)议事规则

如何通过议事规则的运用,提高决策的民主性和科学性。会议由主持人主持,主持人主要职责:宣布会议制度,分配发言权,提请表决,维持秩序。主持人尽量保持中立，不参与讨论。长潭镇百美村第一次协商议事会由外出乡贤负责主持，扮演中立角色，独立于各方利益，在现场起到了规范会议流程的作用，有助于会议的顺利召开。议事规则如下：一是议题规范，议题要不偏不倚。二是发言客观，主持人控制发言时间，保证协商的公正性；代表发言前先举手，获得主持人同意后再发言。三是发言有序。发言时间为2—5分钟，每个议题发言次数不超过3次。对议题要表明立场，赞成或者反对。主持人分配发言权时要考虑到正反立场轮流发言。面向主持人发言，不讨论，保持会场秩序。不打岔、不跑题、不攻击、不违规、不质疑动机。发言次数用尽之后或者没有人再发言了，主持人提请表决。四是发言有质。协商议事会要有意见领袖，表达民声。五是主体平等，村干部与议事会其他成员地位平等。六是执行有力，协商保证了方案的合法性，执行保障了方案的有效性。七是表决方式。举手表决或投票表决适用议题和程序是什么，下一次会议议题是什么。

（三）议程规则

程序主要体现为按照一定的顺序、方式和手续来作出决定。孙中山认为"民权初步于程序"。蕉岭制定了《农村村民理事会设立指引》下发给各镇，明确指导思想、基本原则、人员条件、选举办法、职责任务、基本规程，并制定了《村民理事会章程》给各村参考，各村结合本村实际，修订该章程予以公布。

会议召开程序规则。协商议事会议由村"两委"负责人召集。村党组织、村民委员会提议或1/3以上的议事代表提议，应当召开协商议事会议。协商议事会议的主要议题和需要讨论决定的重大事项，村"两委"应事先告知议事代表。议事代表有对议事主体和内容评价、批评、建议、质询和表决的权利。对于代表的质询，村党组织或村委会必须给予解释。协商议事会议每季度至少召开一次，特殊情况或有1/3以上议事代表成员提议，可以临时召开。每次必须有2/3以上的代表参加，所作决定经到会人员的过半数通过方为有效。建立村民代表、党员议事代表联系群众制度，及时收集村民意见。要确定每一代表联系的户数和具体对象，登记造册。

议事程序规则。第一步，由村党组织在广泛征求党内外群众意见的基础上提出议事内容；第二步，召开村"两委"联席会议讨论；第三步，召开支部会或全体党员会，广泛听取党员意见；第四步，根据议事内容或职责权限，分别提交协商议事会议作出决定或决议；第五步，村工程项目50万元以上的进县招投标中心公开招标，50万元以下的公益事业建设项目、资产处置必须坚持公开、公平、公正的原则，并一律实行公开招投标操作。

二　协调村级议行的规则体系

（一）各会之间的议行协调

在党的领导下，理顺村民委员会、村监督委员会与村民理事会的关系，遇事议事、有事理事、做事监事，协调有序发挥村级治理的载体功能。

一是发挥理事会决策载体功能。村民理事会是自然村（村民小组）社会治理的主体力量。在村党组织领导下对本自然村（村民小组）经济社会发展等重大事项进行协商和研究；收集、反映各方意见建议，组织召开所辖范围内的"一事一议"会议，为村民生产生活提供服务；发挥村庄内生动力作用，提高村民参与社会主义新农村建设热情；用好、管好建设资金，做好财务结算，公布收支账目，接受群众监督。

二是发挥村民委员会执行载体功能。村民委员会是基层群众性自治组织，执行上级和村党组织、村民（代表）会的决议、决定；办理村务，开展村民自我管理、自我教育、自我服务等；管理财务，在村民代表会议上作财务预决算报告，每季度通报详细收支执行情况；及时向村民公布"三资"情况增（减）（包括村级的租赁合同以及债务情况）；处置资产（资源）须提前公示并征求意见，在村民（代表）会议上进行表决，特大资产、资源处置须经村民会议表决通过。

三是发挥村监督委员会监督载体功能。拓展村务监督委员会职能，对村级党务、村务、农村集体"三资"进行监督，对党员、村民（代表）会议负责，每季度向镇党委、纪委报告监督情况。对村务决策、执行情况实行事前、事中、事后全程监督；监督村民委员会成员行使职权；监督村民委员会的村务公开落实情况；每季度或每月对村级财务情况进行审核，督促公开到村民小组；年终组织村党代表和村民代表联席会议对村"两委"干部进行评议，并在联席会议述职、接受评议；收集、听取村民对村中各项事务的意见建议，将意见建议反馈村"两委"，向村民（代表）会议报告监督情况。

（二）行政村、自然村两个层面的议行合一

议行合一，并非是议行不分，而是在现代社会权力的所有者与执行者分离条件下解决二者关系，保证权力执行者切实执行权力所有者意志的重要理论。从理论上讲，议行合一不仅可以杜绝行政权力失控的现象，而且更能够体现民主原则。它把政治上的民主与行政上的权力集中统一性有机结合在一起。蕉岭实践在行政村和自然村两个层面，实现了各自的议行合一。

在行政村层面，村委会、议事会、监事会协调配合，实现了村级的议行合一。芳心村第一次协商议事会就"垃圾卫生费是否涨价"议题展开了广泛地协商。投票结果：2015 年度卫生管理费及垃圾处理费的标准仍为每户 50 元。"我心里是赞成提高到 60 元的。"会后，谢建祥在访谈中说道，"无论从市场价格还是村子情况出发，垃圾卫生费确实有提高的需要，但既然是大家商量的结果，村委会肯定遵照执行。"

自然村层面通过村民理事会，实现了议行合一，体现了"我的村庄我做主，我的村庄我建设"。在三圳九岭村黄屋祠堂旁边，原来是两口污染严重的"臭水塘"，通过黄屋村村民理事会决议，臭水塘得到整治。村民理事会的牵头发动，筹集了 6 万多元，村民们有的推斗车，有的和水泥，有的砌墙，义务投工投劳齐心修建美丽乡村，将一口塘填平建小公园；另一口塘则种上水生植物，净化水质，改善村庄环境。黄屋村民理事会会长黄清华表示："以前我们村民都很想把我们的村庄建设起来，但是没有带头人，通过成立村民理事会，大家的力量都团结起来，出钱、出力，来把村庄建设得更美好。"

（三）行政村与自然村的议行合一

蕉岭不仅形成了行政村、自然村各级的议行合一规则，同时，也分别形成了从行政村到自然村、从自然村到行政村的议行合一规则。

从行政村到自然村的议行合一规则。对于涉及本村利益的重大决策事项，村党组织或村民委员会需咨询村民理事会的。应以书面形式通知理事会。理事会在接到通知后 15 个工作日内召开议事会议讨论研究并出具书面建议，供村党组织或村民委员会参考。协商议事会所"议"之事，包括村级重大问题和涉及村民利益的重大事项，实行民主决策。但在具体执行时，村委会受人数制约，不能事无巨细都执行，对于只涉及某个自然村的事务，则由该自然村的村民理事会执行。比如，由村级协商议事会决议进行美丽乡村建设，但各个自然村如何进行美丽乡村建设，则由该自然村村民理事会商议执行。"村民理事会为村庄建设出了很多力"，谢建祥说，以前单靠村委会的力量，修路建桥这样的大事一年也就能做三五件；村民理事会成立后，目前已完成各类大小建设 30 多项。

从自然村到行政村的议行合一规则。不是所有事情村民理事会都能处理，对于村民理事会无力处理的事情，通过村民理事会讨论、协商、决议，可交由村级协商议事会处理解决。例如，村民公共服务需求相同，但不是每个村民理事会都有很多外出乡贤，募集很多乡村建设资金。因此，募集资金少的村民理事会将乡村建设决议交由协商议事会，请求协商议事会平衡村庄资源，执行决议。

三　总结蕉岭规则体系的特征

（一）校地合作，协力共治

蕉岭县人民政府与华中师范大学中国农村研究院合作，开创了"优势互补、平等互动、协商共治"的校地合作新模式，形成了具有校地合作特色的蕉岭规则。

优势互补。华中师范大学中国农村研究院具有智力资源优势。它是农村发展的专门性学术机构。2013 年 5 月 30 日，在教育部"繁荣发展高校哲学社会科学"座谈会上，国务院副总理刘延东将中国农村研究院认定为国内四家"初具雏形的高校智库"之一。农研院在合作过程中，为蕉岭规则的制定提供智力支持。在蕉岭治理过程遇到瓶颈时，提供改革方向，推动蕉岭治理规则的形成。蕉岭拥有权威优势，能够引导农村治理发展；同时，拥有制度优势，能够因地制宜进行地方治理改革创新，并能在实践基础上形成制度。

平等互动。不同于传统的校地合作模式，政府处于强势地位，蕉岭与华中师范大学中国农村研究院的合作，是基于主体平等的合作。华中师范大学中国农村研究院是科研学术单位，具有独立性。正所谓"当局者迷，旁观者清"，作为蕉岭治理改革的"智囊团"，通过专家指导及进村入户扎实调研，为蕉岭提供政策咨询。

（二）融会借鉴，实事求是

蕉岭规则是中西结合的规则，即实现了罗伯特议事规则的中国化，蕉岭形成了一套比罗伯特议事规则更符合中国实际的议事规则。《罗伯特议事规则》（*Robert's Rules of Order*）由美国将领亨利· M．罗伯特在 1876 年出版，其目的是以参考美国众议院的议事规则，来规范开会议事。《罗伯特议事规则》本质上属于对会议进行有效率的民主化运作，可以为制度设计提供一套编码，可以为不同群体间交换意见、和谐协商提供约定俗成的语法。罗伯特议事规则体现平等对待、相互尊重，实现自治，构建克制、妥协、宽容的人际关系的规则，是"逐利与制衡的完美结合"。王建华、林丽慧在《协商民主视角下的议事程序》中认为，一个社会和谐文明的标志之一是看它是否有一部完善的、有相当亲和力的、能够化解各种矛盾、协调各方势力的议事规则。"议什么""怎么议"都是通过村民讨论后形成的，形成的规则符合村民讨论习惯。

（三）继承传统，完善当前

蕉岭规则是对传统宗族议事规则、既有规则（村民代表大会）的改进完善。首先，扩大传统宗族议事内容。同一村民小组内的农户，大多是同一姓氏，并拥有着共同的祠堂。在客家文化传统中，祠堂理事会主要议事内容就是祠堂的修葺和维护工作。因祠堂理事会成员多是宗族的长辈，在小组内比较有威望和号召力。如何发挥他们在治理中的作用亟待破解。2012 年，蕉岭开始鼓励扩大祠堂理事会的议事内容，将其由传统的祠堂修葺与维护扩大到村民公益事业。可以看到，除了修葺祠堂，祠堂理事会开始带领农户硬化道路、修建桥梁，有的还建起了小广场。

其次，对传统议事规则完善。在继承由村民推选产生祠堂理事会这一规则传统上，通过制定《农村村民理事会设立指引》明确了理事会成员的资格条件和推选程序，规定了理事会职责、议事程序、决策方式等，并制定了《村民理事会章程》为各村参考。

最后，扩大参与对象。建立村级协商议事会制度，参加会议的人员由村"两委"干部、村民代表、党员议事代表、村监委会成员、村民理事会理事长、离退休干部、外出乡贤等组成，将监委会成员、村民理事长、乡贤也纳入其中，这是在村民代表会议基础上的扩展。"村民协商议事会议融合了原来的村民代表会议制度，并将其功能进一步完善和提升，议事方式更加包容，参与主体更加丰富、多元，保证了村民的民主决策和民主管理。"蕉岭县纪委书记卢尧生说。

第四节　第三轮蕉岭创制与"蕉岭规则"的形成

蕉岭最新的创制与前两次一样充满着时代精神和现实关怀，正在形成中的"蕉岭规则"有其自身内涵与特点，并对于基层治理具有深远的影响，必将进一步改写基层治理的历史。

一　第三轮蕉岭创制的内容

第三轮蕉岭创制，即村级协商议事会制度及其制度的议事规则。村级协商议事会制度是根据《中华人民共和国村民委员会组织法》和《广东省〈中华人民共和国村民委员会组织法〉办法》的有关规定，在村民代表会议基本制度基础上，建立有党员、群众、社会各界人士广泛参与的"协商议事会议"制度，最大程度地实现村级事务的民主决策，完善基层协商民主制度。

协商议事会确定了基层治理议事原则。村级重大问题和涉及村民利益的重大事项，必须坚持民主集中制原则，实行民主决策。在民主决策过程中要坚持先党内后党外，先党员后群众的原则。协商议事会制度不仅系统地规范了"议什么"，而且规定了"如何议"。规定诸如"村财务预算安排和决算情况"等十三大事项，必须经过村两委会议、村党员大会审议并提交协商议事会议审议或讨论决定。"村党组织动议—村两委联席审议—村民协商议事会讨论、决议—村委会执行"的流程，协商议事会议必须有完整的会议记录，记录人和会议主持人在记录簿上签名，记录簿应该妥善保管，次年归档。会议作出的重大决议，必须在村务公开栏上进行公开。

二　系统规则的"不可或缺"

十八届三中全会明确提出全面深化改革的总目标是"完善和发展中国特色社会主义制度，推进国家治理体系和治理能力现代化"。面对基层治理结构的调整，面对众多的基层治理组织，重新建立基层治理的总体规章制度，是回应中央治理机制的转型升级要求的应有之义。

（一）治理方式科学化的客观要求

推进国家治理体系和治理能力现代化，要求实现治理方式科学化；推进治理方式科学化，要求实现治理方式的民主化。治理方式的科学化，首先表现在治理思想的先进性。随着中国的高速发展，国内与国际、传统与现代、单一与多元、封闭与开放、发展与稳定、生存与环境等多重矛盾交织在一起，导致新的治理问题层出不穷，因此，必须运用科学的治理方式解决新问题。面对新问题，蕉岭首个建立村务监事会并形成制度，接力棒式的制度创新带来了基层治理结构的调整，是治理方式的时代化、科学化的突出表现。

（二）治理体系系统化的客观要求

国家治理体系，是实现国家治理的道路、理论、制度、政策、方法的综合体现，包括政府治理、社会治理、基层治理、民间治理等不同层次，政治治理、经济治理、文化治理、环境治理等不同领域，它是一个国家根据自己的国情所设计的保持经济社会可持续发展、实现社会公平正义和谐的一系列基本制度。在我国，国家治理体系是党领导人民管理国家的制度体系，包括经济、政治、文化、社会、生态文明和党的建设等各领域的体制机制和法律法规安排，也就是说，它是一整套紧密相连、相互协调的国家制度。蕉岭一系列的制度创新实践，形成了一系列制度成果。如果仅仅着眼于单个的治理方式改革创新，忽略相互之间的联系与作用，不仅可能造成治理资源的极大浪费，而且可能诱发问题性质的转变以及社会矛盾的恶化。因此，应关注不同领域、不同问题之间改革创新的协调性，防止因为改革措施的碎片化而削弱改革的效果，从而实现治理体系的系统化。

（三）治理能力现代化的客观要求

国家治理能力，是一个国家在制度创新与战略管理、政策制定与执行、社会治理与秩序维护等各方面能力的整体体现，包括改革发展稳定、内政外交国防、治党治国治军等各个方面，使其能够相互协调、共同发展的能力。[1] 治理能力现代化首先要求治理规则的现代化，用规则规范人的治理行为，最终实现治理过程的现代化。"三会"带来了治理结构的调

---

[1]　李抒望：《正确认识和把握国家治理现代化》，《社科纵横》2014年第1期，第1页。

整，建构了新的治理体系，因此，重新建立基层治理的总体规章制度是适应治理能力现代化的客观要求。

二　推动基层治理 "跨代升级"

规则是民主发展的产物，同时也是民主实践的体现。"协商一小步，民主一大步"，蕉岭第三轮创制来源于实践，又推动基层治理实践向前发展。蕉岭第三轮创制充满现实关怀，从村民监督委员会，到村民理事会，再到协商议事会，蕉岭接力棒式的制度创新带来了基层治理结构的调整，因此，系统的蕉岭规则的建立推动着基层治理 "跨带升级"，对基层治理具有重大的现实意义。

（一）第三轮创制推动基层治理有方向的开展

从客观现实来看，村庄面临着客观的治理压力，具体表现在治理主体单一、治理空间不足、治理过程单向等方面，各组织之间缺乏有效的沟通协调，由此带来了村治 "群策乏力" "无的放矢" "无章可依" 等一系列难题。芳心村第一书记谢建祥书记坦言："之前村里想做什么，不仅村民们不清楚，恐怕连村干部自己都说不清。" 协商议事会是 "定向标"，治理目标清晰了，村治活动才能有序开展。黄上理事会会长戴育海也说道："以前就几个村干部，想不到好法子，现在都拿到（协商议事）会上来讨论，这政府、乡贤、各位代表一发言，眼界也更宽广，就豁然开朗了"。

（二）第三轮创制推动多元共治有序开展

基层治理需求不断增长。单一的治理主体难以满足多元化的治理需求。然而随着治理主体的增加，很多人没有真正认识多元共治内涵的问题日益显著。多元共治不等于 "吵吵闹闹开始，吵吵闹闹结束"，必须要有一定的秩序、遵守必要的规则。蕉岭协商议事会通过议题的选择，发言时间的掌控等详细的规则制定，保障有序表达；通过 "村党组织动议—村两委联席审议—村民协商议事会讨论、决议—村委会执行" 的流程，保障有效决策；通过在公共决议执行前制定明确的细则，保障有力执行，从而形成全面系统的 "蕉岭规则"，推动 "多元共治" 的有序开展。

（三）第三轮创制推动基层治理机制协调运行

基层的各个组织协调运行离不开系统的制度规则体系。蕉岭县协商议事会的经验回应了如何有效开展基层协商民主的难题。蕉岭村级协商议事会制度及其制度的议事规则的形成，确保了会议从前期筹划到后期执行的完整性，使协商议事会成为协商、决议和执行"三位一体"的运作体系，保障了协商有效果，议事有规则。

　　具有蕉岭特色的系统的蕉岭规则，是基层治理从组织建设到权利保障的最新发展，是基层治理现代化的有益尝试，体现了未来基层治理的发展方向。不过，基层治理的"跨代升级"并不是一蹴而就的，蕉岭的实践开辟了一条路径，但未来还需要更多地方的探索与创新。

第七章　走进基层治理的"四权同步"时代

　　2014年中央一号文件提出要不断推进农村基层民主政治建设，提高农村社会管理科学化水平，建立健全符合国情、规范有序、充满活力的乡村治理机制。改革开放30多年来，我国农村民主管理制度逐步建立且获得较大的发展，在组织和引导农民群众参与基层治理方面发挥了重要作用，日益成为推进国家治理体系和治理能力现代化的基石和保障。当前，随着我国农村经济社会改革的进一步深化，农村基层治理的生态发生了深刻改变，基层治理从原来组织建设向权利保障过渡，从原本的单一权利保障向四权同步发展。然而民主选举一马当先，而民主管理、民主决策和民主监督却相对滞后的现状为农村民主管理实践带来了新的挑战和问题。传统的农村基层管理体制多是自上而下的动员，而很少自下而上的沟通。为此，广东省蕉岭县以村民监督委员会落实民主监督权，以村民理事会制度落实民主决策权，以协商议事规则落实民主管理权，通过三轮创制实现基层治理体系从"四权不同步"到"四权同步"的转变。

第一节　蕉岭"四权同步"的制度基础

　　随着社会经济等各方面的发展，农村空间结构、社会生产方式和生活方式发生了深刻的结构变化。在发展过程中，广东省蕉岭县面临着农业发展缓慢、农民增收困难、农村矛盾突出等问题。究其根源，农村基层治理、机制建设难以适应经济转轨、社会转型的新形势是造成问题频出的重要诱因。改革开放30多年来，包括村民自治在内的基层民主率先从民主选举突破，民主决策、民主管理和民主监督却未能及时跟进，造成基层民主运转乏力。① 固有模式的基层机制已经不能驾驭日益复杂的经济主体和利益关系。如何坚持和完善基层民主制度，通过发展和创新基层治理体系实现民主选举、民主决策、民主管理和民主监督四个环节有机衔接，推动"四权同步"是基层民主建设的重要课题。为此，广东省蕉岭县进行了有益的探索，通过创新基层组织设置深化基层民主建设，通过完备的制度保障基层民主权利的实施。

一　构建村级权力监督机制

中国乡村是整个国家的基础。乡村经济的市场化发展伴随着农村整体结构的深刻变革和全面变迁，村民的公民权利意识不断提高，村民对村级事务行使决策权、参与权、监督权的民主愿望越来越高涨，首当其冲体现在农民对村庄监督权利的要求上。从村庄权利的设计机制来看，村庄的决策权由村民大会和村民代表大会行使，村委会代理村民行使村务管理权。村庄的监督权被限制在村委会内部。真正监督的村级组织缺失，一些村干部既当"运动员"又当"裁判员"，缺乏独立性和自治性，这明显不符合权力制衡的原则。

孟德斯鸠言："一切有权力的人都容易滥用权力。"从机构设置来看，由于缺乏有效的监督制约机制，村干部利用职权贪污挪用公款等现象在村庄中时有发生，严重侵蚀了社会公权力的公信力。培养农民对于村干部工作的信任是打造和完善村民监督制度的直接动因。在村民监督委员会成立之前，蕉岭县村干部工作举步维艰。长潭镇上村村高松片小组干部决定修路事宜，而落选干部散播谣言，说干部贪污公款，使该工作还未开展就遇到不小的阻力。村民戴着有色眼镜看村干部的工作，认真办实事的村干部感觉"委屈"。权衡两者之间的关系，需要通过对村级权力的监管来获得村民的信任和理解。

因此，从制度机制上防止民主权利流于形式，构建村级权力制衡格局，势在必然。2010 年 10 月 28 日，《村民委员会组织法》第 32 条明确规定，"村应当建立村务监督委员会或者其他形式的村务监督机构，负责

---

① 徐勇、沈乾飞：《村民议事会：破解"形式有权，实际无权"的基础民主难题》，《探索》，2015 年第 2 期，第 40 页。

村民民主理财，监督村务公开等制度的落实，其成员由村民会议或者村民代表会议在村民中推选产生。"针对四权不同步，特别是监督权缺失，2007 年起，广东省梅州市蕉岭县纪委创造性地在当地开展"村务监事会"试点工作。借助看得见、摸得着的村务监督，村级民主监督不再是抽象的概念，而成为农村生活常态。

以相关法律制度为后盾支撑的村民监督委员会制度，如同在农村设立了一个"纪委"，用于对村级组织和村干部的监督。一方面，实现对村庄事务事前、事中、事后的全过程监督，促进村务工作公正公开和村两委干部的廉洁自律。以蕉岭县三圳镇芳心村修建农场为例，首先，农场修建的提案需要村民监督委员会等各方村民的认可才能实施，不再是村干部"拍板定案"的绝对主导。农村修建过程中，干什么、花多少钱，都需要经过监委会负责人签字，否则不予报销。工程落地后，具体经费的使用情况都需要详细的记账和凭证，方便村民监督委员会的问询和监督。村级权力制衡体系，即村民监督体系的构建，成功将村庄事务事后监督转化为事前监督，避免农民因为担心得罪村干部而"敢怒不敢言"，遏制了"小官大贪"等腐败现象的产生。用村民的话说，"这个机制简单得很，就是能让我们看着村干部，不让他们乱来"。另一方面，作为基层组织领导者的村干部而言，村民监督机制通过对村级权力的监管，实现还干部一个清白，给群众一个明白。以制度的形式保障村民的监督权利，村干部不再是独享村庄治理权力的"一把手"，这迫使村干部的村庄治理工作在阳光下进行，增进了村干部与村民之间的信任和理解，增强了村干部的权威和村庄凝聚力。村民监督制度既是实现村民权利的重要渠道，又是维护村民切实利益的重要手段。

二　打造村级自治参与机制

民主成长的过程就是"参与"不断扩大的过程。村民自治的基本精神和内涵就是扩大村民对村级社会事务的广泛参与。基层公共权力如何运行及运行效果如何，民主决策是关键。社会经济迅猛发展，随之而来的是社会阶层的不断分化以及社会主体的多元化发展，这引发了不同主体间价值观的分歧和利益的冲突，农民在经济利益得到一定满足的同时开始谋求一定的话语权。以前村级决策中盛行的政府替代模式、村庄自决模式、政村交易模式已不能满足乡村社会发展的需要。① 村民希望通过一定的渠道和平台参与到村庄公共事务的决策管理中去。农民需要完备的制度保障民主参与权利的行使,以完备制度规范农村基层干部权力运行,是村民理事会产生及发展的深刻诱因。

乡村社会的发展需要汇聚多元主体的智慧,协力谋划。农民是村庄发展的基本主体和直接受益者,村干部过去"一刀切"的决策机制和行动结果容易导致农民的不满,村干部坦言"费力不讨好"。村民理事会制度则是破解两者之间难题的重要手段。村民通过村民理事会这个渠道,对村庄重大村务事项,如对本村社会经济发展、社区建设等影响重大的问题、集体资产处置、各种公益志愿互助活动经费筹集方案等,都进行民主决策。在有商有量的社会氛围中,小到垃圾清洁费用,大到村庄基础设施修建,村民广泛积极参与村庄治理。芳心村理事长郑文清坦言加入村民理事会的原因:"在家出力,在外出钱,为了村庄,为了宗族,共同建设美丽家园"。村民理事会是农民群众对农村自我发展和建设的制度依托,通过充分发挥农民主体作用,保障民主决策权利。

为将村民民主决策权利制度化和规范化,2013 年,广东省蕉岭县采取"三引三建"措施,引导村民组建村民理事会,保障村民民主决策的权利。一方面,村民理事会的成员多为政治素质高、身体健康、有一定组织协调能力,热心服务村民的农村党员、村民代表、离退休干部、离退休教师、德高望重的宗族前辈、社会能人、"三老"等人,他们作为农村基层公共事务治理的行为参与主体、管理主体和监督主体,充分发挥亲缘、人缘、地缘优势,以公共治理、公共服务为职责,以民事民办、民事民治为原则,以法律政策、村规民约为依据,动员村民参与村庄公共事务,游说经济能人为村庄公共事业投资等。他们在"熟人社会"的乡村中参与决策村庄事务,出面协调各方利益,有效地解决农村发展所面临的问题,在新农村建设和农村基层治理中发挥着十分重要的功能。九岭村伍子理事会发动村民为修建公园自发筹资 6 万多元;芳心村黄上理事会村民集资10 多万元修建新桥,三圳镇村民理事会自成立以来,共完成包括翻新祖

---

① 李志军、王征兵:《"有限主导——协同共谋":村级决策模式创新研究》,《农村经济》,2015 年第 2 期,第 3 页。

堂、拆旧建小公园、公共厕所、绿化亮化村庄等十件大事，村民理事会俨然成为农村经济发展的"助推器"和乡村民风的"净化器"。另一方面，村民理事会作为农村基层群众自治的有效形式和农村基层治理的重要载体，农民群众自我决策，少数服从多数，适当照顾少数人的利益，真正代表了农民群众的利益，成功解决了一些"政府管不到、村干部管不了、社会无人管"的老大难问题的同时，也提高了农民参与决策基层公共事务治理的积极性。

三 创新基层协商民主机制

我国农村基层群众自治和民主管理虽然取得一定成果，但与我国经济发展的需求仍有较大差距，与农民发展民主的愿望仍有较大的差距。十八大报告要求健全社会主义协商民主制度，推进协商民主广泛、多层次、制度化发展。"遇事多商量，做事多商量"，需要在基层治理中通过完善的制度保障协商民主，通过将复杂的多元协商简单化、制度化，打造村民民主管理的平台，进一步推进民主管理的科学发展和提升基层治理的能力建设，切实保障农民民主管理的权利。村级协商议事会制度的打造和发展就是确保我国农民民主权利得以实现的重要途径。

矛盾是创新的源泉。传统乡村治理方式下，管理者说了算，习惯性命令、强制性执行的治理体制和方式在新的发展形势下严重影响政府和村民之间的关系。广东省发展研究中心汪一洋主任说："群众的事情让群众自己解决。过去我们做了很多政府、党委不该管、管不好的事，事情做得越多，群众意见越大。而该我们管的事情，我们又没有管好。种了别人的地，荒了自己的田。"从整体来看，村庄事务的决策权依然掌握在村干部手中。村干部缺乏与村民的沟通，漠视农民的真实诉求。因此，打破传统基层管理方式，创新农村基层社会制度，通过完善的村级协商会议制度、民主的方式和手段达到民主的目的成为当代乡村治理的迫切需求。

注意本地区的实际情况，使其制度建设富有地方特色，是广东省蕉岭县制度创新的一个特色。蕉岭把协商机制引入到乡村治理过程中，建立协商议事会，由利益相关者参与公共事务的讨论与决策，并制定协商议事规则，让权力在共同规则下运行。其议事内容由村党组织在征求党内群众意见的基础上提出，由村民代表进行决策。蕉岭在基层治理创新中提出成立协商议事会，给农村治理带来新的面貌。"现有垃圾车进不去村道，收垃圾时间又不固定，建议要规范化，并要用摇铃提醒。""农产品销路是个大问题，希望村里牵头建合作社，打造自身品牌，增加村民收入。"各种大小事务接踵而至，都通过协商解决。三圳镇芳心村的谢建祥书记表示："协商议事会让我们村干部省事多了，干部队伍比以前更团结，办事效率更高，我们能够集中精力做其他事情。"协商议事会改变了过去村干部对村庄事务全方位管理的局面，有了民主协商，村民再也不说"那是你们村干部讲的，不能代表我们"，"村干部就是想一手遮天"了。协商议事会既是村务交流平台，更是村务决策平台。它将提议权和表决权交给群众，合理安排流程，减小了以往由于意见不统一而产生"议决难"的问题，村庄得到有效治理，村庄办事效率也得到极大提升。同时，基于多元协商互动共治基础上共同参与的协商议事会成立，使农民行使民主权利的积极性得到空前提高。村级协商议事会制度有效激发了村民参与协商的热情，能够在具体的协商议题中充分发挥其作用，使得村民的参与管理更加深入。广东省蕉岭通过村民监督委员会制度，让村民在获得选举权的基础上，获得了监督权；通过村民理事会制度，打造村民民主决策的平台；再通过协商议事制度，明确议事程序和规则，让村民获得管理权，为保障村民的监督权、决策权和管理权打下了制度基础，推动整个基层治理更加民主、科学、规范发展。

第二节　以村务监督委员会落实民主监督权

近年来，随着新农村建设步伐的加快，财政投入和农村集体经济的增长，一些新问题随之出现。由于民主监督的乏力，村务不公开、财务管理乱、用权不民主、村官腐败等多年来困扰农村基层党风廉政建设的难题，已成为新农村建设的大问题。为解决这一难题，蕉岭县建立了村务监督委员会，改变了村"两委"主要领导既是"运动员"又是"裁判员"的状况。如今，村务监督委员会已经与村民代表会议、村委会共同形成了中国农村权力平衡的新格局，成为推进农村民主自治机制和党风廉政建设的新探索。过去因为基层监督缺位乏力，有的地方民主选举后，民主决策、民主管理和民主监督落空，村民自治往往成了"村官"自治。村民监督委员会的成立则有效地消除了村民对村务活动的各种猜疑和不信任，使广大村民的知情权、参与权和监督权得到极大的提升，村干部与群众之间的沟通多了，关系也更融洽了。蕉岭县纪委书记卢尧生说："村务监督让村官腐败现象减少。2011年7月15日至8月15日，省委巡视组进驻蕉岭期间，全县接到群众来信近200宗，其中涉及村干部廉政的只有2宗。"

一　评议全面化，促使村干部依法履责

随着社会主义市场经济的发展，农村基层治理不同程度地存在一些同新形势不相适应的问题。主要表现为：年富力强的基层干部和青年党员偏少；有些干部习惯于"等、靠、要"，工作缺乏主动性、创造性，"早上看报纸，下午睡大觉，晚上喝酒打扑克"，无所事事；相当一部分基层领导班子整体功能不强，共同致富的理念较差，缺乏利用市场经济带领农民致富的本领；随着第二、三产业的迅速发展，各种形式的新经济组织大量出现，流动外出的村庄精英越来越多，基层治理的工作内容、工作方式亟待调整和改进；农村税费改革在减轻农民负担的同时，也给基层政权运转造成了一些负面影响，出现了农村基层干部难选、难当、难留的"三难"问题；等等。这些问题如果不引起重视并认真加以解决，建设社会主义新农村的历史任务将难以完成。

为此，蕉岭县组织全县各村村务监督委员会主持村民代表会议，通过村官述职、代表提问和代表票决三个环节，对村官履行职责情况进行民主评议，督促村干部依法履责。评议时，先由村委干部向到会的村民代表就一年来的工作进行述职；接着村民代表和村务监督委员会成员就村民关心的问题对村委干部进行提问，由被提问者进行作答；最后由村民代表对村委干部进行无记名民主测评，并当场统计测评情况。民主评议村官每年评议一次，连续两次被评议为不称职村官的，终止其职务。蕉岭县村务监督委员会成员都是各村选出来的"说话有分量"的人，由这样一个监督机构对农村干部权力运行进行事前、事中和事后的监督，对于预防村官滥用权力、"不作为"或"乱作为"效果明显。据统计，在2011年年底，蕉岭县开展的由村务监督委员会主持召开的村民代表会议民主评议村委会成员的工作中，全县97个村委会395名村委会成员，301人评为优秀，89人评为称职，3人评为基本称职，2人评为不称职。蕉岭县充分发挥村务

监督委员会的作用，明确其监督内容、手段、方式，以此落实村民的民主监督权，并使其具体化、规范化、制度化，成为治"庸"治"懒"的利器。民主评议无疑是一个功率十足的"增压器"，促使村官更加廉洁民主从政。

二 考核客观化，确保监委会恪尽职守

在我国，农村几乎无一例外地联结着一个熟人社会，村民与村民之间代代相邻，相互熟悉。对多数的农民来说，熟人是不需要监督的，对熟人进行监督，往往就意味着向对方宣告"你不再值得我信任了"。这一认识在他们的思想里边，与生俱来并且根深蒂固。但是，随着社会的发展，人们的生活方式发生了巨大的改变。近10年来，农民集体上访、投诉和告状的现象越来越多，其中相当一部分是反映村干部问题的。村民与村干部民主是一种实践，在不断的实践中，农民才逐渐产生对民主监督的需求。今天，中国农村普遍开始实行村民自治，民主已成为农民生活的重要元素。民主是监督的结果，农村是一个纯粹的熟人社会，当监督遇上熟人，监督的力度就会大打折扣；当熟人遇上监督，熟人就会思前想后。特别是在我国的农村体制中，传统的乡村文化为主导的生活圈中，村民监督权的行使甚至会受到整个社会体制的警惕。

村委会每个月都要处理大量的日常性管理事务，其中许多牵涉到民主决策的问题。从保障民主管理的角度来讲，必须对权力实施严密的日常性监督。为确保村务监督委员会履职尽责，公正、合理地发挥其民主监督权，蕉岭县经过深入调研，结合《中华人民共和国村民委员会组织法》中"关于民主管理和民主监督的规定及加强农村基层党风廉政建设的意见"精神，在全省率先制定出台了《村务监督委员会考核方案（试行）》（以下简称《方案》）。《方案》从监委会机构是否健全、分工是否明确、监督村务公开是否及时全面、是否了解掌握苗头性问题、是否收集村民意见建议并及时向村委会反映等方面进行考核，督促村务监督委员会履职尽责，提高农村基层监督效果，推进民主监督、民主管理进程。从制度设计上来看，让熟人监督熟人本身就是一种冒险。为使考核更加客观化，蕉岭县村务"监督官"考核主要分为基础工作和民主测评两部分，其中基础工作考核占70分，民主测评占30分，还有加减分。村务"监督官"考

核最大的特点是体现村民积极参与，为此，《方案》还专门设置了村民代表评价环节，村务监督委员会成员向村民代表会议报告工作后，由村民代表进行测评，村民测评占总考核分值的20％。对村务监督委员会的考核，由各镇党委、纪委具体组织实施，并由县纪委负责监督，考核结果分为优秀、良好、合格、不合格四个档次。连续两年考核结果不合格的村务监督委员会成员，要主动辞职或依照法律启动罢免程序予以罢免。

三　参与常态化，保障村民的主权地位

　　虽然《村民委员会组织法》规定村民有权对村民委员会和村干部的工作进行监督，但实际情况却是村务监督常常处于无人监督的局面，村民的主权地位常常受到来自各方的挑战。其主要原因有：第一，由于常设机构和固定人员短缺，群众监督往往成为村民的个人行为；第二，随着村庄群众集体性活动越来越少，村民达成的监督共识越来越薄弱。加之村内青壮年大量外出，留守人员年龄偏高、文化素质偏低，大多数缺乏民主监督的知识和技能，虽然对村民委员会的工作想了解、想监督，却又不敢站出来监督；第三，由于村内留守人员愈来愈少，召开村民会议听取和审议村民委员会的工作报告时，召集到法定人数的村民越来越难，因此村民会议的召开次数十分有限，而且均属于事后监督，监督的效果不佳。

　　蕉岭县加强民主监督的制度化建设，创建村务监督委员会制度，落实村民的民主监督权，确保村监会做到敢监督、会监督、能监督、善监督，切实保障村民的主权地位，使村民真正成为村庄的主人。村务监督委员会成员通过不断列席村"两委"商议相关村务管理的会议，实现参与常态化，及时了解村"两委"村务管理情况，实施监督，从而避免村"两委""慢作为""不作为""乱作为"现象的发生。对于不支持、不配合甚至抵制村监会开展工作的，由镇党政"一把手"做通其思想工作。如在今年第一季度的村监会主任汇报会上，有5个村监会主任被提出3个月没有列席村"两委"会议，县纪委当场督促相关镇的党政主要领导帮助做好思想工作、协调理顺关系，在第二季度汇报会上，5个村监会成员均列席村"两委"商议相关村务管理的会议2次以上，较为全面地了解了本村事务管理的情况，为开展监督打好基础。

　　蕉岭县在工作实践中不断健全完善村监会工作制度，帮助村监会绘制

民主监督流程图、村干部廉政勤政监督流程图、集体资产资源处置监督流程图等 5 个专项工作监督流程图，使各项监督程序一目了然。这为村委监督取得更大成效奠定了良好基础。据统计，今年上半年，该县 107 个村监会共列席村"两委"会议 532 场，监督村重大事项 273 项，审核村级财务 226 次，向县镇两级纪委反映问题 15 件，收集并向村"两委"反映群众意见建议 371 条，协助村"两委"调解各类纠纷 87 宗，解答群众疑问 290 多次。

第三节　以村民理事会制度落实民主决策权

2013 年，广东省蕉岭县采取"三引三建"措施，引导村民组建村民理事会。以三圳镇芳心、九岭、招福等村为基层民主自治工作示范点，先行先试，培育典型，总结形成村民理事会建设"六有""三轮推选制度"标准经验。"六有"即有固定的议事场所、有牌匾、有章程、有议事工作制度、有监督制度、有活动记录等，"三轮推选制度"即村民选代表、代表选成员、成员选理事长。村民理事会主要履行协助调处邻里矛盾、兴办农村公益事业、协助村民自治等职责，立足美丽乡村建设，在农村社会自我管理、自我服务，充分发挥其"能源站"的作用，进一步夯实基层组织建设，提高村级组织的战斗力和凝聚力。村民理事会还通过建章立制、完善乡规民约等措施，发挥其"度量尺"的作用，引导和规范村民参与农村公益事业建设，切实履行"议事、协调、监督、服务"职责，形成"共谋共建共管共享"良性机制。蕉岭县委常委、纪委书记卢尧生要求各镇要创新思路，积极培育发展村民理事会，引导群众积极参与村级治理，不断提高自治能力和水平；各村民理事会要抢抓机遇，大胆谋划，主动作为，加快推进美丽乡村建设，实惠更多百姓。

一　深悟民情，真心实意转作风

政之所兴，在顺民心；政之所废，在逆民心。我国目前正处在"黄金发展期"和"矛盾凸显期"并存的关键时期，构建和谐的干群关系显得至关重要。温家宝同志曾说过，"我们把人民放在心上，人民才让我们坐在台上。"因此，任何情况下，干部与人民群众同呼吸共命运的立场不能变，全心全意为人民服务的宗旨不能变，只有这样，才能真正"知民之所想，察民之所虑，亲民之所爱，为民之所需"。蕉岭县通过村民理事会访民情，悟民意，听民声，彻底转变干部工作作风，提升干部群众工作能力，建立干群间真挚感情，融洽干群关系。

第一，转变了干部工作作风。以往，有些干部"求闲"，工作得过且过，缺乏思进、求进、奋进的朝气；有的干部"求稳"，乐于守摊子，喜欢凭老经验、老办法办事，不敢创新，不敢突破，不愿承担责任；有的干部"求混"，宗旨观念不强，事业心、责任心缺乏，遇事能推就推、能拖就拖，该抓的工作不认真推进，该负责的事情不挑起担子，在岗在位不在状态。自从蕉岭县成立村民理事会落实民主决策权后，各级领导干部深入基层，密切联系群众，转变工作作风，切实增强大局意识和责任意识，把改进作风的实际行动转化为推进工作的强大动力，使新农村建设取得了重大成效。三圳镇芳心村谢建祥书记说："理事会不拿报酬都能做，村干部为何不好好做。"

第二，提升了干部群众工作能力。毛泽东曾讲："我们无论干什么事情，一切要相信群众，一切要依靠群众，从群众中来，到群众中去，全心全意为人民服务。"如何发动群众、激发群众建设新农村的内生动力，变"要我建"为"我要建"是基层治理的一个难题。蕉岭县成立村民理事会落实民主决策权的过程就是一段密切联系群众的过程。县农办主任陈汉铭说道："新农村归根结底是农民的农村，如果农民不积极参与，这项工作就做不长久！"蕉岭县各级领导干部以村民理事会为抓手，坚持在生产生活的第一线解决群众的困难和问题，努力做到联系群众"零距离"，服务群众"零懈怠"。正是由于蕉岭县长期以来一以贯之地坚持群众观点和群众路线，并且始终秉承这一根本宗旨，才使得蕉岭的改革取得了巨大成就。

第三，建立了干群间真挚感情。干部本身就是源于人民群众这个群体，只是官僚化和腐败问题的存在，才导致干群关系在情感上有了裂缝，在交流上有了鸿沟，在认识上有了偏见。蕉岭县把干部深入基层走访群众作为一种责任去对待，把关心群众的疾苦问题作为一种责任去落实，并形成制度使其规范化，积极倡导干部和群众多说交心话。由此，干群间建立了真挚的感情，隔阂得以消除，矛盾得以化解，干部与群众心连心，从根本上防止了干群关系疏远，难以一心的状态。蕉岭县"三议三公开"的会议方式为有公益心的村民参与村庄议事提供了平台，其公开透明的议事过程提高了村民对村民理事会的信任度，更促进了村民与干部真挚感情的建立。

二　普惠民生，万众一心促和谐

社会经济发展的目的，从来就不是单纯的积累财富，而是旨在改善民生，增进人民的福祉，不断提高人民的生活质量和生活水平。民生问题的解决不仅关系到人民群众的基本需要，也直接关系到执政者的人心向背，关系到社会的安定和谐。历史反复证明，谁真正解决了老百姓的民生问题，谁就会赢得老百姓的真诚拥护，谁就能形成强大的凝聚力和向心力。蕉岭县村民理事会成立后积极立足于建设美丽乡村，凡是村庄重大村务事项，如集体资产处置、各种公益志愿互助活动经费筹集方案和建设承包方案、对本村社会经济发展、社区建设等影响重大的问题等，都实行民主决策，坚决纠正不顾群众意愿而由个人或少数人做决策的做法。由村民理事会决策的事项类型主要有：第一，村庄基础设施的完善。如让村民自主决定是否硬化门前水泥路面，是否对旧房危房进行改建，是否清除村庄露天厕所，是否对村庄实施绿化；第二，环境卫生的改善。村民理事会让村民们民主决策是否设立专职保洁员，清理阴沟、处理垃圾死角；第三，村庄公益活动的开展。如是否在村庄修桥筑路、是否对村庄的路灯进行管理、是否进行扶贫济困等各类与群众息息相关的社会公益事业都由村民自主决定。蕉岭县以村民理事会制度落实民主决策权，坚持权为民所用、情为民所系、利为民所谋，不断满足人民群众日益增长的经济、政治、文化利益需求，积极做好关心群众生产生活的各项工作，努力为人民群众办实事、办好事。

"民唯邦本、本固邦宁"，解决好民生问题是社会和谐的重要基础。蕉岭县强调改善民生，不仅是完善基层治理的治本之策，更是在响应全心全意为人民服务这一根本宗旨和科学发展观的本质要求。历史和现实都启示我们，民生问题，无论何时何地都轻视不得，忽略不得，淡忘不得。改善民生不但要改善人民的物质生活，还要改善人民的精神生活；不但要提高人民的物质精神生活水平，还要追求社会公平。凡是民生解决得好的地方，社会就和谐；反之，社会就动荡。一些地方的社会矛盾与社会冲突几乎都与民生问题息息相关，小康及和谐社会的建设更需要广大人民群众的大力支持和积极参与，否则一切也就无从谈起。

"为民担当，风雨可度。"民生问题是一个全局性的问题，解决得好不好，直接关系社会稳定和和谐社会建设的进程。蕉岭县各级领导干部和广大共产党员积极深入基层、融入群众，了解民情、听取民意、服务群众，同广大人民群众同甘苦、共患难，肩负起民生的责任，把发展目标恒久地定格在实现好、维护好、发展好人民群众的根本利益上。此外，还把富民惠民、改善民生贯穿于各项工作之中，千方百计为群众谋利益，赢民心、集民智、聚民力，形成了无坚不克、无往不胜的强大力量，为基层治理奠定了更加坚实稳固的基石。

三 凝聚民心，和睦相处保稳定

自从蕉岭县成立村民理事会后，各村逐步实现了自我管理、自我服务、自我监督，促进了各项事业的发展：一是基层组织得到夯实，村民事务理事会延伸了村级组织的，提高了村级组织的战斗力和凝聚力；二是促进了乡村文明建设，"红白喜事"移风易俗，乡情更浓厚，村风更文明，关系更和谐；三是促进了经济发展，理事会支持村民发展产业协会或专业合作社，通过合作组织，扩大生产规模，实现经济增长；四是社会事业协调发展，通过"一事一议"的方式，在农村掀起修路、种树、整治村庄卫生的热潮，不断完善公益事业。

发扬基层民主，提升管理水平，创新组织发动农民的形式是关键。九岭村村支书徐文坚感叹道："群众亲自参与，才会有荣誉感，才会感到有责任去爱护。"蕉岭县在总结各地成功经验后，在各示范点成立新农村建设村民理事会。村民理事会主要由村组干部、致富能人、离退休老干部、老教师、外出乡贤、热心人士等组成，按照《理事会章程》《理事会职责》《村规民约》的规定运作，推行"阳光理事""阳光理财"。目前，蕉岭县的新农村建设基本上做到了建设资金由理事会筹集管理、建设合同由理事会签订、工程进度由理事会督促、建设质量由理事会监管，为农村实行民主管理提供了一种新的模式。通过村民理事会的组织宣传和示范带动，广大农民群众的积极性、主动性和创造性被充分调动了起来，在新农村建设中起到了不可替代的作用。蕉岭县三圳镇积极探索创新乡村社会治理模式，通过组建村民理事会，激发群众内生动力，合力推进美丽乡村建设。据统计，2014 年，该镇 63 个村民理事会共筹集资金 813 万元，建成小公园 20 多个，篮球场 8 个，文化室 9 个，污水处理池 2 个，实施道路硬底化 12 公里，极大地改善了群众的生产生活条件，美化了村居环境。村民理事会取得的这些成就美化了村庄，拉近了民心，对此，文福镇乌土村茶亭张屋村民说："现今，外出的乡亲经常回来参与村庄建设，而且村里人的矛盾少了，大家的心更近了。""虽然儿女都在东莞，但春节回来后看到家乡的环境变美了，都想回来住。"三圳镇九岭村民黄竹英也这样说道。

　　村民理事会的努力让一个个原本脏、乱、差的村庄变成了精致小镇，宜居乡村。以三圳镇为例，作为省宜居示范城镇，三圳镇大多数村都设有小公园，配有娱乐健身器材，无论白天还是晚上都有不少村民到公园里休闲娱乐，甚是一片其乐融融。走在三圳，沿途是漂亮的屋舍，田间是整齐划一的稻田，随处可见宜人景色。三圳镇党委书记古远基说："要让农村居民生活在公园中。"该镇实行社会管理创新，成立村民理事会，充分激活了社会治理的内生动力，变"政府单线管理"为"社会多元治理"，村镇干部作风得到较大改善，干群关系得以融洽，实现了群众对干部的上访投诉案件为零，信访量也大幅下降，促进了农村的稳定。

四　广汇民力，团结共进谋发展

　　"钱！"这是关于新农村建设听到最多的字眼。芳心村一位村干部表示："村里人不肯出钱出力，新农村建设难以起步。如果政府多给一点钱，问题就好解决了。"对于政府资金的过度依赖也许是新农村建设中的一大难题。在过去很长一段时间内，城乡经济发展不平衡，不少地区的村集体收入微薄，无力承担垃圾处理等公共管理职能。由于缺乏对村民的有效引导，村民的"公心"逐步减弱，对公共管理的担当越来越薄弱，一些人甚至划清"个人"与"公家"的关系，认为只要是公共管理问题，就是政府的事情。推动新农村建设，确实离不开钱，但如果过度依赖政府的财政资金，就很容易陷入僧多粥少、杯水车薪的局面，甚至沦为政府的"一厢情愿"。因此，新农村建设必须在政府的引导下积极发动群众，激发村民的内生动力，从小事做起，从村民自己的事情做起，从而凝聚成强大的力量。

为了创新基层治理模式，凝聚村民的"公心"，提高基层民主自治的能力和水平，截至目前，蕉岭县总共建立村民理事会878个，基本实现村民理事会全覆盖。村民理事会的建立，缓解了基层治理的压力，最大效度地汇聚了村民的人力、智力和财力。

首先，解决了人力不足难题。村民理事会着眼于全局，从长远利益出发，充分调动村民的积极性和主动性，努力争取让每一个村民都参与村庄建设，解决了村庄建设人力不足的难题。长潭镇上村村徐添华主任发出感慨："以前村里事事都要干部做，事事都要干部管，村干部工作压力大，还得不到群众理解。自从有了村民理事会，村民的参与热情都被调动了，很多事情，我们干部不用'插手'，他们自己就做得妥妥当当。"

其次，解决了智力不足难题。蕉岭县自实行村民理事会以来，积极将党员代表、村民代表、德高望重的宗族前辈、村辖内企业负责人等纳入议事体系，同时，也将退休老干部、外出乡贤、异地务工人员代表等村外力量联合起来，增强其参与意识，提升其参与能力，使其积极为村庄建设出谋划策，解决了智力不足的难题。长潭镇百美村村民曾令谦是县政府退休老干部，有文化、有头脑，村民理事会就常常邀请其一起商量村庄的建设问题，让原本看似困难的事情变得简单。

最后，解决了财力不足难题。村民理事会通过广泛动员，积极汇聚村民、乡贤、台胞、华侨和企事业单位的财力，为村庄建设筹足资金。三圳镇镇长陈春妮说："村民理事会充分激发了新农村建设的内生动力。据统计，今年春节期间，该镇64个村民理事会共筹集543万元社会资金，其他形式筹集45.5万元资金，组织村民协商议事180多件，协商达成的新农村建设项目共60多个，主要包括村庄整治、拆废建绿、修建公园、修缮宗祠等。"

三圳镇九岭村黄屋村民小组在汇聚民力，团结村民共谋村庄发展方面为我们提供了这样的启示：没有钱，村民理事会就发动捐款，第一次筹集1万多元；不够，发动第二次捐款；还不够，发动第三次捐款……三次捐款活动共筹得4万多元。资金仍不够，村民就自发用摩托车去山里搬石头、拿起锄头种绿化树。"政府主导，农民主体，共建共享。"蕉岭县县长陈伟明表示，蕉岭充分释放了基层治理创新的活力，广泛发动群众，变"要我建"为"我要建"，达到了"财政投资 1 元，撬动民间 10 元"的效果，打开了新农村建设的良好局面。

第四节　以协商议事规则落实民主管理权

早在 2007 年，蕉岭县三圳镇芳心村便开展试点探索建立村务监事会，村民化身"田间纪委"，成为监督村干部的重要力量。2014 年 10 月，芳心村召开的协商议事会第一次会议，标志着村级协商议事会制度建立并初步构建起了"一核三元、四权同步、多层共治"的村级治理体系。对此，华中师范大学中国农村研究院执行院长邓大才说道："蕉岭推行的村级协商议事会制度在全国来说是首例，它改变了农村基层权力的'悬浮'倾向，让村民在享有选举权、监督权的基础上，拥有了决策权、管理权。"在党组织的核心领导下，协商议事会、村委会、监委会分别负责议事、执行、监督，再加上村民理事会、村民小组的参与，充分调动了农村治理的内生动力。这既能保障村民的选举权、决策权、管理权、监督权，让村民真正当家做主，也能实现权力的相互制衡，从源头上预防腐败问题。蕉岭县试行的"一核三元、四权同步、多层共治"是治理体系的完善、治理架构的新突破、民主方式的新发展、参与范围的新拓展、治理规则的新发明，解决了联系服务群众的"最后一公里"问题。"有什么意见都可以提出来，进行民主协商，对群众工作的实施也有好处。"下赖村村民小组长赖企贤为协商议事会制度"点赞"。

一　法治化管理，用机制保障民主管理权的落实

村庄的民主管理并不是村书记、村主任民主意识增强到位后的"恩赐"，而是法律法规所赋予村民的神圣权利。因此，依法建立科学、健康、有序的民主管理机制，规范管理行为，保障村民管理村庄权利的落实，是加速基层民主建设法制化进程的目标，而这一目标的实现必须用有效的机制来保障。蕉岭县在创新基层治理体系的过程中，创建协商议事会制度，通过充分保障村民评价、批评、建议、质询和表决的权利来落实村民的民主管理权。根据《村委组织法》和《广东省实施〈村委组织法〉

办法》的有关规定，蕉岭县按照依法治理的要求在村民代表会议基本制度基础上制定了协商议事会议制度。蕉岭县早期曾制定了"干群对话会"和"干群互动会"制度，为了实现规则创新，蕉岭县从实际出发，根据当地农村社会的发展需求适时调整了各项规章制度，在充分尊重前两种制度效用的基础上延伸出了协商议事会制度。协商议事会议制度以村民的根本利益为价值追求和归宿，明确规定村民参与议事的权利，充分维护村民的利益，让村民在享受选举权、监督权的同时，也能真正的行使决策权和管理权。

在民主管理权的落实过程中，为不使协商议事会的开展"名存实亡"，蕉岭县一方面要求决策管理层做到决策科学、情理相济、真实可靠；决策过程中力争做到公开透明，有力保障民主的充分，并使其一贯到底；正确处理好个人和集体的关系，形成让村民信服的领导权威，提升管理层的公信力。另一方面，要求村民积极做到依法行使自己的职权，充分履行民主管理、民主监督的各项制度和议事程序，切实保障自身的合法权益得到维护，村庄的发展规划得到贯彻落实。协商议事会严谨的操作带来了一系列积极效应，如对腐败现象的遏制作用，正如蕉岭县纪委书记卢尧生所说："一些地方出现'小官巨贪'，就是因为村民选举权、监督权、决策权和管理权得不到有效保障，村民的权利未能实现同步。协商议事会制度能充分保障村民的决策权和管理权，继选举权和监督权之后，实现四权同步，从根源上预防村官腐败问题的出现。"

一直以来蕉岭县都沿着法制化的轨道不断完善民主管理机制，其取得的成效得到了社会各界的认可，村庄民主管理权的落实按着协商议事会的规章制度有条不紊地操作、实施着。蕉岭县能够开拓基层治理的新局面并形成新思路、新特色，步入全国的先进行列，与其民主、依法管理机制的建立和创新所起的作用是分不开的。这个机制最大的特点就是"权在村两委，实在村民"，村"两委"把管理权实实在在交到村民手里，让村民自己管理自己，自己完善自己，村"两委"成为村民长远利益的代表者、操作者和服务者，不空、不虚、不假，真实可靠，富于实效。只有真正做到服务到家，服务到心，才能凝聚民心，使村"两委"与村民形成真实的权利义务关系。心灵相通，什么事情都好办，也都能办好。从实践中我们可以深深感受到，协商议事会永远是村民的靠山，村"两委"只是协商议事会发展的带头人、领路人和当家人。

二　动态化管理，用实效深掘村民内在创新潜能

蕉岭县坚持——动态化管理的原则落实民主管理权，且主要从两个方面着手：一是对于参会人员的动态化管理；二是对于会议的动态化管理。即及时、准确地处理好由于参会人员的变化或是会议推进的需要而实施有效的动态管理，提高村庄问题的解决率和村庄项目的建设率，以实际效率激发村民的参与意识，挖掘村民内在的创新潜能。

第一，对于参会人员的动态化管理。蕉岭县协商议事会不同于村民代表大会，就成员标准来说，村民代表大会的成员标准是妇女代表一定要17个，而协商议事会为了发挥党的战斗堡垒作用，其成员标准改为了党员代表一定要11个，这就强化了党的领导中心作用。协商议事会的召开除了需召集村两委干部、党员议事代表、村监委成员和村民代表之外，为了扩大参会人员范围，使得协商议事会更加得集思广益，还会召集村里的村民理事会会长、老教师、退休干部等有能力、有公益心和在村庄有威望的村民参与会议，为村庄的发展提供智力支持。近年来，国家不断放宽了农民向非农产业转移的政策，农业剩余劳动力开始大规模向非农产业转移，进入了农村人口向城市转移的快速发展时期，农村的人口结构和人口素质都发生了较大的变化。因此，为了使协商议事会更加得多元和开放，就必须对协商议事会的参会人员进行动态化的管理，及时更新参会人员，尽可能争取乡村精英、村庄能人及外出乡贤参与协商议事会，为村庄建设献计献策，从而更加公正、可靠、有效率地落实村民的管理权。

第二，对于会议的动态化管理。2004年至2006年，蕉岭县实行"干群对话会"制度，此制度规定各片区的村民向各自片区的村委会理事会反映问题，作为中间人的村委会理事会再将村民反映的问题汇报给村委会。此时的干部和群众不够联结，存在着明显的上下级关系。2006年至2007年，蕉岭县实行"干群互动会"制度，此制度则将干部和群众紧密地联结在一起，干部和群众间是联合互动的，有效缩短了干部和群众间的距离。但是村民们依旧还是向村委理事会的成员反映问题，这对于村庄发展问题的解决和村民切身利益的维护都是极大的阻碍。2007年至2014年，蕉岭县实行村民代表大会制度。2014年10月，蕉岭县为了让群众更

加广泛直接地参与村级事务的决策、管理和监督,使民智民意更好地贯穿决策始终,促进农村科学发展、和谐发展,在"干群对话会""干群互动会"制度基础上,以三圳镇芳心村为试点,创建村级协商议事会制度,打造协商议事决策平台,实现村中重大事务由村民共同商议、共同决策。协商议事制度明确了议事会的人员构成、议事原则、议事内容、议事范围和议事程序,详细规定了会议的召开时间、会议记录和决议公开等内容。协商议事会制度规定每季度至少召开一次会议,特殊情况或有 1/3 以上议事代表成员提议,可以临时召开,所以,在村庄建设项目开展的过程中,村委会针对建设项目的开展情况会不停地召集村民开协商议事会,不停地听取民意,争取最大程度地汇聚群众智慧,发挥群众的创造力,为村庄建设出谋划策。

三 人性化管理,用信任激活村民当家做主的情感

蕉岭县创新村级协商议事平台,成功创建协商议事会制度,很大程度上得益于其人性化管理。蕉岭县尊重村民,爱惜村庄人才,许多富有人情味的做法都讲求艺术性、灵活性,呈现出个性化、多样化和柔性化等特点,极其巧妙的用信任激活了村民当家作主的情感,这与传统的管理相比,无疑是巨大的进步。创设良好的环境是村庄人性化管理的主要内容。在这方面,蕉岭县的做法值得称道。村庄治理工作非常辛苦,条件非常有限,但是蕉岭县的协商议事会却能吸引广大的村民积极参与会议,为村庄的建设发展提意见,谋策略。究其原因,除了村委会发放的每人 20 元的误工补贴诱惑外,精神和环境因素也起了重大的作用。

一是塑造良好印象。协商议事会自创建以来就给村民们留下良好的印象,受到了社会各界人士和村民们的积极拥护。蕉岭县纪委书记卢尧生是这样评价协商议事会的:"村民协商议事会议融合了原来的村民代表会议制度,并将其功能进一步完善和提升,议事方式更加包容,参与主体更加丰富、多元,保证了村民的民主决策和民主管理。"芳心村举行第一次协商议事会前,黄上村村民理事会会长戴育海曾十分期待地说道:"终于有个平台能让大家交流经验了。"

二是尊重村民的自由和自主。协商议事会的运作基本上没有刻板的方式、繁杂的程序和规则。协商议事会的议事规则规定,会议由主持人主

持，主持人应尽量保持中立，不参与讨论；村民可对议题充分的发言，表明自己赞成或反对的立场；对于发言的村民其他参会人员应不打岔、不攻击、不质疑动机。最后的议题讨论结果采取不记名投票的方式决定，赞成大于反对为通过，平局为没有通过。由此，蕉岭县充分保障对村民自由和自主的尊重。

三是实行"走动式管理"。实行人性化管理就是要加强干群间的情感交流和需求沟通，形成融洽的人际关系和整合合力，使村民意识到自己的权利和义务。"走动式管理"，即村庄管理者以双向、平等、诚信为原则，经常到村庄各处走动了解情况，与村民进行交谈，倾听他们的意见，以此作为协商议事会议题的来源之一。

四是秉持平等的精神。参会人员无论职位高低，家庭经济条件如何都能得到平等对待，不分三、六、九等。以坐座位为例，大家都遵循先来后到的原则，先来的人员大家自选喜欢的座位，后来的、迟到的人员就坐剩下的座位，从未出现为特殊人员安排特殊座位的现象。

五是提供舒适宽松的环境。协商议事会的召开一般在村委会，而村委会作为村里的行政中心，对于很多村民来说这是一个让他们较为拘谨的地方，一个不敢随便说话的地方。但是，要让村民们关心村庄建设，积极投身到村庄建设中来，村领导班子也得将村民们放心中，真真切切的关注村民们的内心感受和想法，为村民们创造舒适宽松的环境，让村民们能说、敢说、会说。蕉岭县在召开协商议事会的时候总是会准备好干净整洁的会议室，对于先到的村民，村委会人员总是热情的招待，为其端茶送水，让村民们真真体会到当家做主人的感觉，激发其投身村庄建设的热情。

第五节　从"四权不同步"到"四权同步"

集体产权必须与集体治权相匹配，需要包括选举权、决策权、管理权和监督权在内的"四权同步"发展和相互配合。针对"四权不同步"，广东省蕉岭县在基层治理实践中，综合蕉岭的三轮创制，通过建立村务监督委员会制度、村民理事会制度和村级协商议事会制度，最终实现"四权同步"，并落实到基层治理的实践中。蕉岭的三轮创制的实践，对转型时期基层治理创新具有重要的现实意义和借鉴意义。

一　"四权不同步"是蕉岭创制的起点

我国的基层民主自治的发展是一个循序渐进、逐渐完善的过程。从村民自治的基本原则自我管理、自我教育、自我服务具体实践中发展而来的村民的民主选举、民主决策、民主管理和民主监督四项民主权利构成了中国农村村民自治和基层民主的基本内容及其丰富多彩的实践。但在当下基层民主实践中，该体系存在诸问题有待改进。广东省蕉岭县在基层民主建设中以农民民主权利发展过程中"四权不同步"问题作为蕉岭创制的起点，进行艰苦卓绝的探索和发展。

民主选举、民主决策、民主管理、民主监督是一个有机的民主制度整体。民主选举是农村民主建设的前提，民主决策是农村民主建设的根本，民主管理是农村民主建设的主体，民主监督是农村民主建设的保障。这四项民主权利的行使和民主制度的运行，构成了有中国特色的农村民主政治制度的基本内容，缺一不可。[①]"村民委员会选举，是我国社会主义民主在农村最广泛的实践形式之一。"20 世纪 90 年代以来，村民自治民主选举的程序和制度得到不断完善和规范。作为在农村基层民主政治建设中的重要机制，村委会选举制度使农民民主选举权利率先得到突破。随着社会经济的进一步发展和民主观念的深入人心，我国农民的公民意识不断增强，农民全面参与村级治理，对村庄运行监督、管理和参与的诉求不断加强。《村民委员会组织法》虽然明确规定村民监督、管理和参与的权利，但在实际操作中，"罢免"机制设计对村干部的行为、权力很难起约束作用，缺乏制度保障的农民民主监督权利难以实现，农民参与权难以得到确切保障。缺乏制度保障和激励的农民，对待村庄事务，参与热情低，参与过程随意。"这些决策都是走个形式，都是几个村干部偷偷定下来的，所以我参不参加，投不投票意义不大。"

广东省蕉岭县在推动基层治理创新之前，在全面贯彻民主选举、民主监督、民主管理、民主决策的四项基层民主权利过程中发展不平衡。主要体现在周期化、制度化的选举成为村民民主参与的主要途径，民主选举率

---

① 于毓蓝:《农村基层民主的政治文化分析：苏南模式》，社会科学文献出版社 2006 年版，第 97 页。

先突围，而民主监督、民主管理、民主决策多停留在表面形式。农民急需更完善的基层治理机制保障农民的民主权利和利益。"四权不同步"的发展使农民始终游离在村庄事务之外，没有平台和机制参加到村庄事务的具体建设和决策中去，基层民主运转乏力。广东省蕉岭县以此作为改革创新的起点，从村民监督委员会制度的创导，村民理事会制度的建立，村级协商议事会制度的创行，实现蕉岭的三轮创制，从而扩大群众参与，提高村庄治理绩效。

二　权利保障是蕉岭创制的重点

邓小平曾经说过："把权力下放给基层和人民，在农村就是下放给农民，这就是最大的民主。我们讲社会主义民主，这是一个重要内容。"放权给农民、发挥农民的主体作用，让农民充分行使民主选举、民主决策、民主管理、民主监督权利，从而促进乡村社会基层民主建设是广东省蕉岭县基层民主建设的重点。蕉岭的三轮创制以完备的制度保障村民的民主权利真正"落到实处"，而不再是"流于形式"。

在我国，农民群体一直是一个富有创造力的群体。农民在基层民主治理上的探索呈现多元化取向，各地农民群众主要围绕民主决策、民主管理和民主监督展开基层民主探索，通过组织创新、机制创新使农村基层治理更具规范性和实践性。蕉岭县在创新基层治理实践中，首先，主要是从村务民主监督和权力制衡的角度，以成立"村民监督委员会"为载体，在落实农村村民监督权上做出了代表性探索。通过建立村民监督委员会，把群众和村民代表的监督权和罢免权实体化，使其真正发挥作用。其次，蕉岭县借助村民理事会这个重要载体落实村民民主决策的权利。村民理事会通过各方利益的协调和制衡，在公开透明的决策机制下，使农村基层民主建设得到进一步发展。最后，蕉岭县通过协商民主的方式在民主决策环节实现更大范围的公共参与，使公共管理决策变得更加理性化。协商议事会将讨论议题、治理目标"定向标"，通过规范化的操作保障农民管理村庄的权利，在民主协商中对村庄事务及规划达成共识，通过"协商一小步，实现民主一大步"，保证村庄治理活动有序开展。

蕉岭基层民主模式是我国推动基层民主政治建设的直接结果。蕉岭改革主要是实现对农民民主权利的保障，通过对农民四大民主权利实现机制的突破,以协商议事会落实决策权来明确"做不做",以强化管理权来开发"怎么做",以决策管理权保障和提升选举权落实后的民主性、监督权运作后的公开性、执行权实践后的效率性。四大民主权利同步发展,唤醒了广大村民的主体意识,推动了农民民主意识、民主素质和表达合作等能力的提升,促进我国政治建设的稳步向前推进。

三　农民参与是蕉岭创制的保障

农民是村民自治的主体,农民政治参与地位与能力的提升是村民自治发展的重要推动力。广泛的民主参与是村民民主实践的大课堂,这对于提高村民民主意识,培养村民民主能力具有极大的作用。列宁曾说:"难道除了通过实践,除了立刻开始实行真正的人民自治,还有其他训练人民自己管理自己、避免犯错误的方法吗?"在蕉岭基层民主建设的创新中,农民的广泛参与对于蕉岭的基层发展起到积极的推动作用。

中国农村基层治理离不开广大农民群众的参与和支持。广东省蕉岭县通过三轮创制一改传统社会政府对公共事务大包大揽的局面,鼓动村庄各方力量积极参与,并成为基层治理创新的坚强后盾。蕉岭县通过监督委员会、村民理事会、村级协商议事会将村干部、党员代表、村民议事代表、乡贤代表、离退休干部等各方力量广泛聚集起来,共同商讨村庄公共事务并参与管理和监督,实现了村庄的有效管理。实现多元共治以来,群众的主体意识被激发,对待村庄的大事小事都十分积极。芳心村谢建祥书记感慨道:"以前村里事事都要干部做,事事都要干部管,干部工作负担繁重,很多时候还得不到群众理解。现在群众参与热情提高了,很多事情,我们干部不用插手,他们自己就做得妥妥当当。"各方力量的有力参与提高了村庄事务的管理效率,推动了基层民主建设有条不紊地进行。

蕉岭三轮创制中农民的广泛参与具有重大的意义。这不仅仅体现在农民的民主素养和参政议政能力得到了提高,农村社会的和谐稳定得到了促进,更在于它可以把基层民主的经验推广到更高层面。多元主体参与社会治理的强大合力保障了蕉岭创制的实践,这对于推进农村民主政治建设乃至中国民主政治建设都具有示范效应。

结　语

在基层治理领域，蕉岭创制独树一帜，改变了传统基层治理中以外部性的制度安排为主的思路，着力从内生性制度创新入手，并以制度来保障基层民众的权利，满足了基层民众的内在需求，最大限度地激发了社会活力，实现了基层治理的转型升级，在实践中取得了不俗的改革成绩，并产生了良好的社会效果。这一切促使我们进一步思考蕉岭创制在整个中国基层治理中的地位，带给我们那些重要的经验启示，并依此作为全书理论研究部分的结论。显然，这只是对蕉岭创制一个阶段性的小结，因为蕉岭创制还在地方实践中不断生根发芽，未来将开出更加美丽的改革花朵。

一　蕉岭创制是基层治理的领跑者

一直以来，蕉岭作为广东省乃至全国基层治理改革的排头兵，在社会治理上总能够先行一步，领跑全国基层治理之路。细算蕉岭以改革之名见之于各类报端，最早可以追溯到 2007 年村务监督理事会制度制定之时，几乎与浙江省武义县后陈村同时探索村庄民主监督制度。在村务监督理事会之前，有关基层民主监督的主要形式是村务公开和民主理财，并没有综合性的村务监督组织及其相关制度设计，更多是"一事一议"性质的制度创新，针对某一特定的方面，比如：村务和财务等。之后又有民主评议之类的制度措施，但是这些措施缺少整合，带来监督力量的碎片化；村务、财务和评议等是民主监督的重要部分，但是在制度设计中，各有各的制度规定和组织形式，让基层群众看花了眼。蕉岭县比较早地注意到监督力量分散带来的问题，同时也看到民主监督的必要性，于是，着手建立村务监督理事会，将村务公开、民主理财和民主评议等监督制度整合进来，依托农村的老干部、老党员成立专门的监督队伍，保障了整个民主监督的有效运转。经过一段时间的完善后，蕉岭县全县各行政村全部建立了村务监督理事会，并作为广东省农村改革的试点经验在全省推广，至 2010 年村组法修订之时，以蕉岭和武义为蓝本的村务监督委员会正式写入村民自治的基本法律，由此，蕉岭在相当长的时间里成为全国村务监督的领跑者。

在村务监督领域做出不错成绩的蕉岭县并没有停止探索的脚步，广大村民在民主监督中涌现的社会活力使得当政者认识到群众的力量。此时，蕉岭县开始进行社会主义新农村建设，主要是依靠政府的财政投入，但是新农村建设的成效并不显著。一方面是蕉岭县本身财力有限；另一方面是群众没有发动起来，相对来说，后者更为关键。即使政府投入再多，缺少群众的参与也只能是昙花一现，并不能真正持续下去，真正的力量蕴藏在群众中间。结合前期新农村建设的经验，蕉岭县在自然村成立村民理事会，发动群众自己筹资筹劳进行公益建设，与此同时，政府按照"以奖代补"的方式给予村民理事会资金支持，甚至将一些小微项目交由村民理事会，从项目的组织、实施到监督都由村民理事会来负责，真正体现村民的自我管理和自我服务，使得蕉岭的新农村建设找到了重要的抓手。此外，群众通过村民理事会参与到新农村建设中，无形之中提高了村庄的民主管理水平。为此，2014 年，蕉岭一跃成为广东省社会主义新农村建设连片示范区的试点，扮演着粤西北山区新农村建设的标杆角色。蕉岭的标杆意义不仅在于新农村建设中的物质成就等，而且在于新农村建设中的制度创新，找到了发动群众的钥匙，以此来实现更可持续和更高水平的社会主义新农村建设。

在自然村成立村民理事会之后，蕉岭县着手在行政村建立类似的组织与制度，以解决行政村层面的民主决策问题。相比于自然村，行政村范围大，内部利益差异大，村民的意见难以统一，集体行动难以成形。先不说村民会议，就是村民代表会议也经常开不起来，村庄民主决策悬空，村里的重大事务往往由村支"两委"干部决定，群众参与比较少，导致众多的后遗症，特别是村支"两委"干部决策失误后，形成干群之间的矛盾和对立。此外，税费改革后村级公共事业多由村民会议或村民代表会议采取"一事一议"的办法来兴办，始终面临着开会难、议决难和执行难等问题，形成村级公共事业的建设困境。蕉岭县援用村民理事会的成功经验，在行政村建立村级协商议事会，用协商民主的理念来破解民主决策的难题，协商议事会成员有着广泛的代表性，除了村民代表、党员代表外，还包括村支"两委"干部、村民理事会的理事长、乡镇干部，更包括与公共建设有直接利益关系的普通村民。协商议事会并不是以表决为目的，而是为搭建不同主体之间相互沟通、协调和交流的平台，增进彼此之间理解，达成广泛的共识，致力于问题的最终解决。蕉岭的协商议事会将协商民主的理念注入到议事制度之中，建立了具有蕉岭特点的议事规则，是村民会议和村民代表会议制度的有益补充。这是蕉岭基层治理的又一次重大的创新。

二　蕉岭创制是回应中央命题的地方答卷

蕉岭的领跑并不是漫无目的的地方实践，而是紧紧围绕"中央文件"精神，结合地方实际情况的探索创新，是回应中央命题的地方答卷。党的十八大以来，改革创新的风气日浓，改革的顶层设计日渐成形，十八届三中全会通过了《中共中央关于全面深化改革的若干重大问题的决定》（以下简称《决定》），对全面深化改革的意义和指导思想进行了明确，对经济、社会和政治等重点领域的改革进行了战略性部署，提出顶层设计与摸着石头过河相结合的改革路径，强调中央整体推进与基层实践探索的互动，坚持党的领导和群众的首创精神的合力，等等，这些重要论述为地方实践探索和群众的自发创造开辟了新的道路。地方的改革创新要服从于中央整体的改革目标，发展和完善社会主义政治、经济和文化制度，坚定社会主义道路，同时地方也要勇于推进理论与实践创新，地方的成功实践为进一步深化改革提供了重要的经验。

全面深化改革中，中央的顶层设计与地方的实践探索的互动在蕉岭的一系列基层治理创新中表现得比较突出。早期的村务监督理事会是在中央有关部委加强村务公开和民主管理的工作中逐步发展起来的，也是与当时基层民主建设的大方针相适应的。蕉岭沿着中央的文件精神，围绕群众关心的民主监督问题展开实践创新，继而成立村务监督理事会，并逐步从组织、程序和制度等多个方面改进和完善，形成具有普遍意义的地方做法，最终上升到修法的层次，不得不说这是蕉岭积极回应中央文件精神和基层群众需求的重大成果。

其后的村级协商议事会更是对中央改革命题的直接回应。在全面深化改革的若干重大决定中，有关基层治理的改革部署主要是发展社会主义民主政治，除了基层群众自治制度建设外，社会主义民主政治的新增长点是协商民主，以协商民主来统领基层治理实践，《决定》提出："开展形式多样的基层民主协商，推进基层协商制度化，建立健全居民、村民监督机制，促进群众在城乡社区治理、基层公共事务和公益事业中依法自我管理、自我服务、自我教育、自我监督。"蕉岭县的村级协商议事会是基层协商民主的有效实现形式，与基层群众开展广泛的民主协商。沿着基层协商的理念与思路，蕉岭村级协商议事会还着力协商规则的拟定与践行，在程序上保障了协商的有序性，进一步从制度上深化了基层协商民主建设。此外，蕉岭的村民理事会是创新社会治理体制的重要探索，《决定》提出："创新社会治理，必须着眼于维护最广大人民根本利益，最大限度增加和谐因素，增强社会发展活力，提高社会治理水平。"从蕉岭的现实情况来看，村民理事会在社会治理中确实充当着草根社会组织的作用，利用自己独特的草根优势，充分激发基层群众的内在动力，并吸引了众多社会力量参与到村庄的公益事业中，解决了影响群众生产生活的实际问题。

三　蕉岭创制是接力式改革的优秀典范

蕉岭的探索实践最值得深思的是作为一项地方改革，如何能够破解以往改革的循环论，形成接力式的改革实践，避免碎片化的亮点式改革。事实上，改革开放以来，我们在政府治理和社会治理领域做了大量的可贵探索，积累了众多的宝贵经验。但是，有许多好的改革措施还没有上升到制度层面就停止了，有许多改革措施并没有面上推广，只能在小范围内实施，还有一些改革措施因为主政者的调动而止步不前，诸如此类都让人觉得地方改革始终难以突破片段式改革的困境，陷入翻烧饼的改革循环之中，归根到底就是改革的可持续性等问题。从八年前的村务监督改革，到如今的社会治理创新、基层协商民主探索等，蕉岭的改革之路不知不觉中已经走过了8个年头，与其他地方改革相比，蕉岭三轮创制一波接一波，是接力式改革的优秀典范。

蕉岭改革之所以能够坚持这么多年，主要是因为它的一系列改革措施具有针对性、制度性和系统性的特点，从而使得改革可持续。所谓针对性是指改革是以现实问题为导向的,在群众实践中发现问题,在实际问题中寻找改革的着力点。所谓制度性是指及时总结经验做法,在试点基础上同步规范化,而后以统一的制度形式向外进行推广。所谓系统性是指改革前后相继,开始的时候可能是从单方面突破,越往后越具有系统集成的特点。当初的村务监督理事会成立源于蕉岭县村级"三资"监管中出现漏洞,村民上访不断,干群矛盾一触即发。面对如此棘手的问题,如果由政府直接插手,姑且不论政府是否有这么大的精力,单就群众对政府的不信任,就有可能使得事情变得更加复杂。于是,蕉岭县转变思路,让村里退休的老干部组织查账小组,政府支持查账小组的工作,但是不干预具体的查账,从而在极短的时间里化解了久拖不决的村级财务问题,给了群众一个说法,还了干部一个清白。蕉岭为了形成村务监督的长效机制,在查账小组的基础上,成立了村务监督理事会,由群众推选老干部、老党员组成理事会,专门负责村务监督事宜,还制定了理事会章程、村务监督程序等等具体的制度规范,在全县推广村务监督理事会制度,进而将村务监督常态化。

与村民监督理事会一样,村民理事会、协商议事会都是从问题出发,积累实地经验,总结具体制度,不过,与之前有些差异的是村民理事会和协商议事会带有更多顶层设计的目的。经历了村务监督理事会由做法到制度的发展后,蕉岭县统筹思考基层治理的诸多问题,从整个基层治理体系和治理能力出发,强调改革的系统性,村务监督主要是立足于基层治理的民主监督,而民主管理和民主决策如何来保障呢?于是,蕉岭将更多的目光投向民主管理和民主决策,恰好在群众的实践中出现了村民理事会,与蕉岭县的思考不谋而合。村民理事会逐渐制度化,并在行政村范围内形成协商议事会的制度形态,在多个层次形成民主决策和民主管理的制度体系。"三会"制度与原来整个村民自治体系结合起来,由此形成具有蕉岭特色的"一核三元、四权同步、多层共治"的基层治理架构。在行政村一级,以党支部为核心,在原来的村委会之外,增加了村务监督委员会、协商议事会,构成三个基本主体,将选举权、决策权、管理权和监督权同步,在村民小组或自然村成立村民理事会,形成多层次的基层治理体系。

基于改革的针对性、制度性和系统性,蕉岭能够接力式地完成对基层治理架构的创新,具有可持续发展的动力和强大的生命力。沿着这样的改革路线图，任何一次成功的改革措施都将凝聚更多的改革力量，产生更大范围的改革行动。我们有理由相信，蕉岭改革的接力棒将继续传递下去，改革创新永无止境。

四　蕉岭创制是地方改革精神的集中体现

蕉岭地处偏远，却能够在全省乃至全国范围内创造如此之多的改革成绩，源于蕉岭县委县政府的改革勇气和创新精神，还有一大批致力于基层治理的改革者。俗话说："穷则思变"，蕉岭属于粤北山区，是广东农村的缩影，与珠三角的广东城市相比，面临着发展差距大、发展条件差、发展后劲弱等现实问题。摆在蕉岭县委县政府面前的是后发赶超的巨大压力，如果跟在先发地区后面亦步亦趋，永远也赶不上先发地区的步伐，也失去了蕉岭本身的特色。在县域条件有限的大背景下，蕉岭县委县政府清醒地认识到唯有通过改革才有机会弯道超车，唯有通过改革才有可能释放巨大活力，唯有通过改革才能够走出特色发展之路。

蕉岭县委县政府达成改革共识之后，围绕改革的重点展开新一轮的探索，结合山区县、农业县的特点，蕉岭县瞄准农村综合改革，先期进行了以土地确权颁证和集体产权交易平台为主要内容的产权改革，试图盘活农村土地资源，让农民富起来。接着是围绕新农村建设，开展农村公益事业的改革，其难度远比土地确权大，农民的意见难以统一，行动难以协调，很多公共事业议不起来，也办不下去。蕉岭县委县政府认识到将农民组织起来更为重要，这必须依靠基层治理的创新，于是，在新农村建设中，蕉岭将改革的重心转向了基层治理改革。作为客家人的聚居地，社会自治的传统历来兴盛，民众中蕴藏着大量的社会资源，尤其是宗族势力，如何利用传统的宗族资源成为考验改革者勇气的难题。蕉岭县委县政府本着开放务实的态度，对传统的宗族力量、乡贤文化等加以利用，借助于村务监督理事会、村民理事会、村级协商议事会等组织平台，将散落在农村的各种社会力量整合起来，用现代的理念、程序和制度引导社会力量为新农村建设添砖加瓦，为基层治理开辟道路。

当然，致力于如此系统的改革，不能缺少坚强有力的改革者，不能缺少立志创新的改革精神。蕉岭县委县政府正是拥有如此改革精神的改革者。自农村综合改革以来，蕉岭县委县政府高度重视基层治理改革，设立专门的领导办公室，整合县农办、农业局和社工委的领导，形成有力的改革领导机构，同时将改革目标纳入到下辖各乡镇的年度考核计划，树立改革创新的施政理念，营造争当改革促进派的氛围，从而将改革有计划、有步骤地推向深化。与其他地方以某个改革者引领改革行动不同，蕉岭县委县政府是一个改革的团队，并不突出某个改革者的独特作用，而是强调整个改革团队的合力，从而避免了某个改革者的离开导致改革陷入停顿的局面，从根源上打破"人走政息"的怪圈，让改革连点成线，由线及面，不断地向外扩展，向内深化。

专题报告篇

协商共治:基层治理"减负增能"

——基于广东省蕉岭县基层治理创新的调查与思考

党的十八届三中全会提出,"推进国家治理体系和治理能力现代化"是我国全面深化改革的总目标。从"社会管理"到"社会治理"的转变,体现了政府治理理念的变化。但长久以来,我国政府扮演着"全能选手"角色,在社会治理中往往既"掌舵"又"划桨",导致"政府管得越多,群众越不满意",政府的"单向管理"已经无法适应多元社会发展的需求。鉴于此,广东省蕉岭县在基层治理实践中,以释放社会参与空间为前提,以广纳社会主体为核心,以激活社会治理过程为重点,初步构建了"协商共治"的基层治理新格局。这不仅减少了政府治理成本,减轻了干部工作负担,而且激发了群众的主体意识,提升了村民参与能力,实现了基层治理"减负增能"。

一 协商共治:探索基层治理的蕉岭路径

蕉岭县在创新基层治理实践中,将社会治理空间从封闭转向开放,治理主体从一元扩展到多元,治理过程从单向发展为互动,形成了基层治理的蕉岭路径。

（一）从封闭到开放,释放社会治理空间

随着农村人口流动性的日益增强,农村不再是封闭的农村,而是流动中的农村。为此,蕉岭通过构建小组参与机制、引入参会代表制度,引导社会资源参与,释放社会治理空间。

一是向下发展,构建小组参与机制。针对以往村民代表会议到会人数少、会议难开等困境,蕉岭在片区下以 1 个或若干村民小组（自然村）为单位设立村民理事会,积极引导小组村民自我管理、自我服务和自我教育，扩大了小组村民参与基层治理的空间。

二是向上延伸，引入参会代表制度。蕉岭县在行政村建立协商议事会，让政府部门、社会组织作为参会代表参与其中。参会代表不同于议事代表，对于有关议题，参会代表有发言权，但是没有表决权。比如：圩尾下村在进行美丽乡村建设中，邀请水利部门的有关技术人员作为参会代表，向村民讲解生态净化技术，为村庄建设提供了智力支持。

三是向外扩张，引导社会资源参与。依托村级协商议事会，充分发挥外出乡贤等社会力量的作用。比如，百美村协商议事会成员曾令谦，发动外出乡贤共捐资万余元给村修路。同时，协商议事会积极向政府争取项目，以项目吸引村外社会资源。2013 年以来，河西村借助"双到"工作项目，筹集社会资金 92 万元，同时，将福建种植公司老板引入村庄，推动了村庄的发展。

（二）从一元到共治，广纳社会治理主体

传统的治理体系中，治理主体单一，导致群众参与不足。为此，蕉岭通过成立村级协商议事会和小组村民理事会，为村内外社会治理主体提供了持续共治的平台，让群众想参与、能参与、会参与。

一是培育参与意识，让群众想参与。通过信息共享，贴宣传标语，营造氛围，引导参与。借助成功项目，"干好一件事，群众更支持"，逐步打消群众疑虑，激励参与。挖掘客家文化"众人事，众人议"的传统以及宗族的凝聚力，吸引外出乡贤，牵引参与。

二是搭建参与平台，让群众能参与。纵向搭建多层参与平台，成立村级协商议事会和小组村民理事会，聚集行政村、自然村、家庭三层代表，协同参与村庄社会治理。横向构建多边参与平台，汇聚理事会成员、乡贤能人和普通村民，共谋村庄发展。

三是完善参与机制，让群众会参与。一方面，制定议事规则。议题选择、发言时间以及决议方式等，都有详细的议事会章程。另一方面，严格议事程序，协商议事会必须严格按照"动议—审议—讨论、决议—执行"的程序进行。

（三）从单向到互动，激活社会治理过程

为破解传统社会管理权力自上而下单向运行难题，蕉岭通过"共谋、共建、共管"，实现治理过程从单向走向互动。

一是协商"共谋"，使得事事好商量。涉及村庄发展的重大问题和村民利益的重大事项，政府干部、村"两委"代表、党员代表、群众代表、社会各界人士通过召开协商议事会齐聚一堂，各方参与人员"畅所欲言，各抒己见"，决策方案由大家商讨制定，再由议事会代表表决通过，交由村委会执行。

二是携手"共建"，使得事事有人做。通过政府支持，村"两委"引导，村民理事会组织，广大群众参与，实现公共事务携手"共建"。如三圳镇九岭村在美丽乡村建设过程中，三圳镇政府提供相应的规划方案，在村委会的引导下，村民理事会组织广大农民参与修建自己房前屋后的花园，形成群众共建的良好氛围。

三是联合"共管"，使得人人能监督。为打造阳光村务财务，规范权力运行，蕉岭县在各村严格实行村务监督委员会制度，村里每笔账目必须通过监委会审核、签名、盖章，然后逐一公布到村民小组，并进行张贴公示，保证人人都知道"钱到哪里去了"，对于群众的质疑，村监督委员会及时给予答复。

二　减负增能：蕉岭"协商共治"社会治理模式的成效

自蕉岭实践"协商共治"以来，各方压力减轻，负担减小，阻力降低，实现了基层治理的"减负增能"，基层治理迎来良好的开局。

（一）减轻了政府的工作负担

过去的社会治理体系中，行政村承担了上级十几个部门的行政事务，导致政府对村庄行政干预过大。通过建立规则，问需、问计于民，使政府、村"两委"成为基层治理的引导者，村民能真正实现"我的村庄我做主"。蕉岭县纪委书记卢尧生表示："现在议事方式更加包容，参与主体更加丰富、多元，保证了村民的民主决策和民主管理。"三圳镇的陈镇长深有同感："村民们自己商量做什么、怎么做，做了许多政府做不好、做不了的事，减轻了我们基层政府的工作负担。"

（二）激发了社会资源的活力

蕉岭通过协商共治盘活了社会治理资源，让更多人财物进入基层治理领域。正如黄上理事会会长戴育海所言，"以前事情都是村里人在讨论，农民文化有限，很多时候想不到好法子，现在有了外出乡贤、做生意的企业家、退休老干部、老教师等加入探讨，他们文化水平更高，眼界也更宽广，办法自然就更多了。"另外，在村庄公共建设过程中，村民通过自筹、发动外出乡贤、企业家捐款等方式解决资金短缺问题，不再"等、靠、要"。如百美村修建公路，通过议事会成员发动本村村民、乡贤、企业家共捐款 60 多万元，其中有一个企业家就出资 12 万元。

（三）增强了群众的参与能力

实现协商共治以来，群众的主体意识被激发，对待村庄的大事小事都十分积极。芳心村圩尾下村村民在理事会的号召下，主动清理水塘和卫生死角、拆旧房危房等，把村庄建设得越来越美丽，邻里之间也更加和睦。圩尾下村理事会长徐永振说："现在大家都很热心村里的事情，村里需要钱时，甚至很多外出务工的村民，以及外嫁的女儿都要捐钱回来。"芳心村书记谢建祥感慨道："以前村里事事都要干部做，事事都要干部管，干部工作负担繁重，很多时候还得不到群众理解。现在群众参与热情提高了，很多事情，我们干部不用插手，他们自己就做得妥妥当当。"

（四）提升了社会治理的水平

蕉岭县在基层治理中形成了包容、开放的社会氛围，村民积极参与村庄治理，从小处着眼，从身边事着手，提升基层治理水平。2015 年芳心村在制定卫生管理费及垃圾处理费的标准时，准备将标准提升到每户 60元，但村民的意见不统一，因此召开协商议事会，共同讨论"垃圾收费问题"。会上大家共同商量，投票表决，拥有投票权的 45 名村民代表中，选择收取 60 元的人数为 11 人，选择收取 50 元的人数为 34 人，最终芳心村 2015 年度卫生管理费及垃圾处理费的标准为每户 50 元。由于收费标准是大家自己讨论的，村干部在收费时，没有村民拒交，费用很快就收齐了。

三　治理变革：蕉岭"协商共治"社会治理模式的启示

释放参与空间，纳入多元主体，激活治理过程，是蕉岭"协商共治"实践探索的重要创举，对转型时期基层治理创新具有重要的现实意义。

（一）协商共治要以调整社会治理体制为重点

传统的社会管理由政府对公共事务进行大包大揽，社会力量的参与机会少。蕉岭县通过协商议事会，将政府、村"两委"、党员代表，普通群众代表、乡村精英、外出乡贤以及其他社会人士集聚起来，共商村庄公共事务。纵向上将政府、村庄、群众联系起来，横向将村内与村外联系起来，形成了横纵交错、开放的社会治理格局，打破了政府与社会分立格局，实现了政府治理、社会自我调节和居民自治的有机结合。

（二）基层协商民主是协商共治的核心价值

习总书记在庆祝中国人民政治协商会议成立 65 周年大会上的讲话强调："在基层群众中开展协商民主。"蕉岭的实践表明：基层协商不是用来装点门面的，而是要真正解决人民要解决的问题。民主协商在多层协商模式下，有助于保障多元主体的利益，广纳群言；在开放的治理体系中，有助于借助村外资源，广集民智；在多样协商形式下，有助于拓宽表达渠道，广聚共识。大到村庄治理，小到垃圾处理，蕉岭都达到了决策前，听群众说；决策中，由群众定；决策后，由群众评，以基层协商民主整体推进基层治理创新。

（三）尊重规则是协商共治有序开展的重要保障

协商共治不等于"吵吵闹闹开始，吵吵闹闹结束"，必须要有一定的秩序、遵守必要的规则。蕉岭协商议事会通过议题的选择，发言时间的掌控等详细的规则制定，保障有序表达；通过"村党组织动议—村两委联席审议—村民协商议事会讨论、决议—村委会执行"的流程，保障有效决策；通过在公共决议执行前制定明确的细则，保障决议有力执行，从而形成全面系统的"蕉岭规则"，推动"协商共治"的有序开展。

（四）协商共治是基层治理的有益探索

党的十八届三中全会提出"推进国家治理体系和治理能力现代化"，而基层治理是整个国家治理的基座，国家治理现代化离不开基层治理现代化。为此，蕉岭县通过探索"协商共治"的社会治理模式，释放治理空间，引入治理主体，改进治理方式，梳理治理过程，构建了基层治理的良性互动体系，是基层治理的有益探索，有助于整个国家治理的现代化。

执笔人：陈胤丽、龚丽兰

规则型治理:领跑中国基层治理现代化之路

——基于广东省蕉岭县基层治理创新的经验与启示

十八届三中全会明确提出创新社会治理体制,然而,在整个社会治理体制中,基层治理最大的问题是缺少有效的制度规则,无法约束治理主体,无法规范治理过程,无法改进治理方式和无法提升治理水平,规则约束成为基层治理的最大短板。有鉴于此,广东蕉岭县在基层治理中高度重视规则的牵引作用,以规则的法治化创新治理方式,以规则的民主化扩充治理主体,以规则的系统化拓宽治理内容,以规则的程序化提升治理手段。不仅强化了基层治理的规则意识,推进了基层治理的民主化,而且增加了基层治理的主体能力,提高了基层治理的整体效率,更实现了基层治理从组织建设到制度规则的跃升,迈出了中国基层治理现代化的一大步。

一 小规则,牵引出基层治理"大变革"

蕉岭县在探索创新村级治理体制机制的过程中创建了一系列的规则,并且最大程度地发挥其科学化、民主化、系统化、程序化的牵引作用。

(一)规则法治化,创新治理方式

首先,以法律化为核心。蕉岭县协商议事会议制度是根据《村委组织法》和《广东省实施〈村委组织法〉办法》的有关规定,在村民代表会议基本制度基础上制定的,体现了依法治理的思维。其次,以制度化为取向。蕉岭县从实际出发,根据当地农村社会的发展需求来适时调整各项规章制度,形成前后相继的规则创新,蕉岭县早期曾经制定了有关"干群对话会""干群互动会"的制度,后来的协商议事会议制度便是之前制度的自然延伸,充分尊重了前面制度的效用。最后,以权利化为归宿。协商议事会议制度明确规定了村民参与议事的权利,让村民在享受选举权、监督权的同时，也能真正的行使决策权和管理权，充分地维护了村民的利益，以村民的根本利益为价值追求和归宿。

（二）规则民主化，扩充治理主体

首先是以平等为基础。蕉岭县协商议事会制度规定，凡是村里的老党员、老干部、德高望重的宗族前辈、妇女代表、青年代表、政协委员、村辖内企业负责人、异地务工人员代表等都能申请成为议事代表，参与议事会内部规则制度的制定。其次是以民意为重点，蕉岭县村民理事会以尊重民意为基本原则，并根据各村历史文化和民俗民风，不断完善村民理事会民主议事规则和激励保障等机制，以此来调动村民参与村庄建设的积极性。最后，以参与为归宿。蕉岭县协商议事会规定，村中大小事务均可由村民民主决定，实现"我的村庄我做主"。蕉岭县纪委书记卢尧生说："村民协商议事会议议事方式更加包容，参与主体更加丰富、多元，保证了村民的民主决策和民主管理。"

（三）规则系统化，拓宽治理内容

首先以元规则为先导。蕉岭县紧紧围绕"夯实党的农村工作基础、推进村民自治"的元规则，理顺治理主体关系，探索创新村级治理体制机制，形成"多层共治"的村级治理规则体系。其次，以类规则为载体。蕉岭县根据协商议事会和村民理事会不同的工作性质和规律，分别制定了《协商议事会议事制度》和《村民理事会章程》。并且还根据村民理事会运作上的需要制定了《农村村民理事会设立指引》《推选村民理事会成员的基本程序》等，形成不同系列的治理规则。最后以规则联动为突破。蕉岭县各项规章制度之间相互关联，相互协调，构成有机的整体。对于村财务预算安排和决算情况等大事项由协商议事会议审议或讨论决定，而对于村庄内的各种公益志愿互助等活动则由村民理事会组织，以此拓宽村庄治理的内容，使整个村庄的治理有条不紊。

（四）规则程序化，提升治理手段

首先以关键程序为抓手。蕉岭县以切实规范村级事务民主决策，保障村民民主决策权为切入点，在协商议事会制度中通过制定具体的议事规则改变了村庄以往重形式、轻操作、纷繁杂乱的议事局面。如议事规则中规定会议代表发言前先举手，发言时间为2—5分钟，每个议题发言次数不超过3次；发言次数用尽之后或者没有人再发言了，主持人提请表决等。

其次是以程序对接为重点。规章制度的无缝对接才能保证各项工作的平稳、高效运行。蕉岭县协商议事会制度规定：村党组织在广泛征求党内外群众意见的基础上提出议事内容；接着召开村两委联席会议讨论；再召开支部会或全体党员会，广泛听取党员意见；最后根据议事内容或职责权限，分别提交协商议事会议做出决定或决议。就是通过这样一个紧密相连，无缝对接的议事程序，蕉岭县把一件件难事办妥，急事办稳，好事办实。

二　小规则，谱写出基层治理的巧篇章

蕉岭县制定的系列规则在基层治理中发挥了重要的作用，取得了令人瞩目的成效，开启了基层治理模式的新篇章。

（一）从"小规则"到"大原则"

蕉岭县规则的法治化强化了基层按规矩办事的意识。蕉岭县的规章制度改善了党的领导，强化了村级党组织的领导核心作用，村庄的大小事务都通过协商议事会进行决策，村民委员会进行执行，村务监督委员会进行监督。协商议事会的确立更是标志着"一核三元、四权同步、多层共治"的"蕉岭模式"初成体系。蕉岭县纪委书记卢尧生说："一些地方出现'小官巨贪'，就是因为村民选举权、监督权、决策权和管理权得不到有效保障，村民的权利未能同步实现。而协商议事会制度则能充分保障村民的决策权和管理权，继选举权和监督权之后，实现'四权同步'的大原则，从根源上预防村官腐败问题的出现。"

（二）从"一言堂"到"百家论"

蕉岭县规则的民主化推进了基层治理的民主化。自从蕉岭县制定协商议事会制度后，村级重大问题和涉及村民利益的重大事项均实行民主决策，由村民民主表决。2014 年 10 月 17 日，芳心村召开了第一次协商议事会，14 个村民理事会会长首次齐聚一堂，与村民代表、村监委会成员、党员议事代表、村两委干部等一起商讨村中事务。对于村民们最关心的"垃圾卫生费是否涨价？收 50 元还是 60 元？"这一问题，45 名拥有投票权的村民代表通过无记名投票的方式决定：2015 年度卫生管理费及垃圾处理费的标准仍为每户 50 元。对于协商议事会的讨论结果，谢建祥书记说："既然是大家商量的结果，村委会肯定遵照执行。"

（三）从"不敢做"到"放心干"

蕉岭县规则的系统化增添了基层治理主体的信心。以前，由于缺乏规章制度强制力的保障，对于涉及村庄和村民利益问题的村庄建设项目，干部和群众干事总是畏手畏脚。但自从蕉岭县建立村民理事会制度后，村民们以协商议事会和村民理事会为后盾积极投身村庄建设，放心大胆的接手村庄建设工程项目。黄上村村民理事会会长戴育海回忆自己当选为村民理事会会长时说："我就是被'赶鸭子上架'，我认为自己并不适合担任这一职务，不过既然大家选了我，我一定尽心尽力。"在上任一年后，戴育海就带领村民在村中修建了一座宽 5 米、长 15 米的桥和一块漂亮的晒谷场。紧接着下一步，理事会打算要建成村中的公共厕所。

（四）从"拖懒散"到"速快勤"

蕉岭县规则的程序化提高了基层治理的办事效率。规则的制定使得基层治理有规矩可寻，有规律可探，为村庄治理主体整合村庄的人力、财力、物力资源提供了有效路径。蕉岭县建立协商议事会和村民理事会制度，极大的整合了村庄的社会资源，汇聚了村民的民智民意，为村庄建设"减负增能"。由于缺少资金，几十年一直未得到整体修复的圩尾下村祖祠"东海堂"经村民理事会修整一年后又呈现出了一派生机，办事效率可谓"速快勤"。芳心村谢建祥书记说："村民理事会为村庄建设出了很多力，以前单靠村委会的力量，修路建桥这样的大事一年也就能做三五件，村民理事会成立后，目前已完成各类大小建设 30 多项。"

三　小规则，预示着基层治理的新方向

蕉岭规则的制定创新了基层治理的体制机制，是基层治理模式创新的又一重大突破，为今后的基层治理探索提供了重要启示。

（一）规则牵引是填补基层治理空白的有效方式

随着经济社会的发展，农村、农业、农民发生了翻天覆地的变化，基层治理中的新情况、新问题层出不穷，为此，政府部门采取了各式各样的治理措施。但是，要从根本上解决这些问题，还得依靠规章制度，而规则牵引则是填补基层治理空白的有效方式，必须坚持问题导向，从基层的实际需求出发，认真查找和梳理基层规章制度中的"断层"和"空白点"，并着力进行突破和创新，让规章制度切实运转起来。

（二）提高基层治理效率是规则制定的核心

基层治理的最终目标是要让群众满意，让社会和谐，这一目标的实现在于提高基层治理效率的规章制度的健全。健全的规章制度可以让基层治理的目标由"虚"变"实"。蕉岭县通过制定协商议事会和村民理事会等制度让基层干部离开"案头"、走向"田头"、熟悉"户头"，密切干群联系，增进干群感情，夯实基层治理基础，努力做到管理无盲点，服务无漏洞，用规则的创新来完善基层治理机制，提高基层治理效率，让服务群众的"最后一公里"真正变成了"零距离"。

（三）找准基层治理切入点是规则制定的关键

基层治理工作需要面对面与群众打交道，往往由于点多、线长、面广而使得基层治理情况较为复杂，在实际工作中常常采用"土办法"来解决这些问题。但是"土办法"规范化程度不高，这使得原本就"权力有限，责任无限"的村庄治理主体在决策、执行和管理时随意性较大。因此，要提升基层治理的现代化水平，关键在找准基层治理的切入点，进一步明确基层治理工作的基本规则和程序，让基层治理工作走上快车道。

执笔人：刘燕、任路

四权同步:破解后选举时代权利失衡困境

——基于广东省蕉岭县基层治理创新的调查与思考

习近平总书记在纪念人大六十周年大会上提出:"我们要坚持和完善基层群众自治制度,发展基层民主,保障人民依法直接行使民主权利,切实防止出现人民形式上有权、实际上无权的现象。"之所以出现"形式有权,实际无权"的现象,源于当前基层治理中民主选举"一马当先",而民主决策、民主管理、民主监督"三马空悬",使基层治理无法从单一的制度建设发展为多元的权利保障体系。有鉴于此,蕉岭县在基层治理创新实践中,先行先试,大胆探索,通过"三制协同"实现"四权同步",创造性地解决了基层治理中"谁来治""如何治""治理得怎么样"等核心问题,维护了村民选举权,用好了村民决策权,保障了村民管理权,强化了村民的监督权,使基层治理中的"四权"得以同步,打造了基层治理的升级版。

一　三制协同:蕉岭县着力于基层治理创新的路径

为改变传统只重视"选举",忽略村民决策权、管理权、监督权的困局,蕉岭在现有改革基础上,通过理顺基层体制关系,规范基层运行机制,创新基层治理制度,迈出了中国基层治理的一大步。

(一)一核三元,体制协同,明确治理主体

为解决村庄治理主体分工不明问题,蕉岭始终坚持在党的领导下,进行自治组织建设、监督组织建设与社会组织建设,理顺村民委员会、村监督委员会与村民理事会的关系,发挥各类组织的功能。

一是突出领导核心组织。村党组织(含村党总支、党支部)是村级各类组织和各项工作的领导核心。蕉岭通过强化村党组织对各类组织的领导能力、对各项工作的组织能力、对党员干部队伍的管理能力以及对民意的收集和回应能力,突出党的领导核心地位。

二是创建协商议事组织。为满足村庄内生需求,同时响应中央号召开展形式多样的基层民主协商,蕉岭在村级层面形成了村级协商议事会组织,同时,通过将传统的宗族理事会进行现代化转型,在小组层面形成了村民理事会,汇聚退休老干部、乡贤能人和普通村民,共谋村庄发展。

三是理顺三元组织关系。理顺村民委员会、村监督委员会与村民理事会的关系,发挥基层治理中组织载体功能。村委会执行决定、办理村务、管理财务,发挥执行载体功能;监委会监督党务、村务、审核"三资",反馈群众意见,发挥监督载体功能;村民理事会参与社会治理、开展公益活动、搞好村庄建设,发挥参与载体功能。

(二)四化一体,机制协同,梳理治理机制

针对如何治理问题,蕉岭通过自治机制、决策机制、管理机制、监督机制的同步,破解了治理过程中的系列难题。

一是深化自治机制,破解"选举冷漠"难题。一方面,完善选举的程序与形式。根据县情民意,完善村委会与党支部选举程序与有效形式,逐步引导村民到中心站进行投票,落实村民的选举权与被选举权。另一方面,提高选举的参与意识。持续规范村级组织换届选举,让村民熟悉民主选举的基本程序和形式,有效提高村民对村委会选举的热情和兴趣,实现"要我选"向"我要选"的转变。

二是实化决策机制,破解"议而无果"难题。为破解村民决策参与难,蕉岭建立协商议事会,实现了决策机制的具体可行。首先是构建目标导向机制。协商议事会的召开都会提前公告议题,让村民清楚要做什么,使村治活动有序开展。其次是形成结果导向机制。协商议事会中讨论的各事项,最后都形成议决"结果",使基层治理不流于形式。

三是细化管理机制,破解"管理不实"难题。首先,细化村民自我管理机制。鼓励各村民自治组织及各村民理事会引导村民制定民约会规,让村民及各自治组织有章可依。其次,完善村干部管理机制,出台相关惩治罢免制度,规范村干部行为。实行村干部积分制管理,开展基层党组织和党员干部承诺践诺活动,强化村干部工作责任,提高工作效率。

四是硬化监督机制,破解"监督乏力"难题。针对村务监督存在的职责不明、监督无力、缺乏管理等问题，蕉岭通过监委会机制，明确监督主体；通过"三个定期"，规范监督程序；通过"四个渠道"，保障监督效果。例如，芳心村在修建农场的过程中，通过群众建议，执行监督程序，对于相关工作人员的工作餐，采取定点记账的方式，每到月底村干部就带上监委会成员一起去餐馆结账，以此落实村民监督权。

（三）多层参与，制度协同，保障治理效果

村民的参与是衡量治理效果的最好标准。蕉岭县为巩固基层治理效果，在村民参与上下足功夫，形成多层次的参与制度。

一是拓展协商议事制度。蕉岭县根据协商议事会和村民理事会不同的工作性质和规律，分别制定了《协商议事会议事制度》和《村民理事会章程》，并且还根据村民理事会运作上的需要制定了《农村村民理事会设立指引》《推选村民理事会成员的基本程序》等，由此，为议事会组织提供制度指引。

二是引入参会代表制度。为弥补村庄人员素质不高问题，蕉岭在村级协商议事会中，引入参会代表制度，吸纳村庄外部贤人加入基层治理，参会代表不同于议事代表，对于有关议题，虽然参会代表有发言权，没有表决权，但是为基层治理注入人财物的支持。

三是改进议事监督制度。首先，出台议前告知制度。向全村张榜公开会议公告和商讨事项议题。其次，形成议中公开制度。及时记录会场情况，决策结果当场公开，并对会议记录进行归档保存。最后，再造议后质询制度。议事代表有权对议案实施过程出现的问题进行评价、批评、建议、质询。对议事代表的质询，村委会必须限时给予答复。如未答复，议事代表可以提请再次召开协商议事会议。

二　四权同步：蕉岭县基层治理创新的初步成效

蕉岭县"三制协同"的基层治理体系创新，不仅维护了村民的选举权，用好了村民决策权，而且保障了村民管理权，强化了村民监督权，实现了基层治理的"四权同步"。

（一）维护了村民选举权

首先，提升了村民的选举意识，持续规范村级组织换届选举，让村民习惯了选举的基本程序和形式，保障村民能够有效行使选举权利，进而提

高了村民对民主选举的认识。其次，村民对村级"三资"的运作和处置
有充分的知情权、话语权和监督权，有效提高村民对村委会选举的热情和
兴趣，造就了更加积极的"选民"。最后，规范了村民的选举行为，切实
防止了暴力、威胁、欺骗、贿赂、伪造选票、虚报选举等违法行为，进一
步落实村民的选举权与被选举权。

（二）用好了村民决策权

"集中民智，为民办事"是蕉岭协商议事会的闪光点之一。蕉岭通过
创新决策制度、细化决策内容、明确决策形式、严格决策程序，用好了村
民决策权。"做不做""做什么""怎么做"由村民说了算，增强了决策
结果的执行力，盘活了村内治理资源。百美村徐姓村民说："村子建设不
再只是村干部的事情了。"芳心村谢建祥书记说："村民理事会为村庄建
设出了很多力，以前单靠村委会的力量，修路建桥这样的大事一年也就能
做三五件，村民理事会成立后，目前已完成各类大小建设 30 多项。"

（三）保障了村民管理权

讲求规矩方法是管理权的要义。蕉岭通过建立协商议事会，组织同
步；细化管理机制，机制同步；创新协商议事会制度，制度同步，破解了
村级治理中"管理不实"难题。"村民协商议事会议融合了原来的村民代
表会议制度，并将其功能进一步完善和提升，议事方式更加包容，参与主
体更加丰富、多元，保证了村民的民主决策和民主管理。"蕉岭县纪委书
记卢尧生如是说。三圳镇的陈镇长深有同感："由村民们自己商量做什
么、怎么做，做了许多政府做不好、做不了的事。"

（四）强化了村民监督权

蕉岭县建立的村务监督委员会开创了全方位监督的新局面，可以说村
委会的决策和管理到哪里，监事会则监督到哪里，这对避免农村"出了
问题才监督，发现问题才处理"起到了很重要的作用，村监事会为村庄
构建了一套不易腐败的监督机制。堑垣村村民说："以前穷怕了，害怕村
干部见钱眼睛亮，现在村干部有问题，我可以向监事会反映。他们可以上
级纪委或村民协商来实现有效的监督。"

三　治理升级：蕉岭县基层治理创新的经验启示

蕉岭通过体制协同、机制协同、制度协同，创造性地解决了谁治理、

如何治理、治理怎样等核心问题，对新时期基层治理创新有重要的启示意义。

（一）协商民主是"四权同步"治理体系的核心价值

习总书记在庆祝中国人民政治协商会议成立65周年大会上的讲话强调："我们要坚持有事多商量，遇事多商量，做事多商量。"蕉岭实践告诉我们，协商民主在实现"四权同步"基层治理体系中必不可少。蕉岭通过建立村级协商议事会和村民议事会，坚持协商于决策之前和决策实施之中，从议题的选定、决策的形成到决策的执行，都体现了协商民主的内在价值。

（二）体制机制建设是基层民主治理有效实现的根本保证

基层治理创新重点和难点是体制机制建设，同时，体制机制又是基层治理有效实现的根本保障。在蕉岭的创新实践中，突出体制协同，将党组织、村委会、监委会和协商议事会等主体协同起来，理顺彼此之间的治理关系，同时深化自治机制、实化决策机制、细化管理机制、硬化监督机制，并且构建了村民参与的制度化渠道，拓展了村民参与的空间，从而使得基层治理能够有效运转起来。由此可见，制度建设是基层治理的着力点和突破口。

（三）"四权同步"是基层治理现代化的发展方向

党的十八届三中全会《决定》明确提出"推进国家治理体系和治理能力现代化"。基层治理是国家治理的基础。目前，传统的基层治理主要是组织建设，强调自上而下的管理，现代基层治理更关注权利保障，强调自下而上的参与。蕉岭所推行的"三制协同，四权同步"便是基层治理从组织建设到权利保障的最新发展，是基层治理现代化的有益尝试，体现了未来基层治理的发展方向。不过，基层治理的"跨代升级"并不是一蹴而就的，蕉岭的实践只是开辟了一条路径，未来还需要更多地方的探索与创新。

执笔人：龚丽兰、任路

跨越治理陷阱:基层治理体制的大转型

——基于广东省蕉岭县基层治理创新的调查与思考

创新社会治理体制是适应社会治理发展，提升社会治理水平的前提和基础。长期以来，政府在社会治理中"一权独大"，导致社会治理"主体单一、手段单一、形式单一"，政社矛盾尖锐，干群关系紧张，政府面临巨大的社会治理压力。近年来广东省蕉岭县在基层治理改革实践中，以创新社会治理体制为突破口，探索出独具特色的"蕉岭体制"，推动了政府治理、居民自治和社会自我调节的良性互动，实现了基层治理的重大转型。其主要做法为：通过重塑政府职能，强化政府服务能力；通过释放自治空间，激发村民自治活力；通过汇聚社会力量，增强社会调节潜力。这一探索不仅打破了旧有治理体制的束缚，而且构建了政社结合、上下互动的共治新格局。

一 单一治理：传统基层治理体制中的突出问题

长期以来，政府过于强调自身在基层治理中的作用，由此出现重政府，轻社会；重行政，轻自治；重管理，轻服务的现象。这种传统的基层治理体制，已明显制约着基层治理的发展。

(一) 重政府，轻社会

从治理主体上来说，在传统的基层治理体制中，政府主要依赖"自上而下"的权力运作实现对基层社会的治理，而忽视了社会主体对治理过程的参与。在这种治理模式主导下，政府在实施社会治理的过程中虽然也强调社会参与，但往往只是走程序、走过场，政府与社会之间缺少足够的互动。原本可以通过社会自我调节的公共事务也被政府包揽，不仅不利于公共事务的处理，而且增加政府的负担。

（二）重行政，轻自治

从治理方式来说，传统的基层治理体制，强调政府管控一切，政府在基层治理中亲力亲为，习惯以行政命令进行社会治理，明显忽视了群众自治的作用。随着基层社会的转型与发展，各种社会力量逐渐增强，群众的各种需求逐渐增多，基层社会的各种矛盾也明显增加，单纯依靠行政方式来处理基层社会问题只能够治标，甚至还有可能带来诸多的负面反应。

（三）重管理，轻服务

从治理内容上来说，受传统社会管理思维模式和行政惯性的影响，政府还是习惯于以行政思维来管人、管事、管物，强调行政管理是政府的主要职责，政府自身所承担的社会服务职能则被忽视，在基层治理中形成了只有"管理"而没有"服务"的局面。随着乡村社会的转型，广大人民群众对公共服务的需求越来越迫切，越来越多元，越来越复杂，与政府的公共服务能力形成巨大的落差。

二　复合共治：基层治理体制改革的探索路径

基于传统基层治理的问题，政府单向管理的社会治理模式已经无法适应社会发展的多元化需求。为此，蕉岭县通过体制创新，着力于建立政府引导、多主体参与、协同共治的基层治理模式。

（一）重塑政府职能，强化政府服务能力

传统社会管理过程中，政府往往是"重管理，轻服务"，致使"政府管的越多，群众越不理解"。蕉岭县通过政府自我变革，实现从"管理型政府"向"服务型政府"的转变，提高了政府服务效率和水平。

一是合并政府机构，推动服务"向下"。为了避免基层治理服务中"无主管部门负责""多头负责"现象，蕉岭调整镇级工作机构，将原镇级设置的"六办七中心"调整设置为"一办一中心"工作机构，建立社会治理服务中心，设立1个办事大厅，开设民政、人社、计生、信访、农事综合等多个服务岗，为群众搭建"一站式"服务平台。

二是整合部门资源，开展服务"下乡"。为联合部门力量，开展协同服务，蕉岭县组建了各部门联合的服务队伍。如协调法院部门在林业、农业、医疗、交通、劳动争议等领域成立"行业巡回法庭"，就地解决矛盾纠纷。

　　三是下移办事平台，推动服务"进村"。蕉岭在镇级社会治理服务中心的基础上，为了更方便、更快捷地服务群众，在村级配套建立"两室一办"（群众接待服务室、社会矛盾调解室、社会组织管理办公室）的社会治理服务站，通过与镇社会治理服务中心的"无缝"对接，形成镇村两级联动的便民服务体系，推动政府服务"进村"。

　　四是下派镇村干部，落实服务"入户"。为避免"运动式"服务，实现服务常态化，蕉岭实行网格化管理包组、包片、包户模式，将镇村干部"下沉"至群众农户一线开展便民服务，打通了联系服务群众的"最后一公里"。仅2015年上半年，全县镇村干部累计走访群众3万多户，帮助群众解决生产生活困难1500多件，调解信访事项120多宗，全县信访总量同比下降28.4%。

　　（二）释放自治空间，激发村民自治活力

　　为适应群众自治需求增加和自治能力增强的新变化，蕉岭通过制定权力清单，培育乡村组织，实行透明监督，激发了村民自治活力。

　　一是制定权力清单，明确政村权责。为限制政府权力，明晰政府权责范围，保障村民自治发展，蕉岭制定了《蕉岭县村级权力清单二十八条（试行）》，通过制度明晰了政村权力，为村民独立开展自治活动提供了制度保障，有效激活了村民自治。

　　二是培育乡村组织，搭建自治载体。乡土社会组织是村民参与自治的有效载体。蕉岭立足于乡村优秀的传统客家文化，引导乡村宗族组织转型，以族缘关系为基础由一个或几个村民小组（自然村）联合成立村民理事会。村民理事会利用自身优势，发动外出乡贤、群众，凝聚本村村民参与到乡村建设中，增强了基层自治活力。伍子湖村（自然村）村民理事会成立后，积极发动外出乡贤、群众捐款，完善了村庄基础设施，修建了村庄休闲公园。

　　三是实行透明监督，夯实自治基础。蕉岭进一步完善村务监督委员会制度，一方面，增加了监督内容，从对"两务（村务和财务）"的监督扩展到对"三务（村务、财务、党务）"的监督；另一方面，扩大了公开范围，行政村村务公开必须到村民小组一级，有集体收入支出的村民小组也要进行定期公示，主动接受村民监督，增强群众对自治组织的信心，以此夯实村民自治群众基础。"村委会现在的每笔开支都要经过村务监督委员会，没有他们的签字我们是报不了的，定期还要向村民公示，主体接受村民监督，这样群众的气也顺了，心也安了，对村干部也更信任了。"芳心村村委会郑主任在谈到村民监督时说。

（三）汇聚社会力量，增强社会调节潜力

蕉岭在推动政府治理转型，激活村民自治的基础上，进一步联合社会力量，促使治理过程中社会自我调节功能增强。

一是创新议事制度，实现多方协商。在村民代表会议的基础上成立了由村民代表、党员议事代表、村民理事会理事长、村监会成员以及外出乡贤、政府工作人员（驻村县、镇干部）及利益相关群众等社会各界人士组成的开放式村级协商议事会。实现了村中重大事务由多主体商议，议事会成员民主决策的集协商、决策于一体的协商议事决策制度。为协调各利益主体关系，汇集多方智力奠定了基础。

二是完善参与机制，引领多方共建。蕉岭充分发挥村民理事会作用，通过政府引导、村两委支持、理事会组织，外出乡贤、群众和村民积极参与到乡村建设中，打造了"政府 + 社会 + 村民"的共建模式，实现了政府、社会、村民的良性互动。黄上村（自然村）理事会通过发动外出乡贤和群众、本村村民捐款 15 万元，借助政府提供设计、施工等服务引导，在村两委支持下，重新修建了黄上村村民外出必经的危桥。

三是制定民约会规，实行自我约束。蕉岭在培育乡土组织，推动村民自治发展的过程中，还鼓励各村民自治组织及各村民理事会引导村民建立民约会规，让村民及各自治组织为自己行为划底线，设上限，实现其自我约束，自我调节。

三　系统创新：基层治理体制创新的经验启示

蕉岭通过政府自我变革，释放自治空间，联合社会力量等方式，创新了蕉岭社会治理体制，推动了社会治理的转型，对新时期我国基层治理改革有重要的启示意义。

（一）政府治理转型是基层治理创新的前提

我国公民社会发展较为迟缓，在基层治理改革过程中，若政府"不动"，社会也"难动"。因此，社会基层治理创新首先需要通过政府自我变革，转变政府角色，重塑政府职能，才能带动和激发社会其他力量参与的积极性和创造性,从而推动基层治理的创新发展。蕉岭县通过调整政府机构,形成政府服务"横向到边,纵向到底"的格局,政府从"重管理"向"重服务"转变,实现了政府自身治理转型。

(二) 治理体制创新是基层治理创新的核心

体制具有根本性意义,要实现基层治理的创新发展,其根本在于推动基层治理体制的创新与发展。蕉岭县在基层治理改革过程中,通过改善政府运作机制,村民自治机制以及社会调节机制,构建了政府治理,村民自治,社会调节"三位一体"的社会治理体制,以此实现了基层治理的创新发展。可以说,治理体制创新是基层治理创新发展的核心内容,没有治理体制创新,基层治理就很难有根本性的突破。

(三) 激发社会参与是基层治理创新的关键

基层治理创新离不开多元主体的共同参与。然而由于政府主导社会发展的方方面面,社会其他主体力量难以参与社会公共事务,社会治理过程中往往是"政府唱戏,群众看戏"。长此以往,"政府唱多了,群众看也懒得看了",社会治理就只剩政府"唱独角戏"。蕉岭在基层改革探索中,通过创新村级协商议事制度,为政府、社会组织、个人等各类主体搭建了协商议事平台,扩大了民主范围,形成了开放包容的协商氛围,让"人人敢说,人人能说"。与此同时,通过政府引导,村委会支持,村民理事会组织,让各主体不仅可以参与"共谋",还可以参与"共建",真正激发了社会参与活力。

(四) 基层治理体制改革是国家治理现代化的基础

党的十八届三中全会明确提出要实现国家治理体系和治理能力的现代化。基层是国家的重要组成部分,其治理状况直接决定着整个国家的治理水平。因此基层治理改革不能通过"自上而下"的制度安排路径,而必须立足于基层社会不断探索创新,以此形成适合基层治理的体制,为国家治理体系和治理能力的现代化打下坚实基础。蕉岭通过推动政府治理转型,促进村民自治发展,引导社会参与,创建了政府治理、社会自我调节与村民自治的良性互动体制,为国家治理现代化奠定了基础。

执笔人:杨明、陈胤丽

协商下乡：寻找基层社会的最大公约数

——基于广东省蕉岭县村级协商议事会的调查与思考

习近平总书记在庆祝中国人民政治协商会议成立 65 周年大会上讲话要求"要按照协商于民、协商为民的要求，大力发展基层协商民主，重点在基层群众中开展协商"。如何在广大农村社会发挥协商民主的优势，让群众能够充分参与到村庄管理和决策中来，做到"有事多商量、遇事多商量、做事多商量"，一直是困扰基层政府的难题。基于此，广东省蕉岭县建立协商议事会，设组织、定人员、建机制、梳流程，实现"协商机制下乡进村入户"。协商议事会成立以来，不仅整合了村庄的资源，为村庄发展提速助力，而且促进了村级决策民主化，提高了决策和执行的效率，为基层协商民主发展开辟了新路。

一　协商下乡：村级协商议事会的具体做法

随着农村利益主体多元化，利益关系复杂化和利益纠纷频繁化，蕉岭县创造性地建立村级协商议事会，形成多元利益协同共治的广阔平台。

（一）设组织，搭建村级协商议事会的架构

协商议事会在村民会议或村民代表会议基础上，通过完善村级横向组织架构，协调村组纵向组织架构，搭建起村级协商议事会的组织平台。

1. 完善村级横向组织架构。协商议事会是村级组织中新的工作平台，平台的运作依赖于定位准确的组织架构。协商议事会相对独立于村两委和村民代表大会，具有统筹和协调日常村务的职能，承担了村务协商的工作责任，协助村"两委"开展工作。正如三圳镇芳心村干部所言"协商议事会实现了村级组织间的功能协调，议事会负责协商讨论，村民代表负责表决，村委负责执行，各有各的用武之地"。

2. 协调村组纵向组织架构。蕉岭村级小组以自然村为基础，建立村民理事会。协商理事会将村民理事会理事长纳入到议事会中，在协调村集体和村小组利益过程中，协商议事会成为有效的沟通平台。三圳镇芳心村郑淑平说："我们有村民理事会帮忙，开协商议事会邀请理事长参加，我们一起讨论事情，当天就能落实到小组。"

（二）定人员，明确村级协商议事会的主体

蕉岭县协商议事会通过参与人员多元化来充分保障村民的有序参与，发挥协商议事会的作用。

1. 多元的议事人员。协商议事会人员选择上较为合理，充分优化了人员结构。在协商议事会中，村干部、村民代表、理事会会长和村监委会人员为固定参与人员，同时还可吸纳乡贤侨胞代表、离退休干部代表，以及上级驻村干部等人参与。三圳镇芳心村第一次协商议事会成员有村干部7 人、村民代表51 人、党员议事代表11 人、村监委会5 人，理事长14人、离退休干部2 人。其中交叉人员27 人，出席会议人员共66 人。

2. 中立的主持人员。协商议事会能够发挥其功效，在于会议上能够充分发言和有序协商。县委领导考虑到这一问题，通过前期培训主持人和现场引导的方式，使得村民在议事会上能够有序的发言，充分的发言，减少无关紧要的发言，提高协商议事的效率。长潭镇百美村第一次协商议事会由外出乡贤负责主持，扮演中立者角色，独立于各方利益，在现场起到了规范会议流程的作用，有助于会议的顺利召开。

（三）建制度，确保村级协商议事会的运转

成熟的运作机制是保障协商议事会发挥作用的前提。蕉岭的协商议事会充分考虑到机制创新，主要在协调制度和议事制度上下功夫。

1. 健全协调制度。协调村委会、村民代表大会和协商议事会之间的关系，蕉岭创新完善了村级组织间的协调机制，明确具体权责，准确定位组织角色。在重大的项目商议过程中，村"两委"根据村民提议拟定议题，协商议事会负责讨论商议，村委会负责贯彻执行，从而实现各组织之间的分工与合作。

2. 确定议事制度。作为蕉岭基层协商民主的固定会议形式，县委通过文件正式确定村级协商议事会的规章制度。文件明确指出会议协商内容为村庄经济事务和公共事务，并确定详细的会议流程，规定会议召开的时间等相关要求。会议制度的确立，使得协商议事会能够真正成为村民参与决策的常设平台，有利于规范化的制度创新，使其发挥长久作用。

（四）梳流程，保障村级协商议事会的效果

蕉岭协商议事会的关键在于梳理出清晰明了的议事流程，公开征求议题，调整流程结构，实现了协商议事会下乡进村。

1. 公开征求议题。协商议事会议题由村干部和村民代表提议决定，村民可根据自身需求向协商议事会提议，确保议题与村民有直接相关性。三圳镇芳心村第一次村级协商议事会讨论的议题有"垃圾清理收费标准""村庄整体环境改造"和"如何发展集体经济"等，都是在会议召开之前，向村民征求的议题。

2. 整理议事流程。协商议事会有详细的会议流程，会议第一项为村干部的工作述职，汇报上一次会议决议的落实情况。第二项为充分商议议事主题。村干部、党员代表、村民议事代表、理事会长、妇女代表等依次发言，对某一议题发表看法。第三项是协商后的举手表决。在协商议事会的人员中，具有举手表决资格的人员会对议题进行一一表决，实现从协商到决议的流程化。

二　决策民主：村级协商议事会的显著成效

蕉岭县成立协商议事会以来，扩大村民参与，聚集村庄力量，有效地解决了村级公共事务"议决难"和"执行难"的问题，效果比较明显。

（一）扩大了村民的有效参与

协商议事会的创新亮点在于实现了村民参与的多元化。村干部、党员代表、村民议事代表、乡贤代表、离退休干部、侨胞代表等都参与了协商议事会。正如长潭镇百美村钟某所言："这次议事会是村干部邀请我来参加的，我很高兴能够有机会为村里作点贡献"。同时，协商议事会有效激发了村民参与协商的热情，使得村民的参与更加深入，能够在具体的协商议题中充分发挥其作用。例如在三圳镇芳心村第一次协商议事会中，与会议事代表共计45人，充分商议村庄垃圾清理收费的标准，其中34人赞同50元/年的收费标准，11人赞同60元/年的标准，会议经过反复商讨，最后确定收费标准为50元/年。

（二）聚合了村庄各方的力量

协商议事会给村委会"减负提效"，使得村委会在村级决策上能够得到强有力的支持，更加专注于决策的执行。三圳镇芳心村的谢建祥书记表示："协商议事会让我们村干部省事多了，干部队伍比以前更团结，办事效率更高，我们能够集中精力做其他事情。"此外，协商议事会有助于侨胞和乡贤回乡发挥其建言献策的作用。如三圳镇芳心村上圩小组长黄永振所言："很多侨胞回乡后想为村里做点事情，刚好村里的协商议事会发挥了这个桥梁作用，上圩片的祠堂、道路、路灯，还有广场，很多都是乡贤侨胞捐钱修建的。"

（三）保障了村级决策的质量

协商议事会发挥外出乡贤的作用，为村庄建设建言献计，出谋划策，决策更加科学。长潭镇百美村陈主任说道："钟理事是村里出去的人，而且是县公路局的退休干部，有文化有头脑，是修路专家，我们请他回来商议修路这件事情，对我们决策很有好处。"同时，协商议事会将提议权和表决权交给群众，合理安排决策流程，减少了以往由于意见不统一而产生"议决难"的问题。正如三圳镇芳心村干部所言"以前都是村干部商议一些事情，有些事难免意见不统一，推行不了，现在有了议事会，把事情摊开让群众来讨论和决定，我们只须执行就可以了"。

（四）提升了决策的执行效率

协商议事会充分吸收了村民的参与，尊重村民的意见，执行起来群众更支持。在三圳镇芳心村推广"美丽乡村建设"过程中，上圩片村民郑某有五间破旧房屋，村里建议改为公共厕所，但郑某不同意。在连续三次的协商议事会上，郑某与村干部进行了直接的沟通，摆事实，说道理，事情得到圆满解决。另外，协商议事会监督决议贯彻落实，村委会工作更有效率。例如，长潭镇百美村村级协商议事会召开中，第一项会议过程即是村主任汇报修路工程的具体进展，包括工程招标、支出明细等情况。村民代表刘某认为："这个办法好，以后每一次开会也要把项目工程的进展汇报出来，让村民知道路修到哪里了。"

三　协商共治：村级协商议事会的政策价值

协商议事会能够在基层农村有效运转起来，得益于广泛的群众参与、充分的协商讨论、完备的组织体系，这也是蕉岭协商民主取得的最新进展。

（一）广泛的群众参与是协商议事会的前提

习近平总书记强调："凡是涉及群众切身利益的决策都要充分听取群众意见，通过各种方式、各个层级、各个方面同群众进行协商。"基层协商民主的基本要求在于实现村民的有效参与。蕉岭县协商议事会扩大了群众的参与，使得群众能够在村级事务的议决过程中充分的表达自己的意见和需求，并将其吸纳进村级决策中，实现了有效协商。蕉岭的改革经验表明，广泛的群众参与是协商议事会能够发挥作用的前提。

（二）充分的协商讨论是协商议事会的核心要素

党的十八大报告要求"积极开展基层民主协商，充分发挥协商的作用"。充分协商是协商议事会核心要素。协商议事会通过广泛吸纳村民参会，让村民能够畅所欲言，意见得以充分表达。协商议事会的经验表明，只有将充分协商作为议事规则的核心要求，才能使协商议事会整套机制有效运转，真正下乡进村入户。

（三）完备的制度体系是基层民主协商的重要条件

党的十八届三中全会的决定指出"开展形式多样的基层民主协商，推进基层协商制度化"。基层协商民主的有效实现，离不开设计合理的运行机制。蕉岭县协商议事会的经验回应了如何有效开展基层协商民主的难题。协商议事会通过规范议事规则、搭建组织架构、梳理会议流程等做法，确保了会议从前期筹划到后期执行的完整性，使协商议事会成为协商、决议和执行"三位一体"的运作体系，保障了协商有效果，议事有规则。

（四）协商议事会为基层协商民主开辟新路

基层协商民主是社会主义协商民主的新内容和新要求，也是协商民主的基层实现形式，是多层次协商民主的直接体现。蕉岭协商议事会，保障村民的有效参与、实现议题的充分商议、准确定位组织角色、梳理有序的议事流程，是一条可行的基层协商民主运作模式，为协商民主提供了有益的基层经验范本。

执笔人：吴春来、童韵

草根议会:在基层群众中开展协商民主

——基于广东省蕉岭县基层治理实践的调查与思考

长期以来，"一事一议"是农民议事的主要制度安排，体现了"农民事，农民议"的议事原则，在农村基层治理中发挥了巨大的作用。然而，"一事一议"始终面临着召集难、议决难，执行难，监督难等问题，导致群众关心的问题久拖不决，急需兴办的公共建设止步不前，便民利民的项目难以落地。有鉴于此，广东省蕉岭县在农村基层治理中建立协商议事会，将协商民主理念融入到村庄议事之中，创新议事制度。具体做法如下：一是健全议事召集机制，做到"有事可议"；二是梳理议事议决程序，做到"难事易议"；三是明确议事执行机构，做到"速议速行"；四是强化议事监督保障，做到"好事常议"。不仅激发了群众的参与热情，推动了村庄决策平台化、民主化和科学化，而且解决了困扰群众生活的难题，促进了村庄的公共建设，被村民称为"草根议会"。

一 蕉岭县协商议事会的具体做法

农村议事难就难在缺少必要的议事程序，蕉岭县的协商议事会着力于召集、议决、执行和监督四个先后阶段，有针对性地实现了协商议事的程序化与制度化。

（一）多元化的议题收集，做到"有事可议"

如何收集、整理和提出议题是协商议事的起点。蕉岭首先是设立协商议事代表，由村"两委"干部、村民代表、党员代表、村监会代表、驻村干部、在村的"两代表一委员"和特邀代表等组成。与以往的村民代表相比，协商议事会的参与主体更加广泛，可实现民情一线收集，民意一线倾听，民智一线汲取。接着建立村庄议案制度，协商议事代表要定期走访村民，收集村民有关村庄公共建设的意见和建议，整理成初步的议案，包括公共建设项目、受益人群、所需经费、筹资方案等。最后是建立季度例会制度，协商议事会议每季度召开一次大会，集中讨论议事代表收集的议案，同时，规定有特殊情况或有 1/3 以上议事代表提议，可以临时召开协商议事会。

（二）程序化的议案讨论，做到"难事易议"

如何开会、讨论和表决是协商议事的关键。蕉岭设立会议主持人，由乡镇驻村干部担任会议的主持人，分配发言权，提请表决，维持会议秩序。接着，明确代表发言规则，按照"一题一议"的方式，先由主持人介绍会议所要讨论的议题，然后代表举手发言，代表发言遵守"五不"原则，不打岔、不跑题、不攻击、不违规、不质疑动机等，主要对议题的可行性、议案的科学性进行评估，并给出自己的意见，议事代表每次发言时间为 2—5 分钟，每个议题每人发言次数不超过 3 次。最后，经过议事代表们的充分讨论和多次协商后，由主持人提请会议进入表决程序，在场的村民代表现场进行无记名投票，按照简单多数原则进行表决，形成最终的决议。

（三）组织化的决议执行，做到"速议速行"

如何落实决议是协商议事的重点。蕉岭县专门下发《村级协商议事会制度规定》，明确经村民会议授权，协商议事会的决议具有村民代表会议的效力。由村民委员会负责执行，村民委员会必须在七个工作日内形成相关的实施方案，向广大村民公开。如果未形成方案，要说明具体理由，协商议事会保留召开临时协商议事会议的权力。同时，蕉岭从激发普通村民参与热情的角度出发，在村民委员会之下建立村民理事会，具体落实议事决议，围绕具体的项目建立由村干部和普通村民参与组成的专项理事会，具体负责项目的执行，将"懂技术，有能力"的村民吸收到公共项目建设中来。

（四）制度化的议事监督，做到"好事常议"

保障议事程序的顺利展开是协商议事的难点。为此，蕉岭强化监督保障机制，首先是出台议前告知制度。协商议事会议的主要议题和需要讨论决定的重大事项，村委会应事先张榜公布，提前 7 天告知所有的议事代表。其次是议中公开制度。协商议事会议当中的代表发言、具体讨论都要有记录、有归档、有整理，并在协商会议结束后及时在村务公开栏上进行公开，接受村民的监督。最后是议后质询制度。议事代表有权对议案实施过程出现的问题进行评价、批评、建议、质询。对于议事代表的质询，村委会必须限时给予答复。如未答复，议事代表可以提请再次召开协商议事会议。

二　蕉岭县协商议事会的初步成效

自 2014 年年底建立协商议事会以来，蕉岭全县 96 个行政村中有 58 个行政村建立了协商议事会，共计召开协商议事会议 60 次。其中，三圳镇作为最早的协商议事会试点，下辖的 9 个行政村全部建立协商议事会，共召开 11 次协商议事会议，促进了决策的平台化、民主化、科学化，而且解决了一系列困扰村庄发展和村民生活的难题。

（一）打造决策平台

以前的村庄决策主要依靠村民代表，村民参与村庄民主决策的积极性不高，而一些公共事务涉及面广、要求高、影响大，单靠村民代表会议解决不了问题。对此，蕉岭县协商议事会在村民代表之外，加入了其他各类代表，为乡镇政府、村干部、党员、村民等构建起一个弹性的平台。芳心村黄上村民理事会会长戴育海感触颇深："以前都是村民代表在讨论，我们没有机会，现在终于有个平台能让大家交流经验了。"蕉岭县纪委书记卢尧生认为："村民协商议事会议融合了原来的村民代表会议制度，并将其功能进一步完善和提升，议事方式更加包容，参与主体更加丰富、多元，保证了村民的民主决策和民主管理。"

（二）推动决策民主

借助于协商议事会这个平台，村民通过各类议事代表更加广泛地参与到村庄决策之中，推动了整个决策民主化程度。新铺镇象岭村召开协商议事会第一次会议时，党员代表李瑞灵表示：这种组织形式主要体现村民自治，决策权放在村民手中，群众能出谋献策，提出合理化建议，议论清楚后作出决策。协商议事会议能够促进村级各项工作顺利开展。正因为有民主的决策，决策才能赢得村民的支持。芳心村党总支书记、村委主任郑淑平表示：协商议事会意义非常重大，群众对我们芳心村接下来要做的事放心，我们做事的人心里也舒服，不会出现自己做的事群众不认可。

（三）促进决策科学

以往村民议事都是关起门来商量，现在协商议事是打开门来讨论，乡镇政府、外出乡贤等为决策提供了智力支持，促进科学决策。在芳心村的协商议事会上，住建局应邀作为议事代表，围绕村庄环境整治工程建设进行专业介绍，最终敲定最省成本的方案。芳心村第一书记谢建祥感慨道"过去想搞但没人懂，你自己搞不清楚，跟村民更没法交代，现在有了专家方案，这个工程就好搞了。"与他有同感的还有像岭村退休干部温先文。"以前就几个村干部，想不到好法子，现在都拿到协商议事会上来讨论，这政府、乡贤、各位代表一发言，他们眼界更宽广，就豁然开朗了。"

（四）提升决策效果

由于协商议事会搭建决策平台，实现科学决策和民主决策，村庄决策的效果相当明显，各种公共建设跨步前进。在村级协商议事会的引导下，三圳镇共筹集资金813万元，建成小公园20多个，篮球场8个，文化室9个，污水处理池2个，实施道路硬底化12公里，比过去5年的公共建设还多，极大地改善了群众的生产生活条件。更为重要的是，村民对于公共建设的满意度持续上升，群众的口碑才是决策效果的真正体现。长潭镇上村村民张文生：自从成立协商议事会，开展美丽乡村建设以后，有人收垃圾，厕所啊、以前的烂屋烂舍啊，村上全部都拆掉了，苍蝇蚊子也没有那么多，我们群众都很开心。

三 蕉岭县协商议事会的经验启示

蕉岭县的协商议事会是"一事一议"后又一次议事制度的重大创新，它突出规则程序的重要性，注重议事过程中的协商共治，体现了未来基层治理的发展方向。

（一）协商议事会是"一事一议"的升级版

农村税费改革后，对于农村公共事业，主要依靠农民"一事一议"来兴办。然而，"一事一议"只是将公共事业的议事决策权交给了农民，具体如何议事，如何表决等，缺少足够的制度设计，由此带来召集难、议决难、执行难和监督难等问题。协商议事会制度在"一事一议"制度的基础上，通过打造一个议事平台，制定一束议事规则和梳理一串议事流程，为"一事一议"提供了组织载体、制度规范和运行机制，探索了

"一事一议"的有效实现形式，既是"一事一议"制度的自然延伸，又是"一事一议"制度的创新升级。

（二）重视规则程序是协商议事会的重要抓手

无规矩不成方圆，农民议事之所以难以成行，究其根源在于缺乏议事规则和程序，一些议事会议往往演变成"漫无目的的侃大山"或者"吵吵闹闹一场戏"。协商议事会在议题产生、议案讨论、决议执行和议事监督等方面都有若干规则，尤其是议案讨论中引入主持人和发言人制度，由主持人把握议事节奏，维持议事秩序，约束发言人行为，既实现充分讨论，又保持有序议事，从而实现了协商议事的目的。可见，规则和程序是农民议事的关键，是农民议事的"牛鼻子"。

（三）协商共治是协商议事会有效运作的动力

协商议事会能够有效运作，来源于多元主体的参与，除了村民代表之外，还有乡镇政府代表、外出乡贤代表、党员代表等等，将政府治理、社会自我调节和村民自治等结合起来，形成协商共治的格局。在多元格局下，各主体之间平等对话、互动交流、充分协商，在相互尊重和相互理解的原则下，扩大彼此之间的最大公约数。随着协商议事的深入，共识越来越多，为最后的决策打下坚实的基础。基于共识之上的决策不仅保证了决策的民主性和科学性，而且有助于决策的执行，这反过来推动协商议事的深化与发展。

（四）协商议事会是未来基层治理的发展方向

传统基层治理是以封闭的村庄为单位，以政府或村委会为主体，以行政管理为手段，与现阶段基层社会发展的开放性、多主体性和互动性不相适应。蕉岭的协商议事会成功地将村庄内外的社会力量调动起来，治理空间更加开放；乡镇政府、村干部、村民代表、村内企业等以及其他利益相关者都参与到协商议事会中来，治理主体更显多元；各类主体之间平等对话，持续交流，治理过程更趋互动。因此，协商议事会与未来整个基层治理的发展方向相一致。但仍需注意的是，协商议事会作为新的创制，还有一些不成熟的地方，需要在实践中进一步完善，更需要与已有的基层治理制度相衔接，形成基层治理的制度合力。

执笔人：任路、曹迎

乡村"小管家":唤醒基层沉睡的社会资源

——基于广东省蕉岭县创建村民理事会的经验与启示

十八届三中全会明确提出,创新社会治理体制,提升治理水平,积极鼓励社会力量参与基层治理。然而,如今的农村基层治理中面临着社会力量参与缺失和大量社会力量闲置的"资源陷阱"。究其根源,主要是由于缺少有效的载体将社会力量引向基层。鉴于此,广东省蕉岭县以创建村民理事会为抓手,培育了一大批具有公共精神的乡村"小管家"。乡村"小管家"通过集合大信息、整合大财力、凝合大人力,使得"难事"化"易事","小钱"变"大钱","要我建"成"我要建",不仅盘活了农村的智力、财力和人力资源,而且提升了村民自我管理、自我服务的能力,是农村基层治理的一大创举。

一 小管家,大载体

蕉岭县成立由村民推选产生的村民理事会,并以其为依托培育乡村"小管家"。乡村"小管家"在村"两委"的领导下,充分发挥了集合信息、整合财力、凝合人力的作用。

(一)信息集合,及时输送,信息公开透明化

一是网罗民声,打造信息直通车。一方面,理事会建立理事联系农户的制度。每个理事负责联系自家房前屋后的若干户村民,利用其亲民近民的天然优势,主动收集村民对村庄建设的建议。另一方面,村民以主人翁的身份,积极地向理事会建言献策。三圳镇九岭村徐永振激动地说:"大家都是村子里的人,看到有不好的地方,肯定会向理事会反映。"

二是协商民意,构筑信息交流台。蕉岭县因地制宜,创新民意交流协商平台,通过召开村民理事会会议,以村民需求为导向,对本村社会发

展、村组建设等重大问题，进行协商、讨论、研究。"众人事，众人议"，村民们畅所欲言、各抒己见，广泛汇集民智。黄上村村民理事会会长戴育海激动地说："终于有个平台能让大家交流经验。"

三是速递民情，搭建信息公开栏。理事会及时公布商议结果。以民情公告的形式告知村民所要进行的建设事项。比如圩下理事会通过张贴公告，告知村民今年的建设项目有公共厕所、小公园和水泥路等。及时公开项目账单。理事会通过"列菜单"的方式公开财务信息，如下赖村村民理事会在修建水泥路的项目中，详细列出材料费、人工费、水电费、餐费等等。

（二）财力整合，多方筹资，筹资主体多元化

其一，村民出一点，积少成多。村民理事会借大年三十，外出村民回家团聚之机，通过张贴筹资倡议书，鼓励村民踊跃捐资。如圩尾下村村民理事会 2014 年春节时共筹资 86140 元。此外，理事会还对具体建设项目进行专项专筹。如芳心村芳园背小组在修建路灯的项目中，共发动 30 余名村民捐资，共筹资 671 元。

其二，乡贤捐一点，添砖加瓦。村民理事会充分挖掘客家宗族文化的凝聚作用，引导乡贤关注村庄公益建设，为村庄发展添砖加瓦。九岭村伍子湖村理事会理事长吴国儒对此深有体会："以前这个公园是一个烂禾坪，群众都在这里堆沙石、垃圾等。通过理事会发动乡贤、台胞的支持，建起了公园，总共投资了 20 多万元。"九岭村村委主任徐文坚也认为："有了这个（伍子湖）理事会，他们真正起到了'主事'作用，积极向外出乡贤筹措资金，建起健身公园，图书阅览室，环境卫生也搞得十分好。"

其三，政府扶持点，锦上添花。一方面，村民理事从村庄公共利益出发，在村庄积极开展公益建设，争取政府专项资金扶持。长潭镇上村村在拓宽村庄主干道的项目工程中，向上级政府有关部门争取资金支持，获得镇政府 80 万元的财政拨款。另一方面，政府"以奖代补"。对于提出较好村庄公益事业建设项目的村民理事会政府给予 3000—5000 元不等的现金奖励，并派专业人士进行技术指导，如九岭村的农村污水处理工程就是当地政府让环保部门帮忙设计的。

（三）人力凝合，协调沟通，参与主体多样化

第一，勤协商，调思想。在兴办公益事业过程中，理事以走访入户、说服带动的方式，消除村民的思想障碍，获得村民的理解与支持。例如，九岭伍子湖村在修建延岭公园时，村民因担心公园公路的建设会阻碍自家的排水，所以阻止工程的开展。伍子湖理事会通过与村民协商，耐心给村民做思想工作，并向村民保证"如果排水出了问题，就把修好的道路挖掉"。最后，原本态度坚决的村民转而支持修路，并且积极配合理事会完成了公园的修建。

第二，广调动，汇民力。"自己的项目自己建。"村民理事会充分调动村民的积极性，让村民成为村庄建设的主人，实现村民由"旁观者"到"参与者"的转变。在"美丽乡村"建设项目中，芳心村的村民理事会发挥村民的实干精神，培养村民的参与能力，引导村民自主修建房前屋后的小花园，全程由村民自主设计、自主筹划、自行建设，并由村民自行打理。

第三，活调解，排民怨。村民理事会通过请吃饭、话家常等方式调解村民纠纷，化解村民矛盾。以前"政府管不到、干部管不了"的老大难问题，在村民理事会的协调下都迎刃而解，政府尽可能做到矛盾不出村，使得矛盾争端最小化。芳心村戴氏两兄弟因房屋纠纷一直不和，后来经村民理事会调解后，以签订协议的形式将矛盾化解，判定宅基地所有权归哥哥，房屋所有权归弟弟，兄弟俩握手言和。

二　小管家，大杠杆

蕉岭县建立村民理事会，培育乡村"小管家"，缓解了基层治理的压力，最大效度地盘活了农村的社会资源。

（一）"难事"化"易事"，盘活智力资源

蕉岭县自实行村民理事会制度以来，积极将党员代表、村民代表、德高望重的宗族前辈、村辖内企业负责人等纳入议事体系，同时，也将退休老干部、外出乡贤、异地务工人员代表等村外力量联合起来，增强其参与意识，提升其参与能力，使其积极为村庄建设出谋划策，提供智力支持，让原本看似艰巨的"大事"变成"小事"。长潭镇百美村村民曾令谦是县政府退休老干部，有文化、有头脑，常常与其他村民理事一起商量村庄建

设事宜，并提出经济来源应以短养长，道路管理应规范化，蓄养等环境问题，应立村规民约，村两委应起带头作用等等，让原本看似困难的事情变得简单。

（二）"小钱"变"大钱"，盘活财力资源

以前，村庄建设常常面临资金不足的难题，建设项目难以铺开。自从村民理事会建立起来后，一方面，资金短缺问题解决了。村民理事会通过广泛动员，积极汇聚村民、乡贤、台胞、华侨和企事业单位的财力，为村庄建设筹足资金。经多方筹资，圩尾下村民小组由于缺乏资金而年久失修的围屋得以重建。另一方面，村庄建设的成本降低了。长潭镇上村村在修建进村主干道的过程中，市值每亩 200 多元的土地，村民自愿以 80 元每亩的价格进行征收，为村里节省了大量建设资金。

（三）"要我建"成"我要建"，盘活人力资源

村民理事会着眼于全局，从长远利益出发，充分调动了村民的积极性和主动性，努力争取让每一个村民都参与村庄建设，变"要我建"为"我要建"。芳心村戴某因不愿舍弃自家牛栏，成为公园修建过程中的钉子户，黄下理事会理事长将自家闲置的牛栏给戴某使用，从而顺利打破僵局。此后，戴某积极参与到村庄建设中来，不仅主动承担拆牛栏工作，还帮助其他村民完成拆迁。长潭镇上村村主任徐添华发出感慨："以前村里事事都要干部做，事事都要干部管，村干部工作压力大，还得不到群众理解。自从有了村民理事会，村民的参与热情都被调动了，很多事情，我们干部不用'插手'，他们自己就做得妥妥当当。"

三　小管家，大治理

在蕉岭农村，一大批富有公共精神的乡村"小管家"脱颖而出，依托村民理事会，引导社会力量参与基层治理，提高了基层治理的水平。

（一）公益精神是乡村"小管家"的核心

乡村"小管家"在乡村熟人社会中具有较高的威望，其强大的组织能力和资源动员能力使其能够灵活参与村庄治理，有效盘活社会资源。乡村"小管家"的核心要素是公益、奉献的精神，而这种公益精神是激活社会资源的根基。蕉岭理事会的创建恰是通过大批具有公益精神的乡村"小管家"的示范、带动作用，提升社会力量的参与意识和主体意识，最

终营造一种共谋共建共管共享的基层治理体系。

（二）乡村"小管家"要以组织载体为依托

蕉岭县引导村民组建村民理事会，各村村民理事会将村庄内部资源与外部力量结合起来，广泛吸纳党员代表、村民代表、外出乡贤、退休老干部、老教师及其他社会人士，为村庄公益建设贡献力量，使其成为名副其实的乡村"小管家"。村民理事会为村民搭建了协商交流的平台，是实现"自己的事自己办，自己的家园自己建"的载体，实现了村民从"不愿参加"到"想要参与"、从"不能参加"到"能够参与"的转变，极大盘活了村庄内外的社会资源。

（三）尊重民意是乡村"小管家"工作的出发点

乡村"小管家"以"尊重民意"作为一切工作的出发点和归宿，扮演着为村民办事的"服务员"。村民理事会在开展每一项事关村民利益的项目前，都会召开村民理事会会议，广开言路，倾听村民的意见和建议，并将这种方式常态化，做到"百姓利益无小事"。也正是由于对村庄民意的尊重，村民理事才能够获得村民广泛的支持，村民愿意为村庄建设出工出力，献计献策。

（四）乡村"小管家"是基层治理的突破口

乡村"小管家"大多是热心公益的村民，他们对村庄建设具有很高的热情，能够有效说服和凝聚广大的村民，吸引社会力量投入村庄发展，参与村庄治理，推动村庄发展，在基层治理中发挥大杠杆的作用。未来基层治理中，需要更加重视农村的社会力量，构建起社会力量有效参与的渠道与途径，改变过去单纯依靠政府治理的局面，实现政府治理、社会自我调节和居民自治的结合。

执笔人：刘燕、魏逍

村小组自治：探索村民自治的有效实现形式

——基于广东省蕉岭县村民理事会的调查和思考

改革开放以来，我国广大农村建立了以行政村为自治单位的村民自治模式。经过 30 多年的发展，我国村民自治得到了较大发展，但随着社会经济的发展，以行政村为自治单位正面临着一系列的问题：村庄规模大，民主议事难；服务半径大，公共服务难；利益联结少，村民参与难。有鉴于此，2014 年至 2015 年中央连续出台两个中央"一号文件"，提出开展以村民小组为基本单元的村民自治试点。作为全国农村综合改革试点县，广东蕉岭积极探索以村民小组为单位的村民自治有效实现形式，其具体做法是：以村民小组为自治单位，以村民理事会为自治平台，充分发挥村民小组"利益相关、地域相近、文化相连"的独特优势，通过"民事民治、民事民办、民事民议"，实现了村民"自我服务、自我管理、自我决策"的良好局面。

一 村小组自治为何可行

蕉岭县充分发挥村民小组"利益相关、地域相近、文化相连"的特点，激活了村民自治内生动力，为自治落地创造了必要条件。

（一）利益相关

利益相关为小组自治的运行提供了原动力。一方面，小组内的农户有着共同利益的产权基础。1980 年蕉岭县实行分田到户，当时农村土地是以村民小组为产权单位分配的，田地、林地、山地的所有权都在村民小组。村民小组作为产权单位，使得小组农户有着共同的利益基础。另一方面，小组内的农户有着共同利益诉求。九岭村的村干部说："以前，在整个村里面，有的小组想建桥，有的小组需修路，各个小组的利益需求不一样，不利于劲往一处使。"然而，在村民小组内部，农户同走一条路、同用一根电、同饮一池水，在生活中有着共同的利益诉求，村民的积极性更容易被调动。

（二）地域相近

适度的规模是开展自治活动的重要条件。蕉岭县内多山地和丘陵，有着"八山一水一分田"的说法。实行"合村并组"后，行政村的区域较大，小的村庄3—5平方公里，大的10—18平方公里。行政村下辖村民小组数量较多，平均每个村有10多个村民小组，拥有20个以上村民小组的村庄就有35个，各村民小组就是一个个联系紧密的小聚落。对此，三圳镇九岭村伍子湖理事长吴国儒表示："村民小组内的农户非亲即故，又都是邻里，最远的两户步行也不过5分钟，村民相互帮忙，共同劳作，小组内的事情，也就是大家共同的事情，修桥、建路、装路灯等，村民都愿意参与。"

（三）文化相连

共同的文化认同为小组自治的运行提供了良好环境。一是地缘文化。蕉岭多是客家人，一个村民小组内，村民多是同一姓氏，调研中，问及村民的老家时，多会得到"张屋、陈寨"这种地缘归属感较强的回答。同一村民小组的农户，有着较强的地缘文化的归属感，彼此亲切，更有凝聚力。二是亲缘文化。同一村民小组的农户，熟人熟面，知根知底，小组的理事长多是本宗族里有威望的长辈，芳心村寺前刘屋村民理事会理事长刘永华表示，年轻人多是自己的侄子侄女辈，开展工作时有着隐形的威望，村民也大都听从他的号召。

二　村小组自治如何运转

蕉岭县在村民小组一级开展小组自治，以"民事民治、民事民办、民事民议"为宗旨，通过"搭建平台、明确职责、制定规则"，村民自治在小组一级得以有效运转。

（一）搭建平台，民事民治

蕉岭县以村民小组为基本单位，设立村民理事会，个别农户较少的村民小组，可以共同成立一个村民理事会，它是村民小组实行自治的平台。一是成立筹备工作组。由各行政村党委组织牵头，成立村民理事会筹备工作小组，指导村民小组建立理事会。通过筹备小组确定理事会的组织架构，明确理事成员任职资格条件，提名理事会成员人选，把好"入口关"。二是确定理事候选人。理事候选人的提名，具有开放性和多元性。凡是热心公益、奉公守法，并具有一定文化水平和工作能力的村干部、小组长、党员、村民代表等，都可以成为理事会候选人，同时也积极吸纳离退休干部、外出乡贤、社会能人等，把好"人选关"。三是选举产生理事会。村民小组的理事会，要由小组村民民主推选产生。理事会筹备工作小组主持召开户主代表会议，以无记名投票的方式，选举产生理事会成员，再由当选的理事会成员推选出理事长，把好"选举关"。

（二）明确职责，民事民办

村民小组内搭建村民理事会，并明确了村民理事会的各项职责，实现"人人有事做，事事有人管"。一是公益事业的组织者。发动村民搞好基础设施建设，兴办公益福利事业，共建"美丽乡村"是理事会的首要职责。由理事会发动村民兴办的水利、桥梁、道路等基础设施的建设，理事会可通过"一事一议"的方式进行资金筹集。二是矛盾纠纷的调解者。理事会对小组农户"熟目熟面"，农户遇到矛盾纠纷，由理事会调节，将邻里纠纷、干群矛盾化解在小组，做到"小事不出组，大事不出村"。芳心村的郑淑平主任说："有了理事会，找村两委调解纠纷的农户明显减少了，去年一共才三四起！"三是村民致富的帮扶者。理事会主动收集致富信息，并及时传达小组农户，同时征询农户致富需求，上传到村"两委"，此外，对经济困难的农户，理事会经常发动小组村民进行"多对一"的帮扶。

（三）制定规则，民事民议

蕉岭县制定了《村民理事会章程》，让规章"进村、上墙、入户"，引导小组自治规范运行。一是两级会议制度。村民小组理事会要定期召开"两级会议"——户代表会议和理事会议。户代表会议由理事会召集，理事会议由理事长召集，其中户代表会议要3/5的户代表参会方为有效，形成一季一次的"两会制度"。二是村民直接提议。对于小组范围内的公共事务，与其利益相关的小组村民可以用口头或书面形式提请理事会召开议事会议。芳心村黄下理事会理事长戴忠说："理事会的提议中，近60%都是村民协商后产生的，提议从群众中来，才有感召力。"三是户主代表决议。一项提议形成决议前，要召开户代表会议，所作决定应经过半数以上与会人员的通过，并将决议交由理事会执行。芳心村村民刘增芳说："现在一件事干与不干，村民有决定权，不能只是干部说了算。"

三　村小组自治的运行成效

蕉岭自小组自治实施以来，村民的主体意识显著增强，积极参与村庄管理与决策，实现了村民小组的自我服务，使小组自治真正运转起来。

其一，激发了小组村民的主人翁意识

以行政村为自治单位，村干部常常是忙得"连轴转"，而村民却站在一旁看。蕉岭小组自治推行以来，村民的主体意识被激活了，小组内的大事小事都有村民积极参与，有的出钱，有的出劳力，一改先前"等、靠、要"的思想习惯。如芳心村寺前刘屋小组修建一条道路，小组里的24个农户都积极捐款，在外地打工、经商的村民得知修路消息后，也都积极汇款过来，一位在深圳打工的村民说："小组的事，就是大家的事，有钱出钱，没钱出力嘛！"芳心村的郑淑平主任感慨道："以前事情都要村干部做，还得不到理解，村民既不捐款，也不出劳力。现在好了，小组的事情都被村民做了，我们干部也不用插手，村民一起就把事情做好了。"

其二，提高了小组村民的参与水平

实行小组自治以前，村民的民主权利，往往只体现在三年一次的村委会换届选举中。行政村召开村民大会，或者村民代表会议，村民缺乏参与热情。蕉岭小组自治推行以来，一方面，村民民主管理能力提升。在兴办公益事业中，如何筹资、如何出劳力、如何监管等，都是由小组村民来讨论和决定，贯彻落实也更迅速。九岭村的伍子湖理事会在建休闲广场时，村民自己商议出了筹资办法——70%工程款由农户筹集，30%向乡贤争取，广场不到两个月就建成使用了。另一方面，村民民主决策能力提升。芳心村黄上小组徐永振理事长表示："小组自治给了村民参与决策的机会，也激发了村民参与决策的热情。"小组自治以来，芳心村各小组会议中，由村民提出的议题共计150多个，100%的决议都是由小组村民表决形成，效果很好。

其三，提升了小组村民自我服务的能力

首先，多了公益事业的"组织员"。以三圳镇为例，到2014年底，三圳镇共成立了 63 个村民理事会。一年来，由小组理事会组织兴办的公益事业共 130 多件，建成小公园 20 多个，文化室 9 个，篮球场 8 个，道路硬化 13 公里。其次，多了为民办事的"服务员"。根据小组规模，1 名理事对应 7—10 个农户，定期收集村民意见、办事需求，服务村民更方便。九岭村徐姓村民表示："先前行政村干部人手少，事务多，村民有了事，村干部都忙不过来，现在有事了，就在小组找理事会就可以了。"最后，多了村庄建设的"施工员"。村民小组的发展与村民的利益紧密相连，村民建设村庄的热情被调动起来。去年以来，芳心村的公益事业建设中，共有 450 多位村民参与其中，黄下等几个小组的村民，没有向政府要一分钱，自发捐款修建了 600 米山路、400 多平方米的晒谷场。

四　村小组自治的经验启示

从广东蕉岭的小组自治来看，在村民小组进行村民自治试点，要注意集体产权之上的利益相关性，同时充分利用村庄内生资源，积极探索"村治＋组治"的村民自治发展体系。

（一）利益相关是小组自治有效运行的基础

在行政村范围内，村民的利益关联度不高，没有利益的粘合，村民处于原子状态。与此相反，由于历史原因，土地产权单位在村民小组，产权基础上的利益相关，使得小组农户之间的利益联系远大于行政村里农户的利益联系。自治单元从行政村下移到村民小组（村落、自然村），使自治单元与产权单元、利益单元一致，村民之间的相关利益被激发，小组自治的内生动力被激活。蕉岭小组自治的探索和实践证明——利益相关性越强，产权共有程度越高，越有利于开展自治活动。

（二）内生资源是小组自治运行的重要条件

蕉岭小组自治推行过程中，发掘和培育了村民小组的内生资源，让其为小组自治的有效运行创造条件。村民小组大多是以传统农民生产和生活形成的自然村为基础，有着共同的地缘文化、亲缘文化、习俗文化等，这都是小组的内生资源。共同的地缘文化，让小组村民更有归属感，亲缘文化使得理事会更有凝聚力和号召力。村民小组内的归属感、认同感以及凝聚力，为小组自治的运行提供了重要条件。在探索村民自治的各种实践中，应当正视内生资源，挖掘并利用内生资源。

（三）两级自治是村民自治未来的发展方向

出于国家治理需要的考虑，当前全国大多数村庄都是在行政村一级开展自治的。蕉岭县在村民小组一级开展村民自治，形成了"村治＋组治"的两级自治格局，其实践告诉我们行政村并不是村民自治的唯一有效自治单元，村民小组（村落、自然村）依据利益相关、文化相同、地域相近等特征，也可以成为有效的自治单元。村民自治未来的发展方向，不是让小组自治取代行政村自治，而应该是在做好行政村自治的基础上，向小组自治延伸。村级和组级自治并存的"两级自治"，应该是村民自治未来的发展方向。

执笔人：徐玉栋、高绍舍

村民理事会：落后地区新农村建设的"加速器"

——基于蕉岭县新农村建设示范片的调查与思考

自十六届五中全会提出建设社会主义新农村的总体目标以来，生产发展、生活富裕、乡风文明、村容整洁和管理民主的新农村建设逐渐成形，各地也纷纷涌现出新农村建设的典型。然而，这些新农村建设典型大多是"政府投资主导、外部独力推动"的模式。在落后地区和偏远农村，因于政府资金有限，外部注资推动的建设模式难以长久。有鉴于此，蕉岭县作为广东省新农村示范片建设单位，大胆创制，先试先行。立足传统文化资源，依托村民理事会，探索出一条独具蕉岭特色的新农村建设之路。主要做法包括：一化，化私为公，打造内生平台；二联，上挂下联，构筑内生网络；三引，内促外引，挖掘内生资源，充分调动了农民参与新农村建设的热情，强力激活了村庄新农村建设的内动力，有效推动了全县新农村建设的进展，为落后地区新农村建设提供了宝贵的经验。

一 变外推为内生，村民理事新治理

蕉岭县以组织建设为载体，通过建立村民理事会，打造内生平台，构筑内生网络，挖掘内生资源，激发主体内生性参与，破解政府自上而下推动新农村建设落地难的困境。

（一）化私为公，多元议事，打造内生平台

第一，民推民选，搭建组织平台。蕉岭县因地制宜，尊重民意，明确在村党支部、村两委的领导下，引导村民推选德高望重、素质高、能力强、热心公益事业、办事公平公正的村民组成村民理事会。目前，全县共建立了村民理事会 878 个，占村民小组（自然村）总数的 62%。如黄龙上村村村民通过集体讨论，推荐，最终选举退休干部戴育海为本村村民理

事会长。"既然大家选了我，我一定尽心尽力。也因为是大家选出来的人，所以大家都十分相信我，理事会开展工作也就没遇到很大的困难。"戴育海激动地说。

第二，民事民议，组建协商平台。"众人事，众人议"，蕉岭县依托村民理事会，定期对村民普遍反映的热点、难点问题开展集中讨论与协商，并按少数服从多数的原则形成书面建议。吉塘村在修建公园的项目中，村民理事会针对征收土地一事进行了充分的协商与讨论，理事会成员各抒己见，畅所欲言，最终决定以每平方米50元的价格征收农户土地，推动公园项目的修建。

第三，民治民管，构建参与平台。村民理事会致力于村庄公益建设，主动承担村庄各项发展事务，实实在在地维护村民的利益，落实村民的需求。三圳芳心黄上理事会理事长戴振兴也赞同："我们理事会主要为村民办好事实事，搞好周边环境卫生，群众有困难、有纠纷时，尽量帮他们解决，把本身的公共设施管理好。"

（二）上挂下联，多层对接，构筑内生网络

一是上挂村委，政策下达。蕉岭县在行政村层面推行协商议事会制度，并将村民理事会会长纳入协商议事平台。协商议事会召开后，村民理事会再将新农村建设政策和相关会议精神传达给农户，实现政策传达自上而下的无缝对接。芳心村首次协商议事会议上，14个村民理事会会长，与村民代表、村监委会成员、党员议事代表、村两委干部等共同学习了关于新农村建设的政策文件，并对新农村建设示范点、待完善的周边设施，公园内文娱健身器材等事宜进行讨论。

二是下联农户，需求上传。村民理事会以群众需求为导向，利用其亲民近民的优势，依托理事联系制度，广泛倾听民声，汇集民意，及时向上级反映，落实群众需求。九岭村吉塘村理事会会长徐永贤感慨："我这个小卖部虽小，但是大伙儿都愿意在这儿喝下茶，聊会天，村民的想法和需求都集中表达出来了，这倒给了大家一个交流的平台。"

（三）内促外引，多方参与，挖掘内生资源

一是外引乡贤，动员外部资源。村民理事会充分发挥客家宗族文化的凝聚力，利用乡贤返乡过节的机会，积极广泛地发动乡贤为新农村建设筹集资金。例如，圩尾下村村民理事会借祭祖之机，发布祭祖公告，引导乡贤关注村庄全年的公益事业，去年共募集资金 30 多万，完成了翻新祖堂、拆危拆旧、建小公园、公共厕所、绿化亮化村庄等公益建设项目。

二是内促村民，激活内部资源。一方面，村民理事会以村庄公益项目建设为载体，带动村民投工投劳。如吴子福村在建设美丽乡村项目中，村民理事会除设立专职保洁员以外，还充分调动了村民的参与热情。村民们共参与，齐动手，除杂草、清阴沟、扫死角，村庄环境卫生得到了极大的改善。另一方面，村民理事会通过张贴筹资倡议书，动员村民踊跃捐资。芳心村芳园背小组在修建路灯的项目中，共发动 30 余名村民捐资，筹资 671 元。

三是以奖代补，导入政府资源。村民理事会前期通过动员乡贤和村民筹集建设资金，后期再依托政府奖助政策，向相关部门申请"以奖代补"项目资金。长潭镇上村村通过民事民议，沟通协商，发动村民、乡贤捐资 41 万余元进行道路拓宽的主体工程。此外，村民理事会向镇政府申请"以奖代补"项目建设资金，获得财政拨款 80 万元，最终顺利完成了村庄水泥道路的拓宽工程。

二　从单干到合建，村民理事显成效

蕉岭县在新农村建设中，以村民理事会为牵引，实现由村委会单干到村委会、村民、乡贤等多主体合建的转型，形成互动共牵、多元参与、共建美好家园的良好局面。

（一）激发了村民的参与热情

蕉岭县在新农村建设过程中，积极发挥村民理事会密切联系群众的优势，与群众紧密沟通，让群众充分认识到新农村建设与其自身的利益紧密相关，动员村民致力于新农村建设。吉塘村在建公园时，村民们积极配合，主动参与，每户收取少量征地补偿款。同时，村民们自愿将土地使用权捐给集体，建设小公园。圩尾下村理事会会长徐永振说："现在大家都很热心村里的事情，村里需要钱时，甚至很多外出务工的村民，以及外嫁的女儿都要捐钱回来。"

（二）减轻了村干部的负担

在蕉岭县新农村建设中，村民理事会积极协助村干部的工作，有效解决了村"两委"时间有限，人员不足的困境，最大限度地减轻了村干部负担。芳心村郑淑平主任坦言："以前村里事事都要干部做，事事都要干部管，干部工作负担繁重，很多时候还得不到群众理解。现在好了，群众参与热情提高了，很多事情，我们干部不用'插手'，他们自己就做得妥妥当当。"村干部集中精力解决全村的大事，芳心村谢书记说："以前我们村干部一年在村里能干3—5件事就已经很不错，现在不同了，自从有了村民理事会后，他们光大事就做了36件，除此之外，他们还做了许多小事。"

（三）汇聚了大量的社会资源

在蕉岭新农村建设中，村民理事会为外出乡贤参与家乡建设创造了平台。九岭村党总支书记、村委主任徐文坚说，"这些理事会的成员都是德高望重的人，他们不但出力而且出钱，大大缓解了我们村管理、资金压力。在他们的带动下，我们村民都积极参与村上各项事业当中来。"三圳镇九岭伍子湖村成立理事会后，在外出乡贤的帮助下，共修建了休闲娱乐公园20多处，篮球场8个，文化室9个，污水处理池2个。

（四）改善了村容村貌

蕉岭县村民理事会以"做好事，做实事"为理念，在新农村建设过程中通过广泛汇聚村内、村外各方力量，以整治村容村貌为发端，动员群众拆旧建新，大力发展村庄公益事业。芳心村黄上村村民表示："自理事会成立后，大家共同种树、建花园、搞绿化，篮球场、道路都修得十分好，环境变好了。"与之相邻的九岭村伍子湖把之前群众用来堆沙石、垃圾的场所改造成为村民唱戏、打球、跳广场舞的好去处，整个村容村貌焕然一新。

三 由政府到社会，内生动力引思考

蕉岭县通过发掘传统资源，建立村民理事会，在新农村建设中找到了有力抓手，不仅盘活了社会资源，而且实现了政府外推与村庄内生的良性互动。

（一）村民理事会是新农村建设的有力抓手

新农村建设作为一项系统工程，涉及人员广，资金花费大，工作要求高，村"两委"限于其人少事多，势单力薄，难以有效解决新农村建设过程中出现的各种问题。而村民理事会通过化私为公、上挂下联、内促外

引的方式，搭建内生平台，形成内生网络，整合内外资源，凭借多元主体优势，有效提高了新农村建设效率，降低建设成本，改善了村容面貌，成为新农村建设的有力抓手。

（二）社会资源是新农村建设的重要基础

社会资源是蕉岭新农村建设的重要资源。一是将原来的宗族理事会改造为村民理事会，使其成为盘活社会资源的重要载体，推动了村民的自我管理、自我服务和自我教育。二是发扬客家的传统文化。村民理事会在新农村建设中号召外出乡贤捐款捐物，献计献策，汇聚社会力量。三是村民理事会的成员大多是退休干部、企业负责人或教师等，拥有丰富的人生阅历和管理经验，是建设新农村的宝贵财富。村民理事会将各类社会资源整合起来，围绕新农村建设形成多方合力。

（三）政府引导是村民理事会发展的保障

村民理事会作为新农村建设的内生组织，激发了新农村建设的内生动力。有了村民理事会不是意味着不需要政府的引导，恰恰相反，新农村建设要将政府外推与村庄内生结合起来，只有在政府的引导下村民理事会才能发挥更大的作用。一方面，政府通过"一事一议，财政奖补"的方式，扩大政府投入的效用，撬动更多的社会资源投入新农村建设。另一方面，政府进一步规范村民理事会的制度体系，坚持"民事民办，民事民管"，将政府投入和社会资源用到刀刃上。

执笔人：姜胜辉、郑永君

四权同步:村民自治有效实现的新探索

——广东省蕉岭县协商议事会首"议"启示

开展形式多样的基层民主协商,推进基层协商制度化是十八届三中全会针对发展基层民主提出的具体要求。真协商的核心在于决策权、管理权的落实,习总书记对此有着"两个'要看、也要看'"的判断标准。当前大量的村民自治简化为"村民选举",自我决策和自我管理"空悬",基层自治无法落实,村民的民主权利无法保障。广东省蕉岭县以协商议事会落实决策权来明确"做不做",以强化管理权来开发"怎么做",以决策管理权保障和提升选举权落实后的民主性、监督权运作后的公开性、执行权实践后的效率性,形成了四权同步的治理体系和以协商民主为核心的治理架构,破解了村治"无的放矢""无章可依"和"群策乏力"的难题。

一 协商议事落实决策权,破解村治"无的放矢"难题

"做不做、做什么"是决策权的实质。在有限的基层治理资源下,决策权不仅事关效率,更有关民主。蕉岭县的协商议事会通过落实决策权,明确了"做不做",给村治问题"对症下药"。

(一) 实化决策权,使村庄治理有目标

决策权的实质是处理"议或者不议""做或者不做",即目标问题。协商议事会明确村治目标和方向,使接下来的村治行动"有的放矢"。协商议事会做的首要工作就是明确目标,并围绕目标方案展开协商,正如第一次会议及时将村庄环境整治、经济发展等"切民生"议项公开,促使代表在会上踊跃商讨。芳心村第一书记谢建祥书记坦言:"提前三天将议题公告,不仅让大家知道,还要让代表充分考虑。之前村里想做什么,不仅村民们不清楚,恐怕连村干部自己都说不清。"协商议事会是"定向

标"，治理目标清晰了，村治活动才能有序开展。

（二）硬化决策权，使基层民主有结果

民主决策中，民主更多的体现过程价值，决策则彰显结果价值。正如协商议事会中讨论的各事项，最后都形成决议"结果"，使基层民主不流于形式。在蕉岭县（芳心村）首"议"中，共讨论村容整治、协商理事会运作、保洁收费和村庄经济发展四项议题，形成三个决议。其中，针对保洁收费，通过讨论和投票，决定每年收取 50 元／人的卫生费。"一年交50 元就可以享受好的环境，值！""如果把村里环境搞好，外人来这里也会感觉十分舒服，'靓妹'也会想嫁进村来。"村民欢迎有关决议，协商议事会使民主过程产生共识结果，避免了"决而不断、议而无果"。

（三）深化决策权，使村民自治有保障

协商议事会，扩展深化了决策权——其中的党员代表、理事会成员、村民代表和乡贤能人等都拥有决策权，汇集了集体意愿，使得决策本身具有了民意基础与公信力，防止村民自治异化为"干部自治"。蕉岭县纪委书记卢尧生说："协商议事会使议事方式更加包容，参与主体更加丰富多元，保证了民主性。"同时，协商议事会在纵向上触及村民诉求。正如村民代表发言道："应该搞个铃，这样大家就知道垃圾车来了。""稻米、花生的储存和销售是个大问题，建议合作社帮忙。"协商议事会广纳民意，有效杜绝了干部的"拍脑袋"，使决策权更"接地气"，村民自治更有保障。

二　协商议事强化管理权，破解村治"无章可依"难题

讲求规矩方法是管理权的要义。村治无序在于"管理不实"，管理不实在于"无章可依"。蕉岭以协商议事会为规则建构原点，确立了治理的元规则、公开的硬规则和执行的前规则，保证村治有序，强化了自我管理。

（一）村庄治理元规则：协商议事有序可守

村民自治和民主治理不等于广大群众一拥而上、随意而为，民主参与必须要有一定的秩序、遵守必要的规则。随着协商议事会制度在蕉岭县的确立，一套以落实管理权为核心、确保协商议事有序进行的元规则——"蕉岭规则"——得以建构，"三圳镇芳心村协商议事会第一次会议的各

位代表发言热烈、井然有序。"这是媒体的观摩评价。会后，芳心村新二理事会理事长郑文清说道："有了协商议事会，感觉我们整个管理都活了。还有不够健全的地方，我们会再完善。"协商议事会作为元规则，统筹引导和规范了整个村治活动。

（二）商议公开硬规则：村治事务有据可查

让权力运行在阳光下，管理权作为制定规则的权力，更要以公开为"硬杠杠"。蕉岭的协商议事会在落实管理权时坚持"三公开"。一是议前公开。协商议事会召开前三天，全村公示会议公告和商讨事项。二是议中公开。协商议事要公开讨论，民主决策透明进行。芳心村有关2015年垃圾卫生费标准的确定在投票后就即时计票、当场公开，最后以超过半数的34人①通过收费标准。三是议后公开。经过协商议事会形成的决议都要公示存档，坚守公开硬规则，让每项村务有依据，也让每条依据都公开，使管理权、执行权的落实有了底气。

（三）事务执行前规则：治理行动有法可依

管理权要处理"怎么做"，必须在事务执行前确定。蕉岭县的协商议事会以两"法"落实管理权。一"法"是"合理法"，即在事务执行前制定明确的规则。上文的"先商议、后决策""三公开"等都是"合理法"的体现。另一"法"是"有效法"，即探索出能将治理行动付诸实践的方法。通过群策群力、积极调动村内外资源，协商议事会搭建了一个"想法子"的好平台，避免项目提议"空谈"。正如黄上理事会会长戴育海所言"以前就几个村干部，想不到好法子，现在都拿到（协商议事）会上来讨论，这政府、乡贤、各位代表一发言，他们眼界更宽广，就豁然开朗了"。

三　协商议事扩展共治力，破解村治"群策乏力"难题

农村基层治理需要强大的共治力量。针对以往村民（代表）会议召开条件难满足，代表素质不高、代表性不足等困境，蕉岭县通过协商议事会扩大了参与范围，优化了共治共议效率，实现了村治的"群策群力"。

---

① 当时与会的有投票权的议事代表共计45人，其中34人赞同50元/年的收费标准，11人赞同60元/年的标准。

（一）扩大参与范围，强化群策效力

协商议事会超越了单一的组织单元，形成了一套治理体系。从纵向上看，包括行政村、自然村、家户三层的代表；从身份上看，包括村两委成员、党员、理事会成员、监委会成员、乡贤能人和普通村民。协商议事会参与范围的扩大，保证了"大家来参与，群策有群力"。"我建议由村里牵头成立农民专业合作社""三、六、九①的集市可以通过出租摊位、收取管理费来增加村庄收入"，代表热烈发言，村庄经济发展问题迎刃而解。在更深层面上，广泛的群众参与符合村民自治宗旨，这赋予了协商议事会法理基础，使会议过程与决议结果具有了法理效力。

（二）借力村外资源，优化商议效率

过去的村民（代表）会议囿于参会人员素质，很多问题都是"有热情，没办法"。协商议事会充分借力村外资源，引入参会代表②，让党政机关、社会组织参与其中，借助其权威性、专业性，保证了商议结果的科学性和可操作性。在芳心村的协商议事会上，基于蕉岭县住建局制定的方案基础，通过专业讲解和具体介绍，久拖不决的村庄环境整治方案得以通过。看着方案通过，芳心村第一书记谢建祥感慨道，"过去想搞但没人懂，你自己搞不清楚，跟村民更没法交代，现在有了专家方案，这个工程就好搞了。"科学提议、民主决策，基层工作干起来自然有效率。

（三）拓展协商关系，深化主体互信

村民自治是长久大计，协商议事会为村内外各治理主体提供了持续共治的契机，村民与村两委、村民与政府、自治单元与政府部门等关系在此得以深化、巩固了互信。"有了上级的认可与支持，不仅村民放心了，我们做事的人心里也舒服，不会出现群众不认可。"芳心村村委主任郑淑平说道。蕉岭县纪委书记卢尧生认为协商议事会"对于不断加强和改善党的领导，强化村级党组织的核心作用"大有裨益。"村容整治需要资金，看以后政府能否支持下"，通过一件件具体事务，党政部门公开了态度，农民群众表明了意愿，党群干群的联结有了着力点，在协商共治中，主体

---

① 指每逢农历带有 3、6、9 的日子，如初三、初六、初九、十三、廿三等。

② 参会代表不同于议事代表，参会代表往往不属于村集体成员，对于有关议题，参会代表有商议的权利，但是没有决策表决的权利。

间互信关系得以深化。

四　协商议事会革新机制与启示

自我决策、自我管理是村民自治的核心内容，蕉岭县首创的协商议事会可以实现国家治理层面决策权、管理权的落实，与其革新与运作机制大有关联。

（一）协商民主是协商议事会革新的核心价值

协商民主创制于中央，蕉岭将其应用于基层实践。作为革新的核心价值，协商议事会一是继承了协商民主的平等宗旨，党、政、群各代表平等参与、共同商讨；二是拓展了协商内容，大到经济发展，小到垃圾收费，都是议事会讨论的议题；三是丰富了民主协商主体，协商议事会联结行政村、自然村和家户三级，参与主体丰富多元；四是契合群众路线，深化民主价值，以协商议事会建路搭桥，强化党群干群联系与互信。

（二）落实村治是协商议事会创制的内在需求

基层的制度创新就是为实践而生，蕉岭县的协商议事会议也是如此，落实村治、实现善治是其创制的内在需求。大到村庄经济发展、环境整治，小到垃圾收集、修晒谷场，无一不关乎民生。以上事项的落实，不仅需要人力物力的集聚，更需要科学合理的组织调配。协商议事会的创制，一方面，实现了村内外资源的调动利用；另一方面，实现了集体与个人、行政村与自然村的利益统一。

（三）协同共治是协商议事会运作的持续动力

商量靠众人，治理亦是如此。在权力架构上，蕉岭的协商议事会与村两委选举运作、村监委会监督相联结，形成了从选举、监督扩展到选举、监督、决策管理、执行四权同步的共治。从行政村到自然村再到家户的纵向到底，从党政机关、社会组织再到自治单元的主体多元，构成了协商议事会高效运作的动力机制。党政精英、乡贤能人和普通村民融合共聚，不仅是协商议事会持续运作的推动力，更是共同破解村治难题的凝聚力。

（四）自治下移是协商议事会发展的外部机遇

村民自治存在两个层面的民主，一个是在行政村层面的代议民主；另一个是在村小组、自然村层面的直接民主。蕉岭县以自治下移破解自治空悬，改造开发传统的祖堂祠堂理事会，建构了自然村（聚落）层面的自治单元。借助自治下移的机遇和最基层自治单元的建构，保障了决策权、管理权通过协商议事会来落实，以协商议事会实现宏观层面的代议民主，以村民理事会实现微观层面的直接民主。

执笔人：傅熠华、陈璐、李显远

内生内动型自治：宗族理事会参与村级治理

——基于广东蕉岭创新村级治理的探索与实践

2014 年中央"一号文件"提出："完善和创新村民自治机制，充分发挥其他社会组织的积极功能。"在经济快速发展的广东，个体利益导向显著，村民缺乏内部组织凝聚，成为孤立化的"原子"状态，村民自治成了"村干自治"，村庄事业面临着"政府管不到，干部管不了，社会无人管"的困境。近两年，蕉岭县立足传统内生资源，发挥农村传统社会组织"正能量"，探索出了一条内生型村民组织"自我服务、自我管理、自我决策"的村级治理新路子，即以农村宗族组织为单位，成立宗族理事会，将村庄传统的家户、宗族、邻里凝聚到一起，以农民社会组织充当村庄公益事业的"组织员"、化解矛盾的"调解员"、为民办事的"服务员"，形成了"地方政府—村'两委'—农村社会组织—农民多主体协同共治"的农村治理新体系。

一　资源内生：宗族理事会何以运行

长期以来，山多人稀的蕉岭缺乏组织村民、服务村民的、凝聚村民的有效农民组织。2013 年蕉岭县以推行"美丽乡村"工作为突破，以内源性治理资源为依托，以农村传统宗祠管理组织为基础，根据村民需要成立宗族理事会，作为凝聚村民、服务村民的村民组织。基于"血脉相连、利益相关、文化相近"的村庄内生资源，宗族理事会得以较好运行。

（一）血脉相连

蕉岭县居住人口大多是客家人，占全县人口的 99.98%，在村庄内，各宗姓家族都有自己的祠堂，并设有祠堂管理会，以三圳镇芳心村为例，635 户共 2294 人，便有祠堂管理会 14 个，如郑氏祖堂、戴氏祖礼堂、徐氏东海堂等。以祠堂管理会为基础，成立宗族理事会，每个理事会下辖45—60个农户。各农户之间都是同一家族的人，有着同一的姓氏，有着共同的祖先，大多沾亲带故、血脉相连。许多理事会以宗族姓氏命名，如黄下理事会、张屋理事会、吴子湖理事会等，围绕理事会，形成了以亲缘为基础的农民社会组织。九岭村村民吴国儒说："村庄比较大，村里有十几个姓氏，'梅花姓'不利于劲往一处使，围绕着理事会的都是同一家族的人，骨肉相连，亲缘关系就把大家连接起来了。"

（二）利益相关

农户间共同的利益，为宗族理事会的运行提供了内动力。一是有共同利益的基础。同一宗族理事会的农户，共同拥有着祖先祠堂、水塘、围屋，这是农户的共同财产，农户祭祀、节日庆祝、新丁宴请都要在此进行。农户从事农业生产，共享着"一条路、一个渠、一个晒谷场"，共享共同的公共设施、公共服务，农户围绕理事会有着最紧密的利益联系。二是有共同利益的诉求。同一理事会下的农户，居住位置相近，公共活动相同，有着共同的要求和愿望。每到清明，便有100多人来黄下戴氏祖坟祭祖，硬化道路、修建停车场成了村民共同的诉求。基于共同利益，600米山路、500平方米停车场得以完成。三是便于利益表达。以理事会召集农户开会议事，方便快捷，跟以前的村民大会相比，缩小了会议规模，普通村民也有机会表达意见和看法。芳心村理事长戴忠说："先前村民大会，五六百个村民聚集一起，七嘴八舌、牛头马嘴，意见很难统一。现在50多个农户开会，村民有机会把话讲清楚了。"

（三）文化相近

共同的文化认同，为宗族理事会的运行提供了良好环境。一是地缘文化。蕉岭是汉族客家人聚集地，不同姓氏农户的祖先从不同的地方迁居来此，构成了"梅花姓"村庄。问及村民的老家时，多会得到"张屋、陈寨"这种地缘归属感较强的回答。同一姓氏的农户围绕着理事会，有了地缘文化的归属感，彼此亲切，更有凝聚力。二是习俗文化。不同宗族的农户，婚丧嫁娶、祭祀扫墓的习俗也有区别，相同的习俗文化容易产生认同。如芳心村黄上理事会的农户，添小孩后是在祠堂里宴请60岁以上的宗亲，并在祠堂挂"新丁灯笼"，而东海堂理事会的农户，则是在自家宴请本族的亲戚。三是亲缘文化。同一理事会的农户，有着共同的姓氏和祖先，理事长也多是本宗族里较有威望的长辈，九岭村吴子湖理事会的理事长表示，年轻人多是自己的侄子侄女辈，开展工作时有着隐形的威望，村民都认同他的号召。

二　自治内动：宗族理事会如何参与村级治理

蕉岭基层社会的自治传统由来已久，在当地客家文化中，"社"初指土地神，亦指祭祀的场所，引申为民间组织，各种"社"聚"会"在一起，就有了基层社会。宗族理事会作为内生型村民组织，本着"自我服务、自我管理、自我决策"的原则，实现了村民公共事务的自我治理。

（一）明确职责，自我服务

蕉岭县在推进宗族理事会的工作中，避免"生搬硬套""削足适履"，在尊重农村自治传统的基础上，明确理事会的职责，鼓励村民自我服务。一是公益事业的"组织员"。发挥宗族理事会的组织凝聚作用，让"公益事，大家干"，避免村民"站着看"。三圳镇芳心村的黄下理事会在清理池塘、修葺祠堂时，组织了 11 个农户参与清理工作，并组织村民修建了一处 430 多平方米的休闲广场。二是矛盾化解的"消防员"。理事会对所辖农户"知根知底"，农户遇到矛盾纠纷，由理事会调节，将邻里纠纷、民企矛盾化解在理事会，做到"小事不出会，大事不出村"。三是为民办事的"服务员"。建立理事走访制度，一名理事服务 7—10 个农户，定期收集村民意见、办事需求、利益诉求。黄屋理事会曾发动 20 多农户帮扶重病孤寡老人，通过农民联合帮扶，让社会服务进村入户。

（二）多方参与，自我管理

村民对村庄事务的管理权，就是让村民回答"怎么办""怎么做"。一是吸纳多元力量。理事会成员由老党员、宗族前辈、村庄精英构成，同时成员构成具有开放性，鼓励多方力量参与，对心系故土的乡贤、村辖企业负责人等，也可以吸纳为理事会成员。九岭村陈下湾理事会请在外经商的乡贤担任荣誉会长，已为公益事业筹资 13 万元。二是共议村规民约。村规民约维护着村庄秩序、村风民俗、公共道德，由农户讨论制定，对村规的认同感更强，也更有约束力。蕉岭纪委书记卢尧生说："像'义务工，积极去；公益事，多出力'，因为是农户商讨决定的，就成了'土法律'，很有约束力。"三是商议实施办法。村庄的公益事业"如何办"，由理事会组织农户代表商议，包括如何筹资、如何出劳力、如何实施，都让农户"心知肚明"。吴子湖理事会在建休闲广场时，农户商议决定70%工程款由农户筹集，30%向村两委和乡贤争取，广场不到两个月就建成使用了。

（三）落实权利，自我决策

为落实村民决策权，蕉岭县制定了《理事会议事规程》，让规章"进村、上墙"，引导宗族理事会规范运行。一是召开两级会议。宗族理事会要定期召开户长会议、理事会议，户长会议由理事会召集，理事会议由理事长召集，其中户长会议要3/5的户长参会方为有效，形成一季一次的"两会制度"。二是村民协商提议。村民可以经过协商，对自己关心的事情、村庄发展建议，以口头或书面形式提交理事会，经由理事会形成提议。芳心村黄下理事会理事长说："理事会的提议中，近60%都是若干村民协商后产生的，提议从群众中来，才有感召力。"三是户主代表决议。一项提议形成决议前，要召开户代表会议，所作决定应经过半数以上与会人员的通过，决议交由理事会执行。芳心村村民李爱萍说："一件事干与不干，村民有了决定权，不是干部说了算的。"

三　蕉岭宗族理事会的现代启示

广东蕉岭的村庄宗族理事会，形成了内生型村民组织参与村级治理的良好局面，激活了村民自治的内源动力，村民由"站着看"，变成了"大家干"。蕉岭通过农民社会组织，实现了农村服务的自我供给，村庄事务的自我管理和自我决策，有着诸多启示意义。

（一）组织内生是完善基层组织治理体系的有效途径

十八届三中全会首次提出"推进国家治理体系和治理能力现代化"，就人的层面而言，现代化指人的组织化，人要进入组织化体系中来。长期以来，农村基层治理横向无法到边，缺乏有效的措施将农民组织起来，农民是"一盘散沙"，处于孤立的原子状态。蕉岭县引导传统宗族组织转型，以内生型农村社会组织将村民凝聚在了一起。在政府权力管不到，村民个人无力管，社会无人管的时候，农村社会组织"补位"，形成了"地方政府—村'两委'—农村社会组织—农民多主体协同共治"的农村治理新体系，完善了基层组织治理体系，提升了村级治理能力。

（二）内源性治理资源是激活自治动力的有效手段

蕉岭宗族理事会可以良好运行，关键在于对传统治理资源的利用。传统乡村治理是"皇权不下县"，农村社会通过家户组织、宗族组织、邻里组织等自我运行。蕉岭的宗族理事会正是发端于宗祠管理组织，基于"血脉相连、利益相关、文化相同"的内生性特征，将农村的家户、宗族、邻里凝聚在了一起，激活了农村自治的内动力。正视传统农村社会的治理资源，尊重农村社会家庭、宗族、宗教等社会组织的延续特征，在现代基层治理中引导其规范运行，充分发挥其"正能量"，这正契合了2014年"中央一号"文件对"完善和创新村民自治机制，充分发挥其他社会组织的积极功能"的精神要求。

（三）"两级自治"是实现村民自治的有效形式

2014年中央一号文件提出：探索不同情况下的村民自治有效实现形式。广东蕉岭依托农村社会组织，激活了村民自治的内生动力，在行政村下围绕理事会开展自治，形成了两级自治的格局。近年来，广东、广西、湖北等地，将村民自治的重心下移到村小组（自然村），以村民小组为单位开展村民自治实践，效果比较好。由此可见，两级村民自治正在形成与发展，可能会迎来"村两委＋村小组"或者"村两委＋农民组织"等形式的"两级村民自治"的普及推广。但两级自治实行以后，如何让两级自治规范运行，以及国家的配套改革如何进行，还需要相关部门深入开展调查研究。

执笔人：白雪娇、徐玉栋、吕进鹏

学术研讨篇

第十届中国农村发展论坛暨
"全面深化改革与农村可持续发展"
全国研讨会实录

第一部分　论坛欢迎辞

民政部基层政权和社区建设司副司长汤晋苏：

尊敬的各位领导、各位专家、同志们、朋友们：

大家上午好！

很高兴能够参加这次研讨会。来到蕉岭，感受深刻。概括起来就是"三句话十个字"：很高兴，很振奋，很受鼓舞。我为蕉岭在推进村级治理体系上的创新所取得的成就而感到高兴；为蕉岭创造的协商共治经验和所进行的积极探索而感到振奋；为蕉岭的经济和社会共同发展、和谐发展深感鼓舞。蕉岭的经验，体现了求实的态度，求变的勇气，求精的境界。为什么这么说呢？

第一，从全国来看蕉岭。中央对基层治理，包括村级治理特别重视，一些重要政策文件、重要会议上，都有原则要求。各地各个方面也都在积极探索。

蕉岭着眼于围绕大局、服务大局，积极探索新形势下村级治理的新途径；着眼于工作的连续性、统筹性、实效性；着眼于解决民生、保障民生、改善民生；着眼于社会建设和社会服务，正在逐步从单纯管理向全方位服务的转变；着眼于提高质量、提高水平和提高能力；着眼于促进公正、促进公平、促进和谐、促进稳定。"一核三元、四权同步、多层共治"的村级治理体系，为全国的基层治理改革提供了实践经验。

第二，从蕉岭来看全国。蕉岭抓住国家农村综合改革示范试点的机遇，从村级组织建设入手，理顺治理主体关系，规范村级权力运行机制，探索协商议事制度，领导同志重视，统筹有力，各方主动参与，体现了当前工作与发展相结合，落实任务与建立长效机制相结合，总体要求与分类指导相结合，侧重点与整体推进相结合。蕉岭的村级治理基本思路和主要目标，必将能引领基层治理改革。

第三，从蕉岭的实践来看蕉岭。从蕉岭经验中可以看出，蕉岭注重了对以前工作的规划升华，注重了对新开展工作的研究，注重了整体工作的统筹和现有资源的整合，注重了问题的及时发现和认真解决。这说明，蕉岭上下关注与群众利益密切相关的问题，关注社会热点和难点问题，关注中央正在研究和探索的关键问题，关注蕉岭现阶段亟待解决的问题。

希望蕉岭结合县里下一步的整体工作，一手抓推进，一手抓研究；一手抓宣传，一手抓规范，总结出更多更好的经验。有一个建议，蕉岭经验10 字，3 句话概括成一句，才能好记，比如协商共治。我相信，蕉岭的明天一定会更加美好！

第二部分　论坛主题发言

中国社科院农村发展研究所所长李周：

尊敬的主持人，各位领导、专家：

大家上午好！

借这个机会谈谈我对农村改革的一些观点。这 30 多年来，农村改革的主线是向农民赋权。改革初期赋予了农民自主经营承包的权利。农民凭借着这个权利，很快就解决了自己的温饱和全国农产品短缺的问题。20 世纪 80 年代中期赋予了农民在农村从事非农产业的权利。农民凭借着这个权利，创造出了乡镇企业，占据了中国工业半壁江山。20 世纪 90 年代以来赋予了农民进城就业的权利。凭借着这个权利，农民工已经成为我国工人阶级的主力军。随着农民就业领域和就业空间的拓展，他们对国民经济的贡献已经由农业部门拓展到非农产业部门，由农村拓展到城市。2008—2012 年，农民工创造的 GDP 占全国 GDP 总量的份额由 32.1% 上升到 38.6%，4 年间提高了 6.5 个百分点。现在要赋予农民利用集体所有的农村建设用地经营的权利。农村集体经济组织以农村建设用地入股的方式与资本开展合作，可以使农民得到持续的股权收入，可以降低城市化过程中的土地成本，可以降低工业化、城市化的融资难度。

一　深化农地制度改革

十八届三中全会对深化农村土地制度改革提出了明确要求。推进农地产权制度改革，旨在探索集体经济的有效实现形式。"大包干"的推广，使农民很快解决了温饱问题。温饱问题解决之后，超小规模的农业经营方式制约新技术应用和现代农业发展等不足就暴露出来了。中国经济的持续快速发展，给农民带来了岗位数越来越多、稳定性越来越好的非农就业机会。农民就业结构提升，一方面，使非农就业成为农户增收的主要来源；另一方面，使其从事农业生产的机会成本逐渐增大，于是出现了农户转包土地的行为。农地流转有利于克服农业超小规模经营的弊端，有利于促进农业新技术的应用，有利于推动现代农业的发展。总体上看，有意愿流出的承包地总量小于有意愿流入的承包地总量。农业公司的介入，提高了农地供不应求的程度。这是单位承包地流转费逐年上升的主要原因。随着农地流转规模不断扩大，流转形式不断增多，现行农村土地产权安排越来越不适应土地流转需求了。土地流转引发的问题，不应在原有产权结构里寻找新解释，而应进一步完善产权结构。最简略的办法是把隐含的土地股权显现化。集体经济组织成员实际上是凭借着他们拥有集体土地的股权得到承包权的。20 世纪 50 年代的农村集体经济是以农户土地折股入社的方式形成的。现在将隐含的股权显现化是顺理成章的事情。农村集体土地的股权是长期不变的，适宜用权证的方式界定；土地经营权是经常变动的，适宜采用契约的方式界定。集体土地股权按照公平原则在有资格的集体经济组织成员内部分配，实现了集体土地的按份共有。

中国正处在由发展中国家向发达国家过渡的阶段。这个阶段的农村土地制度应该具有稳定性、灵活性和有效性三个特征。（1）稳定性。所谓稳定性，就是拥有特定社区集体土地的成员不要轻易发生变化。为此，一要减少集体成员之间的土地股权交易；二要把土地股权交易范围控制在集体成员之间；三要严格界定土地经营权流出主体的资格，以免多次流转对土地产权稳定性造成冲击。（2）灵活性。实物形态的土地产权是初始的产权形式。股权形态的土地产权与实物形态的土地产权相比，有利于土地整理，有利于土地产权的细分，是更具灵活性的土地产权形态。（3）有效性。这个有效性，包括对集体经济组织和持有集体土地股权的成员权益保护的有效性，土地经营者的农业生产的有效性，以及国家关注的土地资源可持续利用的有效性。

循着这个思路分析，现有的土地产权结构需要做三方面调整。（1）增加土地股权。土地股权与土地承包权相比，从法学上看，用语更规范更严谨。从经济学上看，概念更清晰更合理。改革初期实际上分的是土地股权，采用承包权的说法主要是为了降低政治上的敏感性，以便在决策层达成农村改革的共识，这充分体现了改革推动者的智慧。（2）将实物形态的土地承包权改为价值形态的土地股权。"大包干"初期，所有农户都经营自己承包的土地。土地承包权必须同实物形态的地块相对应。现在，越来越多的农户不再经营承包地，对土地的关注也由生产功能转为财产功能，基本具备了将实物形态的土地承包权改为价值形态的土地股权的条件。（3）将特定土地的生产权改为特定土地股权的收益权。土地流转越充分，平均经营规模越大。经营规模的扩大必然涉及土地整理，将原先赋予农户的土地生产权改为土地收益权，便于开展土地整理，提高农业生产效率，提高我国农业的国际竞争力。

二　如何培育农业新兴经营主体

"大包干"的实施很快就解决了农民温饱问题，说明超小规模的农业经营模式对于解决温饱问题是有效的，至少是没有问题的。但是，超小规模的农业经营形式在农业内部缺乏竞争力，在就业竞争中缺乏吸引力，所以随着经济发展，愿意从事超小规模农业的农民越来越少了，以致有人产生了今后谁来种地的担忧。其实，超小规模的农业走向衰败无须担忧，而应该乐见其成。只有越来越多的农民不愿意从事超小规模的农业，新型农业经营主体才会成长起来。由此就有了如何培育新型农业经营主体的话题。新型农业经营主体是在竞争中脱颖而出、具有自生能力的经营主体，而不是需要扶持方能维持运作的经营主体。政府不要把新型农业经营主体放在保温箱里，不要揠苗助长，而是要给它们创造公平竞争的环境，并把它们推向市场。新型农业经营主体在发展过程中肯定会遇到问题。对于这些问题一定要让他们自己解决，只有这样他们才会量力而行。他们量力而行，一些人担忧的各种问题就不会出现。采取这种做法，新型农业经营主体的发育肯定会慢一些。但只有这样，优胜劣汰的市场机制才会发挥作用，缺乏自生能力的新型农业经营主体会被淘汰掉，具有自生能力的新型农业经营主体会保留下来，并逐步成长壮大。这样的新型农业经营主体，银行会乐意为他们贷款，保险公司会乐意替他们保险，市场化的经营环境就逐步形成了。

三 深化乡村社会治理改革

乡村社会治理是国家治理体系的有机组成部分。我国传统的乡村社会是一个稳定的利益共同体，乡村事务主要在共同体内解决。宗族制度、伦理道德、村规民约在乡村社会治理中发挥重要作用。改革开放初期，为了维系这一局面，采用了村民自治策略。从 1980 年第一个村委会诞生算起，村民自治已经推行了 35 年。总体上看，村委会的主要工作是承接乡镇政府安排的行政事务，而不是处理共同体内部事务，以致乡村社会出现行政化特征强化、共同体特征弱化的倾向。在市场化进程的冲击下，延续了几千年、以儒家伦理思想为核心的乡村文化的纽带作用被削弱了，乡村居民的认同感和凝聚力弱化了。城镇化引发的乡土精英不断流出，使乡村社会治理主体也弱化了。为了重建乡村共同体，提升乡村社会治理能力，改进乡村治理效果，各地针对乡村社会治理存在的问题进行了不同形式的创新。基本的做法是：发挥威望高、能力强的乡村贤达（如退休干部、复退军人和经济能人等）的作用。他们以公共治理、公共服务为职责，以民事民办、民事民治为原则，以法律政策、村规民约为依据，动员村民参与村庄公共事务，游说经济能人为村庄公共事业投资，推动村庄公益事业发展，协助村庄发展经济等。

乡村贤达的参与，有利于促进中国制度优势和传统文化的结合，有利于整合乡村共同体和激发村民参与村庄事务的积极性，有利于提高乡村的凝聚力和自治能力，有利于建立乡村居民的利益表达机制和村精英参与家乡建设的平台，有利于完善乡村治理结构和促进乡村社会治理。"皇权不下县、县下行自治"是我国传统社会治理的特征。目前国家权力已经渗透到乡村社会，乡村已经融入到国家治理体系之中。所以乡贤参与乡村共同体的重建，必须服从于国家构建有效的治理体系的需要，与其形成互补的关系。

四　农业集体所有制的有效实现形式

强调集体经济，旨在解决集体经济发展滞后的问题，而不是抑制其他经济成分发展。

集体行动绩效的影响因素。农村经济体制经历了 30 多年演进，期间集体经济一直是农村经济有机组成部分。常与集体行动相伴而行的，针对集体行动的绩效差异显著大于个人行动的差异的现象，学者们就集体行动的监督和激励机制进行了深入探讨。阿马蒂亚·森在 1966 年发表的一篇文章中，论证了合作农场中工人的劳动积极性会高于个体农场的结论，达到这个效果的主要措施是消除外部负激励。奥尔森把集体利益分为相容性利益和排他性利益。相容对应正和博弈，排他对应零和博弈。鉴于相容情况下仍可能出现囚徒困境式的集体行动，所以必须设计出对集体成员奖罚分明的选择性激励。为了克服信息不完全等问题，集体规模不宜太大。林毅夫分析了激励、监督与集体经济绩效的关系。其结论是，要让社员做出更有利的选择，必须赋予其入社和退社的权利，否则就无法通过选择来改善自己的境况。集体行动的绩效决定于监督和激励机制设计。尊重农民的集体智慧和公共选择，由他们共同决定合作方式、共同设计监督和激励机制，方能获得集体行动的有效性。

发展壮大农村集体经济的条件。《中共中央关于推进农村改革发展若干重大问题的决定》首次把集体经营与家庭经营、合作经营、企业经营放在同等重要的位置上。集体经济是农村社会主义改造的产物。虽然 30 多年来受到"大包干"、乡镇企业改制和取消"三提五统"的冲击，但村级集体经济依然存在，农民依然认同集体经济。中南财经政法大学的调查表明，大多数受访农户认为，村集体在很多方面发挥了积极作用，并希望所在村集体经济组织能发挥更大的作用，即村集体发挥的作用与农户的期盼还有差距。朱有志等人做的湖南五乡十村 300 份农户问卷的汇总结果表明：47% 的农户认为所在村组拥有集体资产（包括土地、山林、房屋、作坊、水面等）；50.4% 的农户愿意拿出一部分承包耕地和林地作为村、组集体资产，25.2% 的农户不愿意，24.4% 的农户没有明确回答；59.3% 的农户愿意以土地入股的方式，拿出一部分承包耕地和林地作为村、组集体资产。

发展壮大集体经济的有利条件。当前发展壮大集体经济具有三个有利条件：一是乡土能人的成长。改革开放30多年来农村最大的变化是涌现出一批乡土能人。其中有些人愿意为家乡发展做贡献。发展壮大集体经济必须充分发挥他们的作用，同时满足他们的要求。二是农村集体建设用地进入市场。在市场机制的作用下，农村集体建设用地配置的优化，利用效率的提高，会激发农村集体经济的活力，并给集体成员带来更多的财富。发展壮大集体经济必须充分利用好这个基础。三是农村大变革和农民大分化的环境。随着越来越多的农民进入非农部门就业，土地流转、土地入股和解决土地细碎化的条件都会变得越来越好。这是发展壮大集体经济的宏观环境。

农业集体所有制的有效实现形式，亟待做好几项工作。第一，发展壮大农村集体经济必须贯彻"依靠农民，服务农民"的原则。第二，选好带头人。拓宽选人视野，细化用人标准：观念新、责任强、懂经营、会管理、有技术；有能力、有追求；甘于奉献、群众信赖。第三，用好集体资产。通过股权量化，改变集体产权模糊不清局面；明确经营责任，保障集体资产保值增值；营造法治环境，抵御各种不当干预。第四，提高管理水平。一是加强集体资金、资产和资源管理。摸清"三资"状况，构建"三资"信息监管平台，推进"三资"管理的制度化、规范化、信息化；二是健全制度；三是规范程序。活化集体资产存量，优化集体资产增量。第五，提高灵活性。因地制宜、因时制宜、因事制宜地确定经营方式，宜包则包，宜租则租。在保证农地农用、粮食安全、生态平衡的前提下，创新农村集体经济的经营方式。

五 推进新型城镇化需关注的问题

城镇化过程中的公平问题。对于这个问题，大家关注的是被征地农民的公平问题，即政府拿得太多，农民得到太少的不公平问题。我考虑的是城镇化中未被征地农民和被征地农民的公平问题。不关注这种公平问题，就难以抑制村庄追求土地非农化的冲动，难以将最严格的耕地保护制度落到实处，难以维护土地利用规划的严肃性。倘若土地利用规划是科学的，规划执行是严格的，那么被征地的村庄就是确定的。如果政府规划带来的级差收益都归被征地的村庄，对未被划入城市规划的村庄来说就是不公平的。为了消除这种不公平，政府把由规划带来的级差收益征收掉是具有合理性的。遗憾的是，政府并不能保证被征收的这部分级差收益能够得到合理使用。这两个问题叠加在一起，使问题变得更加复杂了。但不管怎么说，我们要倡导的是依靠自己的劳动致富的文化，而不宜形成依靠政府政策创造的机会致富的文化。否则，就会有越来越多的人等待国家为其创造致富的机会。

新型城镇化背景下的耕地保护问题。农地转为非农用地是城镇化过程中的必然现象。城镇化过程必然同部分农地转为非农地相联系。但在不同的城镇化阶段，农地转为非农地的规模和用途有所不同。城镇化初期，城镇中的产业以小型加工业为主，人口城镇化进展和城镇用地扩张都很缓慢；城市化中期，人口城镇化快速推进，城镇的工业用地、住宅用地和交通用地迅速扩张。城镇化后期，服务业和公共用地仍将增加，但在工业用地减少、土地利用集约度提高和地价上涨的共同作用下，城镇新增用地逐渐减少，城镇用地总规模慢慢趋于稳定。城镇化不单是占用部分农地的过程，更是农民人数减少、农地平均经营规模扩大、农业竞争力提高的过程。农户平均经营规模的扩大，会促进农业劳动生产率和农民收入的提高，会使农村发展快于城市，会使整个社会逐渐进入农民与市民生活方式融合的城乡一体化阶段。

耕地保护是世界各国城镇化过程中的普遍做法。为了节制城镇化对农地的占用，各国都采取了严格的耕地保护制度。英国1947年制定的《城乡规划法》规定：所有土地的发展权均归国家所有，任何人欲开发土地，均须申请并取得开发许可。即使改变土地用途与发展计划不冲突，也必须得到规划机关的许可。农地变更用途，规划机关审批开发申请时要向农业部部长咨询，以消除对农地的过度侵占。日本将农地分为一、二、三类。一类农地除公共用途外不准转用；三类农地可以转用；二类农地在没有三类农地时方可转用，但要一宗一宗地排等级。韩国把农地分为绝对农地和准农地。绝对农地严禁改变用途，绝对农地由农林部指定并公告。除法律特别规定的公共目的外，改变农地用途必须经农林部许可。1981年美国政府制定的《农地保护政策法》，将全国的农地划分为四大类，实行严格的用途管制，包括最大程度地降低联邦项目引起的农地转用。《农地和乡村保护法》规定，所有开发都必须取得规划许可。审核农地转用时考虑更多的是农地的环境价值而不是农地生产力。在农业中，只有有机质含量高且各种营养元素都很丰富的土地才能生产出优质的农产品。为了防止数量稀缺的肥沃土地因非农占用毁于一旦，必须对其进行严格保护。这是世界各国保护耕地的主要理由。对城镇来说，用地扩张没有限制，就不会有为节约土地而创新的动力，土地利用效率无疑是低下的。

我国城镇化所需土地可通过提高农村经营性建设用地效率来解决。农地转为非农地通常具有增加投资、就业和 GDP 的效应。有人据此批评中央政府设置耕地红线的政策。这种观点显然失之偏颇。我国耕地的产出效率位居世界先进水平。在世界主要粮食生产国中，只有法国和德国的耕地产出效率高于我国。我国城市土地的产出效率远低于国际先进水平。我国城市人均建设用地（126 平方米）分别比发达国家（人均 82 平方米）和发展中国家（人均 87 平方米）高 53.7% 和 44.8%；单位土地面积投资量仅为美国的 1/3、德国的 1/7 和日本、英国的 1/10。每平方公里城市工业用地的产出，我国 2011 年为 3.6 亿美元，东京 2007 年为 21.13 亿美元，新加坡 2007 年为 64 亿美元。由此可见，不宜仅凭非农地利用效率高于农地这个依据，就推导出应尽可能地把农地转为非农地的结论。真正要做的是通过严格保护耕地，激励企业家提高非农地利用效率。

我大概就讲这些，谢谢大家！

广东省政府发展研究中心主任汪一洋：

各位领导、各位专家，各位来宾、同志们：

大家上午好！

今天我们这个论坛是群贤毕至，既有我们国家研究"三农"问题的专家，又有在"三农"一线实践的工作者，所以，我觉得这是一次很好的学习的机会。我们广东省政府发展研究中心也长期关注和研究"三农"问题，我对"三农"问题也有一些心得和体会，想借这个机会发表一些自己的意见。不一定都对，对的供大家参考，不对的请大家批评。

我讲的题目就是《粤东西部振兴发展中的农村综合改革》，大家知道广东是改革开放的前沿带头兵，改革是广东的根，也是广东的魂，没有改革就没有广东的今天。在改革开放之初，1978 年，广东在 29 个省市自治区中经济排名 18 位，属于中等偏后的水平。通过改革开放，在 1989 年广东就成为了中国第一经济大省，并且连续 20 多年保持中国经济第一大省的地位。到 2013 年广东的 GDP 达到了 6 万 2 千亿元，折合美元就是一万亿美元，拿到世界上作为一个经济体来比较的话，排在第 16 位，仅次于韩国。外贸进出口总额达到了 1 万亿美元，占全国的 1/4，人均 GDP 超过8000 美元，这些成绩的取得，都是我们 30 年坚持改革开放所取得的成就。现在中共十八大三中全会又一次吹响了全面深化改革的号角，广东能不能继续走在全国的前列，在转型升级上再上一个台阶，这就看我们在改革开放中有没有新的创新和作为。所以我讲的第一个观点，就是要坚持改革、深化改革不动摇，加快地方经济的发展。改革促发展，发展靠改革，发展是硬道理，改革是主动力。穷则思变，其实这个穷就是无路可走，你在一个洞里面看不到出路的时候就是一种穷，你无路可走就是穷，变就是改革。原来的路走不通了，我们要找到一条新路，就要改革。穷则变，变则通，通则达。你必须改，改了以后才有新路子，走新路你才能顺畅，顺畅才能发达。所以中共十八大提出了新的战略，就是要把工业化、城镇化、信息化、农业现代化作为我们发展的总战略，也就是"新四化"，过去我们有一个"老四化"，十八大又提出一个"新四化"，放在同一个重要的地位。

从我们广东的经济结构来看，到 2013 年，我们第一产业的增加值占的比重只有不到 5%，第二、三产业占 47%。在去年，广东的经济结构从过去长期的二、三、一结构，工业第一位、服务业第二位、农业第三位，变成了三、二、一结构，虽然农业的产值和附加值比重不够大，但是我们有 30% 以上的人在从事农业生产，就业的比重还是非常大的。这个里面也可以说是我们未来发展的一个基础，30% 多的人创造了不到 5% 附加值，所以我们要加快工业化的进程。现在是互联网时代，我们要借助互联网、信息化，用当今世界最先进的技术来装备我们的工业，完善我们的城市。所以广东省委省政府在 2008 年就提出了产业转移和劳动力转移，2014 年又提出了加快粤东西北发展，汪洋书记在任的时候说，"最富在广东，最穷也在广东，珠三角天时地利人和发展起来了，我们的很多人才往珠三角去了，我们很多的资源往珠三角积聚了，30 年以后，我们广东发展区域不协调发展状况是远远超过全国的东中西部的不平衡状态"。所以，历届省委都高度重视全省的平衡发展，去年新一届省委上台的时候，就提出了加快粤东西北发展的战略，从而实现提升珠三角、振兴粤东西北这样一个目标。

粤东西北振兴发展，有三大抓实：第一个就是交通基础设施抓好，2012年年底的时候，我们广东的高速公路是5300公里，在全国排第三位。按照我们原来的设想，我们每年会增加200—300公里高速公路，这是去年粤东西北振兴发展决定出来之后，把加速通往粤东西北的基础设施作为第一大抓手。要把高速公路、高速铁路作为改善粤东西北的手段。经过一年，到10月1号以前，已经达到了6000公里；到2017年将达到7000公里，同时还要打通19条出省通道，实现19条通向外省的通道。进一步发挥我们广东珠三角粤东西北协调发展的作用。第二大抓手就是要大力发展产业园区。粤东西北是我们的生态保护地，不是说不能发展工业，而是要找到一种发展工业的方式，珠三角搞的是村村点火、户户冒烟，外商要在哪里建厂就在哪里建，从而造成了现在的局面。成就很辉煌，但是代价也很沉重。要把这些被污染的河流治理好，要把被污染的土地、化学、重金属治理好，恐怕要付出巨大的代价。为了搞亚运会，广州市拿出400亿来治理河流，当时效果还是不错的。广东省今年要拿出150亿来治理广州市和佛山市交界的河流，没有二三十年是治不好的，这个代价是非常沉重的。我们珠三角有1/3的土地是不能种东西的，所以现在搞产业园区，就是吸取了我们过去的教训。集中在园区里面搞工业，而不是村村点火。昨天我跟温向芳书记讲，我们形成的是一种面上保护，点上开发的模式：一个县2000平方公里，拿出10平方公里搞城镇化，拿出10平方公里搞工业园区，剩下1980公里搞保护。所以，这个产业园区是我们粤东西北这些县区发展的一个重要的载体，要把产业园区做好。第三就是推进城镇化。发展城镇化使我们更多人享受到城市文明，这个作为我们广东粤东西北的第三大抓手。推进城镇化发展要保持两条底线：其一要保持社会稳定；其二要保持生态安全。推进工业化、城镇化、交通基础设施当中涉及到很多的征地拆迁，我们搞工业化、发展经济，推进城镇化，改善人民的居住环境，这些都是为了老百姓，但是在建设的过程中间，又损害了老百姓的利益。为老百姓做事，结果过程当中又损害老百姓的利益，老百姓是不会领情的。50年代的龙须沟，共产党进城了把它治理好了，老百姓说共产党万岁,我们现在做了多少房子、就业,很多老百姓不高兴、不认可,因为我们在发展的过程中没有维持好这个底线,损害了老百姓的利益,补偿不到位,征地拆迁没有听老百姓的意见。另外,我们粤东西北属于我们的生态保障区,一定要保障生态保护区,实现面上保护,点上开发,而不是村村点火,经济没有发展起来,环境也破坏了。此外,我们在发展粤东西北的过程中,还是要坚持改革、深化改革,找到一条新路,吸取我们原来的经验教训,不要重蹈覆辙,这样才会实现超越。

第二个观点,就是要走出经济、社会、生态协调发展的新路子,实现绿色崛起。过去我们讲发展经济造成环境破坏,那是资本主义社会的发展模式,可是,我们最后实际上也走的是这样一条先污染后治理的老路。在改革开放之初,我们企业比较少,环境污染不是很严重;现在走上了工业化发展道路,引进这么多企业,一家企业排放,环境容量可以,十家排放是有点影响,百家来排放可能就不行,1000家、10000家这么排放就挺不住了,就造成了我们现在严重的环境问题。所以,能不能找到经济、社会、生态协调发展的路子,这是我们现在要探索的。昨天,温书记带我去看了一些园区,看了一些企业,特别是我们塔牌水泥,一说水泥厂,大家说这是污染企业,有水泥厂到处都是灰蒙蒙的,但是我们昨天看的这个水泥厂,它不是灰蒙蒙的,它是清洁生产的,没有粉尘排放,没有污染的。相反,它还是一个环保企业,它在发电,每天要消化500吨的垃圾,帮助进行垃圾处理。这个就颠覆了对传统产业的认识,没有落后的产业,只有落后的技术。技术不到位,它就是一个污染的企业;你采用了新的工艺,这些粉尘、废气、余热都利用起来了,它就是一个环保的企业。水泥厂是我们蕉岭的支柱型产业,而我们蕉岭又是长寿乡,这两者看起来是矛盾的,我们通过技术和保护力度,实现了和谐的统一。所以,这个经济和生态不是天然就是矛盾的。粤西北不发展工业,由省级财政负担公共支出也不现实。粤东西北接近5000万人,去年全省财政收入是1万6千亿元,这在全国也是1/7,看起来7000亿还是很大,但是广东省是一个人口大省;人均财政支出只有7000亿元,低于很多城市,全国排名24位。总量是很大,给中央的贡献也是很大,西部的四个省,可能就是由广东的四个县在支撑,但是广东本身的公共支出压力也很大,这1亿里面有2000多万是外来常住人口,相关的公共服务,按照中央的要求,地方政府要负责。外来人口占一部分，例如10%，是可以承受的，但是像深圳和东莞有700万外来人口，公共支出压力非常大。公共服务均等化，外来人口也好，常住人口也好，地方政府有责任为他们解决公共服务的问题。但仅仅靠政府是不够的，中央政府也要负责，因为这些城市创造的财富的50%以上是中央拿走了的，剩下的40%留在广东。外来人口的公共服务问题，我们广东省要尽最大的努力解决，中央政府也应该提供帮助。我们现在需要向外地人提供与本地人一样服务，从国家治理来讲，一个省要承担这2000万外来人口的公共服务，压力是非常大的。第三是要解决农村出现的新的情况，推动农村转型。现在我们农村出现了很多的新情况，前面李教授也说了这些农村出现的老龄化、少儿化，在我们还有一些地区，人口外出打工，这些都对我们农村转型提出了新的课题。我们原来的一套传统的办法不一定管用，在这样一种新的情况下，农业的发展模式要不要转型？农村的治理方式要不要转型？农民的经营方式要不要转型？现在我们按照工业化、城镇化发展的趋势，还要把农村的剩余人口从第二、三产业转移到附加值更高的产业中去，要富裕农民首先要减少农民，30%的农民分享5%的蛋糕，怎么可以富裕呢？创造的就是这么多，要把剩余的农民转移到第二、第三产业去。这样带来的问题是什么呢？就是出现我们农村的劳动力的转移和农村的空心化问题。青壮年越来越少，怎么支持我们农村产业发展呢？农村的转型问题可能要提上议程了。广东省从2008年搞产业升级，产业转型带动层次转型，我们是生产型城市，以工业为主的，后来在城市转型当中，深圳搞了城市更新，经过这样的城市转型，过去形成的灰霾得到了化解。现在华北、华中地区遇到的问题，是我们广东珠三角在2004年、2005年遇到的情况，广州的灰霾，一年是一百四五十多天，通过环境整治、城市转型，前年广州市的灰霾天降了7天，去年降到了52天，现在大家可以看到广州市的天还是蓝的。表面看是环境问题，实际上是一个产业结构问题，表面看是一个产业结构问题，实际上是一个城市形态问题。城市就是一个生产性区域，没有灰霾怎么可能，因为它有大量的排放，所以我们的产业要转型。社会也在转型，以前是农业社会现在是工业社会，人口从农村转移到城市之后，我们面临诸多的"三农"问题：农村怎么转型？农村转型之后我们这套治理办法行不行得通？山里面可能有一个村子，住了这么几十户人家，要实现村村通的话，我们要几十万来疏通，再过几年这个村子都是没有人住的，这些钱就白花了。前一些日子我们去调研，90年代建立的希望工程学校一个要30万，现在全部废掉了，用了才十年时间，为什么要废掉？没有学生，为什么没有学生？父母到城市里打工，小孩就跟着去城里读书了，希望小学没有几个人维持不了，就把它撤销合并到镇里了，镇里面的学校又不够，又在镇里面建设新的学校。所以我们广东省已经是23%的财政支出用在教育支出了，虽然政府投钱很多，但是教育资源没有发挥它应有的作用。现在农村转型出现的新情况，对于我们深化农村改革提出了新课题，我们不能按照原来那个思路，多投一点钱，多加一点钱来解决农村问题，现在投下去的东西，十年以后又是没有人来用，又形成资源的浪费，所以怎么来应对转型的改革？今天我也没有找到答案，我就把这个问题提出来，我们在产业转型、城市转型、社会转型当中，我们农村也在转型，在农村的转型过程中要进行一些什么样改革？

　　谢谢大家！

中国农村研究院院长徐勇：

尊敬的主持人，各位领导、专家：

　　大家上午好！感谢主持人的隆重推荐，一般推荐的人都是属于这种必须要经过推荐才能上台的人。

　　我们18号在北京举办了一个中央出题，地方主打，中共十八届三中全会一周年地方改革创新成果发布会。大家知道三中全会就全面深化改革做出了一些顶层设计，出了60道题，由地方进行改革实践，如果没有地方改革，再好的也只能停留在顶层而不能落地。一年以后，所以我们通过这个新闻发布会，推出了四个地方改革创新的样本，这四个样本为全面深化改革的探索提交了一份优秀的答卷，在全国产生了强烈反响。其中就有蕉岭。今天我们又在蕉岭举办第十届中国农村发展论坛，相信会进一步推进蕉岭的改革创新。有人问我，你们学校在湖北，为什么老是往广东跑？你一个长江边的学者，怎么老是往珠江边跑？我说湖北人擅长于革命，从辛亥革命到红色革命，一直到无产阶级大革命，都走在全国前面。最近央视在放的《铁血红安》就是讲的湖北，"文化大革命"当中有一个百万雄师，后来毛主席都为之震撼，所以擅长革命的地方改革难，所以很难具有改革思维，刚才的汪一洋先生也是湖北来的，来广东寻找改革的地。广东擅长于改革，从经济改革到全面改革，再到社会治理创新，广东都走在前面。我们说革命会上瘾的，不断要革命，改革也会上瘾，改革有改革的思维模式的驱动，它就有创新性。所以说，我们蕉岭是在广东改革当中的领导者，为广东和全国的改革提供了有利的经验。而我们改革创新的重要特点就是基于内心的需要和内在的动力，这对整个国家改革发展的大趋势是有价值的，所以我今天大会发言的题目是"内生型的乡村治理创新"。

大家知道我们国家的乡村治理是伴随着国家经济建设和农村经济社会发展兴起而发展的。当下的乡村治理正处于基于外部性制度安排向基于内生性需求推动的制度创新大变革时期。我们要知道我们改革的前提，我们改革前提是什么？我们现有的乡村治理，是在现代化进程中形成的，具有鲜明的外部性制度安排的特点。第一个是基于现代化国家建构的需要。我们知道传统的乡村治理实行的双轨治理，"皇权不下县"，国家正式权力机构指导县级权力机构，县级以下主要是乡村自我管理。这样就把广大的亿万农民整合到乡村治理体系当中。现代国家因此获得了广泛的农村治理基础。第二个是基于国家现代化吸取农村资源的需要。我国是在一个有着深厚农业文化的传统国家启动现代化的，现代化所需要的资源主要是来自农村，国家的乡村的治理体系服从和服务于国家目的。多年来，我们的基层干部因此长期被称为"三要干部"，即要粮、要钱、要命，由此导致农民对国家的离心离德。所以有一个故事讲有一个领导干部去农村考察，拍拍农民的肩膀，问农民现在最需要什么，那个农民就说我们现在最需要陈胜、吴广，因为现在"陈胜、吴广"都到珠三角去了。所以工业化和城镇化消解了农民革命的动力，缓解了现代化产生的紧张关系。但是这种情况不可持续，所以到了21世纪，我们整个国家的发展战略就转变了。国家实现以工支农、以城带乡的发展战略，乡村治理随之转变。这种创新有这么几个特点，第一个是集体产权和集体治权的配套，产权和治权相结合。人民公社制度废除之后，我国实行家庭承包经营，村委会代表集体所有权，由村民选举产生，行使集体治权。但村民仅仅通过选举权行使集体治权远远不够，村民干部实际支配集体产权，特别是伴随工业化、城镇化，土地日益升值，因土地支配产生的矛盾增多，导致发生群体性事件。如广东"乌坎事件"。集体产权必须与集体治权相匹配，集体治权与集体产权一样也约束权利，包括选举权、决策权、管理权和监督权，需要四权同步，四权配合。

针对四权不同步，特别是监督权缺失，广东蕉岭率先建立村务监督委员会，在全国产生了广泛的影响。接着就涉及村民利益的村庄事务由村民议事来决定。以往乡村事务主要是政府事务，更多的是通过自上而下的行政力量加以完成，村民参与极少。这些事务有相当多数是与村民利益相冲突的，比如：计划生育，这对于村民是断子绝孙的事情，而这个参与却是非常少的。近年来，伴随废除农业税和建设新农村，农村大量公共事务产生于农村内部，与农民利益密切相关。如土地流转、美丽乡村建设，大量事务需要农民共同处理。由此产生农民理事会、议事会等议事组织，村务决策由村民共同参与决定。因此，必须要通过一套机制来讨论公共事务。我们蕉岭把协商机制引入到乡村治理过程中，建立协商议事会，由利益相关者参与公共事务的讨论与决策，并制定协商议事规则，让权力在共同规则下进行，这是蕉岭对乡村治理创新的又一贡献。利益相关方恐怕不仅仅是村民，政府将大量的事务引进村里面，也成了一个利益相关方。大家知道民主就是开会，中国的农民要么不开会，默默无闻，要么就是吵架，再一个就是打架，如何让他们有规则地参与公共事务，这是一件非常困难的事。

探索多类型的乡村治理有效实现形式。在外部性制度安排下，乡村治理主要是以建制村为中心和主要单位进行。随着废除农业税和建设新农村的开展，大量事务来自于农村内部，并呈现多样性。所以说，我们知道前几年这个村的开展民自治是比较热闹的，这几年却陷入一种困境。当时有人说村民自治已死了，但是，这不是我们说了算的，是实践说了算，在现有的体制下，它可能作用不大，但是实践的需要会让村民自治复活，村民自治又在寻找它自己的道路。所以，广东又走在全国前面。清远治理的探索就实现了柳暗花明又一村，这个村就不是过去的行政村，而是自然村。治理的多样化、多层次，很重要的一个背景就是充分发挥乡村内部的资源和动力，我们农村的资源也是非常丰富和值得挖掘的。

以服务为导向重塑政府的内生改革。在外部性制度安排下，基层政府的主要职能是面向上级，对口进行行政管理。随着国家宏观战略的变化，基层政府基于农村内部需要加以改革，以公共服务为导向重塑政府。建立以政府公共服务为核心的社会化服务体系，促进农村经济社会持续发展。基层政府由一个消极无为的政府变成一个积极的政府，这方面蕉岭也有宝贵的经验。这是我讲的四个方面的趋势，应该说与我们蕉岭改革在治理创新方面，总的趋势是一致的，同时也是走在前面的。当然改革永无止境，这又倒逼着我们治理创新。我们现在治理创新更多的还是技术层面，制度层面的还没有出现。至于我们改革的路径，我们中国的就是先有边缘，逐渐移向内核。所以，我们还有一个改革的配套，就是改革的联动问题。这是我们下一步乡村治理当中要解决的问题，我今天在这里提出来，谢谢大家！

广东蕉岭县县长陈伟明：

尊敬的各位领导，各位专家、媒体朋友们：

大家上午好！

非常欢迎大家来到世界长寿乡美丽的梅州蕉岭，按照主办单位的要求，说这次论坛在蕉岭召开，需要听一听基层生产队队长的感想，所以我是赶鸭子上架，特别是听了几个领导、专家精彩的演讲以后，我确实是再次地深切感受到自己的确是班门弄斧，我在这里占用大家十来分钟的时间，也不是什么演讲或者是报告，我只是把我和我的同事们在面对农村发展问题当中的一些想法和做法借这个机会向大家做一个简要的汇报，也为下午的参观考察做一些铺垫。

蕉岭是占国土面积万分之一，有23万人口，农民人口占70%的山区县，改革开放以来，蕉岭农村与全国农村一样，虽然取得长足进步，但农村发展问题仍然不少。主要表现在农业发展仍然缓慢、农民增收依然困难，农村矛盾依然突出，我们觉得主要的原因还是基层治理、机制建设落后，难以适应经济转轨、社会转型的新形势，如何创新基层治理体系，促进农业增效、农民增收，是当下的重要课题。去年我们县被确定为全国农村综合改革示范试点县，赋予了我县农村改革发展先行先试的重任。这么一年来，在各级领导、各个部门的关心支持下，我县直面矛盾、积极创新，形成了以县"三位一体"，镇"一办一中心"，村"协商议事会"为抓手的山区农村社会治理的格局，也取得了一定的成效。

下面我想从蕉岭的实际出发，以我们县、镇、村三级工作的开展为主线向大家做一个汇报。第一个是在县级层面,以"三位一体"改革为抓手,推进新型城乡一体化发展。我们都知道,改革开放盘活了农村劳动力,但农村自然资源却处于沉睡状态。一家一户面朝黄土背朝天在碎片化的土地上耕作,农业经营规模小,增收、增效乏力,同时城乡要素流动的不平等性拉大了城乡差距。因此,我们依靠打造农村产权交易综合体、农业生产经营综合体、新型城乡发展综合体这三体,集合农村资源,创新农业经营方式,促进城乡发展一体化。

首先,我们是以农村土地承包经营权确权登记颁证为先导,搭建"县镇村"三级产权交易平台,规范农村资源流转体系,积极破解农地的难题,创新农村产权融资服务,确保农民土地财产权利。其次,坚持以家庭经营为基础,培育不同类型的家庭农场,以合作经营为纽带,发展农村合作社,以带领经营与产销服务为机制,壮大农业龙头企业,促进农业生产适度规模化,破解农村谁来种地、谁能种好地的难题。再次,依托优秀客家文化,发挥村民理事会的参与作用。加强农村基础设施建设,使我们农村道路畅、路灯亮、卫生好,提高农民生活品质,解决长期以来农民难以享受均等化公共服务的难题。与此同时,我们也以世界长寿乡、幸福村居为主题,以生产美、生活美为目标,推进县城扩容体制和美丽乡村建设,包括现在省级新农村示范点的建设。以城代乡,城乡统筹,推进城乡一体化的发展,这是我们县一级层面的"三体"。

其次,在镇级层面,以"一办一中心"改革为抓手,着力解决服务群众最后一公里问题。当前镇级条块分割多,机构臃肿,导致行政效率低下,服务功能弱化,我们以"一办一中心"改革为抓手,整合公共资源,下沉服务,着力解决服务群众最后一公里问题。一方面,以整合公共资源为重点,将镇级原"六办八中心"机构精简设置为"一办一中心",即党政综合办公室和社会治理服务中心,两个机构。"一办"主要统筹党的经济建设、精神文明和生态文明建设,"一中心"主要是统筹社会建设、社会治理、社会服务,更好地服务群众。另一方面,以服务向下转变职能。开通手机版社会治理服务"一册通",通过短信方式向社会治理服务传输,实时进行分类、交办、催办、查询、归档,实现情况及时掌握、矛盾及时化解,结果及时反馈,服务及时跟进,将一块块的责任网络建成一个平安细胞。同时,我们还实行了干部下乡同吃制度,密切干群关系。

　　"一办一中心"的改革使得镇级的改革实现了三大变化，第一是变分散管理为集中服务，群众办事更加便捷，群众前来办事只需要进一扇门，找一个岗就可以办事。第二是变群众找上门为干部走上门，服务群众更加到位，打通了服务群众最后一公里，密切了党群、干群的关系。第三是变一人一岗为一人多能，有效实现了岗位有效兼容，工作相互包容，是镇干部从固定的事务中解放出来，到群众中去，到矛盾最集中的地方去。这是我们在镇级以"一办一中心"主要做的工作。

　　接着，在村级层面，我们是以协商议事会改革为抓手，创新"一核三元，四权同步"的协商共治的治理体系。我们觉得当下的社会差距不仅表现在城乡之间、工农之间，而且表现在农村内部，小洋楼与小破屋同在，社会利益多样化与社会矛盾复杂化并存，农民在选举时有权，不选举时就没有权。不同利益主体之间缺乏对话机制，因而迫切需要创新制度形式，通过落实人民的民主权和决策权，化解农村基层的矛盾。我们在芳心村建立协商议事会制度，就是为了解决农民的话语权和决策权的问题，我们的具体做法是：一是提前晒出议题，把让群众知晓。在会议召开前，村委会以公告形式晒出议题，把协商议事会的时间、地点、议题告诉群众，比如：如何提升村庄环境，如何发展经济的议题。二是按照议事规则，让群众商量。主持人宣布会议制度，依次就议题进行协商、讨论，主持人分配发言权，对于发言人跑题、打岔、攻击等行为进行制止，主持人不参与讨论，不评价发言，防止抱粗腿一边倒，规定发言次数，让每一位参与者享有平等的说话权。三是现场公布结果，让群众清楚，每个议题经过讨论，没有人发言之后，主持人提请会议表决，采取举手表决和投票表决两种方式，对于会议通过的事项，村监督委员会现场进行唱票和监督，由主持人公布结果。

　　目前来看，创新村民议事会制度给村级治理带来了一些变化，一是村官自治变成群众自治。过去村干部决策管理，村民自治变成村官自治，现在大小事情村中老百姓说了算，改变了过去以选举为中心的民主，消除了干部为民作主，普通村民不过问、不作主的情况，落实了村民决策权和管理权。二是相对封闭型变成广泛的开放性，协商议事参与人员不限于村民代表与村庄范围，包括乡贤、离退休干部、政府工作人员、企业代表都可以参加，改变过去以户籍为主的参与为利益相关方的参与。三是没办法、没想法，变为有想法、有办法。有的村民说，之前村里想做什么，不仅村民们不清楚，恐怕连村干部自己也说不清。协商议事会广纳民意，集中民智，积极调动村内部的资源，改变干部没想法、办法的状态，搭建了一个想法子的好平台。四是拍脑袋决策变为接地气决策，通过群策群力，不同意对方的观点，但也给对方说话的权利。广泛、充分协商、讨论，避免提议空谈与拍脑袋决策，使决策权更接地气、更科学化，最终超越个人利益走向公共利益。我们通过发挥协商议事会的抓手作用，理顺村级组织关系，将村级权利纳入规则运行当中，有事理事，做事监事，形成了以村党组织为领导核心，协商议事会决策管理，村民委员会执行，监督委员会监督，村民的决策权、管理权、监督权与选举权，四项权利同步发展的"一核三元、四权同步、协商共治"的农村治理体系。

前两天中办国办印发了关于引导农村土地进行有序流转，发展农业适度规模经营的意见，也为我们改革指明了方向。我们深知改革永远在路上，没有完成时，只有进行时。我们县将一如既往地推进农村改革创新，最终实现基层治理体系与能力的现代化，促进农业增效、农民增收、农村长治久安、和谐稳定。

下午还会请各位专家、嘉宾参观我们蕉岭的一些示范点，各位专家学者如发现我们有什么不对之处，也请给予批评指正，占用大家的时间，谢谢大家！

第三部分　蕉岭经验论证会

中国社科院农村发展研究室研究员冯兴元：

谢谢主持人，很荣幸在这里参观了蕉岭县的农村综合改革模式，也有幸听到各位专家学者在这方面的介绍，我个人是有很多理论方面的研究，比如说《自由宪章》就是由我参加翻译的。最近看到一个理论叫作"国家在社会中的方式"，即政府与社会的边界是通过两者之间相互切入和互动逐渐形成的，这个边界永远不是清晰的，而且永远有一种互动关系。从这种方式来看我们中国的发展，可以看到中国地方政府做了很多事情，地方政府在以下三方面发挥了积极作用。一是作为一些制度创新、组织创新的发起者；二是作为这两方面创新的促进者；三是成为创新便利的提供者。

中国制度变迁的特点在村庄总体上显示为外部制度供给，远远多于内部制度供给。最后要落实从统治到治理，意味着两者要结合在一起，而且最重要的是发掘出内部自主供给方式，外部供给只发挥辅助性作用。结合蕉岭县制度创新的情况来看，个人感觉其确实有很多具有特色的地方。比如说村民理事会，从公共产品供给的角度来看，如果是一个特别大的行政村，其难以组织村民代表或者召开村民大会。农民自己的组织就会有很多自发的内部自主创新，这个制度可能既可以说外部供给，也可以说是民间的智慧，最后各个自然村之间决定事情。如果只涉及自然村的话，这个机构叫什么并不重要，叫作村民理事会，我觉得很好，它的章程自己决定，预算决算资金自我解决，这是一个很好的机制。我们看一个国家或者看一个共同体都是类似的，首先一个原则就是保护个人权利，村民理事会是绝对能够做到这一点的。村民理事会的第二级叫作协商议事会，我们暂且把它叫作第二原则，即辅助性的原则。十八届三中全会决议当中已经有所描述，但没有提出这个概念，辅助性原则就是上一级或者政府提供辅助性的支持，村一级的理事会对下一级提供辅助性支持。这个样的组织架构就不需要到全村，因为协商议事会代表性比较强，结合了整个村的村民，加上小组长这些代表，可能还有乡镇派下来的驻村干部。如果某个村民小组的村民理事会做的决定不违背全村的意志，而且不涉其他自然村的利益，这就是一个确认。如果涉及一些利益冲突的话，是不是要全村提供部分资金，这个就是辅助性原则。十八届三中全会决议谈道：市场能做的政府不要做，应用到社会治理层面，即下级机构能做的上级政府不要做，所以这两者都是很好的经验。

因为时间关系我不能讲太多，我就讲讲我的老家宁海县，隶属于浙江省宁波市。我跟毛寿龙教授正在调查一个村级小微权利清单改革，即所谓的"36条村级权利全部清单化"。每个权利怎么运行都进行图表化，甚至制成漫画挂到墙壁上，用小车送到每一个家中。每一个程序，比如说多少钱以上的工程要招投标、怎么开始、如何决策等都采取示意图的方式。这样做有三个好处，第一，村官一上来按照这个图表做就行了，村官的权利都一致，下一次让他们去花钱竞选，估计他们的直接激励都不大。第二，村监会的权力大大增加，因为村监会从一开始就可以进行监督。以前村监会没有一开始就监督，最后达不到监督的目的。第三，老百姓明白机构运行程序，按照制度办理事务，最后把该项设计内部化，成为一个制度接受下来，这是很重要的。谢谢大家！

中国社会科学院农村发展研究所所长李周：

下午看了蕉岭县的示范点，我有三点感触。第一，即"一办一中心"。从表面看它是一个机构，其实我感觉其可能是一种巨大的改善，因为我们需要跟上面做一个好的对接。一般来讲，"一中心"完全是面对广大的村民，把一个行政村变成一个非常重要的转接，即"一办一中心"，主要对接的是基层。有这样一个转型，是比较有意义的。第二，怎样追求内生型的共同体。如果我们抛开市场经济，我们面对更多的是相对传统的自然村，一个内生型的共同体变成一个外部强加之后，如何支持内生是值得思考的问题。第三，村庄运转机制的转化非常重要。我们过去讲要为村民服务，但资金缺口是个大问题。我们今天看到，其实农村通过自筹的方式一样可以解决问题。所以，只有到了利益共同体阶段，才有可能讲合作，进而讲道德。我们现在把道德讲得很大，而市场其实是通过需要来连接的。我就说这三点。谢谢大家！

广东省政府发展研究中心主任汪一洋：

下午看了三圳镇的治理经验，我讲三点：第一个感想，蕉岭的社会改革体现了为民办事的作风。过去我们长时期为老百姓做事，也想了很多办法。我们也做了不少民生实事，但是群众的满意度并不高，因为很多我们做的民生实事不是老百姓自己想做的，而是我们自己要做的。所以，群众就采取一种观望的态度。打一个通俗的比方，我们请客吃饭，我们还要看看对象，我请的这个客人点什么菜，我点的菜是请的客人想吃的，而不是主人想吃的。所以我们蕉岭的改革，在这个方面的探索就做得非常好。为民办事为民意，让老百姓他来做决策，我们来指导。

第二个启发，群众的事情让群众自己解决。过去我们做了很多，包括政府、党委管了很多不该管、管不好的事，事情做得越多，群众意见越大。而该我们管的事情，我们又没有管好。种的是别人的地，荒了自己的田。今天下午我们看了群众理事会，有什么事大家协商，要干什么事大家讨论，有钱出钱，有力出力，政府参与政府就要掏钱。所以，这个我觉得也是改革的一个需要。

第三个感想，要敢于放权。计划经济年代，无论是经济、社会，都是我们政府安排，是不是政府管就管得好？30年的计划经济，实践证明政府来管经济不好，1978年搞改革，就是要市场化改革，让市场发挥作用。1992年邓小平南方谈话之后，提出要解决市场化体制，让企业作为市场的主体，政府做什么呢？政府做裁判员，过去我们政府是运动员，我们自己既是运动员又是裁判员，这个比赛就没有办法进行下去，这是乱的。所以，现在我们就是做裁判员，运动员让企业自己去做，让市场去做。十八届三中全会说的，让市场去做主体，市场发挥决定性作用，决定性作用是什么？就是市场说了算。市场需要我们就发展，市场不需要我们就不发展。所以，向市场放权。前些年，汪洋书记在的时候，省里面在社会领域搞了社会体制改革，就是要实现多元制的，政府和个人中间缺少一个社会，群众有什么事就得找政府，缺少一个内部自我解决问题的平台，所以要取消主管部门，把公益、商业、文化、体育这些组织放开，让群众自我组织、自我管理，激发社会管理的能力。原来我们在社会有这一层，但是慢慢社会这一层的功能越来越小，就变成了政府直接面对公民这样一种结构，这样一种制度结构实际上是残缺的，政府面对所有的问题，实际上你管不了，应该让社会组织来解决这些问题，所以要大力发展社会组织，培育社会组织，让他们来解决他们自己的问题。所以，这个里面也是十八届三中全会说的要向社会放权，向基层放权，下级政府能做好的，上级政府就不要收上去。基层政府能做的，你就往下放，乡镇里面到了村里面，群众能够自治的就让群众自治。上午徐勇教授也讲了，过去我们几千年都是"皇权不下县"，后来为了应对社会，为了动员群众，权力慢慢地到了乡镇，过去太缺少机构，现在马上做实了，行政权力越来越深入到基层，有利于加强对社会的管理。但是有利就有弊，增设下级机构加重了社会的负担，你要做事就要有人，你要养这么多人，就要有钱，本来是想为老百姓做事，但是却变成先向老百姓收钱再做事，所以这个里面该放权的就要放下去，形成多元制。我们蕉岭"一核三元"这样一种发挥村民自治的作用的制度，我觉得是一个非常有用的制度。谢谢大家！

中国社科院农村发展研究所研究员党国英：

蕉岭的改革，其实证明了一个非常核心的问题，权力下放，相信农民，它只会把工作做得更好，不会更坏，天塌不下来。很多难题我们政府做不了，农民自己做。记得我还在广东的一个地方调研的时候，我自己就挑起村里头的干部和镇里的干部争议，我提出如果政府有指导规划意见，把权力交给村里面的干部，农民自己改造开发的话，会达到一个什么样的程度？当时村里面的干部跟我说，有可能节约出来土地30%，但是镇里面的干部不相信，大家想想，镇里面的干部和村里面的干部，是不是同一个问题？谁更能相信？我倒是觉得村里面的干部说起话来更可靠。所以蕉岭的工作，发现问题，包括一些难题，包括在报纸上看到土地确权的问题，难题交给干部以后都能处理。我们回头说蕉岭的改革，怎么样能够给我们国家的改革作更大的贡献？因为我们现在农村改革，土地流转意见出来了，到目前我们得到的信息是什么？我们现在国家的土地改革，跟开不开十八届三中全会关系不大，我就说我个人的看法，仅仅看十八届三中全会我们还可以进一步发挥市场的决定性作用。截至目前，中央的高层的文件，让我感觉到开不开十八届三中全会区别不大，各位感觉是不是这样？比如说农村的建设用地，仅仅让经营性的用地，有多少？按照他们说的就是有多少？这种零星的建设发展非农产业意义有多大？上次汪一洋主任也讲了，要集中，不能一个村里面有小块的经营性用地，这个就开放了，你要搞市场经济，这叫市场发挥决定性作用。严重的脱离实际。为什么有这样的思路？我们有些领导同志为什么有这样的思路？认为这个权力给你了以后，按照市场化的矛盾原则他不放心，他觉得你一定会，他认为你就是把耕地搞坏了、搞糊涂了，不是这样。我还是在广东另外一个地方，也提出改革意见，像现在农民的违章建筑，农民拆，政府拆不动，所以我们这些同志，觉悟水平跟我们蕉岭的同志不可比，我也是这样提。所以我也说几句话，如果说我们能不能在农村建设用地，如何更大程度地发挥市场的决定性作用。我当时非常支持，不是这么小，如果是把这个利用好的话，我相信蕉岭的村庄比现在还要美，这个我觉得就是要突破的，十八届三中全会之后没有什么大的进步，当然现在的意见就是改革领导小组，没有出台整体改革方案。

再一个建议就是刚才说的，农村建设用地搞活、流转。我接着上午陈主任的一个话，因为我说了，这一年多的时间，土地规划上确实看了很多的文件，有一些基本想法，确实老百姓的居住方式跟社会和谐关系非常密切，甚至可以说老百姓的居住方式跟一个国家的消费和储蓄的比例都有关系，你把老百姓限制在高层楼上，它有一个消费抑制，不利于我们说的中国梦。因为我们整个从消费抑制讲，这个长话短说，如何把我们老百姓的居住品质提高，在我看来是一个挑战性的问题。我就说能不能我们市场解放，蕉岭属于山区县，能不能在目前政策不允许的范围内，比如说浅山地带，在不影响生态保护的情况下，给社会提供更多的建设用地。如果我们把这个工作搞好，让你建房，但是你的私密空间非常有限，我让你搞绿化，搞了绿化之后让你开放，开放就有一系列的政策，有一系列的办法，在这样的情况下，把这样的建设用地开放之后，居住品质更高，而且也不妨碍社会，更不影响耕地，可以做到。我们要树立一个观念，现代的产权和我们从小学课本上学的概念根本不一样，现代政府是强大的，它该管的事情其实可以管好，不该管的不要管。一个地区让我们的中产居民来管，整个社会风貌不一样。在我看来，全国都可以推进。比如说我们蕉岭人在这方面得突破，我就觉得功莫大焉，就给领导们贯个耳音吧！我们老百姓的土地问题，这么多顾虑，蕉岭给我们一个经验，你的顾虑不要太多，政府的工作到位的话，没有这么可怕，这是我的一个感想，谢谢大家！

中国人民大学公共政策研究院执行副院长毛寿龙教授：

很高兴可以参加这次研讨会，应该说这次会议组织了全国众多精英，同时对中国农村的治理系统有非常好的思考。听了很多学者和官员的发言，加上下午实地考察几个试验点，对我有很大的启发意义。我想结合治理体系的建设谈一下自己的感受。

一般来讲，包括国际和国内，大家对治理体系的一些问题都比较关心。国际上有两个思想传统，一个是以国家为中心的传统；一个是以公共事务的自主治理能力建设为中心的传统；一般来说，以国家建设为中心的传统需要一个比较好的行政系统。有人认为美国早期先搞民主，后来慢慢冲击了它的行政系统。美国的行政系统一度是非常腐败的，20世纪头30年美国行政系统是混乱的，最近他们觉得行政也在衰败，福山就认为美国在衰败。

实际上我们村一级的衰败应该是比较多，因为不只是行政系统的衰败，也包括民众的衰败，至少从人的角度来看看不到什么。主要是老人和孩子，而且这些孩子跟父母也没有什么关系，我看很多地方存在的一个问题，就是这些孩子后来的成长，也包括很多新的农村进入城市化以后，村治和城市的治理如何适应的问题，还包括流入很多外地人，如何容纳一些新的本地人，如何把治理能力搞起来的问题。所以各个方面看来，我们在村一级的治理体系或者治理能力的建设方面出了一些问题，这个问题很难解决，一个是外在的供给比较少，内在的供给没有启动一个基本的程序，没有一个比较好的系统。

蕉岭让我看到了希望，因为我发现有一个比较大的问题没有解决，就是供给治理体系建设和能力建设，蕉岭提出了一个非常重要的点，这个点就是议事会，这个议会没有放在更重要的角度，因为即使是西方和中国古代，行政体系能力建设，我看上面提供的资料，它的行政能力，是通过政府来实现的，本地人利益牵涉面太大，行政很难争议，但是它把政府拿过来，这帮人很中立，不会去争议，又有一些德高望重的人不去说，他就负责监督。我从蕉岭这个就看到实际上他们建设的核心就是理事会和议事会，而且它里面排斥那些非常强的人的说话机会，其他人就是建立一个比较公正的立场上，确保它的公正性，这个实际上就是罗伯特规则的核心，是英国式西方议会一个最重要的精神，为了确保议事本身，也是在公正的立场上，而不是一边倒，也不是一两个人左右，能够确保议事的公正。如果有一个监督系统的话，能够确保多数人做出决定之后，少数人的利益不受损害。所以，治理体系建设，是以历史为基础，有一个比较中立的执行系统。在村里面，这个问题实际上，如果规模比较小的话，是比较容易解决的，这样几个权利放在一起也没有关系。比如说我们的自然村，实际上我们去考察可以看到它是比较小范围的治理，家族关系有一个传统礼仪的互动，比如说婚丧嫁娶，各种各样的礼仪，各种权利都已经分配好了，这些遗产还是存在的，足以提供积极向上的因素，给他一个比较好的思考的能力，让议事的人同时也照顾到个人的利益，而且面对面的时候总是能有一些比较重要的能人。同时，也不能说很具体问题的思考，代表祖先的那种习俗来思考，他可能没有宪政的习惯。所以，自然村相对好，但是自然村在中国农村实际上不是村治结构，基本的村治结构实际上是国家治理的一个基层组成单位，所以基层政权建设应该是比较对的，因为它范围比较大，人也比较多，人与人之间的陌生感或者多样性，甚至有区域性的特点，它超出了村的传统治理特点。所以，它的思考和议事如何去反映各个自然村和自然村村民的利益，就是重要人物的左右，需要一个比较正规的责任制度和机制，这个责任制度的机制要内生的产生，需要非常长的过程，通过国家力量来产生一个相关的制度安排，而国家的制度安排就只有《村民委员会组织法》，我们只是从组织法来建设，而组织法没有相应的制度建设，历史制度没有跟上，监督也没有跟上，应该说蕉岭的做法是以县为基础来提供的，这是非常重要的。

　　总体来讲，党的十八届四中全会强调依法治国，司法独立，不要用舆论干预司法，这些精神在蕉岭实践里面实际上都得到了很好的体现。所以，就我个人而言，蕉岭的村级创新实践实际上是国家治理体系能力现代化的样本，也是县治良好的基础。我觉得这个经验如果能够持续下去，经过一段时间的运作能够产生很多有价值的东西，对经济发展的绩效也能打下坚实的基础。蕉岭能够在现有治理基础上，把村一级的产权交易市场搞好，本身就证明自身治理体系建设较好。这是我个人的观点，还有很多地方不成熟，需要向大家学习。

清华大学政治学系主任张小劲教授：

　　通过在会议期间看到的一些材料，以及下午实地参观，感触还是很深的。蕉岭做得这项工作，恰好跟我们最近做的课题有很大关联。一个是改革与创新；另一个就是试点工作与政策实践的关联问题。蕉岭实践为我们研究提供了一个非常好的样板，同时蕉岭的实践在某种程度上也突破了一些思维的框架。当然，对于更深层次上的探索，可能还需要更长时间的进一步跟踪研究。

　　所谓创新问题，长久以来，我们知道中国的改革主要体现在制度创新到体制变迁这样一个发展的进程。但另一方面，其实也出现了很多称之为体制创新的实践，不过这种创新工作经验的做法难以得到扩散；另外一个死局就是创新主导者由于工作调动、离退休等原因离开工作地点的话，创新实践就难以维持。但是我们确实看到存在创新的实际情况。在蕉岭我们看到，创新在持续，提供了更多由点到线、由线到面、由面到体的实践，创新在蕉岭这个地方已经不断在升级换代，从村务监督到村务协商的机制，然后到现在的土地流转制度。其实我们关注的还不够，蕉岭会给我们提供更多的新鲜的营养。

我们再看另一个问题，即所提到的试点工作与试验田的问题。我们一般有两个方式，自主创新和授权试验。一般表现为面对问题的挑战，然后创造性地引入一些方法，在适当时机再向上级报告。但是这种方式，换句话说，在现实生活当中我们看到的更多是一种互动，这种互动是非常有意思的。蕉岭实际上有这样一种表现，上午徐勇教授讲到的是从内生型到外生型，更多是一种互动的东西。对于上级来说，不断释放出改革的空间；对于地方来说，抓住时机，使自己的一些做法得到进一步的升华。所以，从这个意义上讲，蕉岭的创新跟我们以往所理解的单纯意义上的自治创新是不一样的。我们觉得这种创新可能代表一种主流，就是在中央和地方的互动中，中央提供某一种原则；在地方上，实践带动改革，这是从大的角度来讲。为什么提到试点问题呢？因为某种问题过去是潜水区，潜水区过了是一个破冰区，未来还有深水区，这样一种情景。但是，我们发现其实有一些失衡的情况，在过往一年的改革当中，有些地方的权力受到一定的遏制，特别是在一些与城市有关联的地方，这种情况更多一点。我们还跟毛教授讨论改革举措，但是改革举措的出台目前还没有时间表，真正往前推进的时候还有很大的困难，不过这些改革举措能够提供给地方基层更多的帮助。

再一个蕉岭比较关注的问题是技术，换句话说，外部供给有很大的发展，就是一句话，其实在想象当中用某一种做法框定了整个国家，对于中国的形象来讲，其实我们倒是希望将来更好的发展。同时有些复杂的问题专家也会参与，提出不同的议题和技术。实际上这个过程我们讲可能是一个技术上的创新，所以我们也讨论这样一个问题，存在技术创新和制度创新。制度创新可能是社会当中一个让人担心的问题。所以，希望下一个机制创新叫作技术研究中心，能够在技术层面上提供一些实用性的支持，这种支持包括我们经常看到的一些情况。比如说，在两会上，我们的关键问题太少了，有些时候是制度安排有问题，但是有些是技术性的支持和操作性的支持问题。从这个层面上，蕉岭试验田价值重大，它从技术上及方法上提供了更多支持。所以，过去讨论村民自治，怀疑其有没有向上生长的空间。现在在技术和方法上，特别是我们提到最近的三中、四中全会，中央领导发出声音，提出基层协商制度，可能会提供更多的支持和帮助。所以，我们也要感谢蕉岭的一线工作者。谢谢各位！

国家行政学院公共行政教研室主任竹立家教授：

大家下午好！在此我主要讲三点内容：第一点，先讲一下感受，十八大以来，我们一直在搞自治改革，可以说乡村治理是国家未来改革非常重要的一个方面。我到芳心村调研发现，芳心村的治理架构与建设超越了河南、浙江等地的村民自治建设。芳心村关于农村现代性的治理结构就是把决策、执行和监督权力分开，形成了行政村、自然村和村民个人共同参与治理的模式。与河南的村民治理模式没有推开相比，蕉岭创新实践经验可以复制。"一核三元"坚持党的领导作用，结合乡村的实际治理模式，这个经验要进行更好的总结。如果蕉岭县都搞成这种"一核三元、多层共治"的模式，特别是多层共治，让村民真正成为治理主体，对于我们乡村建设意义重大。

第二点，我想表达一个观点，包括国内国外的一些学者对于城市化的理解，这个理解是非常普遍的。由于城市化是从农村转移到城市，这个是迁移的一种方式。城市化的本质，我个人认为是一种生活方式，城市化是一种方式，是人类文明和社会文明发展到一定阶段之后，人的观念和社会生活的综合提升。城市化不是消灭农村，而是要改善农村传统的生活方式，提高农村的生活质量。所以我们说以人为本，什么叫以人为本，说白了就是农村人也享受现代化的生活品质。比如说，按照传统的说法，墨西哥、巴西城市化率达到75%，但是有一半的人住在贫民窟，难道它是城市化吗？比如说美国大多数都是在乡村，能说它没有城市化吗？我个人认为，蕉岭的城市化整体提升了人民的生活水平，使他们更加现代化。我们说城市化是怎么来的，是农村发展的必然结果，是商品化、工业化、现代化、制度化、技术化相联系的一种结果。如果没有前面这几"化"，所谓的城市化就是一句空话，虽然农民搬到县城里面，但是县城技术化程度不高、制度化程度不高、商业化程度不高，能说这是城市化吗？如果整个县的人民素质没有提高，观念没有改变，生活方式没有改变，这都不是城市化的表现。所以,我们必须要转变观念,尤其是传统的发展理念,单以户籍、居住人口为导向,这对发展中国家是一种误区。所以现在发展中国家,包括印度、墨西哥、阿根廷、巴西等城市郊区的贫民窟,能说它的城市化程度高吗?所以一定要非常清楚,发展中国家必须要接受新的观念,城市化一定是和制度化、技术化、商品化、农业化、现代化等联系在一起的,而绝对不是单纯的人口迁徙。

第三点,对于中国来说,我们怎么提升整个居民的生活水平,换句话说,未来就是中国居民生活水平的整体提高,特别是人口多半生活在农村的人,他们怎么样享受现代化的品质?要提高农产品的附加值,因为农产品也是一种产品,也是一种商品,因为我们的产品都是要到市场上销售的。所以,在日本、韩国等国家,韩国不到2%的农业,日本农业不到1%,他们有一种观念,不是以从事农业的人多或者少来界定城市化的程度。关键在于对农业的生产销售方式要转变,这是一个最根本的东西。所以说,蕉岭县做得不错,农村的四大难点他们都在逐步解决。

第一个难点就是乡村共治。蕉岭建设的所谓行政村、自然村与居民共治,这是一种很好的模式,可能真正地把三中全会、四中全会精神落到实处。研究国家治理现代化,一个重要的方面就是乡村治理现代化。蕉岭要找到发展的路子,要逐步完善,真正建设和谐的农村,真正把"一核三元"落实到实处。

第二个难点就是土地的流转与确权。这个广东一直搞得不错,曾经看云浮,今天看蕉岭,它们解决的确实是我们一大难点。怎样使农民富裕起来,怎样调动农民的积极性,怎样提升农产品附加值,怎样实现土地流转与确权,这是中国几千年来的大问题。在现代化生产方式下,我们解决土地公私有关系,把土地盘活,开发老百姓发财致富的聚宝盆,我看了芳心村做的还是相当不错。

第三个难点就是小额经营贷款。这个是大问题。我看你们也在搞,现在货币紧缺,特别是中小企业和农村个体户,怎样通过小额贷款真正支持农民的发展,这是我们下一步农村改革所面临的大问题。如果我们信用解决不了,小额贷款很难落实。怎样通过信用的管理机制体系,把小额贷款惠及农村,这个也在推广。我们农民确实缺钱,要发展就要有钱。虽然不大,但是农民找不到,所以乡村金融怎么发展,我们还需要研究。

第四个难点是建设"长寿之乡"。实际上蕉岭这个地方是风水宝地，肯定可以富起来，但是富的方式不一样。现在手段很多，现在蕉岭网络化的发展不够，无论市场也好，还是社会也好，都是一个体系。网络体系可以虚拟，我们交流的特点是什么呢？我们就是长寿产品，现在中国人惜命，就是有一块金字招牌，我们在县里面搞一个网络长寿产品超市，阿里巴巴10月份销售超过百亿，我们长寿乡长寿产品网络化搞得好的话，全球首家，保证货真价实。蕉岭作为全国长寿乡的长寿产品，通过超市向全国配送。所以说，我觉得蕉岭县前三个工作做得还不错，解决的问题较为到位。第四个要思考的，就是提高农业的附加值，提高农民的收入，让农民真正的迈向市场，真正把自己的产品变成真金白银，变得越来越多，把农产品做成网络化，这是一个非常重要的方向。我就说这么些，谢谢大家！

中央编译局研究院高新军：

大家开这么长时间的会肯定有一点累，我作为最后一个发言的，也吸取了很多别人的优秀思想，所以我也谈谈我自己的一点感受。我谈这么几点问题。

第一是蕉岭的村民议事会。确实给我们留下非常深刻的印象，这个制度创新不是一件小事，它是一件非常重大的事情，它有非常深远的意义，我可以从这么四个方面概括它的意义：其一，大家都知道我们国家改革开放以后，经济组织和政治组织是分开的，再改革的话就是社会体制也要从政治体制分开。我们的村民议事会，它实际上是一个社会制度，在蕉岭这个农村这样一个社会组织，它的意义是非常重大的，它提高了农民的组织化程度。农民的组织化不光是对农民有好处，对政府也有好处，政府不可能和单个农民对接，只能跟组织起来的农民对接，它的公共服务业有承接方。对于农民来说，它组织起来以后，它也可以和政府反映问题，监督政府行为，所以它是一个双赢的结果。这也是我们国家在农村建立公民社会的一个基础工程。其二，它确实是在解决了我们农村基层的组织断层问题。行政村比较大，少数的村干部也行政化了，在这样的情况下，对于农村的基层公共服务也力不从心了。所以对于自然村的农民，到行政村中间，它就出现了一个组织断层，我们的村民议事会实际上是解决了这样一个问题。其三，它充分发挥了中国农村丰富的传统的组织资源。它充分调动了这样一种资源，比如说乡贤、能人、老教师，甚至是宗族。只有把这些民间组织的积极因素充分发掘出来，充分利用起来，才能使我们的村民议事会真的起到积极的作用。其四，它也是我们国家社区建设的一个基础。我们都知道一个人生活在社区需要有一种社区认同，同时我们也知道，任何一个社区都不可能是所有的居民都有时间、有积极性、有专业知识去参与公共事务，它需要培养社区政治家。我们这样一种做法，实际上就在培养人才，培养社区认同感，包括那些外出的，从这里的社区出去的企业家，他把家乡发展好了，同样对自己的家乡产生认同，愿意回馈自己的家乡，愿意捐款、捐物，为自己家乡社区服务。这是我谈的意义，蕉岭的村民议事会的意义是非常重大的，它不是一个很小的事情，是一个非常重大的事情，是我们国家农村基层的制度创新的一个伟大创造。

　　第二，村民议事会的产生也是一个自然过程。当我们面对这些农村问题挑战的时候，实际上我们基层的干部和群众都会有这样一种思考：怎么样去解决这些问题？所以不光是蕉岭，在其他一些省份，也产生了类似的创新。比如说2010年我去调查过的江苏省南京市郊区的六合区新光社区八百桥村，那个村有一些自治议会，然后还有一些类似的不叫村民议事会的其他名称的组织。在它那儿我觉得有一个现象是值得我们借鉴和注意的，它很注意把政治组织、社会组织、经济组织和文化组织，把政治、社会、经济、文化四位一体有机结合起来，我觉得这个是很重要的。因为你在自然村的基础上，你可以有村民议事会，你可以有经济合作社，你也可以有农民俱乐部或者是我们今天看到的很多娱乐广场，还有农民的休闲娱乐设施，这些实际上是一种文化组织，我们必须有意识把这四种组织有机结合起来。

　　第三，我想谈谈我的感想，就是从现在来看，村民议事会这样一种组织，应该主要有两种形式。一种是非能人形式的，一种是能人形式的。很多的村里头是没有企业家或者能人的，这种能人就是说致富能力很强的，经商发财的，他愿回报家乡的，或者他已经退休了回到家乡来住了。这样两种情形会产生不同的村民议事会：没有能人的，有事大家商量，然后征求群众的意见；有能人的就按照公司治理结构、组织结构来组织村民议事会，各有自己的优势。所以在这个方面，实际上我们作为基层领导，我们心里要很清楚它可能会有这样两种形式，或者可以从这两个形式上引导。

第四，可持续发展。任何一个社会组织，它都有一个可持续发展的问题，也许它一开始很红火，两年以后，它还能这样吗？它会面临什么样的挑战呢？我觉得对于村民议事会的当事者和基层干部都应该有这种思考。据我调查的结果，一般村民议事会在两年以后会遇到瓶颈，就像我们结婚有七年之痒，在那个时候如果处理不当的话，有些东西可能就会徒有形式了，比如说村容村貌、垃圾处理，还有一些道路建设、基本的公共服务问题，我们已经解决了，下面我们还能干什么？实际上我们还能干什么的问题就是一个农民致富的问题，一个专业经济组织者的问题。这个问题上就比较麻烦，我们知道一个专业经济组织需要能人，需要有企业家的精神，这个企业家不是所有人可以当的，不一定要有马云那种水平，但至少要有他那种精神，这不是所有人能干的事情。所以，在这个问题上，我觉得在可持续发展上，我们要未雨绸缪。

第五，我提一个思路，因为我长期做美国的地方事务调查研究，做案例，我发现美国的地方政府有一个做法是比较通行的，就是把市场经济比较成熟的做法移植到公共管理领域。美国地方政府的组织形式基本上就是复制，叫作公司治理结构。公共预算的处理方式，实际上在很大程度上是运用了企业或者是股份公司的会计制度。我曾经也谈到，现在很多美国地区政府在尝试，比如搞社交媒体的制度创新，就是我们现在流行的微信、微博这些东西，它通过这样一种东西来提高城市的公共服务水平。现在波士顿、芝加哥，还有很多城市都做得不错。实际上它就是把企业的用户信息管理系统移植到城市管理中间，变成选民信息管理系统。其实它就有这样一个特点，我们以后在制度创新道路选择上面，也可以想一想，我们现在也搞社会主义市场经济，我们在公共管理领域当中，我们的管理体制就要和市场经济相结合，这就是马克思讲的上层建筑和经济基础的关系。在这方面，我们有这样一个思路比较好，就是可以考虑一下。可以想一想，市场经济当中有哪些比较好的做法我们可不可以借鉴到公共管理里面。

第六，为我们蕉岭和制度创新提几个建议。首先，我觉得对于我们现在的制度创新的概括已经强化，当然了我们想面面俱到，把所有东西概括进去，这个对于推广是没有好处的。实际上在我们的制度中间，最核心的就是村民议事会，这个村民议事会怎么样把它议好，怎么样能够使群众通过它当家做主，我们的核心就是这个东西，所以我们不需要搞得这么复杂。你叫老百姓一听的话，脑袋都大了。一二三四五六七八，很麻烦的，我们就讲核心的东西，我觉得这样是不是好一点。所有的制度创新都是从村民议事会深入发掘出来的，它是基础。而且这个议事会是一个执行者，为什么？真正决策者应该是每户一个代表的村民，就是村民大会，由他们决策，芳心村收这个垃圾费，每年收60块钱，后来村民投票说50块钱，反正是按照村民的意见，他们说50块钱就不变，这就是决策。

　　第七，发达的市场经济国家都是实行分区制的土地管理办法，分成居民区、商业区、农业区，所有的工业都放区，商业就是在商业区，居民就是居民区。我们不一定要照搬他的做法，但是这种精神可以借鉴，在发展园区，我们又可以在污染治理上面有减少，有些地方应该是我们的自然保护区，就作为自然保护区，它的要求对于基层干部的考核都是不一样的，所以用这个分区管理的思路来指导我们制定土地管理的规划是非常重要的，我就说这么多，谢谢大家！

北京师范大学珠海不动产学院副院长汤林娣：

　　尊敬的各位领导、专家，今天我是第一次参加这个论坛，刚才听各位专家和领导的讲话很受启发，但是我们站的角度不太一样，因为我们做农村的问题，我觉得不能仅仅在农村这个角度去看。现在的农村已经不是二元体制的农村，应该放在更大的背景下去看。现在农村起码有几个背景，一个是城乡一体化的趋势。我们可能觉得农村的问题是农民的问题，实际上不是，农村的问题现在越来越多的是城里人的问题，有的专家提到农村中心化，但是你也关注到城里人想往农村跑，因为我接触的广东的企业比较多，可能站在企业的角度，跟学术不太一样，城里人对农村的事情非常感兴趣。举一个例子，在今年5月1日的时候，珠海有一片油菜花田，只有45亩，在微信上一宣传，全珠海的城里人都往那边跑，搞得交通堵塞。当然不是所有地方都有蕉岭这个条件，我们都有这种梦想，蓝天白云、低密度的住宅，青山绿水、小溪潺潺，还有大片绿油油的稻田，还有各种各样的野生动物，乡间的一些人文景观，这是一个中国人固有的一种文化情结，也是城乡一体化很重要的背景。国家昨天发了文件说土地流转没有大的突破，这是一个规模化的提法。现在最大的问题就是城里人想去农村怎么办？我有很多的朋友做这方面的工作，他想到农村去发展去做投资，想做一些农庄的开发，蕉岭这个地方环境非常好，如果说一些基础条件具备的话，幸福真的是分分钟的事情，有这么好的资源。

刚才几位专家也提到了互联网，互联网是一个什么东西呢？互联网实际上不是一个技术，而是一种思维。不是说有一根网线跟外面联系上就完了，实际上跟整合的概念差不多，我们要实现各方面的联系，不仅要把消费者和生产者联系起来，也要把人联系起来，把工作联系起来。所以我们很多工作要考虑大的背景。治理的问题是一个很细节的问题，有一些大环境会引起治理的变化。比如说蕉岭，因为人口不是很多，如果外来人到这儿来度假，可能外来人口会超过本地居民。这种情况下，社会治理的需要也会发生改变。刚才有专家提出要参考我们企业治理的一些思想和具体的做法，这个我非常同意。

农村最大的问题，从制度上说是土地问题，但是从现实来讲，钱是一个比较现实的问题，有了钱就比较好办事。如果这些东西都要考虑进去的话，可能我们开展的很多工作格局要更大一些。因为蕉岭这个地方资源非常优厚，又是世界长寿之乡，我们是不是可以考虑，把蕉岭打造成世界的蕉岭。但是这个世界的蕉岭在具体建设过程当中可能会做一些蕉岭的世界产业。比方说我们的一些特色的农产品，我们健康养生的产品，经过一定的营销和推广以后，获得一定的知名度，购买的区域可能是相当大的，不仅是本地市场，会是更大乃至全国甚至全世界。

中央党校经济学首席专家、博士生导师徐祥临教授：

很感谢受邀前来参加这个会议，让我有机会第一次到梅州、到蕉岭来调研考察，收获很多。来了之后我很有感想，首先，我想到当年把县长召集到中央去接受培训。因为当时我们讲课的时候，县委书记、县长要讲讲各自主要的工作内容和做法，在中央的领导下如何把"三农"问题解决好。我们给县委书记讲课的时候，也有这个观点。但是当时建设新农村，提出以政府为主导，以农民为主体，结果搞了好几年，包括到现在，很多地方农民的主体作用也没有发挥出来，政府权力过大，越俎代庖。所以我有一个感想，就是经过蕉岭调研后发现，政府主导的状况有一个根本性的改变，农民确实发挥了主体作用，起码在我们看的示范点上都是这样的，我相信把这个点上的经验可以复制。所以我认为，蕉岭作为全国农村综合改革试点，它确实把前些年，尤其是 2005 年以来，中央提出的以政府为主导、农民为主体的思路基本上落实了，这是我的一个基本想法。

我接到会议邀请之后看了一些资料，同时阅读了温书记发表的文章，我给蕉岭发展特色的总结就是政府的主导作用得以发挥。其实在新时期，我们搞市场经济，群众是一个生产经营的主体，一个家庭或者一个消费经营单位更不用说了。政府要发挥主导作用，比如，温书记在《南方日报》写的小文章中谈到，"联系群众更密切，便民服务更到位"，实际上就是突出服务。上午李周教授讲了一个历史感较强的问题，"皇权不下县"。不是说县官不到村里去，而是要明白到村里面去干什么，得为老百姓服务。现在当然不存在皇权，也没有皇帝，但是现在省委书记、县长及各个机关单位的公务人员等能有几千人，我们怎样领导，如何发挥党的领导作用和政府的主导作用，其实就是在于服务理念的提升。在政府发挥主导作用的问题上，虽然领导的服务观念讲了多年，但是在建设新农村这个领域上，我们回想一下当年给县委书记讲课，把当年的文件再找出来，怎样为老百姓服务，其实仍都是文本的原则，没有一些具体的办法，所以这个服务只是停留在口头上。我觉得蕉岭在农村改革试验中解决了这个问题，确实做到了服务群众。然而怎么从越俎代庖转变到为民服务，这里面有体制机制的变化，最突出的特色在于从"六办八中心"向"一办一中心"的转型。这不单是一个简单的说法，这里面还是有切身体会的。因为历史上讲求的"皇权不下县"，那时县是很小的。当前，我们县以下还有其他政府，直接为老百姓服务的功能机关是以乡镇党委书记、镇长为代表的乡镇机关。所以，这些机构怎么对待老百姓是非常关键的。

实际上 1974—1979 年之间，我在人民公社当过小干部，那个时候就是命令你，老百姓全听县委书记，农民什么时候种地、号召大队书记、命令生产队长缴租等，都有一套非常有效的办法。我认为这套东西到我们建设社会主义新农村初期一直没有改变，一直都是命令老百姓。我觉得你们把"六办八中心"变成"一办一中心"，这里面详细的分解一下，观察其细节，就发觉政府真正变成服务的了。蕉岭县三圳镇政府建设的"一册通"，改变了过去群众问询无门的难题。现在群众所问之事，相关负责部门起码要把这个事记录下来，马上让负责该项问题的办公人员给予回答，这个就是服务。群众到机关办事方便，政务逐步公开，技术改进促进阳光行政，这是政府转变职能后真正为农民服务的良好开端。

还有一个更重要问题是怎样把农民引导到主体地位上去。从基层改革角度上看，例如，芳心村实行"一核三元，四权同步"，关键在于四权同步。老百姓有了决策和管理权利，选举权、决策权、管理权与监督权四轮同驱。具有这样的体制机制，老百姓对村庄事务有了认知，有力出力，有钱捐钱。让老百姓真正参与其中，老百姓就有了建设积极性。为什么具有积极性呢？因为他们明白建设不是给县委书记干，不是给县长干，不是给镇长干，他们是给自己干。所以，我觉得"一核三元、四权同步、多权共治"体制不是政府的面子工程，而是实实在在改善了老百姓的生产、生活条件，是在为老百姓谋福利，这样就可以在新农村建设当中发挥相关组织的作用。

我看他们手机实现"一册通"，我很有感触。通过微信平台，实现技术牵引下的"四化"同步，即"信息化、工业化、城镇化、现代化"同步发展。包括生态文明建设和技术建设等方方面面，都具有一定的特色。党的十八届三中全会提出构建现代国家治理体系，提高现代治理能力。我觉得蕉岭农村通过近年来的综合改革试点，实际上呈现给我们在农村实现国家治理体系建设的一个轮廓和方向。为落实党的十八届三中全会精神，在顶层设计时要考虑多一点、细一点。如果要为蕉岭改革发展提出一点儿建议的话，我认为蕉岭在今后包括土地流转和社会治理等具体问题上，还可以继续学习其他地区在相同领域的创新做法，这样可以减少建设中的弯路，实现更好更快更顺利地建设。再次感谢蕉岭县委县政府给我提供一个很好的学习机会。谢谢大家！

记者提问：

记者：徐勇教授，您好！我是来自《南方日报》的记者，因为蕉岭的改革一直来说都是你承担着总设计师的角色。所以，我想有两个问题向您咨询。第一个问题就是，因为我个人也是比较关注广东农村的改革，也去过清远、阳山采访，我个人有一个很明显的感觉，无论是蕉岭的农村综合改革还是阳山的改革，之所以推得比较快，与早期进行的基层治理创新有很大的关系，请问在你们的实践当中，农村治理改革和基层改革存在什么关系？第二个问题，无论是广东还是全国，农村综合改革应该说方向非常明确，但是推进的任务非常紧迫，在改革当中遇到不少问题，比如说时间成本、改革成本，还有发动群众，包括一系列的矛盾，如果要顺利推进改革，是否意味着跟治理创新同步推进？

徐勇：首先对你这个称呼不敢当——"总设计师"。我们一定要明确蕉岭的经验都是我们蕉岭的领导他们积极推动，也就是刚刚讲的政府主导和尊重群众的主体地位形成的，我们在旁边起了一个参谋的作用。你提出的问题，我这样回答，因为农村综合改革是一个内容非常丰富的、问题很多的一个宏大的改革，这些改革实际上不容易。比如说土地流转，直接涉及农民的利益，如果这个改革不通过治理创新，可能我们改革不会取得预期的成效。第二个问题，我们的改革是干什么的？改革是解决问题的，不是制造问题的。所以说我们改革不能为了改革而改革，我们的改革是有利于民众，是民众期盼的改革。改革的时间不是为了短期的成效而不顾群众的感受和参与，它和农村综合改革产生预期的成效需要基层治理加以创新。

记者：我是来自新华社的记者。我有一个问题想问一下温向芳书记，2013 年蕉岭县被国务院确定为全国农村综合改革示范试点单位，农村土地确权的一个地区，我们了解到蕉岭现在已经是基本完成了土地确权的工作。我想问一下，蕉岭确权工作推行的时候，有没有遇到一些问题？是怎么样解决的？

温向芳：我简单回答一下这位记者提出的问题。其实蕉岭改革主要就是土地改革登记颁证，我们在实施过程当中肯定跟其他地方一样，会遇到一些问题。比方说边界的问题，我们是采取一些公示，如果还是纠缠不清的村民，我们就采取村民议事会的原则，有纠纷方面的几个人进行沟通协商，形成一个纪要，作为一个历史的档案作用存档。第二个方面，对于一些外出的、家里面没有人的，但是又分户到那里的，就采取转换登记的办法。如果把这个确权确下去，估计以后就便成了一个历史的问题。我就简单说说，具体操作罗书记有没有补充。

记者：今天这个主题是"农村综合改革与基层治理创新"，我觉得我们蕉岭的改革没有机械地执行，而是很好地把传统治理有益的成分与现代的治理技术结合起来。我想问党老师一个问题，怎么样理解和运用"新"与"旧"的关系？因为提出中华民族伟大复兴的中国梦之后，有些学者甚至抛出要建设国士院等等想法，想把这个社会分成不平等的阶层，传统的当中有一个成分，如果还把几千年前实现的明显不平等的儒家的东西引入现在这个社会合不合适，会发生什么样的后果？

党国英：这个问题确实有些敏感。首先从原则上讲，我认为传统这个东西有可逆的方面，怎样概括中国的传统，一两句是不好说的，但是服务社会的关系，可以在逆境当中转化。看《白鹿原》那个穷人社会，有些人讲城市化不要忘记乡愁，城市当中其实就有乡愁。我们看到欧美国家很多的现代体制，这种穷人社会圈子，我们注意到他跟生存的资源可以不搭界，这样就不妨碍人身自由，这种关系就是可取的。所以首先就是从一般讲，不要让宗法因素渗透到这个圈子里面，相反地，我们是通过兴趣关系来凝结熟人社会的纽带，这是一个基本的想法。回过头来，文字化的东西、书面化的东西，比如说儒教作为我们文化传统是很有争议的东西，我认为这是一个很深刻的问题，一个国家的文化，民间的行为文化要和典籍文化区分开来，我曾经看过欧洲的文章，发现什么东西呢？欧美农村基础的社会关系跟我们非常相似，给我的启发是，基本的行为关系。我看中外其实没有什么不一样，传统文化被我们给放大了，被放大之后，甚至把某种形态看作是皇帝治国或者是过去领袖治国的一个抓手。这个说法本身是令人怀疑的，因为我们多少朝代，难道真的将儒教文化作为我们的工具吗？我是非常怀疑的。所以，有一种说法我个人比较赞赏，我们现在的儒家文化当中，其实渗透了很多宗法因素，我们现在发展市场经济，推进产业化，宗法因素负面的作用要比正面的作用大，如果讲正能量和负能量的话，我倒是觉得负面因素相当大。我就冒昧讲讲这个问题，我是这样认识的。

记者：毛教授能不能讲两句？

毛教授：传统的东西如果再讲的话是非常广的，包括宗教，也包括宗法，实际上宗教的力量在西方很多方面刚开始被认为是负面的，后来实际上发现很多方面是有积极的力量。所以只要有阴影的地方就一定有阳光，如果你把这个阳光用好，实际是可以解决很多的问题。我们很多人到了美国以后，尤其是留学生，首先是通过宗教融入美国社会的，从这点来讲，很多人从中感受到阳光的东西，甚至有些人移民到美国也是。对于中国也是，宗族势力没有这么可怕，还有一些宗族聚会，包括党校同学会都取消掉，这个东西本身是社会关系，我们既然生活在这个社会，我们有父母，我们有孩子，我们有祖先，生活在这个地方，跟不同姓的人生活在一起产生纽带，这个东西是非常珍贵的东西，如果能够珍惜这些，可以让我们增加更多责任感，也可以让我们自己成长的时候对这个社会、对自己，甚至是对我们的心灵都有很好的分享，所以没有必要把它看得非常差。大家都在玩微信，微信对社会的破坏力有多大，我们两个人约会各自都在玩手机看微信，到底有几个真正的朋友，所以你不要把微信看得比宗教势力还要邪恶。我们更多的还是往积极的方面看，我觉得从理论上来思考，从治理结构来思考宗教。

主持人：这个话题太强大了，传统在这里，所以其实我们也谈了制度基因问题，它不可忽视，就是存在的。但是这个基因大家要注意，它有优质基因，也有劣质基因。我们的政治生活当中，我们不要过多去考虑这个。生活层面，我们都有一个传统的东西在里头。所以说，这是很大的话题，我们讨论不完。

第四部分　论坛讨论发言

南方农村报主编陈永：

今天请各位代表发言尽量精练，把主要观点说出来就行。上午的会议分两节，上半节由我们的毛老师来主持，下半节由李周老师主持，大家都很熟悉毛老师，把很多西方的文明翻译到我们中国，原来治理这个概念是由毛老师介绍进来的，我是今天才知道。毛老师第一次出席这个论坛，他也是有课，是前天晚上3点多才到这个地方，所以我们很感动。下面有请毛老师来主持，我们一般发言是到了最后两分钟电脑有提醒，所以听到这个提醒的声音的时候就要把主要观点概括。有请毛老师！

主持人毛寿龙：

大家上午好，我们上午的座谈会主题是农村综合改革与基层自主创新，这能从学术上推动农村改革的发展。大家知道国家刚刚发布一个文件，对于农村土地确权问题提出了非常重要的指导意见，尤其是对土地经营权有序流转，发展农业适度规模经营具有指导性作用。很多人认为这是水到渠成的事情，也有很多人认为可能会开启中国农村发展的一个新时代。在我个人看来，我们终于从过去的以粮为纲或者通过各种行政手段来确保我们的粮食产出转移到更好的完善农村的产权制度的新方向上。农民的资产、资源在市场上得以流通，或者让它真正做得非常有价值。政府一旦启用这个程序，后续的发展是不可限量的。而且进一步推动相关市场的形成，农业企业的市场、期货市场或者其他各种各样的金融市场，都会在这个基础上发展起来，而且有可能我们农村的价值不只是经济价值，还有我们几千年的文化，在农村沉淀的基本的文化价值等等，可能会给我们非常多的惊喜。今天我们请了很多专家前来研讨，第一位专家是农业部农村经济研究发展中心主任宋洪远先生，大家鼓掌欢迎！

农业部农村经济研究发展中心主任宋洪远：

谢谢毛老师，大家上午好。毛老师把这个题目点出来了，本来我是不想讲这个题目的，既然这样，我就按照这个文件的意见来谈。最近经过研究，决定通过一个发展适度规模经营，土地有序流转的意见，我想围绕这个意见和管理政策给大家做一个梳理，我有四个想法。

第一，讲一下承包地。这个大家都知道，顺着这个概念做一个表述，承包地的基本概念可以用这么一句话概括：集体所有的农业用地承包给家庭经营使用，就是这样一个定义。这句话很清楚，集体所有、农业用地、家庭经营，很清晰。承包关系一确立，是受法律合同保护的。农户是承包方，承包方一签合同，这个关系就成立的。

第二，关于赋权。承包地的权能我们是在 2008 年的十七届三中全会决定的，还有去年的十八届三中全会，两次会议把这个权能逐步赋予，到现在是讲了六个权能。赋予农民承包地，带领使用收益扭转，即承包、经营、抵押、担保等权能。这句话要注意一个地方，就是一个"即"字，"即"前面是就承包地而言的，后面就承包经营权而言的，抵押担保。核心是"三权"怎么设置。我们开始讲分治，这个分治就是讲所有权、承包权和经营权的问题。所有权是集体所有，具体有两种形式，一种是村民委员会所有的；一种是村民小组所有。在全国来看，归村民小组所有的统计结果是52%，大的层次占的比例是42%，还有6%是其他所有制，这个是所有权。承包权就是针对农户而言，这个农户是特指的，必须是所有权这个单位的成员才可以承包，比方说这块地是村民小组的，这个村民小组的农户才可以承包，外面的人是不行的，没有承包权。比方说这个地是归村民委员会所有，这个村民委员会的农户才能承包。经营权，我们现实生活中，承包权和经营权有合一的情况，也有分离的情况。合一的情况是我既承包又经营，分离的情况就是我只承包我不经营。这个三权分治，应该说我们在规定上是清楚的，问题是我们在确权登记过程中怎么分治。过去我们一直强调确权登记颁证，是承包经营权合一，现在我们要分治，分治就在一些地方做试点，就是"三权三证"，这样就能落实经营权的抵押问题，否则承包经营权给农户，经营者没有经营权，就没有办法抵押。

第三，承包关系稳定了，三权分治也明确了，我们还要做两个事情。一个是促进扭转，发展规模经营，还有一个是落实抵押担保权能。怎样促进扭转发展规模经营呢，怎样落实抵押担保权能？这是三中全会和今年"中央一号"文件中重要的地方，也是我们改革需要推进的地方。第一，落实流转的问题。我们要通过流转发展规模经营，首先我们强调的是承包权的流转或者承包经营权的流转。规模经营是多种形式，不能只是一种形式，这是一个基本的问题。但是，要落实这个流转，就要有一些条件和制度安排。比方说确权登记颁证，这块地承包权也没有明确，经营权也没有明确，怎么流转？这就是一个问题。如果把承包经营权确定了，土地流转就清楚了，土地承包经营权的确权登记颁证是一个前提和条件。第二，流转以后，比方说后面我就可以跟抵押担保结合了，此时想要抵押，拿这块地或者是我只承包经营权合一的地去抵押，有了这个是不是可以抵押呢？此时需要土地流转价格形成机制和评估机制，这个机制是非常重要的。因为有了这个机制才能告诉大家抵押物的价值。有了物价，接着就会谈及第三个问题，所抵押的东西，能不能进行处理，即要有抵押物的处置机制，这样才能流转和抵押。

第四，接着又要问一个问题，到什么地方去处置？我们说到市场，这个市场就是土地承包经营权还是要抵押的二级市场？因为抵押物不是承包经济权的流转，这个也是土地经营权，这就是二级市场。有了这个制度建设，才能落实承包地的流转问题和承包抵押物的问题，这恰恰是需要我们探讨的。

有了这四个问题，还有一个重要的问题就是法律的修改，这次十八届三中全会有一句话讲得很漂亮，实现立法和决策相衔接，重大改革决策要依法有据，立法要适应改革和经济发展需要。成功的经验上升为法律，不适合的法律要修改。我们土地法的事情最明显，土地的很多事情，比方说流转，我们抵押担保，现在承包法要落实抵押，推进这个改革就行了。所以修改法律、完善法律也是改革一个重要的体现。真要落实这个决定的要求和文件，促进承包经营权，落实抵押，我觉得有几个事情需要明确：第一个稳定承包关系；第二个落实承包权；第三个就是确权登记颁证；第四个就是资产和抵押物的机制；再一个就是设立制度机制；最后一个就是形成法律法规。谢谢大家！

主持人毛寿龙：

非常感谢宋先生的发言，他引出很多政策问题，尤其是那几个权属，就是在一级土地市场比较有限的情况下，实际上抵押或者引进更多的市场的力量，必须要有二级市场。这个二级市场要去银行抵押，否则银行不能去买卖，抵押有什么用呢？我觉得有点像古代的玉，没有人去偷，为什么？因为偷了以后你放在身上被逮了之后会被杀掉。没有市场就没有意义了，包括我们北京的车牌号，私下形成买卖。但是很多人都知道，即使你卖出去了东西，法律责任卖不出去。所以要形成真正的市场，实际上要找出很重要的一点，也就是市场的管制。市场的管制在很多情况下没有意义，如果这个地方有管制，在另外一个地方引进新的市场力量，引进来以后，如果一级市场没有做好的话，实际上也很难发展。银行贷款也是一个政策性的贷款，而不是市场性的贷款。所以，宋先生已经提出了市场的力量，还有政府在考虑市场性决定作用，实际上还是要从理论上来思考一下市场的自然作用。下面有请国家发改委国土开发与地区经济研究所所长肖金成先生发言。大家欢迎！

国家发改委国土开发与地区经济研究所所长肖金成：

非常感谢主办方的邀请，这个论坛举办了十届，我是第一次参加，因为我主要研究区域经济，但是对农村经济也比较感兴趣，因为我在农村生活了 23 年，当过四年的农业技术员，当过两年的生产队会计，当过一年的生产队队长，对农村还是有所了解，但是这些年就不研究农村了。刚才宋先生讲的我也有所耳闻，我还是讲一下主体功能区。2012 年 12 月，国务院颁布了《全国主体功能区规划》，这个规划是发改委大概用了五年的时间制定出来的，期间我也参与过这个规划的讨论，所以对它的背景还比较清楚。今天我来到了蕉岭，对于这个还是有一定意义。为什么要编制一个主体功能规划？当时的背景是，我们国家虽然有 960 万平方公里的土地，但是这些土地并不是都可以搞工业开发，所以哪些地方适合搞工业开发，哪些地方不适合搞工业开发，这个需要进行深入的论证，而且应该编出一个规划来。在这个背景下，"十一五纲要"里面明确提出要有一个主体规划。这个规划传递了一个信息，这个信息我认为是非常重要的。要在适合开发的地方加快开发，在不适合开发的地方加强保护，就是这样一个理念。关键问题是什么呢？哪些是适合开发的土地？哪些是不适合开发的地方？当然大的方向我们清楚，像戈壁滩、沙漠这些不太适合开发，有些高山、大川，人烟稀少也不适合。但有些地方并不一定这么容易区分清楚，所以在规划当中也遇到很大的困难。本来打算用一年的时间编写出来，但是用了五年时间，而且编制出来的效果也不像预想那样，没有办法把每块地贴上标签。原来说要把每个县戴一个帽子，可以把主体功能区分成四类，第一类叫优化开发地区；第二类叫作重点开发地区；第三类叫作限制开发地区；第四类叫作禁止开发地区。等于是搞了四顶帽子，要给每个县戴一顶帽子，但在戴帽子的过程当中发现，这个帽子不好戴。很多县戴上之后非常想摘掉，坚决不让戴。所以问题就出现了，确实是这个情况。一个县是很难确定的，最后就后退了。对于明显能够确定的，比如说这个县就是生态保护区，就限制开发，帽子戴上了。如果搞不清楚，就没有戴，交给省里，省里要给每个县戴一个帽子，要全覆盖。这个问题到现在为止中央是提出来了，对于非常明显的就要戴上帽子，但是并不是全覆盖的，有很多没有戴。这个问题出在哪儿呢？我认为这个理念是很正确的，但是一个县里面，有的有高山，但不是所有都是高山，平原地区还是可以开发的，你把一个县搞成生态保护区确实存在问题。另外，在全国乃至全省方面，你要给一个县贴标签，这是非常困难的。所以，我一直在呼吁，理念是很好的，关键是要落地，落地最好的就是在四个层面对功能区域进行划分。比方说这里适合农业，不太适合发展工业，这就是农业发展区。对于水源地，要禁止开发，因为水源就是生命线，把水源污染了，就会有很大范围的影响，还有就是生态脆弱的地区，像云南等地，这里就是全国的规划，然后交给全省规划。当然现在的问题是如何落实的问题。到了"十二五"期间，提出了主体功能区战略，把这个规划淡化，上升到战略层面是正确的，对生态保护是非常有意义的。

比如蕉岭，我们的生态环境比较好，又是珠三角的水源地，珠三角喝的水都是这里的，很显然这里就是生态保护关键的地区。如果不搞生态环境保护，引进很多工业的话，水源就要受到污染。生态保护在我们这里是一个非常重要的功能。这个功能甩都甩不掉。我们搞生产保护是要投入金钱和精力，那么我们农民的收入怎么保障？这个规划里面也明确了，就是要给予补偿。补偿要分两类，一个是国家财政给予转移支付；一个是后天的补偿，就是收益区的补偿。原来规划处有一个生态保护权益，制定起来也是非常复杂。关键是标准、数额。现在考虑的问题是，所给补偿毕竟是一个有限的数额，一个县靠这个补偿富裕起来是非常困难的。这个怎么办？实际上就我个人的观点是，我们可能要对这个地方进行分析，有些地方确实不太适合大规模的人流聚集，或者现有的人口和资源是很难支持的。我们的第一条规定，就是要考虑人口的转移，有些地方人太多，无论采取什么办法，就是富裕不起来。所以，人口的转移是不可避免的，这也是我们推行城镇化战略的一个背景。通过城镇化的方式，让很多在农村难以富裕的人转移出去，我们不要回避这个问题。

第二，我们要发挥市场优势，比如蕉岭地区，虽然搞工业没有条件，搞农业平原地形不足，不像东北土地都是连片的，搞机械化，搞规模化。但是这里风景优美，可以小区域开发。比如说蕉岭环境好、水质好，作为"长寿之乡"，环境和长寿都会吸引人过来养生，给当地人带来收入，这是我们的一个方向。虽然是环境保护区，也不一定没有价值。我们现在规划说生态区是一种资源和生态产品。实际上我们的资源可以有价值，而且这个价值可以实现，这是我们要考虑的问题。

第三，我觉得蕉岭很多山区是不适合搞开发的，山区也不太适合搞农业，我是不赞成在戈壁上搞农业。我们可以在对生态、对水源没有太大影响的地方进行建设和开发，因为我们这里一个县不可能都是山。如贵州的贵安，有一个县就是平地，平地就可以利用起来搞开发，所以贵州省就搞了一个贵安新区。我就讲这么多，谢谢！

主持人毛寿龙：

其实肖先生认为很多地方的发展都有一些自己的特色，我觉得这点很重要，但是我认为市场会找到更适合的发展道路，实际上很多地方不一定就适合搞农业开发。下面我们有请浙江大学中国农民发展研究院黄祖辉教授发言。

浙江大学中国农民发展研究院黄祖辉教授：

非常高兴参加这次论坛，中国农村发展论坛举办十年了非常不容易，每年都有一个主题，以前我也不知道就没有参加过。对于蕉岭，我是第一次来，来之前看了很多相关材料，我学习了一下。我讲两句话，我们蕉岭不光是一个长寿之乡，而且是一个改革做得非常好的县。徐勇教授总结的是"三位一体"，我表示比较认同。第一，产权一体。产权制度搞得好，产权、赋权、治权搞的比较好。你们的产业发展和村庄发展在一体。第二，产城一体。把产业和城市联动起来。这么一个发展的路径是非常好的，这里我讲几个有关农民产权制度改革的观点。

第一个是农村产权改革的视角，农村产权要放在什么背景下看？我觉得有三个方面，首先是农民权益问题，赋予农民更多财产权。其次就是土地流转，最重要的，还是大家比较容易忽视的，就是产权制度改革跟城乡一体化同步推进。最后是要放在一个大背景下，因为二元结构就两个概念，财产权益二元。农村产权制度的改革，要让农民离开农村。现在一个很大的问题是，农业的产业比重和就业比重严重不协调，农业劳动力还是太多。通过城乡一体化，要实现这个目标。

第二个是关于三权分治。这个是最近中央比较明确的提法，实际上三权分治是很不清楚的，实践当中就是经营权流转。这个有不同的看法，从好的方面说就是明确了经营权流转。过去没有明晰化，但是也有人认为还不够。从产权角度来讲，三权分治只有经营权的流转还是不够的，回避了承包权问题。承包权的问题可能是中国的一个产权制度的特色。农村土地产权问题,不能叫作所有权,我把它看作是集体土地所有权在现在的分割。这里是现阶段不可以交易的不可分的所有权,当然法律上没有体现,所以对这个问题我们还要继续研究。但现有的经营权流转为我们今后产权制度改革提供了空间。

第三个是,关于确权问题。中央"一号文件"说明可以确权确地,也可以确权不确地。蕉岭县不同于其他地方的农村,现在农村分化很厉害,都是跟种地直接相关。但是确权确地有一个很大的关系,如果规模化经营,连片地种植,一个农民不同意就麻烦。所以,我觉得我们尽可能确权确地,不犯法,实际上关键就是市场,开辟市场。没有市场交易,确权确地就是一个标志,是一个分配的依据。所以,如果确权确地是固化的,市场交易就非常重要。

主持人毛寿龙:

谢谢黄教授,黄教授提出的这些想法非常重要,尤其是承包权要不要退出的问题。实际上虽然承包权不是一个具体的东西,但是新增的承包权领域已经停止分配了。新的承包商如果要获得新的权利,只能通过租赁。所以从这个角度讲,存量没有改革,增量实际上已经在改革。必须是承包商租赁承包权,不然农民只能在城市里打工,所以城市是开放的。从这个意义上来讲,如果增量可以,存量为什么不可以?传统的行政管理权的遗留如何在新的制度中改革,集体的权利到底是什么权?在市场经济的立宪权利,会不会变成个人的权利?让我们以后去思考这个问题。下面我们有请民政部基层政权和社区建设司副司长汤晋苏发言。

民政部基层政权和社区建设司副司长汤晋苏:

很高兴参加这个论坛,我们蕉岭在推进村级治理体制上面的创新,取得的成就很大。协商共治和积极探索推进了蕉岭的经济和社会共同发展,蕉岭的经验体现了一个求实的过程。中央的基层治理包括村级治理,都有严格的要求,各地各方面也都在积极探索,蕉岭主要围绕大局、服务大局来积极探索新形势下村级制度的管理,着眼于工作的统筹性、实效性;着眼于保障民生、改善民生;着眼于社会建设和社会服务,正在逐步实现中单层管理向全方位的管理转变;着眼于提高质量、提高水平和能力,着眼于公正、促进公平，形成了"一核三元，四权同步，多层同治"的模式。蕉岭抓住国家农村最基层的组织实体，包括村级组织还有村民小组，理顺治理主体关系，规范运行机制，探索协商制度。县领导的重视，体现了当前工作和制度建设的长远发展，建立了长效机制。总体要求与分类指导相结合，侧重重点与配比建设相统一。所以蕉岭的村级制度、基本思路和主要目标，是能引领基层治理的。

从蕉岭经验中可以看出，蕉岭注重在以前工作的基础上升华，注重整体工作的统筹，注重问题及时发现和解决。这说明蕉岭关注群众利益，关注社会热点和难点问题，也关注中央正在研究和探索的问题。希望蕉岭下一步的整体规划，一手抓问题，一手抓研究，一手抓规划。在此有一个建议，蕉岭县可以改革成协商共治，这里面党肯定是要负责领导，原则是少数服从多数，下级服从上级。谢谢！

主持人李周：
下面我们有请中国人民大学公共政策研究院执行副院长毛寿龙发言。

中国人民大学公共政策研究院执行副院长毛寿龙：
我"声音"太小了，刚才讲到很多技术问题，我在这里讲一个理论问题。所谓理论问题，第一点就是我们所谓的穷人实际上是没有现金流的，并不是说没有资产，很多穷人是有资产的，而且资产比我们城里人还要多得多。第二点，穷人很多资产之所以没有现金流是因为他没有权利，没有权利就没有市场，没有市场有权利也会没有现金流。没有现金流就没有办法吸引各种各样的人才，这与我们所说的没有权利是有关系的。对自己没有所有权的人，没有人会在身边的。所以我们讲农村人多还是人少，宏观上一点意义都没有。从理论上来说治理的模式，我们传统的模式就是权力构成凝聚力，你当干部我当群众，每个人都有一个身份，这个身份会有宅基地、有耕地，还有房子，后来慢慢就是产权。所以，所有的变化都是以行政管理来进行调整的，这种方法我们在很多管理上还在用，比方说现在汽车牌照，有些地方可以拍卖。还有理论上的成分，就是利益以权力为主，否则就变成了分割的劳动力市场，干部有干部的劳动力市场，农民有农民的劳动力市场，所以行政性人为分割。包括房子也是一样，我们有

20多种房子的身份，还有资产和其他各种各样的身份，包括工作权利的身份。如果是以权利为基础，每个人都是灵活的。这是每个人的权利，你买了一块地，你就可以当那个地方的地主，你买了房子可以当业主，你当了业主就可以参与业主问题，因为你有地权，所以你要承担土地的问题。价格跌了你是亏了，价格涨了你是赚了。各级的产权都有非常好的治理，我们观察一个国家富还是不富，就是一个公共治理的结构问题。

小城镇融合到广大的农村中去，农村因为本身封闭，缺乏权利的界定和交易，使得农村承担非常多的浪费情形。所以，我想从改革的逻辑角度来讲，目前的改革是在现有管理的区域内进行的，以现有的行政身份权利调整为基础的，这个治理结构可能对农村有帮助。理论上，第一个问题就是它形成的市场所导致的分析。如果你要管控的话，你就要把它管死；如果你不管控，从第一级开始风险是不确定的。投资的风险也是非常大的，不仅是管理层面的，还有社会层面的。这个是一个管理的关系，如果这些风险没有人去承担，最后都会落实到一个价格者的身上，还会落实到敢于做风险投资经营人身上。因此，这个非常不确定的市场需要各方面的严格管制。

主持人李周：

毛教授整个介绍了从过去国家管制转向改善治理；以及怎样去管理，怎样去投入，然后怎么样去开放市场，谢谢毛教授。接下来请清华大学政治系主任张小劲发言。

清华大学政治系主任张小劲：

其实我们上面讨论了很多，因为现在农村存在很大的问题，在一个发展变迁的背景下讨论农村的改革问题，这是一个很大的难点。其实我们还注意到另外一个现象，过去我们讲中国发展叫作农村稳天下稳，现在出现一个新的说法：城市稳天下稳。我们城市现在户籍人口占30%，但是GDP占70%，所以我们在讨论问题的时候，确实带有一定的难度。

相对来说，我们可以在一个变迁视角的情况下讨论，但是总的来说，变迁幅度不是太大，应该是延续既往的前提下向前一步。所以我讨论的题目是《加强协商民主的制度建设》，这个问题的提出主要是依照十八届三中全会要求做出的。我们国家治理现代化的背景和工程带来的新变化，就是对协商民主的重新认识。社会主义协商不只是人民民主的重要形式，同时我们也提到独特、独有、独到的民主形式，实际上这个涉及到整个社会。这样一个发展，换句话说，我们从三中到四中再到五中全会，在未来的三年内，可以站在一个战略的高度。这样一个文件还在起草过程中，构成一个非常有意思的战略布局，构成一种现代市场的法制建设和现代民主建设。在这样一种关系下，实际上才考虑到我们政协的问题，或者叫作协商民主的问题。从十八届三中全会来看，应该说有了一些新的提法或者基本设想，其中就是说协商主体的扩大，把基层组织和社会组织同国家政权机关、政协组织、党派团体一起纳入协商民主的范畴，全面建构协商民主体系。强调基层民主协商，提出要开展形式多样的基层民主协商，推进基层协商制度化。在这个意义上，我们谈到协商民主的体制建设，构成了总框架。要进一步追究的话，构成了一个非常有意思的现象。从协商的主体到协商的特点，构成了一系列的全覆盖的关系。其实我们讲从公民个体到基层组织再到地方、中央，在各个层次，政治框架以及相衔接的部门都有一些机制建设。实际上我们发现这种协商，包括立法和行政，给我们开放了一个更好的思考空间，能够帮助我们进一步理解在我们国家治理现代化的框架内，新的治理形式和方法会出现什么样的变化。而在这种变化过程当中，怎样把既有的经验纳入这个框架里面。政府协商即行政协商，在我们看来，其实是指政府和社会之间的协商。社会本身是一种可分解、可操作性的结构。

这样的话，就其基本功能来说，我们可以发现能够提升政府政策的合法性、正当性和认受性，还可以增强政府政策的科学性，化解政府政策的矛盾性，使其协调一致。基层协商民主的发展与创新，从上到下有不同的层级和安排，同时也是产生了不同效果。但是一个共同点是，它强调的基本面就是共同体内部协商。过去我们更多是县政协，而现在是村级的协商议事会议组织。

从这样一个角度考虑的话，我们发现基层协商民主的优越性，实际上给我们国家层面的协商提供了好的思路。我们实际上把它称之为协商目的的综合性，不仅包括决策性的问题和非决策性的问题，所以更表现出一种参与的多样性，直接或者间接的。另外一个讲的就是协商方法的复合性。

因为在小范围内，自我教育和自我学习，实现协同共识。从乡村基层的协商民主创新来看，内容和形式，都会在这样一个框架里面得到重新的激发和激活。从未来的发展研究来看，我们是对既有经验的整合，也是对新的发展的创新研究。谢谢各位！

主持人李周：

张教授的发言集中在民主治理上，也有具体延伸，谢谢张教授。下面有请中央党校经济学部首席专家徐祥临发言！

中央党校经济学部首席专家徐祥临教授：

谢谢大家给我这次发言机会，我这个发言题目是《农村金融改革顶层设计：合作金融》。这次会议我看大多数专家学者从土地的角度来谈，而农村改革发展问题从要素的角度看，土地、劳动力、资金等是最基本的，如果这些要素能够实现资源的高效配置，农民的致富问题也就解决了。这几年我们谈论比较多的就是土地问题，近两年的"中央一号"文件重视程度提高了，这个思路也比较符合我个人多年的学术观点。在资金问题上，我始终主张贷款难，要通过合作金融这样一个思路来解决农民的资金问题。讨论资金问题的大背景，首先明确一下，其实它就是我们近两年提出的构建新型农业经营体系，培育新型农业主体。在这个大背景下来谈农村金融问题，或者说构建新型农业经营体系，这个体系非常广，生产、生活方面的问题都包括在内，其中在市场经济条件下，有一个资金问题，但是这个问题我们多年没有解决好。改革开放30多年来，我们农村改革虽然取得很大的成就，按照中央文件来说就是建立了土地制度，让农户承包经营，但是从发展经济的角度来看，发展现代农业要有创新，就要构建新型农业体系。要构建新型农业经营体系，搞市场经济大家都没有意见。

但是这个论断在农村经济发展，特别是解决农村资金的问题上始终没有得到落实。我们用数据来印证一下，2013年，据中国人民银行统计，农业贷款余额3.04万亿元，农户贷款余额为4.50万亿元。农村贷款余额17.29万亿元，全部贷款余额71.90万亿元。2013年农业占GDP的比重为10%，农村人口占总人口的比重为47%，证实了农村货币供应短缺。

我们常说的农村缺资金、贷款难，是不是真的呢？我们通过实际数据去考察。从 2013 年末蕉岭县人民币各项存贷款统计获知，存款余额 52 亿元，贷款余额 22 亿元，存贷差额 30 亿元，存贷比 42%。这几个数据告诉我们什么呢？蕉岭这个地区并不缺少资金，缺少的是把闲置资金用于推动农村经济发展的体制机制。按照一般的金融规律，应该有 36.4 亿用在贷款，还有接近 15 亿的资金没有用。如果说你们有 15 亿资金再增进到当地的贷款余额中，20 多万人口可以增加多少贷款。但是农村贷款难并不等于缺资金。我这个看法跟总书记一样，去年 12 月 23 号总书记在中央农村工作会议上有一段话，他说："农村金融仍然是老大难问题，解决这个问题的关键要在顶层机制设计上下功夫，鼓励开展农民合作金融试点，建立适合农村特点的金融体系。"2014 年中央"一号文件"第六部分题目是"加快农村金融制度创新"，其中有一个段落专门部署如何发展合作金融。两办关于引导土地经营权有序流转和发展农业适度规模经营意见中要求："在管理民主、运行规模、带动力度和农民合作社和供销社技术上，培育农村发展合作金融。"如何发展合作金融？在同行中真正搞清楚的人不是特别多。我国的小农户经营体制下，习近平总书记倾向于发展综合性农民合作社。在浙江省工作时他亲自指导瑞安"三位一体"专业合作社、供销合作社、信用合作社联合起来为农户服务。2014 年 7 月对供销社改革发展做出重要指示：办成"为农民生产生活服务的生力军和综合平台"。2012 年中央"一号文件"要求"抓紧修订专业合作社法"。所以综合性合作社模式，其实就是提供技术服务、供销服务、金融服务、保险服务等等，从生产到生活，农户提出一个要求，我就能够满足。从金融的角度，贷款也不用搞什么风险调查，因为各个部门都掌握着；从农民搞生产经营的角度来看，全方位得到满足；从竞争机构运转来看，它的成本最低，这个方面作为一个外挂的经营主体，都是像企业一样，不是一个个独立核算的。最后这个利益都是要落实到农民的身上，归于农民。所以我们的农村地区应该按照中央"一号文件"的精神下大力度，谢谢大家！

主持人李周：

谢谢徐教授，下面有请国家行政学院公共行政教研室主任竹立家发言。

国家行政学院公共行政教研室主任竹立家：

从村级治理方面看，蕉岭是一个比较好的治理模式。第二个，关于农村发展方面的总结我从一个大框架来阐述自己的想法。第一点，我个人认为，三中、四中全会上有三个关键话语。第一个关键话语：全面深化改革，是中国未来五年到十年改革的总体战略方针。可以毫不客气地讲，未来五年到十年，中国改革的一个最根本的任务就是要深化、全面的改革，形成两个驱动力。一个是形成制度联动，全面提升中国社会的结构性水平。再一个深化就是制度性的改革，我们还要在制度的细化方面进行扩大。第二个关键话语，推进国家治理体系和治理能力现代化。这也是未来五年到十年，我们必须关注的问题。治理国家体系能力现代化，是国家未来五年到十年改革的整体战略方针和目标，我们要实现一个治理现代化的社会，从三中、四中全会中基本上能看清楚，未来中国改革，有四个体系我们必须关注。

第一个是权力体系的现代化，我们说国家治理体系现代化的一个内涵就是权力体系现代化。十八大以来，我们为什么要搞八项规定、防腐败、群众路线？就是要提高权力体系的现代化程度。因为权力体系现代化，从一般标准来看有三个，一廉洁；二廉价；三有效。因此，十八大以来，我们一直以权力为主在改革。

第二个是依法治国，这是四中全会的主要内容。我们说国家依法治国体系现代化，到现在为止，依法治国很重要。

第三个就是民主体系现代化，任何现代化都是民主治理的问题。换句话说，让农民切切实实参与到政治过程当中，这绝不是一句空话。这几年包括一些公共知识分子都在讲民主，这是核心的问题，协商民主是民主的一个重要形式，权利面前人人平等，如果这个权利面前不平等，就无法平等协商。所以下一步中国民主治理的重要内容就是要真正建立人人参与国家治理的制度性渠道。这是我说的国家治理体系现代化。

第四个体系，公共服务体系的现代化，民生服务的现代化。我们说建设一个现代化治理的国家，政府有钱了干什么？干两件事，民生服务体系现代化，搞一个公共的服务体系。这是大问题，所以我在很多地方讲，中国下一个阶段就是啃硬骨头，说穿了就是两根骨头，一根骨头就是反腐，要坚决反下去，一反到底。第二根硬骨头就是解决社会的贫富差距问题，第一根骨头已经在啃了，第二根骨头难度更大，啃起来不好下手。我们各个部门都在研究，但是要拿出一个终极方案，难度比较大。但是这个必须放在心上，我们要搞社会主义治理的国家，反腐和消灭贫富差距，是我们的重要战略抓手。还有一个就是社会保障体系，换句话说就是公共服务文化。这个社会发展了不能共享，而社会的稳定就是普遍共识。所以，下一步政府的任务，在于搞好公共服务。我觉得我们必须正确深入地认识三中、四中全会精神。

再讲讲现实问题，我们现在的一些改革讨论，基本上都是在历史下进行的，而不是时代引进，这是一个很大的误区。我们的分析方法基本上是被框定的，现在最大问题是理论创新不足，这是中华民族最大的风险。我想起第一次改革时强调，解放思想，实事求是，团结一致向前看。解放思想，还是未来中国一个关键的问题。解放思想就是理论上的创新，没有理论的创新，这个国家是没有希望的。一个没有理论创新的民族是没有未来的民族，一个没有理想的民族是没有明天的民族。中国现在最大的问题是没有解决权力与知识的关系，按照马克思列宁主义的说法，知识就是真理。现在我们从古到今，权力和知识的关系一直没有搞清楚，一直是知识依附于权力，权力允许你创新的时候就创新，不允许你创新的时候就不能创新。因此我们这个民族，两千年就没有学术创新，两千年就是一个孔夫子，在四书五经里面一直没有转出来。而西方解决了权力与知识的关系问题，我们始终没有解决，西方为什么可以进行理论创新？先是观念解放、思想解放，比如说宗教改革；第二步文艺复兴，搞人文主义运动，就是要把人从中解放出来；第三步就是启蒙运动，真正把人作为一个理性个体分析，而后他们才有政治革命。法国大革命，是启蒙运动的一种结果，是思想解放的一种结果，而后才有经济发展。所以，解放思想、制度革命，而后才是经济发展。我们中国为什么老是抓住老祖宗不放，一个重要原因就是我们从来没有打倒他，中国改革就是先搞经济。我们从1865年到甲午战争不行了，为什么？光有经济不行，制度腐败不进行改革就没有办法发展。我个人认为，我们必须在时代理论下研究中国改革问题。而研究这个问题，必须让知识、真理成为一个国家创新的源泉，而不是权力。现在我们的社会冲击，最大的问题就是权力主导，而不是知识真理主导，这是我们改革最大的问题。谢谢！

主持人李周：

谢谢竹教授，下面请中央编译局研究员高新军发言，大家欢迎！

中央编译局研究员高新军：

谢谢！我发言的题目是《从选举走向治理：我国农民城镇化面临的挑战》。我想跟大家讨论四个问题，第一个就是农村选举逐渐形式化的原因；第二个在治理处于较低水平时，指望选举可以单独冒进是不可能的；第三个就是提高农村治理水平的几点建议；第四个就是美国是如何提高地方治理水平的。

事实上，近十几年来，我国在农村加强了社区建设，建立和完善了农村养老保险制度、新农合医疗保险制度、承包土地确权和农民住房确权、基础教育保障制度、农村道路村村通、电视电话补贴等等，这些都是得到充分肯定的，但是不是仅仅这些就够了呢？我觉得还是不够的，我认为我们在今后发展的过程中在以下方面还需提高。首先，需要提高农民的自组织水平，这样才能与村级组织和乡镇政权形成平等对话和良性互动关系。中国需要一个健全、组织化程度较高、相对独立的公民社会，进而与政治国家和经济社会相衔接，这是社会实现善治和良政的必由之路。我国是小农经济，特点就是一盘散沙，要将农民组织起来，这种社会组织则以多种形式存在，并逐步发展起来，情况也比较多，大家也谈到很多专业经济组织。因为农民组织起来要有动力，如果没有利益刺激是不会有这个积极性的。怎么使农民有这个积极性，就是要跟他的切身利益有关系。农民的专业经济合作组织，我去调查的淮北某些地方有很多的专业合作经济组织项目，像土地银行、土地合作社、各种各样的种植养殖合作社等，农民通过自己实际利益建立组织，设立参政议政的渠道，同时也可以把自己的个体生产与规模化的市场经济对接起来。这个东西是需要鼓励的，但是在进一步发展过程当中，中国有一个特点，就是行政化的发展。一发展就有指标、有压力，比如说，发展社会组织有指标，发展专业合作社也有指标，这种就是形式主义的了。所以，这个东西需要克服。

第二，需要培养农村积极活动分子、社区政治家以及枢纽型的社会组织。我们要发展和提高农村的农民组织水平，第一条就是要充分培养和发展社区积极分子；第二就是大力培养政治家和枢纽型的社会组织。这些先进分子在农村起一个龙头企业的作用，他发展起来了，可以带动一大批社会组织。同时还可以成为一个孵化器，孵化别的农民。这些农村活动积极分子和"社区政治家"等农村社区内带头人和农民利益的代表，由他们代表民间力量与村委会及基层政府合作，进而来实现善治。最后，通过地方人大和政协组织，将"社区政治家"纳入制度化的轨道，会起到一个比较好的效果。

第三，需要充分发掘和利用农村传统的组织资源。我国农村社会建设的一大短板，是组织资源的贫乏。我国在农村一直依靠的是党组织和村委会，但是目前农村通过合并村庄，一个行政村的管理半径已经扩大很多。随着各级政府的职能转变，强化公共服务功能变得相对迫切起来，因为任何公共服务的实现，都是一个双向交流、双向选择和相互监督的过程，而不单单是政府一方的施与。

最后还有一个建议，我觉得要善于总结推广我国农村基层的制度创新经验。现在往往会出现这样一种情况，就是在当地还可以实行的制度，老百姓也认可了，但是推广非常困难因为现在我们权利授予是有问题的，大家都知道，我们国家的权利授予是自上而下的授予，没有危机的时候基层干部没有冒风险的必要。我从2006年一直在跟踪调查麻柳乡在治理制度创新和实现可持续发展方面的工作。虽然当地的政治生态已经发生变化，但是要推广很难。我希望蕉岭的村民议事会在县委的领导下有更多的推广和运用。对于这个问题我就谈这四个方面，下面我介绍美国调查的一个点。

实际上这个点不能代表美国全体，它是一个农业乡镇，主要是提高了自己的治理水平，怎么提高的呢？大家看看，这是一个马萨诸塞州在美国东北部新英格兰地区，是1659年建镇的，有350多年的历史了，2013年底有5063人。该地区保有了很多农业乡镇的特色，有14个农场，种植作物主要有玉米、烟叶等等，财政收入很低。镇政府这栋房子已经有160多年的历史，还仍然在使用。2015年的财政收入是2005万美元，其中46%的收入来自于居民的财产税，财政支出最大的是人员工资。这个城镇有几个特点：第一，重视教育。这个学校的人很少，但是为当地培养人才非常多，起的作用非常巨大。第二，这个镇处于多个城市和大学之间，它的地理位置确实不错。而且周围有五个大学，这些高校的退休教授很多都是他们这个镇理事会的成员，水平比较高。还有两大购物中心，也有大量的发展商业和第三产业的就业机会，在城市化的浪涛当中，大量发展服务业。我就说这么多吧，谢谢大家！

主持人李周：

谢谢高教授，下面有请山西大学政治与公共管理学院院长董江爱发言！

山西大学政治与公共管理学院院长董江爱教授：

我觉得十八大以来，尤其是十八届三中全会以来，我们国家进入了农村综合改革的关键时期，我们昨天参观的蕉岭，其实就是这时期我们农村综合改革的重要成就，这个成就我觉得能够体现出三个方面的内容。

第一，我觉得在行政机构改革方面，我们的行政机构改革由以往的行政任务或者官员的政绩为核心改变为农民需要的内生自理需求的改革。所以，在行政改革方面体现出由以往的自上而下的改革转向为自下而上的农村自理需求的改革，这个改革在其他地方也有。昨天我们看的蕉岭由"六办八中心"变成"一办一中心"，在我们山西其实也有，就是按照农村需求把行政各机构打乱，设立农民之家、文化大院、廉政大院、资产交易中心等等。

第二，我觉得改革的重要要求，首先是理念变化。它不仅仅体现在地方领导的治理理念，还体现在中央的治理方面，这是我从蕉岭和我们山西比较得出的。蕉岭这么小的县，如此多的资源。它不像我们山西只有煤炭，很多煤炭是很差的。但是我们的煤不能挖，国家要求当南方经济发展需要我们的煤的时候，国家领导就不管你的生态。所以，就造成两种现象，在山西就是煤灰满天飞；在蕉岭这个地方，人家搞农业产业，这就是一个理念的差别所造成的。我们的改革成功，必须转变我们的治理理念，而且这个治理理念的改变必须从中央的顶层设计开始。

第三，蕉岭实践也说明我们村民自治的变化，就是由选举为核心转向自理式的民主。这个可以从蕉岭形成的"一核三元"体制看出来。从蕉岭的治理中我们可以看到，真正的农村自治运转起来要靠农村的文化纽

带。我们昨天也看到，将祠堂理事会演化为村民理事会，这是一个文化的
纽带。在不同的地方，我们应该找不同的区域文化，有了这个文化纽带，
农村就真正地自治起来。同时我们也要找到合理的自治共同体，在南方自
然村好一些；在我们北方就是行政村好一些，总的来说，我们看到农村综
合改革发展得很好。

主持人李周：

谢谢董教授，概括的很好。下面有请广西壮族自治区党委副秘书长王
西冀发言。

广西壮族自治区党委副秘书长王西冀：

很高兴来参加这个全国性的活动，学习世界"长寿之乡"的治理模
式。我是带着对《南方农村报》感恩之心来的，专门为农民说话，专为
农民服务。这个宗旨、这份情怀和这种责任令我敬佩和感动。这两天，我
聆听了全国著名学者为农民大声疾呼，所说都很有见地，令我很开眼界、
很受震撼。在理论上我是一个小学生，所以在这样的场合，我只能选择不
讲道理。我曾经在广西百色田东县任职十年县委书记，现在兼任自治区乡
村办的主任，继续服务三农。在田东期间，我探索过农村金融改革，所以
借此机会，我和大家一起来共同认识田东县农村金融改革的样本，因为时
间关系，我就概念式地讲一下，分三点来讲。

第一，金融化下的三农处境。我们党所走过的革命和改革历程，我个
人认为分五个阶段：依靠农村、改造农村、逃离农村、利用农村、回归农
村，目前应该说正处于一个转型的阶段，存在的问题很多。从金融的视角
来看主要是三大问题：一是"钱"途问题，三农没有搞，没有奔头，这
种现象还是比较普遍。二是失血问题，刚才我们徐教授也谈到，农村的总
血量不少，但是被体制性地抽血，使得农村里面出现了一大群的贫血群
体。三是断路问题，农村的公共服务还是比较多，但是最后一公里不畅通
的问题的确较为普遍。这些问题不解决，新农村就不可能实现。这是我对
金融视角下三农处境的一个印象。

第二，介绍一下田东县金融改革的内容和方式。因为田东县是吴邦国
同志的联系点，所以整个改革顶层设计的特点比较明显。我们主要是在几

个方面下功夫，一是以"三可"为取向：可操作、可复制、可信任。二是以"三信"为重点：信用、信任、信贷。农村信用问题确实很严重，这是一个普遍的共识：经济改革必须以信任为基础，加强农民对金融的信任感、亲切感、依赖感。从过去的发财靠懂行，要发展找银行，激发有效的需求。信用，专家学者比我更理解，金融的本质就是信用。客观来讲，对于中国的银行，信用没有担保，一切都不可能。而我们农村的产权关系又很特殊，农民的一大堆财产执行不起来，必须要在信用上下功夫，使农村也能从道德化的层面走向法制化的层面，从而解决我们农民没有担保的问题。信贷主要是在民生服务、产品对路、权限下发等方面下功夫。三是以"三性"为特点，也就是政策性、市场性和创新性。因为我们是一个试点，所以必须要把政策性和普惠性统一起来。市场性这块必须要兼顾金融机构的利益需求，注重开发利用，注重市场质量，注重整体效益，防范风险和化解风险。创新性主要是在机构的创新，产品的创新和服务的创新上下功夫。四是以"三率"为标准，覆盖好不好主要看覆盖率，主要看金融机构的贷款不良率和地方经济即农民增收的增长率。2008—2013年，田东这几个方向的表现都是优秀的。

第三，介绍一下政府作为，在整个金融改革中，政府始终尽到抓手、推手和助手的作用，使得金融的服务与农民的需求能够有效进行对接，起到了金融单位起不到的作用。所以，政府在其中既没有乱为又有所作为。参加这次论坛，有很多感慨，论坛以问题为导向，十年十个主题，我看了一下的确可以组织成一部中国农村改革的大书。但是客观讲，农村的改革很复杂、很艰难，田东县的改革依然还走在路上，碰到的问题很多。所以我们经常讲，为什么国家免除了农业税，但是我们的人民群众并没有上呼万岁？为什么我们国家强力的推动农改，但是我们农村的面貌并没有大改观？现在我们又在推动土地流转，但是农业并没有快速发展。当然也有对比，农民工身份的问题，因为有土地，所以身份永远不变。但是如果说确权之后，我们的公务员、教授、军官他不是依然没变吗？他以后可不可以回去当村官，可以不可以居住农村？这些也是需要我们深思、深谋、深化的问题。谨此提出来供大家思考，谢谢大家！

记者提问

记者：昨天听了李周老师的发言，重点在于促进土地流转。黄老师要促进土地跨区域，李周老师更重视的是土地产权的稳定性，要求稳步推进土地流转，注重强调在集体内部的流转，这是我们发展中间经常遇到的问题。稳定与发展之间总是有矛盾的，包括经济发展和环境治理都是有矛盾的，所以我想请教各位专家，我们怎么来去平衡稳定和发展的关系，特别是在土地产权这个问题上。

李周：我是从一个整体上考虑，中国农村发展水平还不是很高，保持一个社区的相对稳定性是需要的。不过我们现在跨地区流动，有可能会把产权搞得越来越不清楚，这是我的感觉。

黄祖辉：其实我跟李周老师的意见差不多，稳定与发展并不矛盾，稳定是发展的前提，发展是更好的稳定，这个怎么会矛盾？中国搞来搞去，实际上就是发展，产权界定也不容易，但是产权的实现要有市场，没有交易的产权就是自我欣赏的东西。土地如果不能交易就是人，房子不能交易就是庙，农民现在很多的思想就是这样。现在就是要界定，帮他确权，允许其流转，实际上土地经营权的流转是会跨地区的。如果有突破的话，一定要打破地区封闭，不然它的价值不会实现，如果在村范围流转，它的价值可以实现吗？村里面新生的还是有限，至于这个会不会导致其他的问题，就是我们管制的问题，用土管制，总量控制。自我产权制度在国外早都变了，生态公共领域都是可以法律制定的，其中有一个平衡的概念在里面，所以我们不用担心。我们做不到完善，我们先建设农民，因为它受管制，受政治体制的管制，所以唯一的办法现在只能是一点点来，跟外部政策和大环境配合起来，但方向一定是一致的，不然我们农民还是要倒霉的。我跟李周刚才说的是一样的，李周是比较稳健的，大方向还是一样的。我刚才特别强调中国农村分化得很厉害，村庄一定会减少，减少不是因为过多，而是实现新农村和城镇化建设的需要，这个问题也会不断解决，新的村庄一定是不一样的。

肖金成：我再说两句，尽管我们的法律搞得很强势，但是在未来肯定会遇到问题。我说我们的农村制度仍然是在城乡二元结构的背景下，或者在城乡二元的基础上考虑这个问题，现在我们要搭配这个二元结构，在制度上强化。我们的政策实际上都是在二元结构上分成两块来考虑的。所以如果说我们的土地制度，也要一体化。

竹立家：刚才几位专家说得比较清楚，我想我们有几个问题。第一，刚才讲的二元结构，我们的改革政策、方针、路线的提出都是在二元框架里面的。第二，无论我们的是研究还是改革，必须有一个基本思路延伸到农村。过去我们的改革开放一直比较关注与宏观方面相结合，但是农村现在仍是一个自我封闭的体系，改来改去还是在这个泥潭里面自我封闭。我们的乡村共同治理改革，不能固执的以农村思维来解决农村问题，必须加以开放，把农村纳入整个国家框架中去思考。第三，我们都没有谈到一个问题，就是怎样考虑使用承包权的中介，通过完善农村的社会保障体系，比如我们说的一体化，教育、医疗、就业等，特别是社会保障。农民退休必须离开土地的时候，他的生活有保障。我们是不是应该把这个承包权真正从里面退出，让农民具备这个社会保障体系，并逐步发展起来。所以下一步研究的重点还是要考虑农村的社会保障体系。

第五部分　论坛共识

第十届《南方农村报》·中国农村发展论坛蕉岭共识
——在农村改革纵深推进中创新基层治理

2014 年 11 月 22 日至 23 日，由南方报业传媒集团《南方农村报》、华中师范大学中国农村研究院、山西大学中国城乡发展研究院主办，中国奥园地产集团股份有限公司、蕉岭县延源长寿食品实业有限公司协办的第十届中国农村发展论坛暨"农村综合改革与基层治理创新"学术研讨会在广东蕉岭成功举行。国内著名"三农"问题研究专家学者、政府部门官员、基层实践者、企业家代表和农民代表等近 200 人参加会议。本次研讨会在十八届三中全会召开一周年之际，深入分析了全国各地农村综合改革和基层治理创新经验，尤其是对农村土地确权、产权交易平台构建、农村金融制度创新、基层治理能力提升和治理体系重塑等一系列重大理论与现实问题进行了深入探讨。经过与会代表相互交流，本次论坛达成如下共识：

1、当前的农村综合改革是以产权为核心的改革。

现阶段的农村改革不是浅层次的单项改革，而是涉及深层次的产权制度的综合性改革。不仅要激活农村资源、健全农村要素市场、破除制约农业产业发展和城乡统筹发展的体制机制障碍，还要通过基层治理机制的创新推进基层民主政治建设，转变政府职能，维护农民的合法权益。农村产权归属关系清晰是实现农村产权流转顺畅的基本前提，对农村各类资源特别是土地资源进行确权颁证是新一轮农村综合改革的重要内容，以农村资源市场化来增加农民的财产性收入是农村产权改革的主要目标。在农村土地确权基础上，建立产权交易平台，规范和推动农村产权有序流转；通过培育新型农业经营主体，发展适度规模经营，加快农村金融制度创新，培育农村发展合作金融。

2、全面深化农村综合改革与基层治理创新是相辅相成，互相促进的。

农村综合改革的内容是多方面的，但其终极目的是要保障农民的各项权利。现代治理的基础是权利而非权力，个人权利的进步是转型到现代治理的动力，基层治理亦不例外。改革开放 30 多年来，农村改革的主线就是向农民赋权，从赋予农民土地承包权到在农村从事非农产业的权利，再到农民进城就业的权利，现在是要进一步赋予更多的财产权等权利。以产权为核心的农村综合改革涉及农民的各种利益关系，特别是经济利益关系。利益关系的调整，对于激发农民参与公共事务，完善基层治理结构具有重要作用。同时，改革的顺利推进，要以基层治理能力提升和基层治理体系创新作为保障，让产权与治权相配套。

3、基层治理是国家治理体系的有机组成部分，农村改革是全面深化改革的基石。

全面深化改革的总目标之一是，推进国家治理体系和治理能力现代化。在国家治理体系中，基层治理是整个治理体系的基础，增强基层治理能力是推进国家治理体系和治理能力现代化的关键。当下的农村治理正处于基于外部性制度安排向基于内生型需求推动的制度创新大变革之中，在此大变革的新形势下，必须整合基层治理资源，注重发挥农民的主体作用，既要发掘传统治理资源中的有益成分，也要吸收现代治理资源中的合理内容。新时期基层治理应打破旧有的城乡二元治理结构束缚，推动城乡基层治理体系一体化。

4、农民内生需求是基层治理体系创新的主要推动力之一，重建乡村共同体要发挥农民的主体作用。

当前的基层治理创新源于农民的内生需求，内生需求的多样性导致多层次、多类型的乡村治理有效实现形式应运而生。当前农村公共事务多源于村庄共同体内部，与农民多样化利益密切相关的大量内生事务需要村民共同体内部协商解决，由此产生村民理事会、议事会等内生性、枢纽型社会组织。以村委会为主要载体的乡村治理机制遭遇困境的情况下，应通过充分发掘乡村内部资源来创新治理形式和治理结构。

5、中国农村发展论坛历经五年，再次回归蕉岭，源于蕉岭在农村综合改革方面的积极探索和有益尝试，为我们提供了接地气的研究样板。

蕉岭县以土地确权为基础，打造农村产权交易综合体、农业生产经营综合体和新型城乡发展综合体。这"三体"的产权制度改革，在尊重和遵守现有国家法律制度的前提下，在基层治理体系创新中引入协商共治机制，建立协商议事会，由利益相关者参与公共事务的讨论与决策。在行政村框架内，党组织领导，议事会协商，监委会监督，理事会参与，村委会执行，让权力在公开规则下运行，从而构建了"一核三元，四权同步，多层共治"的基层治理体系，为国家治理能力和治理体系现代化探索路径。

与会代表一致认为，全面深化农村综合改革，应同时在产权制度改革和基层治理体系创新两方面破局。深化农村改革，要推动第三次思想解放，建立全新的产权制度，完善社会主义多元所有制；深化农村改革，应顺应农民自生需求，顺势而为，充分发掘乡村内部的治理资源，开展形式多样的基层民主协商，激发村庄内部的治理动力，创新基层治理体系，从而推进农村综合改革向纵深推进。

第十届南方农村报·中国农村发展论坛组委会

2014 年 11 月 23 日

新闻报道篇

蕉岭土地确权探路农村综合改革

来源:《南方日报》 记者:汤凯锋、柯鸿海、胡新科

日期:2013 年 11 月 9 日

如果你外出工作,既不想耕种又不想土地丢荒,可通过农村产权交易平台发布"招租"信息,让承包者来竞价……

昨日上午,梅州市蕉岭县成立农村产权交易中心并出台省内第一部《农村土地承包经营权流转管理办法(试行)》,开启推动农村生产力大发展的探索之路。这也是广东农村综合改革试点工作的一个新突破。

在党的十八届三中全会召开之际,农村改革备受社会关注。蕉岭县是国务院确定的"全国农村综合改革示范试点单位"之一,该县农村改革的思路和做法,效果令人期待。

加快推进农村土地确权

"土地确权好!耕地就是耕地,不会出现乱搞违章建筑的情况。"11月 7 日,在蕉岭县三圳镇招福村的菜地里,57 岁的村民陈冬梅开心地说,她家有 3 亩多地安心种菜,今年每亩收入可超过 1 万元。

在农村综合改革中,土地确权是最为关键的环节,也是最难的环节。按照蕉岭县制定的《农村综合改革示范试点工作实施方案》,蕉岭农村综合改革将按照"三位一体"的思路,即农村产权交易综合体、农业生产经营综合体、新型城镇发展综合体,激发农地活力,尊重农民的主体作用。

招福村是蕉岭县推行土地承包经营权确权的首个试点村。全村有 22 个村民小组,722 户共 2685 人。作为该镇最大的行政村,招福村用 4 个月完成了全村的土地确权。

蕉岭创新村级治理体系　探索协商议事制度

来源:《南方日报》　记者:张婧

日期:2014 年 10 月 21 日

10 月 17 日上午，梅州蕉岭县三圳镇芳心村村委会议室内热闹非凡，芳心村协商议事会第一次会议召开。

包括村民代表、党员议事代表、村两委干部、村监委会成员、村民理事会会长等 54 人，热烈讨论了村居环境整治、如何发展村集体经济等问题，45 名村民代表还投票表决了该村 2015 年垃圾卫生费的收费标准。

2013 年蕉岭县被列为国务院农村综合改革示范试点单位。在此基础上，蕉岭县与华中师范大学中国农村研究院展开深度合作，不断探索农村治理体制再创新，设立了协商议事会制度。

芳心村协商议事会的召开，正符合中央提倡的社会主义协商民主。让村民们遇事多商量，在享受选举权、监督权的同时，真正行使决策权、管理权，是蕉岭县探索村级事务民主决策、民主管理的重要尝试，标志着"一核三元、四权同步、多层共治"的"蕉岭模式"初步形成体系。

民主决策
投票表决收卫生费

"村庄整体环境的治理需要很大的资金，单靠我们芳心村 6 万多元的集体收入，肯定是不够的。要多方集资，乡贤捐一点、村民出一点、政府得扶持点才行。"

"我建议由村里牵头成立农民专业合作社，帮助我们销售稻米和花生。"

"收垃圾的车应该搞个铃声，村民都不知道垃圾车来了。"

……10 月 17 日上午，芳心村协商议事会第一次会议热热闹闹地召开着。办公楼门口，几天前就贴出的会议通知上写着："提升村级整体环境""村民理事会如何发挥作用""2015 年垃圾卫生管理费收取""如何发展村集体经济"四项议题清晰地写在了通知里。

这是蕉岭县协商议事会制度设立以来，芳心村 14 个村民理事会会长首次齐聚一堂，与村民代表、村监委会成员、党员议事代表、村两委干部等一起商讨村中事务。黄上村（自然村）理事会会长戴育海对此十分期待："终于有个平台能让大家交流经验了。"

根据设计，协商议事会所"议"之事，包括村级重大问题和涉及村民利益的重大事项，实行民主决策。按照这样的议事原则，村中大小事务均可由村民民主表决，实现"我的村庄我做主"。在这次芳心村协商议事会上，"垃圾卫生费是否涨价"成为村民们最为关心的问题。

"2014 年垃圾收费每户 50 元，收取费用总额大约 2 万元，上级补助 1 万余元，而实际需要 7 万元左右，资金缺口 3 万—4 万元。"芳心村党支部书记谢建祥介绍了去年垃圾收集处理费用的开支情况。谢建祥话音刚落，不少参会村民便交头接耳，商量起来。资金缺口虽大，但村民不一定愿意"涨价"。

"现在 50 元都有好多家收不齐，更何况涨到 60 元。"一名村民代表直言。此外，还有多名代表对目前的垃圾卫生管理方面提出了改进的意见。

"垃圾卫生费到底收 50 元还是 60 元，大家投票表决。"在随后的拥有现场投票权的 45 名村民代表无记名投票中，选择收取 60 元的人数为 11 人，选择收取 50 元的人数为 34 人。最终谢建祥在会上宣布：2015 年度卫生管理费及垃圾处理费的标准仍为每户 50 元。

"我心里是赞成提高到 60 元的。"会后，谢建祥告诉记者，无论从市场价格还是村子情况出发，垃圾卫生费确实有提高的需要，"但既然是大家商量的结果，村委会肯定遵照执行"。

"村民协商议事会议融合了原来的村民代表会议制度，并将其功能进一步完善和提升，议事方式更加包容，参与主体更加丰富、多元，保证了村民的民主决策和民主管理。"蕉岭县纪委书记卢尧生说。

村庄嬗变

建了公园少了烂房

协商议事会制度顺利试行，离不开村民理事会的成功尝试。

2013 年 12 月，芳心村成立了 14 个大小不一的村民理事会，其中最小理事会理事仅 3 名，最大的有 9 名理事，覆盖 4 个村民小组。"村民理事会理事必须包含 1 名党员，以引导其向正确的方向运行，至于理事人数和构成则由村民自己决定，一般 4 人到 9 人不等。"谢建祥介绍。

"我就是被'赶鸭子上架'。"老家黄上村的戴育海曾在县国土部门工作，去年 9 月，已退休的他被村民选举为该村民小组理事会会长。但因早已搬进县城，当时他认为自己并不适合担任这一职务，"不过既然大家选了我，我一定尽心尽力"。

其实，村民们选戴育海的理由很简单："他当过老师，有文化，又热心本村事务。"

戴育海上任后的第一件事，便是筹资重建黄上村村民祭祖必经之路上的一座危桥。戴育海带着理事会理事四处奔波"化缘"，努力争取乡贤支持。

"话费都打爆了，腿都跑软了，光广州就去了好几趟。"建桥预算 13 万元，最终收到的村民、乡贤捐款共 15 万余元。

一年之后，戴育海不负众望，将宽 5 米、长 15 米的桥建好；祠堂前原本杂草丛生、堆放垃圾的一片空地，如今变成了一块漂亮的晒谷场，理事会下一步的打算是要建成村中的公共厕所。

提起村里的变化，68 岁的圩尾下村村民徐永桂对理事会赞不绝口。徐永桂家住在祖祠"东海堂"附近，顺着水泥路往下走几步，就能看到在客家特有的"花头围屋"包围下的祖祠"东海堂"。

虽然围屋早已无人居住，但看上去干净整齐，雪白的墙壁映衬着红色的木窗，极具特色。"东海堂"前水泥场上晒满了刚收割的稻谷，走入"东海堂"，白墙红柱，麻雀从天井中飞进来，在梁、柱之间翻飞，呈现出一派生机。

"一年前可不是这样。"圩尾下村村民理事会会长徐永振介绍，围屋几十年都无人居住，年久失修；"东海堂"虽然略有修补，但由于缺少资金，一直未有整体修复。

让徐永桂更介意的是，"东海堂"对面的小池塘塞满淤泥，一潭死水，每到夏天，附近村民都要忍受臭味的侵袭。如今，随着"东海堂"的修复，小池塘也被彻底清理了一番。

"村民理事会为村庄建设出了很多力。"谢建祥说，以前单靠村委会的力量，修路建桥这样的大事一年也就能做三五件；村民理事会成立后，目前已完成各类大小建设 30 多项。

四权同步
根源上预防"小官巨贪"

2013 年蕉岭被列为国务院农村综合改革示范试点单位，但蕉岭在农村改革方面的尝试早已开始。

2007 年，蕉岭县与南农实验课题组合作，在各级相关部门支持下率先创建村务监督；2013 年，村民理事会制度在全县铺开；2014 年，协商议事会试行……

"协商议事会的试行填补了芳心村村民决策权和管理权的空白。"华中师范大学中国农村研究院执行院长邓大才认为，协商议事会的创新使得行政村级治理架构实现了"纵向到底，横向到边"——通过村民理事会衔接纵向深入到每家每户，实现了"纵向到底"；议事主体突破了原来的"村民代表"，议事内容更涵盖了与村庄有关的各类事项，完成"横向到边"。

在邓大才看来，协商议事会议制度在广东有着天然的土壤。"广东农村宗族传统保存较好，许多村庄里都保有'老人会'等自发议事制度。"

协商议事会的确立，标志着"一核三元、四权同步、多层共治"的"蕉岭模式"初成体系。

蕉岭县纪委书记卢尧生介绍，不断加强和改善党的领导，强化村级党组织的核心作用为"一核"；在此基础上，协商议事会进行决策、村民委员会负责执行、村务监督委员会监督为"三元"；村民通过村民理事会、协商议事会实现"多层共治"。

"一些地方出现'小官巨贪'，就是因为村民选举权、监督权、决策权和管理权得不到有效保障，村民的权利未能同步实现造成的。"卢尧生说，协商议事会制度能充分保障村民的决策权和管理权，继选举权和监督权之后，实现四权同步，从根源上预防村官腐败问题的出现。

对于芳心村首次协商议事会，邓大才评价为"实现村民民主决策、民主管理方的一次突破"。"培养村民民主议事的习惯，当村民们行使民主议事权利成自然后，这套协商议事机制将自发在村庄独立运行，保证村民自主决策、监督和管理。"邓大才说。

农村综合改革的"蕉岭探索"

来源:《南方日报》 作者:张学斌、汤凯锋

日期:2014 年 11 月 28 日

农业发展比较缓慢、农民增收比较困难、农村矛盾比较突出……这是广东一些农村地区面临的共性问题,这些问题出现的根源在于基层治理、机制建设难以适应新形势下的社会转型、经济转轨。

同样面临这些问题的梅州市蕉岭县,为此进行了一系列探索:基层治理与改革同步推进,一方面,通过推动完成农村土地确权,打开农村综合改革的突破口;另一方面,在基层治理创新方面下功夫,构建"一核三元、四权同步、多层共治"的治理体系,激发农村的内生力量,让农民成为治理主体,化解社会矛盾,为改革发展营造稳定的社会环境。

农村综合改革的"蕉岭探索"得到专家学者的广泛关注。上周末,在蕉岭召开的第十届中国农村发展论坛上,来自全国各地的专家学者、政府官员对蕉岭农村综合改革和治理的创新进行深入论证。

一年时间基本完成土地确权

农村综合改革最难的就是土地确权。蕉岭用一年时间交出了答卷:全县 97 个村、10.78 万亩土地已完成登记颁证工作,颁证率达 98% 以上。

党的十八届三中全会确立了农村综合改革的方向。作为国务院确定的农村综合改革示范点,一年前,蕉岭着手通过农村土地确权工作,为农村综合改革探路。

推进农村综合改革,最难也最为关键的就是土地确权。此前,《南方日报》记者在不少土地确权示范点采访时了解到,有些地区抱怨确权颁证的成本过高,有些地区难以调动群众积极性,有些地区因土地使用权纠

纷导致进展缓慢，而有些地区则苦恼大量村民外出找不到人……

蕉岭也遇到了类似的困局。然而，时隔一年之后，蕉岭交出了答卷：全县 97 个村、10.78 万亩土地已完成登记颁证工作，颁证率达 98% 以上，基本完成土地确权工作。

"如何做到的？"不少与会者提出。三圳镇招福村的做法，或许解答了大家的疑惑。招福村有 22 个村小组，722 户共 2685 人，作为该镇最大的行政村，招福村曾被视为最难啃的"硬骨头"。"如果该村确权工作做得好，其他的难题自然迎刃而解。"蕉岭县委常委、纪委书记卢尧生告诉记者，蕉岭将招福村作为首个试点村。

公开透明才能取得村民支持。镇、村干部带着村小组长、经济合作社社长、村民、承包者一起去现场测量，得出确权结果再公示。群众提意见要马上核实，确认没差错没意见后，再确权颁证。"包括思想动员、确权、登记、颁证工作全部完成，掐指一算，刚好 3 个月。"

啃下硬骨头，带动一大片。2013 年 7 月，蕉岭正式启动土地确权，截至今年 11 月底，蕉岭全县 11 万亩水田的土地承包经营权确权登记颁证工作已基本完成。

"完成土地确权只是第一步，最重要的是让老百姓通过确权获得实实在在的利益。"卢尧生说，为此，蕉岭同步推进其他改革，搭建全县土地交易平台，让确权的土地在阳光透明的平台中流转，产生最大的经济效益。

广福镇石峰村村民罗文伟深有体会。他家有 4 亩多地，确权之前，土地一年能收租 1000 元左右。确权后，他通过土地交易中心把地租给农业公司，年租金涨到 4000 多元。他还成了公司员工，农忙时的月劳工收入约 2500 元。农闲时他还可以打零工。"现在全家一年毛收入六七万元，比去年涨了 1/5。"

引入村民协商议事治理乡村

目前，蕉岭县 8 镇共成立村民理事会 868 个，调动乡贤能人参与村务讨论与治理，打破了以户籍为参与议事的唯一标准。

在三圳镇走访时，多个村都提到相同的治理结构：村协商议事会、村民委员会、村务监督委员会。这正是蕉岭推进的"一核三元、四权同步、多层共治"中的"三元"。

"一核"即村党组织的领导，指村党组织领导村内群众组织，讨论村里的发展规划，管理监督党员、村组干部，收集民情民意。

"多层治理"是在自然村建立村民理事会（村民小组），调动乡贤能参与社会治理，发挥村庄治理职能。

村民理事会、村民小组与广大农户参与，村民的决策权、管理权、监督权与选举权四个权利同步发展，此为"四权同步"。

在三圳镇芳心村，拥有数十间房屋的祖房粉刷一新，门前是宽阔的平地、清澈的鱼塘，犹如乡村公园。"这些都是大家出钱建的噢！"68岁的徐伯用带着浓重客家口音的普通话告诉记者，村里这几年有了路灯，也建了长寿公园，全部都是村民牵头自筹。

据统计，芳心村村民理事会牵头共筹得146万元捐款，为村里做了36件民生实事。

目前，蕉岭县8个镇共成立村民理事会868个。

广东省委农办主任陈祖煌认为，这种村民理事会是对村民自治的补充和完善。

华中师范大学中国农村研究院院长徐勇教授认为，蕉岭的农村治理探索，是基于农村内生需要和内生动力的乡村治理改革。"以往乡村事务主要通过自上而下的行政力量完成，村民参与不够。"而将村民协商议事引入到乡村治理中，利益相关者参与，打破了以户籍为参与议事的唯一标准。

中央党校经济学部首席专家徐祥临教授高度评价"四权同步"："什么事都要让老百姓知道，老百姓该出力就出力，有钱的多捐点，没钱的跟着干。让老百姓参与，老百姓就有了积极性。"

国家行政学院公共行政教研室主任竹立家认为，将行政、决策、执行和监督分开，村民共同参与，形成多元共治的模式，"真正让农民成为治理主体"。

解决贷款难题促进农业转型

蕉岭根据承包者与村民签订的合同期限，通过农村产权交易服务中心，给承包者颁发产权流转交易鉴定书，以农村土地经营权抵押进行贷款。

《南方日报》记者在走访中发现，蕉岭农村综合改革多多少少也碰到过困难，这些矛盾之所以能顺利解决，与同步推进的农村治理创新有很大关系。

"过去政府为老百姓做事，想了很多办法、做了不少实事，但有些地区的群众满意度不高。原因在于很多事是政府想做的，群众往往持观望态度。"广东省政府发展研究中心主任汪一洋认为，要敢于向社会放权、向基层放权，激活社会组织活力。

"广东的社会矛盾，35%涉农，涉农矛盾中超过50%来自土地，基层治理所面临的矛盾，迫切需要坚持不懈推进改革。"陈祖煌认为，很多基层干部认为土地确权会引发社会矛盾，但蕉岭和阳山的探索证明并非如此。"他们（蕉岭和阳山）有个明显的特点，就是基层治理创新做得比较好。"

蕉岭县县长陈伟明坦言，蕉岭改革顺利推进的背后，离不开同步推进的基层治理创新。基层治理为改革提供了稳定的环境，改革又激发了发展的动力。

就在去年，记者在蕉岭走访时发现，尽管不少农民已开展土地流转，但由于缺乏启动资金，农村金融贷款又受到抵押的制约，不少农场主愁眉苦脸。

为此，在土地确权和流转顺利推进的基础上，蕉岭着力解决农村贷款难题。卢尧生表示，蕉岭根据承包者与村民签订的合同期限，通过农村产权交易服务中心，给承包者颁发产权流转交易鉴定书，以农村土地经营权抵押进行贷款，成功实现总额共 30 万元农业经营主体抵押融资。

这极大地促进了农业转型。产权交易中心成立运作以来，促成了 68 笔包括龙头企业、家庭农场、林权受让等项目在内的交易及农村金融信贷服务，涉及土地面积 1.1 万多亩。

蕉岭的县域经济也获得了发展动力。今年上半年，蕉岭县实现生产总值 28.1 亿元、比增 9.3%，规模以上工业增加值 4.5 亿元、比增 21.3%，公共财政预算收入 1.9 亿元、比增 23.8%，固定资产投资 11 亿元、比增 39.8%。

"蕉岭的农村综合改革虽然取得初步成效，依然有很大的潜力。"蕉岭县委书记温向芳表示，蕉岭将通过扎实推进农村综合改革，发展生态农业和长寿产业，释放更多生产动力。

蕉岭基层治理改革：
"一办一中心"村民很舒心

来源:《梅州日报》 作者:张柯

日期:2014 年 11 月 18 日

接待前来咨询、办事群众近 3 万人次，办理、代理各类证件 2500 多项，镇村两级受理其他便民事项 3712 件，群众办事的办结时间比法定时限平均提速 4 倍以上……今年前三季度，蕉岭县 8 个镇社会治理服务中心办事大厅以"辉煌战绩"展现了基层治理改革创新的成效，当地的"一办一中心"成为最受群众欢迎的机构。

办事方便 群众满意

"现在服务态度好了，办事速度也快了，去了就能办成事。"刚走出三圳镇社会治理服务中心的吴冯志夸赞道。5 分钟前，他刚拿着一叠证件来到办事大厅帮儿媳妇迁户口。吴冯志说，自从镇上"六办八中心"合并为"一办一中心"以来，他先后来过中心办理两三次事务，次次都让他很满意。

随着基层治理改革创新的推进，在镇政府大院里"兜圈子"、因干部下乡"吃闭门羹"办不了事等让居民"头痛"的事儿都已成为"过去式"，取而代之的是，现在办事大厅里有了专职的坐班人员。一位综治维稳窗口工作人员告诉记者，就算临时走开，办事群众也可以把资料交由其他工作人员登记处理。

实际上，群众受益的不止这一项。干部下沉、网格服务，村民遇到要代办的事项，只需找镇村干部"代办员"办理、反馈。不仅如此，镇村干部人手一本的《社会治理服务手册》也于近日升级为"一册通"APP

软件，下乡日志、备忘录提醒、经验交流等模块一应俱全，仅办事指南就涵盖了 30 余项涉农事项及法律法规。"就是随身指南，随时随地能解决村民疑问，及时跟踪进度。"三圳镇镇干部徐清平向记者展示手机软件新功能。

多方共建　多元治理

在芳心村村委会宣传板前，村支部书记谢建祥向记者介绍"一核三元、四权同步、多层共治"治理体系给村里带来的变化：全村 14 个祠堂理事会顺利转化为村民理事会，第 15 个理事会正在筹备中，届时 21 个村民小组将全部覆盖；一年内全村累计筹集善款 146 万多元，推动 36 件大小事务落地……

芳心村黄上片村民小组在今年春节期间迎来了农中桥落成，村民和乡贤累计捐赠了 15 万余元，比预计款项多出 2 万余元。而圩屋下理事会会长徐永振告诉记者，自去年 12 月村民理事会成立以来，理事会一直致力于开展村民小组公益事业，仅围绕祠堂翻新、清淤、修缮工作就筹措到 20 余万元，小组首座小公园也将于数日后动工建设。在徐永振看来，几十年没变过的老地方今年能大变样，得益于村民身边就有参与村集体事务的组织，"就像有了主持人，村民的热情更有发挥之处。"此外，该村还建立起青年志愿者联合会、村民理事会、老年协会、水利协会等 5 个协会组织和 2 个经济组织。

芳心村是该县鼓励社会组织引导广大群众有序参与公共事务的一个缩影。在各镇鼓励培育、准入把关和引导监管下，农村各类社会组织如雨后春笋般蓬勃发展，农村基层治理由"政府管理"向"多元治理"转变的态势正逐步形成。

蕉岭以产权改革为导向为农村改革闯新路

来源:《南方农村报》 记者:胡新科

日期:2013 年 9 月 17 日

昨天，华中师范大学中国农村研究院院长徐勇教授一行考察了国家农村综合改革示范试点蕉岭县，并参加了蕉岭县"国家农村综合改革课题合作协议"签字仪式。在签字仪式上，徐勇教授与蕉岭县人民政府县长陈伟明正式签署"蕉岭县'国家农村综合改革课题合作协议'"。据了解，此次合作将以产权改革为导向推动蕉岭农村综合体制改革。签字仪式由蕉岭县县委书记温向芳主持，中国农村研究院副院长邓大才教授、华中师范大学人文社科高等研究院副院长石挺教授及蕉岭县机关干部参加了会议。

徐勇教授认为，蕉岭县被确定为国家农村综合改革示范点后，面临前所未有的机遇，应充分发挥这块"特殊牌照"的作用，推进农村改革。中国的改革起始于农村，收官于农村。当前中国农村改革不是仅局限于农村，而应是城乡一体化的改革。蕉岭农村综合改革应着重于三个方面，一是大力推进农村城镇化进程；二是通过农村产权改革唤醒农村资本；三是通过构建市场交易平台改革农村经营方式。

徐勇教授介绍，此次合作包括农村综合产权改革研究、县城综合体建设研究、农业生产经营综合体研究，其中产权改革是重点，为蕉岭农村综合改革把脉献策，提供智力支持。

温向芳书记介绍了蕉岭县开展农村综合改革的工作情况，提出蕉岭县的优势是县域小、主体功能区谋划科学、金融生态好、城镇化水平高、公共设施健全、公共服务完善、民风淳朴等。温向芳表示，全县人民对中国农村研究院为蕉岭农村综合改革把脉献策充满期待。

邓大才教授建议，蕉岭县应根据改革试验区的权限出台《蕉岭产权管理条例》,鼓励农村产权抵押试点;考虑建立政府担保基金,降低银行风险,推动当地银行参与到改革中。

　　蕉岭县"农村综合改革试验区"是 2013 年初经国务院批准成立的全国首批农村综合改革试验单位。此次以产权改革为导向的农村综合体制改革,本着探索创新、先行先试的原则,意在为广东乃至全国农村综合改革闯出一条新路。

广东农村综合改革向深水区迈进

来源:《南方日报》　　记者:胡念飞、曹菲、胡江澎

日期:2013 年 12 月 19 日

首轮摇号确定投标者编号,次轮摇号确定中标者,全程视频监控……今年以来,清远市阳山县大力推进县、镇、村的"三资"平台交易中心建设。只要是涉及公共资源的交易,都要通过平台,"就像彩票开奖,你根本不知道谁会中奖"。

让招标、拍卖、承租等公共资源的交易实现管办分离,用市场化的路子斩断权力寻租的链条,这是广东农村综合改革逐步向深水区迈进的缩影。

近期,《南方日报》记者走访梅州、清远等地的农村综合改革试点获悉,几年来,广东农村综合改革先后涌现出"云安探索""阳山经验""蕉岭模式"等鲜活典型,在实施县域主体功能规划、减政强镇事权改革、探索农村基层治理等方面迈出了坚实一步。

"农村改革不能停顿!"省委农办副主任、省农业厅副厅长陈祖煌表示,广东正按照十八届三中全会的精神要求,着力使农村综合改革向深水区迈进,解决制约农村发展的深层次问题,推动农村综合改革重点区域和各个环节取得更大突破。

瞄准突破口

确权登记激活农村产权流转市场

"二十岁的忽视农业;三十岁的逃离农业;四五十岁的才务农。"一名农业局的工作人员如此描述当下农村的状况。不少人担忧:"二三十年后谁还来种地?"

梅州市蕉岭县探索给出的答案是：市场！

"一直闲置的土地终于实现了价值。"11 月 22 日，在蕉岭县农村产权交易中心，来自新铺镇长江村赖二队的村民代表赖珍祥接过《农村产权交易鉴证书》后感慨，村集体的 500 亩荒废林地终于以更好的价格发包，村集体收入直接增加。

与此同时，广福镇 66 岁的村民钟维寿也告诉《南方日报》记者，他家有 5 亩多土地，"我年纪大了，没有能力耕种了，家里的年轻人也都外出工作，还不如把抛荒的土地发包出去。"

成立县级产权交易中心、出台《农村土地承包经营权流转管理办法（试行）》，一系列的举措是广东农村综合改革试点的创新。22 日当天，蕉岭农村产权交易中心就完成 8 笔交易。这意味着当地农村综合改革进入新阶段。

然而，就在此前，蕉岭全县流转土地面积仅占全县土地面积的 2.4%，农村虽然有大量资源，但多处于沉睡状态。"有资源，却不能转化为资本"。今年初，蕉岭被国务院确定为农村综合改革示范点，开启了土地确权登记和土地流转的探索。

近日，记者在广福镇石峰村采访获悉，经过村民同意，该村统一将 2000 多亩土地整为一片。广福镇党委委员龙远秀告诉记者，目前已有龙头企业希望通过土地流转的方式承包土地，打造休闲旅游农业基地。"我们鼓励农民以土地入股，或集约土地发展附加值高的农产品，或让剩余劳动力加入到企业的生产发展中，确保提高农民收入。"

"老百姓尝到甜头后，不少地方都有土地流转的愿望，但我们要求完成了土地确权才可以流转。"蕉岭县纪委书记卢尧生透露，不少镇都向其反映，希望成为土地确权试点所在地。目前该县土地确权工作进展顺利，预计明年上半年可全面完成确权登记颁证等工作。

土地确权在保障农民财产权益方面起到了关键作用，但土地确权也是最难的环节。从目前土地确权的试点来看，由于遇到了村民外出打工、历史遗留问题、土地出租纠纷、缺乏资金等困难，各地土地确权工作的进展程度参差不齐，有些试点地区甚至花了不少钱，但工作效果依然不理想。

一个明显的现象是，在土地确权登记进展顺利的地方，农村产权流转的市场需求逐渐加大，市场需求主体之间的相互博弈，让农村资源逐步与市场接轨，老百姓从中获得较高的经济收益。

"权利明晰了，给流转打下了好的基础。"阳山县小江镇镇委副书记王文东说，该镇成立"三资"交易中心后，共有 9 宗林权交易，其中有一宗是 660 多亩的山地，山很崎岖，多是石头，但被人承包了 27 年，价格 123 万元，"我们都觉得贵了。"王文东说："现在我们不担心土地没人承包，大家担心的是农户愿不愿意发包。"

"土地确权是农村综合改革的突破口，也是改革的基础，如果做不好，其他都是空谈，以后会存在很多隐患。"陈祖煌提醒，在实现农村产权流转交易之前，各个试点必须扎扎实实地做好土地确权工作。

坚定方向
"三资"交易平台开市场门断权力手

"37.4 万元的政府采购，最后定价是 29.4 万元，仅仅这个采购项目，政府就节支 8 万元。"12 月 4 日，在清远市阳山县"三资"交易中心，阳山社会综合服务中心的党组书记徐艳霏数说起"改革的甜头"。数字虽不算大，但对于省级贫困县阳山来说，具有重要意义。

今年初，阳山被国务院确定为农村综合改革试点。而在此前，阳山已经开启了农村综合改革的工作，在大力推进主体功能区规划建设、简政强镇改革、社会服务创新等工作的同时，率先在全省建立起县、镇、村三级社会综合服务网络，探索出一条"阳山经验"。

在此基础上，今年以来，阳山在全县 13 个乡镇探索建立农村"三资"交易中心，全县建设工程、地矿业权交易、政府采购、产权交易等业务，均要通过交易中心来公开办理。

以政府采购为例，交易中心搭建了电子竞价平台，30 多家符合条件的供应商获得进入竞价平台的权限后，可以在网上公开竞价，"大家在网上出价，没有人知道是谁出的价，政府可以选择最划算的价格"。

"过去，医院的药品都在阳光采购网采购，虽然同一种药品的价格相同，但选择哪家配送商就很有考究，这里面存在很大的利益。"阳山县纪委执法室副主任黄涣杰告诉记者，如今，医院药品的采购也要在交易中心进行，通过双摇号才能决定选择哪家配送商，"这其实也是保护我们的干部。"

"先把潜规则弄清楚了，再通过制度来补充漏洞。"黄涣杰说，交易平台搭建后，任何人打招呼都没有用，真正把权力之手关在制度的牢笼里。

实际上，在将农村资源激活走向市场的同时，如果没有一个公开、公平、公正的交易平台做保障，很容易引发更多的纠纷。为此，广东农村综合改革正在探索的方向是，建立公共资源交易平台，通过充分发挥市场在资源配置中的决定性作用，避免权力的干扰，让改革释放红利。

在阳山县青莲镇，"小一型"跃进水库的产权交易共吸引了各地共11名竞标者前来竞标，最后竞得的交易租金为每年6.2万元，比未进入交易平台前提高了3.9万元，直接增加村集体经济收入2.3万元，使农村资产资源得到了保值增值。

"自'三资'交易中心成立以来，通过中心交易的资产总额是1366万元，增收节支约20%。"徐艳霏向记者透露。

陈祖煌认为，在做好确权的基础上，农村产权要想安全流转，必须坚持市场化的方向，建立一个类似于"三资"交易中心的平台，彻底实现管办分离，让农村资源得以阳光交易。如果没有公开公平的平台保障，不能杜绝权力的干扰，势必会引发更多的基层腐败。

点面结合
以重点突破带动全方位的综合改革

广东区域大，由于发展不均衡，在不少欠发达地区，老百姓稍微办点与金融有关的业务都要到镇上或县城，来回就是一天，十分不方便。

阳山县小江镇沙寮村距离县城20多公里，村里的老人告诉记者，大部分老人都有养老金，但以前，由于金融服务不方便，大家都要坐车进城领取。"养老金一个月才50多元，来回要坐车，有时到了县城还要排队，吃中午饭，领一次就得花一半的钱。"

为此，阳山县探索金融下村，选择行政村安装3G自动终端和转账支付终端，建立助农取款服务点。村民免费办理惠农卡后，与村民利益密切相关的养老保险、种粮补贴、社保等，均可在服务点办理。"在POS机，除了取钱业务，其他在柜台办理的业务均可以办理。"阳山县农业银行个人金融部经理黄盛强告诉记者，阳山全县共有167个村（居），他们预计用一年的时间，让农村银行覆盖全县村（居）。据统计，截至今年10月底，阳山全县助农取款服务点已实现取款业务7098笔，交易金额209.4万元，查询业务2461笔。

此外，阳山县正开展农户信用信息采集，建立农户信用体系，"不同等级的信用农户，可以获得相应额度的贷款，解决发展资金难的问题"。

蕉岭也特别重视同步推进农村金融改革。蕉岭县金融工作局相关负责人告诉记者，该县正在建立农村信用体系并推出信用贷款，农户根据自身的信用情况，可以获得1万—5万元的贷款。同时，该县还在积极研究解决提升贷款数额的问题。

不过，有不少村民反映，信用体系下的贷款额度有限，对于农业发展来说，难以起到很大的作用，而金融机构一直倡导的金融扶农，却因为缺乏担保等因素，难以见实效。为此，阳山县相关负责人向记者透露，目前，该县拟和保险公司合作推出"政银保"，解决农业经营中的贷款难问题。

一位长期关注农村综合改革的专家认为，要加快构建新型农业经营体系，创新农业经营体系，农村金融改革是一个需要同步推进的改革领域，"农业是需要长期坚持才能有回报的行业，尤其是在起步阶段，如果没有金融的支持，很难向产业化方向发展"。

记者调查获悉，在将土地确权作为突破口，将"三资"交易平台作为市场化方向的同时，广东新一轮的农村综合改革，注重以重点突破来带动系统的全方位的改革，如同步推进基层组织建设、农村服务体系、乡村基层治理等改革。

■对话

广东省省委农办副主任、省农业厅副厅长陈祖煌：
越是欠发达地区越要意识到改革的重要性

《南方日报》：广东农村综合改革的试点较多，其中相当一部分是欠发达地区，不少人跟我们提到，搞改革是需要花成本的，而欠发达地区的财政本身就很困难。

陈祖煌：这是一个重要的认识误区。表面上看起来，我们推动农村综合改革，我们搞农村土地确权工作，是需要一定的费用，但从长远来看，改革是为了更好地发展，改革与发展并不是矛盾体，通过改革可以释放红利，我们不少改革试点地区已经体会到了这一点。所以，我们一定要意识到，三农问题是现代化不可忽视的一道坎，越是欠发达地区越要意识到改革的重要性。请你们媒体一定要好好宣传。

《南方日报》：我们在试点地区采访时发现，不少地区的土地确权登记工作面临不少困难。

陈祖煌：其实一点都不难，难的是认识问题。确权登记工作是所有农村改革基础的基础，前提的前提。很多地方的领导不愿推动此事，一是怕麻烦；二是没钱；三是怕影响稳定。实际上，这些领导是不了解农村，不了解农民。

刚刚你也提到，有些地区反映农村金融改革面临的抵押、融资等难题，实际上，以往提农村金融改革，大都是喊口号的多，实际做的少。即使有些地方探索了，我作为分管领导，觉得还是要慎重稳妥地开展试点工作。还有一个重要前提，就是必须确权登记，如果这项工作没有做好，就去搞担保融资或者是抵押，那相当于是空中楼阁，非常危险，将给农村稳定和社会稳定制造新难题。

在确权登记的基础上，一定要建立农村产权交易管理服务平台，公平公正，阳光交易。这个平台必须省、市、县都要有，最重要的是县、镇、村这三级。也就是说，土地流转，也即承包经营权的流转，都必须进入这个平台，这也是一个基础性的工作。

《南方日报》：结合三中全会的精神，我省农村综合改革主要朝着哪个方向走？

陈祖煌：确权登记和建立公共资源交易平台，这两项是农村改革的基础性工作。我们争取在三年到四年内完成确权登记颁证工作，并把管理交易平台建立起来，把制度性的基础工作确立起来，下一步的改革工作才好做。

因此，每个县接下来必须做好确权登记颁证工作，我建议每个县选两个镇作为试点，每个镇选两个试点村。每个县有两个镇，每个镇有两个村，相互之间就可以交流、竞争，形成改革的氛围。

《南方日报》：作为长期抓农村综合改革工作的领导，您认为广东推进农村综合改革向深水区迈进还需要克服什么困难？

陈祖煌：现在农村综合改革工作要解决部门资源分散的问题。比如我们的新农村建设，有平安进万家工程，有文明村建设，有固本强基项目，有卫生城建设，有生态城建设，还有宜居城建设等，应该说项目很多，每个部门都有点钱，但确实需要有一个良好的机制，能够凝聚各个部门的力量，进而推动改革。

还有，改革一定要注重激活农民的内生动力，通过公共资源交易平台等渠道，把农民有序地组织起来，参与村庄的管理和治理。我们的探索证明，只要是农村综合改革搞得好的地方，当地农民的信访肯定会慢慢减少。

记者手记

让改革者不孤独

从 2008 年起，广东开始启动农村综合改革试点工作，全省 41 个县（市）先后被列入改革范围。几年来，广东农村综合改革经历了从试点到普及、从重点突破到在各个领域协调推进的过程，这些探索留下丰富的经验，为向深水区迈进打下坚实的基础。

当然，推动改革是一个非常艰巨的过程。作为长期主抓农村综合改革的学者型官员，陈祖煌对此深有感触，采访中他数次回忆谈到，部分改革试点，他一年就要跑数十次，来回奔波沟通。此外，为了突破某些层面的限制，凝聚改革的共识，他有时苦口婆心地争取，有时则据理力争。"有时会深深感受到改革者的孤独"。

推动农村综合改革仍需要解放思想、凝聚共识，尤其是欠发达地区的干群要意识到，目前农村综合改革中遇到的各类问题，并非改革产生的后果，而是因为改革不深入。改革有难度，但如果不改革，面临的困难会越来越多。

改革事关每一个人的利益，农村综合改革不仅要发动各级领导干部的力量，还要通过建立公众有序参与的平台，引导群众认识到改革的好处，使群众发挥内生力量，一同推动改革，破解目前农村综合改革在深入推进中遇到的难题。

唯有如此，改革者才不孤独。

蕉岭探索创新村级治理体系
大事小事怎么办　村民商量说了算

来源：《南方农村报》　记者：胡新科

日期：2014 年 10 月 21 日

"我们芳心村在 20 世纪六七十年代就对村庄进行过一次规划，但现在生活变好了，村庄的环境不适合形势发展了，如果能重新规划、整治村庄，那是大好事。"

"如果把村里的环境治理好，外人到我们这里也会感觉十分舒服，'靓妹'都会想嫁进来。"

"我建议村里牵头成立农民专业合作社，帮助我们销售稻米和花生。"

……

一位位村民举起手来，向会议主持人申请发言，讨论村里的事。在短短两个小时内，村民发言次数多达 31 人次。这是记者在蕉岭芳心村协商议事会会场看到的热闹场景。

10 月 17 日上午，蕉岭县三圳镇芳心村召开村民协商议事第一次会议，包括村民代表、村两委干部、村监委会成员、党员议事代表、村民理事会会长等在内的 54 名与会代表就村庄环境整治、如何发展村集体经济、理事会该做什么等进行了协商讨论。会上 45 名村民代表投票表决了 2015 年垃圾卫生费的收费标准。

2013 年，蕉岭县被列为国务院农村综合改革示范试点单位。为抓住这一政策机遇，蕉岭县与华中师范大学中国农村研究院展开深度合作，不断探索农村治理体制再创新，建立和完善协商议事会议、党群理事会议、民主监事会议制度，以促进村民的选举权、决策权、管理权、监督权同步发展的村级治理新模式。芳心村召开的村民协商议事会议就是为进一步规范和落实村级事务民主决策、民主管理的重要尝试。

"村民协商议事会议融合了原来的村民代表会议制度，并将其功能进一步完善和提升，议事方式更加包容，参与主体更加丰富、多元，保证了村民的民主决策和民主管理。"蕉岭县纪委书记卢尧生告诉记者。

村委执行议事会议的决策

"虽然我心里是赞成提高到 60 元的，但既然这是大家商量、投票的结果，村委会肯定要遵照执行。"

芳心村监委会成员统计协商议事会上关于农村垃圾收费的投票结果。根据投票结果，2015 年芳心村垃圾收费维持在每户 50 元。

10 月 17 日，在芳心村村委会办公大楼前，贴在墙上的一张红色会议通知格外醒目："提升村级整体环境""村民理事会如何发挥作用""2015年垃圾卫生管理费收取""如何发展村集体经济"。来开会的村民代表告诉记者，这些议题是几天前就贴出来的，"早点通知了，大家才知道来干嘛，这样好。"

会议首先讨论的是"提升村级整体环境"这一议题。"村庄整体环境的治理需要很多资金，单靠我们芳心村一年 6 万多元的集体收入，肯定是不够的。我的建议是通过多方集资，乡贤捐一点、村民出一点、政府得扶持点。"下赖村（自然村，下同）理事会会长赖企贤在讨论时表示，整治环境是好事，大家都欢迎，但先要解决钱从哪里来的问题，"理事会可以发挥更积极的作用。"

村民代表谢某在会上建议，村庄环境治理和改造尽量不要影响村民的生产生活，而且要结合村庄的实际，"筹资时要量力而行，对贫困户、五保户要进行照顾。"

在协商议事会上，芳心村党支部书记谢建祥介绍了去年垃圾收集处理费用的开支情况，"2014 年垃圾费每户 50 元，收取费用总额大约 2 万元，上级补助 1 万余元，而实际需要 7 万元左右，资金缺口 3 万到 4 万元。"谢建祥请与会人员讨论，2015 年度垃圾管理费用是否提升到每户 60 元。

谢建祥话音刚落，不少与会村民便交头接耳，商量起来。"现在 50元都有好多家收不齐，更何况涨到 60 元。"一村民代表直言。此外，还有多名代表对目前的垃圾卫生管理提出了改进的意见。在现场拥有投票权的 45 名村民代表无记名投票中，选择每户收取 60 元的人数为 11 人，选择收取 50 元的人数为 34 人。谢建祥在会上宣布：2015 年度卫生管理费及垃圾处理费的标准仍为每户 50 元。

会后，谢建祥告诉记者，从实际需求来看，垃圾收费的标准确实有提高的必要，"村里的环境越来越干净，大家是看得到的。每年的收费使用情况也都公布了，缺口确实比较大。"但是，维持收费标准是经过村民代表、理事会长、监委会成员等广泛讨论后作出的决议，"虽然我心里是赞成提高到 60 元的，但既然这是大家商量、投票的结果，村委会肯定要遵照执行。"

村民代表赖新贤在会上提出建议，芳心村有一个文化广场，每逢农历三、六、九会有很多人在广场摆摊，能不能由村里出面建一些摊铺出租，村里每个月向租户收取一定的卫生管理费、租金，"哪怕一个月 100 块钱都行，能够增加村集体收入，还能解决一部分垃圾处理费的资金缺口。"赖新贤的建议得到不少与会人员的支持，村委会将收集意见形成提案，交下一次村民协商议事会议全体代表现场讨论，再表决是否通过。

"这是个好平台，方便大家交流。"黄上村理事会会长戴育海对村民协商会议的赞赏言简意赅，"遇事多商量总是好的。"根据设计，协商议事会所"议"之事，包括村级重大问题和涉及村民利益的重大事项，实行民主决策。按照议事原则，村中大小事务均可由村民民主表决，实现"我的村庄我做主"。

理事会募款建设 村庄变漂亮了

以前单靠村委会的力量，修路建桥这样的"大事"，一年只能做三五件；村民理事会成立后，已完成各类大小建设 30 多项。

2007 年，蕉岭县在芳心村探索成立村务监委会，监督促进村委会开展工作。谢建祥坦承，实施村务监督之初，由于不熟悉制度，村委会与监委会之间有摩擦，觉得监委会是找茬的。"现在好很多了，有些开支，我们去解释，村民不一定相信，监委会的话村民更相信，更能服众。"

2014 年初，寺前村小组多户村民向村委会投诉村民刘仁宽养猪排污污染周边环境。"他总是说改造成本要 1 万多元，承担不起。"谢建祥说，村里前后找了刘仁宽十多次，就是做不通工作。村民找到监委会主任徐永振，由徐做思想工作，最终刘仁宽投入 1 万多元，改造了排污管道，建了沼气池，化解了村民间的矛盾。

"监委会成员在村民之中威信是蛮高的。"谢建祥认为，监委会不仅是监督村委会，还能帮助村干部处理村庄事务。

除了在落实村民监督权上下功夫，蕉岭县还引导村民直接参与村庄治理。2013 年，芳心村开始尝试建立村民理事会，为村民直接参与村庄治理提供载体。

戴育海是村里走出去的干部，曾在县国土部门工作，目前已退休。"去年 9 月接到村里通知，让我回来开会，说是选举成立村理事会。"戴育海告诉记者，他当时在会上表态，有需要出力出钱的事，他都乐意参与，但他不愿意当会长，"我平时在县城居住，怕误了村里的事。"但他还是被推选为理事会会长。村民们选戴育海的理由很简单："他当过老师，有文化，又热心本村事务，大家信他。"

戴育海上任后的第一件事，便是筹资重建黄上村村民祭祖必经的一座危桥。"大家选你，你不做些实事，抬不起头来。"他带着理事会成员四处奔波，努力争取乡贤支持。村民对理事会的支持也让戴育海感动，"预算是 13 万元，村民和乡贤的捐资总额达到了 15 万多元。"

黄上村理事会帮村里建好了一座宽 5 米、长 15 米的新桥，这在芳心村引起轰动，也让其他理事会感到了压力。

圩尾下村理事会会长徐永振告诉记者，从 2013 年 12 月成立理事会到现在，通过向村中长辈、外出乡贤和海外侨胞发出倡议书，广泛征集改变家乡环境和村庄建设的意见，理事会已接到乡贤捐款 20 多万元，先后完成了祠堂、龙头、围龙屋的翻新以及祠堂前池塘淤泥的清理工作，"下一步的工作重点是村中公共厕所和小公园的建设。"

提起村里的变化，68 岁的村民徐永桂对理事会赞不绝口，"一年前可没现在这么漂亮，那时候东海堂很破，前面的池塘臭气熏天，现在淤泥清理了，祠堂修得漂亮了。"如今徐永桂正盼着正对家门口的小花园能够早日建成，虽然这里现在还是一片"残垣断壁"，被杂草和已塌损的土砖危房"占领"，但根据理事会的计划，这里将会变成一座小花园。

"村民理事会为村庄建设出了很多力。"谢建祥说，以前单靠村委会的力量，修路建桥这样的"大事"，一年只能做三五件；村民理事会成立后，已完成各类大小建设 30 多项。谢建祥介绍，目前全村 21 个村民小组成立了 14 个理事会，最大的理事会辐射 4 个村民小组，基本实现了全覆盖，"理事会成员至少须包含 1 名党员，以引导其向正确的方向运行，至于成员人数和构成，由村民根据地域、姓氏等决定，一般 4—9 人不等。"

卢尧生认为，很多基层问题其实是群众的内部矛盾，要解决，还是要调动群众的力量。目前蕉岭县 8 个镇成立的村民理事会有 868 个，运作发展较好的有 100 个左右，"通过政府引导，建立村民理事会，可以把村庄的内生动力调动起来。"

芳心村圩尾下村理事会成立后，筹资 20 多万元，先后完成了祠堂、龙头、围龙屋的翻新以及祠堂前池塘淤泥的清理工作。

从根源上防止村官腐败

村小组理事会衔接纵向深入到每家每户，实现了纵向到底；协商议事会拓展了村庄治理的参与范围，实现了横向到边。

卢尧生介绍，蕉岭县在村级治理方面进行的尝试，是在坚持村级党组织为领导核心（一核）的基础上，协商议事会进行决策、村民委员会负责执行、村务监督委员会监督（三元），同时村民通过理事会直接参与村庄管理，从而实现村民选举权、决策权、管理权、监督权的"一核三元、多层共治"的探索。

"一些地方出现'小官巨贪'，就是因为村民选举权、监督权、决策权和管理权得不到有效保障。"卢尧生认为，在实现村民选举权和监督权之后，村民协商议事会议能充分保障村民的决策权和管理权，实现四权同步，从根源上防止村官腐败问题的出现。

"协商议事会试行填补了村民决策权和管理权的空白。"中国农村研究院执行院长邓大才认为，虽然芳心村首次协商议事会议在议事规则方面还有一些不成熟的地方，但仍是实现村民民主决策、民主管理方面的一次创新突破，"蕉岭村级基层治理体系已初成体系，由原来的行政村级治理架构，变成通过村小组理事会衔接纵向深入到每家每户，实现了纵向到底；同时协商议事会拓展了村庄治理的参与范围，参与主体突破了原来的村民参与，涵盖了与村庄有关的各类群体，有事大家商量着办，实现了横向到边。"

蕉岭县"农村改革"先行先试惠百姓

来源:《羊城晚报》 作者:黄蔚山、涂永平

日期:2013 年 11 月 4 日

近年来,农村改革越来越受到党中央的高度重视和社会的广泛关注。在党的十八届三中全会即将召开之际,笔者来到被国务院确定为"全国农村综合改革示范试点单位"的梅州市蕉岭县,了解该县在农村综合改革方面先行先试探索出来的新做法新路子。

争当农村综合改革的排头兵:

上下联动各方献力

地处广东省东北部的梅州市蕉岭县是"八山一水一分田"的山区县,全县 23 万的总人口中有农业人口 16 万人,农业农村工作显得极为重要。在中央、省、市的坚强领导和上级农业部门的悉心指导下,蕉岭县抓住被国务院确定为"全国农村综合改革示范试点单位"的机遇,按照"探索创新、先行先试、创建特色、打造亮点、促进发展、惠及民生"的原则,提出了打造农村产权交易综合体、农业生产经营综合体、新型城镇发展综合体的农村综合改革方案,扎实推进农村综合改革各项工作。

"上级都很关心这项改革,国家、省、市经常派出专家学者前来指导,使农村改革工作迅速在全县开展起来。"蕉岭县农村综合改革示范试点工作领导小组办公室人员告诉记者。据了解,蕉岭县委、县政府高度重视农村综合改革示范试点工作,成立了由县委、县政府主要领导任组长、常务副组长的领导小组,在充分调研的基础上,结合蕉岭实际,制定了具有蕉岭特色的全国农村综合改革示范试点工作实施方案,提出以农村产权综合改革为核心,以新型农业经营方式转变为依托,以新型城镇商业区建

设为载体，激发农地活力，尊重农民的主体作用，发挥县域城镇市场的带动作用，将农地活力与生产主体的主动性有机结合，农业生产经营与有组织的市场有机融合，实现工业化、信息化、城镇化与农业现代化的协调发展。

今年9月16日，华中师范大学中国农村研究院院长徐勇到梅州市蕉岭县时指出：蕉岭要紧紧抓住被确定为国家农村综合改革示范试点县的历史机遇，着力推进农村综合改革，通过新型城镇化综合体建设，缩小城乡差距；农村产权交易综合体改革，搞活土地资源，唤醒沉睡的资本；农业生产经营综合体创新，通过市场，实现城乡优质要素对接，转变经营模式，构建多元的综合经营体，争取成为城镇化的标杆、农村产权改革的排头兵、山区发展的典范。

打造农村产权交易综合体：
百姓手攥《经营权证》进入交易平台

"以前大家都对自己耕作的土地'四知'不是很清楚，经过这次确权后，明确了'四知'，而且都领到了经营权证，根本不用愁土地会流失。"日前，记者来到蕉岭县广福镇石峰村，该村60岁的村民罗炳生高兴地告诉记者。和罗炳生一样，许多村民曾面临同样的困境，担心丧失土地经营权，缺少就业门路；怕流出的土地收益（租金、承包费）难兑现，无生活保障；怕退回耕地时难复耕等；因此多数农民不愿离开土地，甚至有的外出务工农民，宁愿让土地丢荒，都不放弃承包地。目前，蕉岭全县流转土地面积仅占全县土地面积的2.4%。

"解决土地流转集约畅通问题，产权确认是基础、关键。"蕉岭农村综合改革领导小组负责人说。在充分调研的基础上，蕉岭县采取"一确权、两建立"的举措，积极打造农村产权交易综合体。"一确权，即全面开展农村土地承包经营权确权登记颁证工作，建立归属清晰、权能完整、流转顺畅、保护严格的农村土地承包经营权产权制度；两建立，即建立农村产权流转交易平台和农村产权融资担保平台，形成产权交易、融资担保、社会化服务综合体系。"蕉岭农村综合改革领导小组办公室负责人如是说。

"产权问题是农村发展和城乡统筹的核心问题，涉及群众的切身利益，确权除了确定承包权外，还要确定宅基地权、路边权、滩头权、水面权以及增减挂钩、占补平衡指标的权利。我们采取试点和全面实施交替进行。"农村综合改革领导小组负责人表示，在三圳镇招福村试点确权工作后，该县专题召开全县农村综合改革土地确权颁证工作现场会，认真总结招福村试点工作经验，实地培训指导改革工作。目前，此项工作已全面铺开，2014 年上半年可全面完成确权登记颁证工作。

"在土地承包经营权确权登记颁证工作的同时，我们积极建立农村产权交易平台和融资担保平台，促进农村土地流转。"蕉岭农村综合改革领导小组办公室人员介绍，该县制定了《蕉岭县农村综合产权交易管理办法（试行）》，建立县、镇、村三级农村土地流转服务体系，提供土地流转信息、政策咨询，开设土地托管、流转委托、中介服务、流转登记等业务，积极推动农村土地承包经营权以转包、租赁、入股等多种形式集中流转、规模流转，把土地生产要素纳入特色农业生产链。

"我家里有 5.46 亩田，如今子女都在外地，家里就剩下我们夫妇和 83 岁高龄的老母亲，现在好了，土地确权后，我们就可以放心交给延源公司了。"罗炳生说。日前记者走进位于广福延源长寿食品种植基地建设现场，只见钩机、工程车等正在忙着平整土地。"这块基地占地 2000 亩，这段时间以来，我们公司通过土地流转的方式，依法取得了土地经营权，现正在进行高标准烟田土地整理，调整田块、水利及道路设施，"延源长寿食品有限公司总经理郭玉英告诉记者。据介绍，该基地将按照"田成方、渠相连、路畅通、机能耕"的现代农业示范基地标准，采取"公司＋基地＋家庭农场＋农户"的模式，鼓励农户以土地租金、劳动力投工等方式，参与公司共同经营；基地将按不同季节和生产布局，科学规划，合理安排种植，采取上半年种植优质烤烟，下半年种植特色农产品的生产模式，打造成集长寿食品生产、休闲、观光于一体的现代农业示范基地。

打造农业生产经营综合体：

家庭农场、龙头企业激活现代农业生产

走进位于蕉城镇的南北兴家庭农场，一位质朴的农民走上来与记者握手，"我叫王锦阳，是这个家庭农场的负责人。"王锦阳告诉记者，家庭农场于今年 4 月成立，是蕉岭县首家在工商登记注册的家庭农场。王锦阳是蕉岭县本地人，1993 年在蕉城镇东山村承包荒坡地 120 多亩发展种养业，经过近 20 年的经营，生产规模不断扩大，目前，参加农场生产的家族成员有 10 人，农场种植优质果树面积 285 多亩；年出栏肉鸡 3.5 万只；水产养殖面积 200 亩，年产值达 650 万元，同时注册了"原源牌"商标，生产的肉鸡取得了无公害农产品认证，红心蜜柚取得了绿色认证。谈到为什么创办家庭农场时，王锦阳说："首先是可以自己做老板，劳动创造的利润及品牌附加值为自己所有；其次是工商登记注册的家庭农场可向金融机构融资，解决以往想发展而融资难的问题。"

"农村空心化""务农老龄化""流转变流失""明天谁来种地"等成为山区农村的现实问题。如何进一步突破制约农业发展的体制机制障碍，加快培育党的十八大提出的集约化、专业化、组织化、社会化相结合的新型农业经营体系，激发农村发展活力，是关键问题。

在此次农村综合改革中，蕉岭县积极思索，创新思路破解难题。蕉岭县农业局工作人员告诉记者："区别于现代农业龙头企业，家庭农场更加灵活，经营通常做到多元化，提高农业集约化水平，拉长产业链条，提高整体效益。它的劳动力为家庭成员，解决当前农村空心化、务农老龄化问题。"

蕉岭县农业局负责人还告诉记者，建立家庭农场，可以解决很多问题：一是可以保证食品安全，《家庭农场管理办法》规定家庭农场必须建立可溯源系统，确保农产品安全有机无公害，确保"长寿之乡"招牌不受污染；还专门建立督查队负责食品安全检查。二是有扶持政策，凡被认定的家庭农场，优先安排各类农业项目和国家各类支农补贴；家庭农场自产自销的农副产品视同农民自产自销待遇，免收家庭农场工商注册登记、生产经营所需各种证照、农产品检验检测等费用；同时对家庭农场进行信用评级，信用良好的农场放宽贷款条件，提高放款额度；鼓励家庭农场之间进行联保贷款。三是切实增加农户的收入，家庭农场以家庭成员（或家族内部成员）为主要劳动力，常年雇工人数不超过家庭务农人员数量，真正达到家庭致富。

据了解，除建立家庭农场，该县还引进大企业来带动农民增收致富。今年 5 月，上市公司梅雁集团投资 50 亿元在该县建设全省首个万亩油橄榄种植生产基地。"基地占地 10000 亩，首期种植面积 5000 亩，每亩可实现产值3.3万元以上。我们主要是通过'公司+基地+农户'模式，打造集种植、加工、销售为一体，生态农业、生态工业、生态旅游业融合发展的万亩油橄榄种植加工基地，辐射带动群众耕山致富。"梅雁集团梅州市广福吉祥投资有限责任公司总经理钟加宁向笔者介绍。

此外，蕉岭县还以农村土地产权交易中心为平台，以县级农产品交易市场为导向，统筹做大做强做响区域内现代农业示范园区、家庭农场、龙头企业、专业合作社、种养大户等各类农业生产经营主体，力争到今年底全县家庭农场发展到100个，农民合作社发展到300个，农业龙头企业发展到42个，带动农业增效、农民致富，维持农村稳定。

打造新型城镇发展综合体：
湖北金东山商业集团进军长寿之乡

"蕉岭是中国长寿之乡，有着很好的生态环境，现在又被列为全国农村综合改革试点县，县委、县政府十分重视农村改革工作。我们今年3月以来，先后四次到蕉岭，感觉到这里有很浓的干事氛围，所以我们才决心来到这里。"湖北金东山商业集团董事长李建平这样告诉记者。

"项目位于桂岭新区内，规划占地面积250亩，建筑面积48万平方米，总投资12亿元，项目建设周期3年。"李建平介绍，项目规划建设三大功能板块，一是长寿食品功能板块，包括建设农村产权交易中心、长寿食品销售展示中心、长寿养生美食一条街，以及城市展示馆和长寿文化展示馆，目的是打造现代农业发展的综合性服务平台。二是长寿养生功能板块，主要规划建设长寿小镇（建设小面积高档住宅和绿色健康生活配套设施），目的是营销长寿文化品牌，打造全国各地"候鸟族"休闲养生地。三是现代商贸功能板块。包括建设家具、家电、农业机械、建材批发市场，精品商店一条街，四星级以上酒店，现代会务会展中心等，目的是打造辐射闽粤赣三省周边地区的大商贸大物流中心。

据了解，该县围绕农村综合改革，打响中国长寿之乡品牌，通过打造以商业实体为特征的有形市场来满足现代化的农业生产供给需求，建立政府引导下的市场主体、新型农业生产经营主体信息交流互动的平台来满足生产主体的信息需求，拓展以居住、购物、休闲多功能为一体的县域综合体来满足城镇居民高品质的生活需求。

新农村建设开创新局

来源：《南方日报》 记者：刘进、柯鸿海

日期：2015 年 3 月 30 日

编者按

中国要美，农村必须美。从 2014 年开始，我省启动了以科学规划为引领，以村容村貌和环境整治为重点，以农民持续增收、农村全面小康为目标，整合资源，集中力量，连点、连线、成片推进的省级新农村连片示范建设工程。

省委书记胡春华指出："各地推进新农村建设要注重科学规划，切实解决当前农村有新房没新村、有新屋没特色问题。要加大村庄整治、整理力度，为群众提供干净整洁的生产生活环境。要突出乡村风貌，传承乡村文化，保留乡土气息，体现广东乡村岭南特色。"

一年来，我省新农村建设进展如何？近期，《南方日报》记者走进粤东西北 14 个市的新农村连片示范点，在"行进中国"中，记录广东新农村的变迁，了解新农村建设中遇到的困难，寻找解决困难的办法，挖掘并总结相关的经验。

从今日起，《南方日报》推出"行进中国·精彩故事——新常态·新农村·新面貌"专题报道。首期报道，我们走进梅州市蕉岭县。蕉岭是第一批省级新农村连片示范区，该县正以客家文化和长寿文化为基础，大力推进"客韵寿乡"新农村建设。

"说实话，养猪多少有些污染……"3 月 21 日下午 5 时许，站在自家的猪粪池旁，蕉岭县三圳镇招福村村民吴田健陷入纠结：他所在的村是省级新农村连片示范区的一个点，按照当地政府的最新规划，他的养猪场被纳入环境整治行列。但这个养猪场他投资了 15 万元，既可产生沼气又可提供农家肥。

吴田健为此思忖良久，最终他作出决定："国家大事，一定要支持！"他希望政府也考虑一下他的投资成本，引导其转型发展，或采取多级净化的方式处理污染。

促使吴田健作决定的，是村里日益高涨的新农村建设呼声。《南方日报》记者走访发现，蕉岭县以垃圾整治为突破口，激活村民的内生动力，紧张有序地推进新农村建设。

以垃圾整治为突破口　用实效说服发动群众

泡上一壶茶，闲坐在庭院，近处花朵盛开，远处轰鸣的拖拉机春耕声传来，这些都让75岁的三圳镇九岭村村民徐建仁十分享受："住在农村舒服！让我住在城里，我都不愿意。村里几乎看不到垃圾，村道绿化好，房子粉刷得很白、很新。"

"我们村是上门收垃圾的！"九岭村村支书徐文坚告诉记者，村里的卫生之所以这么好，主要是因为从去年8月起村里实施上门收垃圾的措施，全村共500户村民，每户每年收取50元垃圾处理费，"收钱是象征性的，主要是引导大家养成爱护环境的习惯"。

九岭村的环境治理是蕉岭县新农村建设的一个缩影。2014年，蕉岭县经过规划，确立了蕉城镇龙安村、三圳镇福北村、招福村、芳心村、九岭村两镇五村为示范点。示范点均在石窟河边上，串成连片的示范区，路线全长21公里，辐射108个自然村，总面积20平方公里。"蕉岭山清水秀，民风淳朴，客家人文深厚，是美丽台乡、世界长寿之乡，也是农村综合改革示范点。因此，我们发挥良好的基础优势，扩大示范点的辐射带动作用，着力打造具有客家特色的'客韵寿乡'。"蕉岭县委书记温向芳告诉记者。

"以前是'污水靠蒸发，垃圾靠风刮'。"蕉岭县委农办主任陈汉铭认为，农村发展在一段时间以来缺乏有效引导，不少村民养成了"只扫自家门前雪，不管他人瓦上霜"的习惯，农村公共管理滞后，对新农村的建设形成很大阻碍。为此，蕉岭把农村垃圾治理作为突破口，通过解决生活垃圾问题，完善农村污水处理设施，整治畜禽养殖污染等，实现村容村貌质的飞跃，"基础工作一件一件地完成，让老百姓看到变化，看到希望，树立信心。"陈汉铭说。

环境整治掀起了蕉岭新农村建设的热潮：福北村的刘氏祖屋正抓紧修缮，九岭村的乡贤回村建设农家乐，芳心村的生态城市家庭农场已平整待租……

理事会激发村民动力　"要我建"成"我要建"

九岭村的垃圾处理费一年需要 6 万多元，在村委会提出收取垃圾费的建议后，村里就炸开了锅。"一开始有很大阻力。"九岭村村支书徐文坚坦言，村委组织村民开会时讨论很激烈，大家都想有好的服务，但提到"出钱"时就有不同声音。

这是不少地区在推进新农村建设中遇到的普遍现象。谁的新农村？这是新农村建设中必须搞清楚的问题。

"新农村归根结底是农民的农村，如果农民不积极参与，这项工作就做不长久！"陈汉铭坦言，蕉岭在推动新农村建设工作前，就注意去处理好这个问题。"虽然很多村想成为试点，但如果村民不团结，不积极主动，连垃圾等最基础的问题都不去解决，就暂不考虑将其纳入试点。"陈汉铭说。

那么，如何发动群众、激发群众建设新农村的内生动力？蕉岭的做法是成立村民理事会。村民理事会是蕉岭在基层治理创新中探索的一个重要成果，理事会成员主要由村民选举，负责联系村民，处理本村事务。

九岭村伍子湖村就是一个典型。该村村民理事会会长吴国儒告诉记者，2012 年，该村村民自发倡议做好村庄管理，选举 7 位村民为管理会成员。"绿化整治、路灯、垃圾等，我们都要负责起来。"吴国儒说，自从成立理事会来，乡贤已累计捐款 100 万多元，解决了村里很多实际问题。

"村民理事会充分激发了新农村建设的内生动力。"三圳镇镇长陈春妮告诉记者，据统计，今年春节期间，该镇 64 个村民理事会共筹集 543 万元社会资金，筹集 45.5 万元其他形式资金，组织村民协商议事 180 余件，协商达成的新农村建设项目共 60 多个，主要包括村庄整治、拆废建绿、修建公园、修缮宗祠等。

"政府主导，农民主体，共建共享。"蕉岭县县长陈伟明表示，蕉岭充分释放基层治理创新的活力，广泛发动群众，变"要我建"为"我要建"，达到"财政投资 1 元，撬动民间 10 元"的效果，为新农村建设打开了良好局面。

解决新农村后顾之忧　关键要强化特色产业

春天的田野是一片繁忙的景象，石窟河流经的福北村地段，小型挖掘机正深挖泥土，十多位村民在抢种淮山。"这里是沙质土地，种淮山特别好。"承包该片土地的老板告诉记者，蕉岭是世界长寿之乡，产出的淮山在市场上备受欢迎，"煲出来比较'胶'，口感特别好。"老板说，他通过土地流转，承包了 80 亩淮山基地，"去年亩产 5000 斤左右，收购价每斤 3 元多。"

从福北村一路向南，分布着上千亩淮山基地，此外有成片的蔬菜基地、莲藕基地等。村民黄清华家种了 20 多亩地，农产品有黑花生、蔬菜、淮山等。2014 年，他成立了"飞英家庭农场"，通过土地流转，承包一些老人抛荒的地，逐步扩大种植规模。

黄清华将自己的老屋改为办公室，依托"家庭农场＋长寿之乡"的品牌，推出了"久龄牌"淮山，受到了市场的认可，"前年每斤卖三元，去年每斤卖到了五六元。"

在芳心村，与"开心农场"类似的城市菜园悄然兴起。芳心村村支书郑淑平告诉记者，该村整合了 20 多亩土地，分成 170 多块。城里人只须交管理费，村里替他们管理菜园，随时都可以采摘。农场采取共赢的经营模式，农户除了获得每亩每年 700 元的租金外，还将参与收益分红，"村集体占 50%，农户占 30%，村小组占 20%。"

记者走访获悉，在蕉岭新农村连片示范区，农业生产经营模式正发生改变，以家庭农场为代表的经营模式正在兴起。据统计，三圳镇目前登记注册的家庭农场已有 30 多家。

"农业的活力来自于农村综合改革。"温向芳认为。2013 年，蕉岭成为全国农村综合改革示范点，率先在全省完成了土地确权登记，建立土地流转公平交易平台，唤醒沉睡的土地，有效释放改革活力。

不过，也有人担忧，新农村建设好后，一旦政府淡出，资金支持力度减弱，经济薄弱村的新农村建设恐难以为继，因此，从长远考虑，必须解决"有人建，没人管"的问题。对此，温向芳认为，解决新农村的后顾之忧，关键要通过强化特色产业，切实带动村民、村集体增收致富，打造驱动农村发展的不竭动力。因此，蕉岭在推进试点的工作中，特别注重培育长寿食品产业，发展特色农业，创新农业经营体制，为示范片建设打下经济基础。

以点带面的示范带动
深度融合仍是道难题

"看到周边的村都那么漂亮，我们也很着急！"3月21日下午，招福村谢下村民小组的祖屋内，几位村民正在拉尺丈量，为祖屋的修缮做好准备。走进祖屋，木制横梁已经被侵蚀，屋顶漏出一个大窟窿，屋后一排屋子已经坍塌。

"说了十多年，一直都没有修缮。"村民小组组长谢美祥说，今年春节期间，村里决定学习村民理事会的模式，提议并发动大家捐款，每人出2000元。"说干就干，拿出成效，不要拖。"最终，工程定于3月29日开工。

"新农村建设正起到以点带面的示范带动效应。"温向芳表示，目前，蕉岭正以省级新农村连片示范区为契机，出台《蕉岭县美丽乡村建设工作方案》，实施"一个总揽，十村示范，百村行动"工程，即以全国农村综合改革示范试点工作为总揽，自我加压建设10个县美丽乡村示范村，全面带动全县107个村（居）委开展环境整治行动。

不过，记者在走访中发现，由于过去不少农村在发展中缺乏统一规划，房屋随意建设，导致泥砖房和钢筋水泥房相互交错，村居风格难以统一。对此，陈汉铭认为，新农村建设一定要尊重现实，不搞大拆大建，因势利导。从现在起严格执行好规划，通过村居外立面改造等，让群众看到新农村的面貌，经过长期努力，正在慢慢改变。

陈汉铭说，为了扎实推进新农村建设，蕉岭方面专门到浙江桐庐县考察学习，并与桐庐的规划设计团队合作，结合蕉岭实际，制定可操作性强、实用、实效的规划。

根据规划，蕉岭的新农村建设还将与旅游融合。围绕新农村连片示范区，蕉岭正规划建设一条从县城到新农村的慢行绿道，沿途还将建设清水码头、农业体验区、生态农业观光点等项目。

在蕉岭新农村连片示范区的南入口，一个建于鱼塘上的绿茵农庄引人注目。农庄的负责人周斌告诉记者，这里曾是一片荒芜，逢下雨就被浸。在得知蕉岭农村土地可以流转后，该村一位外出乡贤通过土地流转承包了50亩地，发展水产养殖和蔬菜种植。

周斌说，随着长寿之乡和新农村的建设，陆续有游客前来蕉岭的新农村，因此，他们顺势发展农家乐。"过年的生意非常好！"不过，他坦言，除了节假日生意好点外，平时的人流量还不是很多。

由此可见，如何让农村、农业与旅游深度融合，吸引到游客，带动农村经济，仍是一道亟待解决的难题。

新农村建设
更须凝聚
村民"公心"

■策论

"钱！"这是记者在农村走访时，听到关于新农村建设最多的字眼。"如果政府多给一点钱，问题就好解决。"一位村干部表示，村里人不肯出钱出力，新农村建设难以起步。而该村是该片区最富有的村庄之一，一排排现代化的民居引人注目。

过度依赖政府资金，或许是新农村建设中遇到的难题。事实上，在过去很长一段时间内，由于城乡经济发展不平衡，不少地区的村集体收入微薄，无力承担垃圾处理等公共管理职能。在缺乏有效引导的情况下，约束村民的"公心"逐步减弱，村民对公共管理的担当越来越薄弱，一些人甚至划清"个人"与"公家"的关系，认为只要是公共管理问题，就是政府的事情。

新农村建设急需凝聚村民的"公心"。事实上，推动新农村建设，确实离不开钱，但如果过度依赖政府的财政资金，就很容易陷入僧多粥少、杯水车薪的局面，甚至沦为政府的"一厢情愿"。因此，建设新农村，必须发动群众，激发村民的内生力量。政府引导，群众团结一致，从小事做起，从村民自己的事做起，就可以凝聚成强大动力。

三圳镇九岭村黄屋村村民小组的环境治理过程或许能提供启示。没有钱，村民理事会就发动捐款，第一次筹集1万多元；不够，发动第二次捐款；还不够，发动第三次捐款……三次捐款活动共筹得4万多元。资金仍不够，村民就自发用摩托车去山里搬石头、拿起锄头种绿化树。环境整治后，镇政府决定给该村奖励一个污水净化池。

"群众亲自参与，才会有荣誉感，才会感到有责任去爱护。"九岭村村支书徐文坚感叹。

蕉岭农村综合改革与基层治理创新

来源:《梅州日报》　记者:黄麟胜、涂永平、陈晓光

日期:2014 年 11 月 28 日

日前，由南方报业传媒集团《南方农村报》、华中师范大学中国农村研究院、山西大学中国城乡发展研究院主办，中国奥园地产集团股份有限公司、蕉岭县延源长寿食品实业有限公司协办的第十届中国农村发展论坛暨"农村综合改革与基层治理创新"学术研讨会在蕉岭县举行。国内著名"三农"问题研究专家学者、政府部门官员、基层实践者、企业家代表和农民代表等 200 多人参会。与会专家学者认为，蕉岭在农村综合改革方面的积极探索和有益尝试，提供了接地气的研究样板。

1. 协商机制引入乡村治理

华中师范大学中国农村研究院院长徐勇教授认为，乡村事务以往更多的是通过自上而下的行政力量完成的，村民参与极少。蕉岭将协商机制引入乡村治理过程，建立协商议事会，由利益相关者参与公共事务的讨论和决策，让权力在共同规则下进行，这是蕉岭对全国乡村治理创新的一大贡献。

广东省委农办主任陈祖煌认为，蕉岭这些年在农村的改革力度不减，是在全省农村改革中走在前列的山区县。蕉岭在自然村或村小组建立村民理事会的改革是对村民自治的补充和完善。

中国人民大学公共政策研究院执行副院长毛寿龙教授认为，我国在村一级的治理体系和治理能力上存在一些问题，蕉岭的村级治理创新是国家治理体系、能力现代化的一个样本。如果蕉岭能把这个创新经验坚持下去，将对经济社会的发展起到很好的促进作用。

清华大学政治学系主任张小劲教授认为，在一些地方，随着创新者的

升迁、退休或离开创新发起地，创新往往难以维持。但在蕉岭，从几年前的村务监督到如今的村务协商机制，再到接下来的土地流转，都是在不断地创新。而且，这个创新还在不断地深化，由点到线、由线到面、由面到体。蕉岭的改革试验为基层民主协商提供了有益的经验。

中央党校经济学部教授徐祥临表示，在实地参观蕉岭改革实践后发现，农民确实发挥了主体性作用。他认为，市场经济条件下，群众是一个生产经营的主体，如何发挥党和政府的主导作用？其实就在服务。他表示，蕉岭镇级的"六办八中心"变成"一办一中心"，不是简单的机构变化，它真正体现了服务的精神。

2. 土地确权走在全国前列

与会专家学者认为，现阶段的农村改革是涉及深层次的产权制度的综合性改革，目的是要激活农村资源、健全农村要素市场、破除制约农业产业发展和城乡统筹发展的体制机制障碍。

蕉岭县是国家农村综合改革示范试点县，目前蕉岭的土地确权走在全国前列，农村产权交易服务中心建立，"一办一中心""统筹七站八所"，美丽乡村建设屡出成果。

国家行政学院公共行政教研室主任竹立家教授认为，土地的流转与确权是当前农村综合改革的一大难点。对于探索怎样使农民富起来，怎样调动农民的积极性，怎样让农产品附加值增加，怎样使土地真正流转，怎样开发老百姓致富的聚宝盆，蕉岭做得相当不错。

北京师范大学珠海不动产学院副院长汤林弟表示，蕉岭是世界长寿乡，用互联网的思路来说，蕉岭是世界的蕉岭，蕉岭的一些产业，如特色农产品、健康养生产品等，经过营销可推广至全国乃至全世界。

中国奥园集团总裁郭梓宁表示，正是看到了蕉岭丰富的健康养生资源，该集团才很快落户蕉岭并得到快速发展。目前奥园在蕉岭的健康养生项目和商业项目推进顺利。奥园接下来将做好粮油食品、养生食品，以及相关农产品这篇大文章，助力蕉岭粮油食品、养生食品这个优质品牌，做大做强。

3. 敢于放权实现多元治理

新时期，群众是主体。怎样把农民引导到主体地位上去？徐祥临认为，蕉岭"一核三元、四权同步、多层共治"的治理模式，不是政府的面子工程，是在为老百姓谋利，也真正体现了农民在建设新农村过程中的主体作用。他说："关键是'四权'同步了，实现了村民的选举权、决策权、管理权和监督权，什么事都让老百姓知道，让老百姓参与，他的积极性就高，就到了主体地位上，因为他是在给自己干事。"

民政部基层政权和社区建设司副司长汤晋苏认为，蕉岭在乡村治理中探索协商共治的机制，体现了求实的精神。山西大学政治与公共管理学院院长董江爱认为，蕉岭"一核三元"的实践成效表明，村民自治从以选举为核心的民主向治理式民主转变。

广东省政府发展研究中心主任汪一洋表示，以前政府管了很多不该管的事，而且往往还管不好。蕉岭的改革表明，群众的事情要让群众自己解决。对于政府来说，就是要敢于放权，向社会放权、向基层放权，实现多元治理，激活社会组织的能力。汪一洋认为，蕉岭的"一核三元"充分发挥了村民自治的作用，是一个非常有用的制度。

4. 总结经验全国推广

竹立家教授认为，蕉岭在乡村治理中将行政、决策、执行和监督分开，村民共同参与治理，形成了多元共治的模式。他认为，蕉岭的经验要好好总结，可以复制并向全国推广，让农民真正成为治理主体。

中国社科院农村发展研究所宏观经济研究室主任党国英期望蕉岭在已取得重要改革成果的基础上，可围绕农村建设用地如何发挥更大作用的问题做出有益的探索。

蕉岭县委、县政府主要领导表示，蕉岭将以此次论坛的召开为契机，在农村改革和治理方面积极探索、试验，将一如既往地推进农村改革创新，最终实现基层治理体系与能力的现代化，促进农业增效、农民增收、农村长治久安。

蕉岭建立协商议事会制度初步构建
"一核三元四权同步多层共治"村级治理体系

来源:《梅州日报》 记者:王玉婷、涂永平、陈晓光

日期:2014 年 10 月 20 日

蕉岭县在村民代表会议基本制度基础上建立起了村级协商议事会制度,成员由党员代表、村民代表、理事会理事长、村监委会主任、政府工作人员、外出乡贤等社会各界人士组成。协商议事会既是村务交流平台,又是村务决策平台,其议事内容由村党组织在征求党内群众意见的基础上提出,由村民代表进行决策。日前,三圳镇芳心村召开协商议事会第一次会议,标志着村级协商议事会制度建立,并初步构建起"一核三元、四权同步、多层共治"的村级治理体系。

直面问题 民主协商

"现在垃圾车进不去村道,收垃圾时间又不固定,建议要规范化,并要用摇铃提醒""农产品销路是个大问题,希望村里牵头建合作社,打造自身品牌,增加村民收入"……在芳心村协商议事会上,与会代表就农村卫生环境、管理以及集体经济等涉及村民利益的重大问题畅所欲言。

"有什么意见都可以提出来,进行民主协商,对群众工作的实施也有好处。"下赖村村民小组长赖企贤为协商议事会制度"点赞"。他说,在进行投票表决明年垃圾卫生管理费收取标准时,他便综合了所在村民小组成员的意见,选择了一项"顺民意、好执行"的选项。

权力制衡 预防腐败

早在 2007 年,芳心村便开展试点探索建立村务监事会,村民化身

"田间纪委",成为监督村干部的重要力量。如今,芳心村再推协商议事会制度,扩大了村民决策权和管理权。

蕉岭县纪委书记卢尧生告诉记者,在党组织的核心领导下,协商议事会、村委会、监委会分别负责议事、执行、监督,再加上村民理事会、村民小组的参与,充分调动了农村治理的内生动力。这既能保障村民的选举权、决策权、管理权、监督权,让村民真正当家做主,也能实现权力的相互制衡,从源头上预防腐败问题。

创新体系　服务群众

"蕉岭推行的村级协商议事会制度在全国来说是首例,它改变了农村基层权利的'悬浮'倾向,让村民在享有选举权、监督权的基础上,拥有了决策权、管理权。"华中师范大学中国农村研究院执行院长邓大才认为,蕉岭县试行的"一核三元、四权同步、多层共治"是治理体系的完善、治理架构的新突破、民主方式的新发展、参与范围的新拓展、治理规则的新发明,解决了联系服务群众的"最后一公里"问题。

蕉岭村级治理创新是国家治理
体系能力现代化样本

来源:《南方农村报》　记者:王伟正、黄齐雄

日期:2014 年 11 月 24 日

"蕉岭改革中的村民议事会不是一件小事,而是一件非常重大的事情,是农村基层制度创新的一个伟大创造。""权力下放,相信农民。这样天塌不下来,只会把工作做得更好。""蕉岭的村级治理创新是国家治理体系、能力现代化的样本。"……11 月 22 日至 23 日,在蕉岭召开的第十届中国农村发展论坛上,来自全国各地的政府官员、专家学者对蕉岭的改革创新给予了高度的评价。

蕉岭改革走在前列

蕉岭县县长陈伟明在论坛上表示,与全国不少地方一样,蕉岭面临着农业发展缓慢、农民增收困难、农村矛盾突出等问题,这些问题产生的根源是基层治理、机制建设难以适应经济转轨、社会转型的新形势。如何创新基层治理体系,促进农业增效、农民增收,是蕉岭当下的重要课题。

蕉岭县县委书记温向芳表示,去年被确定为"全国农村综合改革示范试点县"以来,蕉岭积极推进农村土地承包经营权的登记和办证、农村产权交易体系的建设、现代农业经营体制的创新、农村民主自治新机制的探索,在乡镇一级,将原来"六办八中心"机构精简为"一办一中心",即党政综合办公室和社会治理服务中心,实现了办事大厅集中服务;在农村,积极探索以村党组织为领导核心,协商议事会、村委会、监督委员会协同治理的"一核三元、四权同步、多层共治"的新型村级治理机制。

广东省委农办主任陈祖煌认为，这些年，蕉岭在农村的改革力度不减，是在全省农村改革中走在前列的山区县，这值得大家关注。蕉岭在自然村或村小组建立村民理事会的改革是对村民自治的补充和完善。

华中师范大学中国农村研究院院长徐勇教授认为，以往乡村事务主要是政府事务，更多的是通过自上而下的行政力量完成的，村民参与极少。蕉岭将协商机构引入乡村治理过程，建立协商议事会，由利益相关者参与公共事务的讨论和决策，让权力在共同规则下进行，这是蕉岭对全国乡村治理创新的一大贡献。

11月22日，在实地参观了蕉岭县三圳镇九岭村、芳心村等地后，与会的政府官员、专家学者对蕉岭的改革实践有了更深入的了解和体会。

中国人民大学公共政策研究院执行副院长毛寿龙教授认为，我国在村一级的治理体系和治理能力上存在一些问题，但蕉岭的改革让人看到了希望，蕉岭的村级治理创新是国家治理体系、能力现代化的一个样本。如果蕉岭能把这个创新经验坚持下去，将对经济社会的发展起到很好的促进作用。

清华大学政治学系主任张小劲教授认为，在一些地方，随着创新者的升迁、退休或离开创新发起地，创新往往难以维持。但在蕉岭，从几年前的村务监督到如今的村务协商机制，再到接下来的土地流转，都是在不断地创新。而且，这个创新还在不断地深化，由点到线、由线到面、由面到体。蕉岭的改革试验为基层民主协商提供了有益的经验。

村民自治四权同步

中央党校经济学部首席专家徐祥临教授表示，在建设新农村过程中，政府早就提出要以政府为主导、以农民为主体，但是搞了这么多年，很多地方的农民主体地位还没有发挥出来，政府还在越俎代庖。但实地参观蕉岭改革实践后发现，这个状况有了根本性改变——在蕉岭，农民确实发挥了主体性作用。徐祥临表示，蕉岭镇级的"六办八中心"变成"一办一中心"，不是简单的机构变化，它真正体现了服务的精神。过去，群众到政府部门办事不敢理直气壮，现在群众到政府办事，干部必须态度好，至少得把事情记录下来，再让相关人员帮忙解决。这就是服务。

对于蕉岭芳心村"一核三元、四权同步、多层共治"的治理模式，徐祥临认为，它的创新意义在于实现了村民的选举权、决策权、管理权和监督权"四权"同步。"反正什么事都要让老百姓知道，该出力就出力，有钱的人多捐一点，没钱的跟着干。让老百姓参与，老百姓就有了积极性。"徐祥临认为，蕉岭的"一核三元、四权同步、多层共治"改革不是政府的面子工程，是在为老百姓谋利，也真正体现了农民在建设新农村过程中的主体作用。

国家行政学院公共行政教研室主任竹立家教授认为，蕉岭在乡村治理中将行政、决策、执行和监督分开，村民共同参与治理，形成了多元共治的模式。竹立家认为，蕉岭的经验要好好总结，可以复制并向全国推广，让农民真正成为治理主体。

议事会激活农民组织

中央编译局研究员高新军教授认为，蕉岭改革最核心的内容是村民议事会。蕉岭的村民议事会实际上是一种社会组织，它提高了农民的组织化程度。农民的组织化不仅对农民有好处，对政府也有好处——政府不可能和单个农民对接，只能跟组织起来的农民对接，理事会使政府公共服务业有了承接方。

民政部基层政权和社区建设司副司长汤晋苏认为，蕉岭在乡村治理中探索协商共治的机制，体现了求实的精神。山西大学政治与公共管理学院院长董江爱认为，蕉岭"一核三元"的实践成效表明，村民自治从以选举为核心的民主向治理式民主转变。蕉岭的实践反映出，村民自治的有效运转还须与当地的文化传统相联接。

广东省政府发展研究中心主任汪一洋表示，蕉岭的社会改革体现了为民办实事的作风。过去，政府长期为老百姓做事，也想了很多办法、做了不少民生实事，但群众的满意度并不高。原因在于，很多事情是政府想做的，不是群众想做的，群众往往持观望态度。汪一洋表示，以前政府管了很多不该管的事，而且往往还管不好。蕉岭的改革表明，群众的事情要让群众自己解决。对于政府来说，就是要敢于放权，向社会放权、向基层放权，实现多元治理，激活社会组织的能力。汪一洋认为，蕉岭的"一核三元"充分发挥了村民自治的作用，是一个非常有用的制度。

中国社科院农村发展研究所宏观经济研究室主任党国英教授持有类似

的观点。党国英表示，蕉岭的改革证明了一个核心问题：权力下放，相信农民。这样天塌不下来，只会把工作做得更好。党国英表示，现代政府是强大的，它要把该管的事情管好，不该管的事情就不要管。现在，政府把老百姓管得太死，特别是在土地方面。徐勇认为，蕉岭的村民议事会就是相信农民的成果。

一如既往推进改革

徐祥临表示，在改革创新方面，粤东西北各有高招，建议蕉岭可以与其他地方多交流经验。党国英教授期望蕉岭在已经取得重要改革成果的基础上，可以围绕农村建设用地如何发挥更大作用方面作出有益的探索。

蕉岭县委书记温向芳表示，蕉岭将以此次中国农村发展论坛的召开为契机，在农村改革和治理方面积极地探索、试验，为农村的繁荣和进步作出应有的贡献。蕉岭县长陈伟明表示，改革永远在路上，没有完成时，只有进行时。蕉岭将一如既往地推进农村改革创新，最终实现基层治理体系与能力的现代化，促进农业增效、农民增收、农村长治久安。

梅州蕉岭镇级机构或仅设"一办一中心"

来源:《南方日报》 记者:柯鸿海

日期:2014 年 4 月 14 日

今年春节前夕,蕉岭县三圳镇招福村下谢小组的刘伯起床后闻到院子里传来阵阵恶臭,原来邻居家的厕所污水直排到自家院里了,刘伯立即找到村里的"社会治理服务站"投诉。几天后,问题解决了。

社会治理服务站是什么机构?蕉岭县以镇综治信访维稳平台为依托,融合便民服务大厅(站),率先在梅州乃至全省建立县、镇级社会治理服务中心,村委会一级则设社会治理服务站。

"蕉岭社会治理经验要在全市推广。"梅州市委书记朱泽君上月率队对此进行考察后大加赞赏。据了解,蕉岭大胆先行先试,有效整合资源,通过创建"社会治理服务中心"搭起社会矛盾化解、社会治理服务、社情民意联络等三大平台,初步探索出"一站式"办公和"一条龙"服务的基层治理新模式。"蕉岭要努力把社会治理服务中心打造成集社会治理、平安建设、信访维稳、政策法律服务等功能于一体的综合性平台。"为了探索山区社会治理模式,蕉岭还提出更大胆的设想:精简优化镇级现有机构,重新调整设置"一办""一中心",即党政综合办公室、社会治理服务中心。

干部沉下去 管理"网格化"

近日,笔者来到先行试点的广福镇。在镇政府门口,新建的社会治理服务中心一层大楼十分显眼。大厅内,《受理事项跟进表》《受理咨询及办理业务累计统计表》等台账、办事指引放在入口醒目处。

"近年来,我镇实现了群众零上访。"镇长郑康文介绍,该镇社会治理服务中心整合了综治、派出所、司法所、信访、妇联、共青团、公共安全监管、劳动保障、计生服务、民政、林业、国土等各类公共服务资源，"中心主任由镇委副书记担任"，同时在村一级建立起群众接待服务室、社会矛盾调解室、社会组织管理办公室等"两室一办"社会治理服务站。

"我们朝着'发展生产有人扶、矛盾纠纷有人调、合法权益有人护、弱势群体有人帮、特殊人群有人管，做到小事不出格、大事不出网'的方向努力探索。"蕉岭县委常委、政法委书记徐甦介绍，在基层治理服务体系建设中，蕉岭推行"网格化"社会管理体系，按照"镇干部挂村、村干部分片、小组长包户"原则，将镇村干部全部下沉至基层一线，建立起网格化管理服务体系。该县规定镇村干部对网格内群众走访一星期不少于两次，具体处理挂片区域的社会事务等各项工作，将财力、物力投向最基层，增强基层组织社会管理和服务的能力。

同时，群众直接到镇社会治理服务中心咨询、投诉的事项，实行限时办理。按照"统一受理、分口办理、窗口落实、中心督办、限期办结"的运行方式，社会治理服务中心对受理项目能当即办理的，立即办理；涉及单个站所的，在1个工作日内作出答复或办结；涉及两个以上站所的，在3个工作日内由首问责任站所作出答复或办结；涉及多个站所的，最迟在5个工作日内由首问责任站所作出答复或办结。

徐甦透露，今年年底前，该县各镇都将建立社会治理服务中心，除试点的广福、三圳两镇外，其他6镇正在抓中心选址、规划建设，确定工作人员，完善规章制度。

邻里事务村民理事会来协调

近日，笔者来到三圳镇九岭村伍子湖自然村，只见村道干净整洁，红花绿叶相映，不少老祖屋和禾坪刚修缮好。村道两旁设立了长寿文化宣传栏，不少村民在石桌、石凳和健身设施齐全的休闲健身公园或锻炼、或聊天。伍子湖村民理事会理事长吴国余说："以前这个公园是一个烂禾坪，村民随手把生活垃圾丢在这里。理事会发动乡贤筹措了20多万元建起了公园，村民锻炼、休闲有了地方。"

"通过村两委、服务站和理事会的共同努力，村里面基本做到矛盾不出村，红白喜事移风易俗，全村邻里和睦，经济稳定发展。"九岭村村主任徐文坚介绍，村里虽然只有 1000 多人，但已经成立了 9 个村民理事会。

据介绍，通过县、镇、村社会治理服务中心（站）的引导，根据各村民俗民风，充分尊重村民意愿，蕉岭引导农民自愿组建村民理事会，制定了《农村村民理事会设立指引》《村民理事会章程》等。理事会主要履行协助调处邻里矛盾、兴办农村公益、协助村民自治等三项职责。理事会以户代表会议形式，由村民理事会与群众共同议定村规民约，教育和引导村民共同参与村庄管理。至目前，该县已建立村民理事会 878 个。

镇级机构或变"一办一中心"

党的十八届三中全会着眼于维护最广大人民根本利益、最大限度增加和谐因素、增强社会发展活力，明确提出了创新社会治理体制、提高社会治理水平的新要求。三圳、广福两镇社会治理服务中心的创建，强化和延伸了社会管理和服务职能，密切了干群关系，化解矛盾，促进农村和谐，让蕉岭尝到了甜头。

为了探索山区社会治理模式，蕉岭提出了更大胆的设想：精简优化镇级现有机构，重新调整设置"一办""一中心"，即党政综合办公室、社会治理服务中心。

党政综合办公室职责主要为宣传贯彻并执行相关法律、法规、规章和党的方针政策，负责党委、人大、政府日常事务，负责工、青、妇等群团工作，负责文秘、信息、档案、保密及行政后勤管理等工作。社会治理服务中心职责主要为负责本镇农业农村、村镇规划建设、经济发展、文化教育、综治维稳、安全保障、社会保障、民生服务等工作，负责卫生和计划生育管理、矛盾纠纷调解、社会事件管理、社会治安、舆情信息、便民服务等工作。

广东梅州镇级机构"大部制"改革
仅设"一办一中心"

来源:《南方都市报》　作者:黄怡、宋宜徽、涂永平

日期:2014 年 6 月 21 日

我国一般乡镇的机构设置中,上级部门派驻机构繁多,农技站、农机站、水利站、计生站、房管所、土管所、林业站等统称为"七站八所",机构设置过多过散、条块分割的问题向来为人诟病。"上面千条线,下面一根针"常被用于比喻中国基层政权的运行。

对此,广东省梅州镇精简优化现有机构为"一办一中心",即党政综合办公室社会治理服务中心,其中,社会治理服务中心下设办事大厅及社会事务组、信访维稳组、人口计生组、文教体育组、产权交易组 5 个组,统筹社会建设和社会治理工作;党政综合办公室则内设党群工作组、经济发展组、农业农村组、规划建设组和机关服务组 5 个组。按照"对内统筹,对上保留"的原则,不增编制,不加人员。

"如果上面千条线,下面针又多,运转就不那么灵敏",仅设两个机构后,党政综合办公室承担镇一级党务政务、经济发展等工作,社会治理服务中心则集中开设办事窗口、服务群众,让镇级更能当好基层"一根针"。

"在办公室也坐不住,老是想着村里的事儿,"梅州蕉岭县广福镇水利所所长谢院新骑上摩托车,一支烟的工夫,就从镇政府来到挂点的乐干村九栋片,走家串户。村民们熟络了,都喊他"谢所"。谢所不仅要管水利设施、计划生育、民政服务、民事调解……样样工作都要搭把手。自蕉岭县启动"一办一中心"改革以来,推动干部"网格化"下沉田头村尾,谢所天天都要操心驻点村的大小事儿。"担子还是比较重,"谢

院新说。

从今年 4 月开始，蕉岭县将镇一级的 6 个综合性办公室和 7 个服务中心全部拆分，仅设置党政综合办公室、社会治理服务中心两大部门，堪称基层政府的超级"大部制"。这项"大胆先行"的尝试，让更多的镇干部从办公室走向基层，县委书记温向芳期待借此打通服务群众的"最后一公里"。

"一手抓政务，一手抓服务"

此前，经过撤销、合并，蕉岭县各镇的"七站八所"仅剩下"六办七中心"，即党政办公室、经济服务办、社会综治办、社会事务办、人口计生办、规划建设办，以及发展、农业、财政结算、社会保障，文体教育、公用事业和卫生计生七大服务中心。

既然各站所功能已经得到整合，为何还要推行"一办一中心"改革？蕉岭县委书记温向芳一语道破：一手抓政务；一手抓服务。剥离窗口服务职能后，党政干部从办公室抽身出来，"网格化"地"撒"到田头村尾；集中服务职能，让老百姓不用"兜圈子"，办事就找服务中心。

在广福镇，新建的社会治理服务中心办事大厅里，户政、农业、林业、人口计生、民政、产权交易、国土规划建设、信访等 11 个服务窗口一字排开，囊括了乡镇办事所需的全部社会服务事项。"这些服务事项，都是从各站所剥离出来，按照'窗口办理、中心督办、限期办结'的运行方式，实行受理项目服务岗限时办结制，让老百姓'一站式'办事"，温向芳表示。

镇级人事扩权　干部"网格化"下沉

从各组别的职责上看，每个组别都类似一个整合了相关职能的小"部门"，根据实际情况而设定。例如，针对蕉岭县开展的土地确权试点工作，专门设置了产权交易组。只是在运行上，组别管理更加扁平化，人员机动性也更强。每个组的组长，都由一位镇党委委员或副镇长兼任。

"以前老百姓要自建房，都得好几个部门：首先村里面申请，经过村民小组认可，再到村委会、国土所、村镇规划办，起码要走四个部门，现在直接到规划建设组就可以一揽子解决了。"温向芳介绍说。这个"一揽子"的解决过程,实际上集中在社会治理服务中心办事大厅,形成了"一站式"的服务。

办事集中在大厅后,大大"解放"了乡镇干部,从而让蕉岭县的另一项同步改革——干部"网格化"下沉得以实现。

蕉岭县规定,正常工作日,党政办公室除了保留必要工作人员做好"三服务"等工作,其余镇干部原则上全部"下沉"至村民小组、群众家户一线,与村干部一起开展工作,手持"一册通",了解各自网格范围内的村户基本情况,特殊群体安置、经济发展规划等。

"改革就是为了更好地整合资源,推动干部下沉,跟老百姓建立一种'鱼水关系'。"温向芳说,每个网格范围内,差不多有二三十户人家,这要求干部沉下身子,放下架子,真正到老百姓中去,改善干群关系。

书记声音

干部下沉有什么好处?

"逼着你去把老百姓当'亲人'"

干部"网格化"下沉有什么好处?"经常到基层,老百姓经常接触到你,才会跟你掏心窝",蕉岭县委书记温向芳说,如今交通、通信发达了,如果基层工作就是打个电话提醒工作、开车下乡打个照面,老百姓的心不可能跟干部贴得很近。

在广福镇,我们看到一张特殊印制的10元面额"餐票",是专门为干部"下沉"而设计。蕉岭县规定,每位干部每月须到网格服务对象家中"同吃"4餐,每餐伙食标准为10元,"同吃"后将餐票交给村民,由村民凭票到所在村委会领取餐费,村委会再每季度集中到镇政府报销。

走在村头路上,村民们基本上都能认出谢院新,喊他"谢所""谢组长"。有时候帮村民干完农活,谢院新就拿出餐票,在村民家里同吃一餐。"有时候一天跑两三次,一个礼拜跑三四次也很常见,"谢院新说,村里的水库渗漏了,正是他帮着打报告、跑立项,最后修好继续蓄水,给村里提供了灌溉用水,赢得村民的感激。

相应地,对镇干部的考核方式也发生了重大变化,建立了以群众评议为重点的考评奖惩机制。在群众评、干部评、领导评三部分中,群众评占了总分的80%,后两者仅各占10%。对在服务工作中表现突出、成绩显著、群众拥护的基层干部予以表彰奖励，优先提拔任用。

"大家开玩笑说，这是逼着你去把老百姓当'亲人'。"温向芳说，"服务老百姓就像'谈恋爱'一样，由相识到相知，相知到相爱，才能慢慢说上知心话。"

专家点评

社科院农村研究所研究员党国英：

镇一级机构"一人多能"是发展趋势

"镇一级专业事务性的工作相对少，本身就有综合性，工作交叉得很厉害，'一人多能'是发展趋势"，中国社科院农村研究所研究员党国英表示，蕉岭改革的大方向是对的，将镇级撤并至两个部门幅度很大，"真是第一次见。"

党国英表示，乡镇本不需要"七站八所"那么多机构，各县都应根据实际情况来设置，以提高效能、深化服务。对于人口大县，每个干部"沉下去"对接的户数太多，可能并不现实，但各县尤其是农村县，都可考虑借鉴蕉岭的改革经验。

打造社会治理蕉岭模式

来源:《南方日报》 记者:柯鸿海、唐林珍

日期:2014 年 11 月 18 日

近日,蕉岭县广福镇派驻乐干村的干部谢院新和钟珍云,一大早走家串户,在村边的田野看到忙不过来的村民钟进洪,两人二话不说就帮起了忙,直至中午 12 时多,主人热情邀请他们共进午餐,两人欣然接受邀请,然后递上两张餐票。

这是两张特别的餐票。今年 4 月以来,蕉岭县在全县实行干群"同吃"制度,镇干部携带由镇政府统一印制的餐票,每月到群众家中"同吃"4 餐饭,群众凭餐票到村领取餐费,由村统一到镇报销。

推行"餐票"制度,这只是蕉岭县打造基层治理工作新平台,密切干群关系,解决联系服务群众"最后一公里"的问题的一个缩影。

今年以来,蕉岭县按照十八届三中全会创新社会治理体制、改进社会治理方式,以及省委书记胡春华"探索建立普遍直接联系群众制度"的部署和要求,在梅州市委、市政府,尤其是梅州市委政法委的直接指导下,结合党的群众路线教育实践活动,把创新基层治理工作平台、解决联系服务群众"最后一公里"问题作为综治工作、社会建设的重要内容,全面推行镇级"一办一中心"改革,推动干部下沉,实行网格服务,有效提升了社会治理工作水平。今年前三季度,蕉岭 8 个镇社会治理服务中心办事大厅为群众办理、代理各类证件 2500 多项,镇村两级受理其他便民事项 3712 件;全县镇村干部走访群众 4 万多户(次),帮助解决群众生产生活困难 1700 多件;全县信访总量同比下降 51%,实现了干群关系更加密切、服务群众更加到位、基层社会更加稳定,社会治理"蕉岭模式"在摸索中逐渐成形。

进一扇门、找一个岗、办所办事

"以前我们老百姓要自建房，首先要到村里面申请，经过村民小组认可，再到村委会、国土所、村镇规划办，起码要走四个部门，现在直接到规划建设组就可以解决了，非常方便。"近日，仅花了一个上午就在新铺镇社会治理服务中心办妥了自建房手续的刘阿姨说。

去年以来，面对山区农村地广人口分散，乡镇基层部门多，群众办事不方便、服务效率低等问题，蕉岭县结合党的群众路线教育实践活动，把整合基层管理服务平台、创新农村社会治理方式作为全县社会工作的重点，积极探索推行镇级"一办一中心"改革。

通过改革，蕉岭县将镇级原"六办八中心"机构精简设置为"一办一中心"，即党政综合办公室、社会治理服务中心。"一办"设立党群工作组、经济发展组、农业农村组、文教旅游组、安全监管组、机关服务组等6个工作平台。"一中心"设立社会事务组、综治信访维稳组、卫生计生组、规划建设组、产权交易组5个工作平台和1个办事大厅，办事大厅设咨询导办、民政、人社、人口计生、信访及综合服务5个服务岗。

"上面千条线，下面一根针"常被用于比喻中国基层政权的运行。"如果上面千条线，下面针又多，运转就不那么灵敏"，蕉岭县委书记温向芳表示，仅设两个机构后，"一办"主要统筹党的建设、经济建设、精神文明和生态文明建设；"一中心"统筹社会建设、社会治理、社会服务，更好地为群众服务。

数据表明，蕉岭镇级机构"一办一中心"改革，改变了过去综治信访维稳大厅功能过于局限、"七所八站"办公过于分散的状态，群众办事只需进入办事大厅，不用再在镇政府大院里"兜圈子"，更不会因干部下乡而"吃闭门羹"，实现了"进一扇门、找一个岗、办所办事"。同时，镇村干部下乡时帮助有需要的群众代办一些事项，省去群众来回奔波之苦，真正做到了"群众动口，干部跑腿"。

干部"网格化"下沉服务

"这里的水渠不堵了！反映的事情很快得到落实，这样的服务非常好。"蕉岭县三圳镇村民李小云对笔者说。李小云所说的水渠位于招福村,此前每逢下雨,排水渠经常因落叶未及时清理而堵塞,给村民生活和出行带来不便。在接到村民反映后,下乡组的干部将这一情况记录下来,很快组织人员拓宽水渠、安置排水管。

目前,在蕉岭97个村庄里,类似的矛盾化解方式正逐渐"流行"。

今年4月,蕉岭县实行镇级机构"一办一中心"改革后,除安排好"一办"和"一中心"办事窗口的轮值服务人员外,其余镇干部按网格化管理包组、包片、包户模式,每周3天以上的时间"下沉"至群众农户一线开展便民服务,担当政策法规的"宣传员"、社情民意的"联络员"、申办事项的"代办员"、矛盾纠纷的"调解员"和社会组织的"培育员"。同时,实行干群"同吃"制度,镇干部携带由镇政府统一印制的餐票,每月到网格范围内农户家中"同吃"4餐,"同吃"后群众凭餐票到村领取餐费,由村统一到镇报销。

"干部下沉服务后,与广大群众真正建立起一种紧密的联系。"蕉岭县县长陈伟明对笔者说。该县实行干部下沉、网格服务以来,每户群众都有镇村干部对接联系,随时掌握了解群众所急所盼。特别是干群"同吃"和群众评议制度的实施,让干部把群众的事当成了自己的事,办实办好,真正打通了联系服务群众的"最后一公里",进一步融洽了干群关系。今年前三季度,全县镇村干部累计走访群众4万多户(次),帮助群众解决生产生活困难1700多件,解决民生问题467宗。

镇里的干部行不行,村民说了算

"我要做的工作很多,计划生育、民政服务、民事调解等,都要去做。"蕉岭县文福镇一名镇干部告诉笔者,自蕉岭县启动"一办一中心"改革,推动干部"网格化"下沉田头村尾以来,他天天都要操心驻点村的大小事。刚开始觉得担子重,但很快他就和村民打成了一片,路上群众见了他,远远地就跟他打招呼,"工作进展越来越顺利。"

蕉岭县规定,正常工作日,除了保留必要工作人员做好"三服务"等工作,其余镇干部原则上全部"下沉"至村民小组、群众家户一线,与村干部一起开展工作。

为了确保干部下沉、网格化管理的顺利推进,蕉岭制定了以群众评议为重点的《关于对镇基层干部服务群众的考评办法》，采取群众评议、干部互评、领导评价的方式，年终对镇干部服务群众情况进行考评奖惩，其中群众评议占80%，服务群众好不好由群众说了算。考评结果存档入案，作为干部年度考核、评先评优、提拔任用的重要依据。

推动村务监督,其实是爱护村干部

来源:《南方日报》 记者:汤凯锋、曹菲、梁锡山
日期:2013 年 10 月 15 日

村里 2 万元的大额开支为何没有经过村民代表会议研究?村干部在名贵花木场内建水池是否切合实际?8 月份村委 1300 多元的餐费开支是否高了……这些田间琐事,经过长期累积可能成为引发矛盾的导火索。如何通过抓好农村党风廉政建设,尽量将矛盾解决在基层,是各级纪委部门在探索解决的课题。

2007 年,梅州市蕉岭县与南农实验课题组合作,在省、市纪委支持下率先创建村务监督机制,构建农村权力制衡新格局,破解农村廉政建设难题。2010 年,村务监督委员会被新修订的《村民委员会组织法》正式确定。如今,全县 107 个村(居)稍有"风吹草动",县里均能很快知悉。

从推出村务监事会,到使其逐渐规范运作……几年来,作为村务监督的主要推动者,蕉岭县纪委书记卢尧生一度被视为"敏感"的人,人称"田间纪委书记"。

面对压力,在卢尧生看来,欠发达地区村干部待遇不高,如果违反党纪国法,要对其进行纪律处分,纪委也会感到心疼。因此,要少处理违规村干部,就必须铁腕推进村务监督。

为村务监督"撑腰"

尽管遭遇种种阻力,但纪委仍要克服困难,推动农村基层党风廉政建设,这是村务监督可以发挥作用的关键。

"做这个事情,很得罪人啊!"9 月 18 日,蕉岭县长潭镇麻坑村 60 岁

的黄召雄连声感叹。作为村监委会主任和已退的老村干部，他对村里的事情极为"较劲"。

担任监委会主任以来，黄召雄将自己对农村工作的见解一连串抛出："农村的领导班子，还是要新老结合为宜""扶贫资金怎么用，怎么选择脱贫项目，要村民大会讨论""村账一定要一条一条公开"……

老黄的"较劲"，让村干部一度感到不适应。"我们村委的决策，跟监委会商量，但他们常提出不同意见。"村委会主任黄学胜坦言。

话音刚落，坐在一旁的卢尧生就强调说，"村委重大事项，主要还是由村委会召开村民大会决策，监委会要监督。""决策前监委会就要参加，了解重大事项，提出意见和建议。"

每个季度参加村监委会汇报会、调研村务监督的开展情况，是卢尧生的日常工作。黄学胜坦言，刚开始实施村务监督时，由于不熟悉制度，村委与监委会之间确实存在摩擦。"现在好很多了，有些开支，我们去解释，村民还不一定相信，监委会的话村民更相信"，黄学胜说。

"我们的强力监督，多少还是有作用的。比如村里的账目，比以前就规范了很多。"调研期间，多名村监委会主任向卢尧生透露，他们之所以"不怕得罪人家"，关键还是因为"领导的重视，有上头的支持"。

按照规定，监委会成员由村民代表会议选举产生，一般是村里具有一定威信的老干部、老模范和老党员。监委会、村民代表会议、村委会形成农村新的权力平衡格局。

其实，监委会成员们眼中的"上头"，就是纪委。卢尧生对村监委会主任们说，村务监督在起步阶段，与村委会发生摩擦很正常。甚至纪委刚和部分村商量试行村务监督制度时，都遭到村干部的强烈反对。

为了推动村务监督逐渐走上正常的运作，卢尧生将自己和同事的电话号码，公开印发给全县监委会成员。"只要有人打电话来，我们立即交办调查核实。"

其背后需要顶住的压力则很少有人知道。"坚持实事求是，不站在任何一边。监委会反映的问题，我们也要客观调查"，卢尧生说，"纪委介入调查时，确实有人会私下过问，但纪委一律实事求是，做到公平正义。"

如今，尽管村监委会仍有不少需要改进的空间，但村务监督逐渐步入正轨，季度汇报会、村官民主测评等一系列制度的构建，让村务监督开展得有声有色。

在某个村，扶贫资金未按规定使用，群众意见大，该村监委会提出反对意见，获得了纪委支持，扶贫资金重新回归原来的用途；

三圳镇东岭村，因电线杆迁移引发民事纠纷，村监委会协助村"两委"协调处理，避免了一场村民斗殴；

……

卢尧生说，村务监督让村官腐败现象减少。以 7 月 15 日至 8 月 15 日为例，省委巡视组进驻蕉岭期间，全县接到群众来信近 200 宗，其中涉及到村干部廉政的只有 2 宗。

不客气的监督

不敢说实施了村务监督就可以杜绝腐败行为，但最重要的是大大缩小了村干部腐败的空间，发自群众的监督可以及时遏制腐败苗头。

4 名村干部就餐花费 185 元，这看似正常的开销却被蕉岭县三圳镇芳心村监委会成员拦了下来。"为什么聚餐？用途是什么？没有交代清楚！"监委会主任徐永振说，由于监委会坚决不同意，村干部只能自己掏腰包。

"虽然钱不多，但事情重大。"卢尧生说，吃一顿饭几百元，如果没有人去监督，那村干部可能就敢越吃越多，"等到群众举报的时候，问题就大了。"

其实，类似的监督并不少。卢尧生在下乡调研期间，多个村都提到部分村干部一吃饭就是上千元，引发了村民强烈质疑，有些村由此引发尖锐的矛盾。最后，纪委部门马上介入调查核实，及时纠正村干部的不良行为。

有村民私下向记者透露，有了纪委的支持，有些监委会成员的监督"简直是毫不客气"。最有杀伤力的是每年必须公开的民主测评会——村干部和监委会成员均要公开述职，由村民代表投票。

为了确保村务监督常规化运行，蕉岭县制定了《村"两委"班子和村干部绩效考核实施办法》，规定评议为"不称职"的村干部，将由县纪委、县委组织部、县民政局等单位对其进行集中诫勉谈话，连续两次评议不称职的，按照《村民委员会组织法》的规定终止职务。

对此，村干部直言感到"敬畏"。此前的民主评议中，某村委会主任和副主任就被评为"不称职"。经过相关部门做思想工作，村干部逐步完善村务公开等工作，第二年民主评议时才终于通过。

"办事拖拉也是作风问题。"卢尧生对村委会和村监委会说，建立民主测评制度就是要将群众是否满意作为衡量村干部是否廉洁勤政的标准，村干部不仅要廉政，而且还要勤政。

当然，也并不是所有村里的问题都可以靠监督解决。在蕉岭某个村，村委会没有开村民大会就将采石场承包给老板。现今村民对村委会的做法提出质疑，但采石场的老板前期已经投入了几百万元，问题因此一直难以解决。

"尤其是一些老的信访问题，通过村务监督也不好解决！"卢尧生坦言，有些问题争议大，最好是走法律途径解决。

不过，也正是历史问题的教训，更加坚定了蕉岭纪委推动村务监督必须"不客气"的态度。在村资产处置方面，村委会必须提前通知监委会和村民。

在某个村，村干部多发了钱，监委会成员发现后马上向卢尧生等汇报，纪律部门立即责成相关部门介入，将违规发放的资金退回。

"这样既教育了干部，也爱护了干部。"卢尧生坦言，不敢说实施了村务监督后，就不存在基层村干部腐败的情况，但最重要的是，通过严格实施村务监督，进一步缩小了村干部腐败的空间，将腐败问题遏制在苗头。

自己人管自己人

人民群众的内部矛盾，不是依靠行政力量都可以解决，还是需要学会走好群众路线，发动群众内部的力量来解决问题。

芳心村主任谢建祥有个叔叔瘫痪在家，女儿出嫁后本人无依无靠，向村委会申请困难补助，最后政府同意为其办低保。

"村主任的亲戚就给低保，不公平！"消息传出后，有村民不服上访。监委会随后向镇里核实情况，随后召集村民开会，现场召开干群对话会。群众了解情况后，再也没有上访。

"自己人管自己人，很有作用。否则上面领导来了，不管你怎么查，我说什么是什么，实质谁知道啊！"谢建祥说，村务监督不是形同虚设，监委会成员来自群众，大部分在群众中有一定的威信，相当于是运用群众的力量来解决干群问题。

村民赖先生对此深有感触。他告诉记者，芳心村有个贫困户，父亲是老党员，他经常打着父亲的招牌，要救济政策。一次，救济款粮没有拨给他，他就表示要去上访。"每次救济，他都有份。"部分村民对此也不满。村委会经常做他的工作，但均无效。

监委会成员了解情况后登门做工作。"你的房屋是党和政府帮你建的，你说党不帮你，是在说假话……"通过摆事实，讲道理，他的思想工作终于被做通。

对此，谢建祥也感言，政府为疏导民意，让群众有诉求可以去反映。但问题是，群众有意见经常不信任村干部，很小的问题都要到镇里、县里、市里甚至是省里上访。而村务监督的推进，帮村里化解了不少矛盾。

"解决群众问题，也要走群众路线，人民群众才是真正的英雄。"卢尧生体会到，很多基层问题，其实是群众的内部矛盾，要解决这些矛盾，还是要调动群众的力量。

一个很现实的案例是，过去很多自然村都有很强的乡村管理功能，比如村里的道路长满野草，村里会发动各家各户去割草。但现在，如果党委、政府不发钱，没人愿意去割草。

"有些事情，通过行政村的方式来解决，村民不一定认同，而且党委、政府要付出很高的成本。"卢尧生说，包括农村垃圾处理等涉及村民切身利益的问题，引发了很多地区群众反映强烈的矛盾。要解决这些问题，光靠行政力量不行，还得发动群众的力量。

因此，卢尧生最近又在为引导发挥好村民理事会的作用而奔波。

芳心村赖屋理事会成员赖企贤告诉记者，几年前，村里缺乏管理，到处长满荒草。外出乡贤回来提议捐钱搞好村里基础设施，村民都很支持。每年大家会捐款安装村里的路灯，建老人活动场所、购买健身器材，贫困家庭孩子考上大学，村理事会也会想办法出力。

"村民理事会具备了乡村管理的功能，更容易发动自然村的群众。"卢尧生认为，政府完全可以引导好理事会，运用群众的力量来解决群众反映的难题。

■对话

村务监督需要

强势力量推动

《南方日报》：在不少人看来，越落后的地方就越多事，有关基层干部腐败的质疑声也越多。你怎么看这个观点？

卢尧生：农村工作千头万绪，要做好农村工作，基层村干部也付出了很多心血，待遇报酬也不高，如果违反党纪国法，我们纪委则要对其进行纪律处分。要处理他们，我们也很心疼。但要尽量少查处干部，就要加强监督。推动村务监督，其实是爱护村干部。

《南方日报》：2010年，村务监督委员会被新修订的《村民委员会组织法》正式确定。但我们在调查中发现，有些村虽然设立了村务监督机构，但没有实际监督效果，您觉得为什么会这样？

卢尧生：不少地方现有的村务监督缺乏监督效果，是因为有些村务监督机构的管理部门还缺乏力量，比如没有调查权、查处权等。因此，要做好村务监督，确实需要一个强势的部门来推动。

《南方日报》：有些投诉在纪委介入调查后，投诉者仍然不服上访。你觉得应该如何才能让矛盾不上交？

卢尧生：很多问题是基层发生的，我们通过监委会发现一些群众反映强烈的难题后，介入调查，经过核实，对投诉者的答复肯定会比较有公信力和说服力，通过监委会跟上访者沟通，也比较容易。从农村信访的情况来看，有关基层村干部廉政的，信访量确实有所下降。

当然，不是所有问题通过监督就可以解决。发展中会遇到不同的利益冲突问题，有些利益纠纷问题，还是要通过法律途径来解决。不然，你说有问题都往上走，那国家会是什么样？

后　记

与蕉岭相识源于十年前的"南农实验",华中师范大学中国农村研究院继湖北黄梅县的水月庵村实验和安徽蒙城县岳东村实验后,2006 年与《南方农村报》一起进行"南农实验",主要是提高农民的民主能力,蕉岭是四个实验点之一,也是成绩最为突出的实验点。之所以实验成功,是因为蕉岭的改革勇气和创新精神,以及实验团队与蕉岭县委县政府的密切合作和精彩配合。其后,中国农村研究院与蕉岭县保持着长期性的合作关系,并见证了蕉岭改革的每一个进步,包括土地确权、产权交易、城乡统筹和新农村建设等等不一而足。回过头来重新梳理蕉岭改革的主线,我们清晰地发现蕉岭改革的最大优势是创造了众多基层治理的制度规范,从村务监督理事会制度,到村民理事会制度,再到协商议事会制度,每一个制度都在基层治理领域产生了意想不到的作用,有的全县推广,有的全省学习,有的甚至上升为国家政策。凡此种种说明制度的革新是最具有决定意义的改革形式之一,不然不会有这么大的影响力。为此,本书的目的就是从制度创设的角度对蕉岭十多年的改革进行一次全面性的总结与回顾,将前后相继的三次蕉岭创制用深描的方式展现出来,什么样的背景,具体过程,期间的波折和最后的结果等,穿插若干细节性的故事,从而将改革的宏观性与细节性结合起来,进而为蕉岭创制描绘一幅清晰的历史长卷。

当然,在蕉岭创制的十年时间里,每一个制度革新都离不开广东省和梅州市主要领导对蕉岭改革的亲切关怀,离不开蕉岭县委县政府致力于基层治理改革的不懈努力,离不开省内外专家学者和新闻媒体的持续关注。感谢他们为蕉岭改革所作出的奉献,同时也希望他们能够一如既往地支持蕉岭改革,共同推动中国地方改革事业。

本书是在中国农村研究院徐勇教授亲自指导下完成的,从主题的确定到提纲的敲定,再到后期的修改都倾注了大量的心血。邓大才教授细心指导本书的编写,包括写作思路、文字风格和内容布局等。具体的写作任务由中国农村研究院蕉岭基层治理创新课题组的博士生和硕士生承担;导论与结语由任路完成,第一章由徐玉栋、杨明负责;第二章由李庆召、高绍含撰写;第三章由姜胜辉、郑永君承担;第四章由陈胤丽、童韵负责;第五章由吴春来、魏逍完成;第六章由龚丽兰承担;第七章由刘燕、曹迎写作。专题报告是蕉岭基层治理创新课题组的研究成果汇编,理论研讨和新闻报道等由杨明、姜胜辉整理而成,最后由任路进行全书的修改和统稿。

由于编著者水平有限,错漏之处在所难免,还请各位读者多多批评指正!

编者谨记
2015 年 8 月 8 日于武汉